W0087081

Das Buch

Pink Floyd waren der Inbegriff der experimentellen Rockmusik der Sechziger Jahre – und sie blieben erfolgreich, als die Kultur, aus der sie kamen, längst verschwunden war. In den Siebzigern schufen sie ein Meisterwerk nach dem anderen und erreichten ihren Höhepunkt mit *Dark Side of the Moon,* das fast vierzehn Jahre lang in den Charts blieb und zum viertbestverkauften Album der Rockgeschichte wurde.

Nicholas Schaffners Story der Pink Floyd ist voller Enthüllungen und faszinierender Informationen für alle, die die Musik der legendären Band lieben: Von ihrer Gründung bis zu den Achzigern wird die Entstehung ihrer Klassiker wie *Dark Side* detailliert beschrieben und ihre gewaltigen Bühnenshows wie *The Wall* mit fliegenden Schweinen und Flugzeugabstürzen ins Bild gesetzt. Im Mittelpunkt der Darstellung steht der brillante Gründer der Band, Syd Barrett, dessen öffentlicher Abstieg vom Genie zum Wahnsinn zu den großen Tragödien der Rockgeschichte gehört.

Der Autor

Nicholas Schaffner, 1953 in New York geboren, bezeichnet sich selbst als »Amerikas ersten Pink-Floyd-Fan«. Er schreibt für das US-Fachblatt *Musician* und hat Pink Floyd 1988 auf ihrer Welttournee begleitet.

NICHOLAS SCHAFFNER

PINK FLOYD

Vom Underground zur Supergroup

Aus dem Englischen
von Thomas Ziegler

WILHELM HEYNE VERLAG
MÜNCHEN

HEYNE ALLGEMEINE REIHE
Nr. 01/9076

Titel der Originalausgabe
SAUCERFUL OF SECRETS –
THE PINK FLOYD ODYSSEY

Copyright © by Nicholas Schaffner
Copyright © 1992 der deutschen Ausgabe
Robert Azderball, Hannibal Verlag, St. Andrä-Wördern
Wilhelm Heyne Verlag GmbH & Co. KG, München
Printed in Germany 1994
Umschlagillustration: *Vorderseite:* Keystone Pressedienst/Hamburg
Rückseite: Ullstein Bilderdienst/Hans-Albert Scherhäufer, Berlin
Umschlaggestaltung: Atelier Ingrid Schütz, München
Satz: Compusatz GmbH, München
Druck und Bindung: Ebner Ulm

ISBN 3-453-07526-9

Für Richard Barone:
Freund, Fan, Musiker und Star

Inhalt

Teil Drei: Cold Comfort for Change

Vorwort und Anmerkungen

Ich habe mich immer für den ersten amerikanischen Fan von Pink Floyd gehalten. Diese Auszeichnung, sollte ich sofort hinzufügen, habe ich allein dem Zufall zu verdanken: Im Spätsommer 1967 besuchte meine Mutter ihre Heimatstadt London und erzählte dabei ihrem Modefriseur von der Begeisterung ihres Sohnes für englische Popgruppen wie die Beatles, die Rolling Stones, die Kinks und die Who. »Dann *müssen* Sie ihm die Pink Floyd mitbringen«, wurde ihr geraten. Und Gott segne sie – sie tat es auch und kehrte mit einer Monoversion der *Piper at the Gates of Dawn*-LP nach New York zurück, die in den Vereinigten Staaten noch nicht veröffentlicht worden war.

Die bezaubernden Melodien, die fantasievollen Texte und der eindeutig englische Stil machten *Piper at the Gates of Dawn* zu einer meiner Lieblingsplatten in jenem »Sommer der Liebe«. Doch gerade erst zum Teenager geworden, erkannte ich noch nicht den vollen Umfang ihrer Größe – und erst recht nicht, daß die psychische Labilität Syd Barretts, Gründer und führender Kopf der Floyd, schon damals die Band in ihrer Existenz bedrohte. Als ich mir bei meinem eigenen Londonbesuch im Sommer '68 die zweite Floyd-LP besorgte, stellte ich fest, daß nur ein Song von Barrett stammte. Bei den neuen Roger-Waters-Kompositionen auf *A Saucerful of Secrets* schien Syds deliriöse Fantasie durch einen abgehobenen und atmosphärischen Futurismus ersetzt worden zu sein, aber sie gefiel mir fast genauso gut.

1970 sah ich die Floyd zum ersten Mal live in der Turnhalle eines Colleges nur ein paar Blocks von meinem Elternhaus in Manhattan entfernt, und zu diesem Zeitpunkt hatte David Gilmour Syd bereits ersetzt. Während des folgenden Jahrzehnts, in dem sich die Pink Floyd von einer psychedelischen Kultgruppe zu einer der populärsten und einflußreichsten

Bands der Welt entwickelte, gelang es mir, viele ihrer wichtigsten Konzerte zu besuchen: 1970 den kostenlosen Hyde-Park-Gig anläßlich der Veröffentlichung von *Atom Heart Mother*; 1973 die Präsentation von *Dark Side of the Moon* in der Radio City Music Hall; 1975 und 1977 die *Wish You Were Here*- und *Animals*-Tourneen; 1980 *The Wall* im Earl's Court.

Und dennoch, ganz im Gegensatz zu meinen anderen lebenslangen Musikerheroen – wie den Beatles und den Stones – blieben die einzigartig anonymen Pink Floyd jenseits ihrer Platten und Bühnenauftritte der Öffentlichkeit weitgehend unbekannt. Die Persönlichkeiten, die die Gruppe bildeten, sowie ihr Hintergrund und ihre Geschichte blieben größtenteils im Dunkeln. Dieses Buch stellt teilweise meinen persönlichen Versuch dar, diesen Schleier zu durchdringen und herauszufinden, wer – und auch was – sich hinter der Pink-Floyd-Legende verbirgt.

Obwohl es sich hierbei keineswegs um eine offiziell autorisierte Biographie handelt, hatte ich das große Glück, die Pink Floyd in ihrer aktuellen Besetzung auf den amerikanischen Stationen ihrer 1988er Welttournee, über die ich für den *Musician* berichtete, zu begleiten und mit ihnen zu sprechen. (Der langjährige Floyd-Manager Steve O'Rourke sagte mir, daß ich als erster Journalist überhaupt einen derart umfassenden Zugang bekommen hatte.) Dafür, daß sie mir so großzügig ihre Zeit geopfert und mir Einblick in ihre Gedanken gegeben haben, möchte ich David Gilmour, Nick Mason und Richard Wright danken – und ihren Begleitmusikern Jon Carin, Scott Page, Guy Pratt, Tim Renwick und Gary Wallis (nicht zu vergessen den Chorsängerinnen Rachel Fury, Durga McBroom und Margaret Taylor sowie dem Beleuchter Marc Brickmann.) Mein besonderer Dank gilt der Tourmanagerin Jane Sen, Mary Ellen Cataneo von CBS und Scott Ishler vom *Musician*, der mir diese einzigartige Gelegenheit und Erfahrung ermöglicht hat.

Zwei Schlüsselmusiker der Pink-Floyd-Odyssee, die ich nicht persönlich interviewen konnte, sind Barrett und Roger

Waters. In Syds Fall hatte ich das Gefühl, daß es falsch wäre, in sein zurückgezogenes Post-Pink-Leben einzudringen – das mir nichtsdestotrotz in allen Einzelheiten von bestimmten Leuten beschrieben wurde, die ihn gut kannten (und kennen).

Allerdings habe ich wiederholt versucht, Roger zu einer Beteiligung zu bewegen. An einem gewissen Punkt schien er interessiert und ging sogar so weit, mich in meinem Londoner Hotel anzurufen; unglücklicherweise war ich zu jener Zeit unterwegs und besuchte seinen alten Freund Ron Greesin. Obwohl Ron, Nick Griffiths und Timothy White nur Gutes über Roger sagten, wurde der langjährige Floyd-Leader von vielen anderen Kontakten (nicht zuletzt von seinen Ex-Partnern) mit weit weniger schmeichelhaften Kommentaren bedacht, und ich befürchtete – wie ich ihm einmal schrieb –, daß ich kein so gerechtes und ausgewogenes Bild von ihm zeichnen würde, wie ich eigentlich wollte. Alles in allem bekam ich von ihm nicht mehr heraus als nur einen kurzen handgeschriebenen Brief:

Lieber Nicholas Schaffner,
Viel Glück mit Ihrem Buch! Lassen Sie sich von ihrer Furcht,
kein ausgewogenes Bild zu zeichnen, nicht den Sommer verderben!
Viele Grüße Roger Waters

Rogers Stimme, Meinungen und Erinnerungen durchziehen dennoch dieses Buch. Ich habe Dutzende von Interviews ausgewertet, die er im Lauf der letzten fünfundzwanzig Jahre gegeben hat, und buchstäblich Hunderte von Artikeln und Kritiken, die über ihn und die übrigen Pink Floyd erschienen sind, in Magazinen wie – um nur ein paar zu nennen – *Melody Maker, New Musical Express, Sounds* und *Q* (in England); und *Billboard, Rolling Stone, Musician, The Trouser Press, Spin, Penthouse* und *The New York Times* (in den USA). Die beiden vielleicht ergiebigsten Archivinterviews waren 1973 ein Roger-Waters/Nick-Mason-Marathon in dem kurzlebigen britischen

Zig-Zag-Magazin; und Capital Radios sechsteilige »Pink Floyd Story«, die zur Jahreswende 1976/77 ausgestrahlt wurde.

Bei meinen Nachforschungen auf beiden Seiten des Atlantiks habe ich außerdem ausführliche Interviews mit (Barry) Miles und dem ersten Floyd-Manager Peter Jenner geführt (die beide außerordentlich hilfsbereit waren, Teile meines Manuskripts durchgesehen und, in Miles' Fall, mich mit eigenem Archivmaterial und Tonbandinterviews versorgt haben); und John Hopkins, Chet Helms, David Medalla, Pete Brown, June Bolan, Wynne Willson und Susie Wynne Willson, Clive Welham, Ron Greesin, Mick Rock, Storm Thorgerson und Nick Griffiths. Ich sprach außerdem, kürzer und in einigen Fällen per Telefon, mit Sumi Jenner, Chris Charlesworth, Jonathon Green, Robyn Hitchcock, Jonathan Park, David Fricke, Karl Dallas und Lee Wood (der sich freundlicherweise trotz seines engen Terminkalenders die Zeit nahm und mir seine – und Barretts, Waters' und Gilmours – Heimatstadt Cambridge zeigte); ebenso mit verschiedenen anderen Quellen, die darum baten, anonym zu bleiben. Nicht zuletzt sei Timothy White erwähnt, der sich die Mühe machte und für mich seine provokativen Ansichten über viele Floyd betreffende Themen niederschrieb.

Viele der oben Genannten haben mich freimütig und großzügig unterstützt, obwohl sie selbst Bücher über Floyd oder verwandte Themen geschrieben haben – die für meine Nachforschungen und meine Arbeit am Manuskript wertvolle Quellen waren. (Übrigens habe ich in diesem Buch bei Zitaten aus meinen eigenen Interviews durchgehend die Gegenwartsform [d. h. »sagt«, »erinnert sich«] benutzt, bei Zitaten aus anderen Quellen die Vergangenheitsform [»sagte«, »erinnerte sich«]. Die Herkunft der letzteren läßt sich, sofern sie nicht im Text identifiziert werden, im Anhang »Anbemerkungen« nachschlagen.) Miles ist der Autor der »Fanbibel« *Pink Floyd: A Visual Documentary* (London: Omnibus Press, 1980) und Karl Dallas der Verfasser der gründlichen Studie *Bricks in the Wall*

(London: Baton Press, 1987). Jonathon Green ist der Verfasser und Herausgeber der definitiven Geschichte der Londoner Gegenkultur der Sechziger, *Days in the Life: Voices from the English Underground 1961–1971* (London: Heinemann, 1988); besonders dankbar bin ich ihm dafür, daß er mir die unbearbeiteten Niederschriften der Floyd betreffenden Interviews zur Verfügung gestellt hat. Storm Thorgerson ist Autor von *Walk Away Renee* (Limpsfield, Surrey, U. K.: Paper Tiger, 1978), das die klassische Rock'n'Roll-Kunst von Hipgnosis dokumentiert. Ein weiterer hilfreicher Autorenkollege in Sachen Floyd war der Berliner Andreas Kraska (*Pink Floyd: Die Platten* [Berlin: Buchverlag Michael Schwinn, 1988]).

Einer, den ich nicht aufspüren konnte, war der erste – Rick Sanders, Autor des nichtsdestotrotz hervorragenden Taschenbuchs *Pink Floyd* (London: Futura Press, 1975). Außerdem von Interesse waren die Memoiren von Clive Davis (*Clive* [New York: William Morrow, 1974]), Gerald Scarfe (*Scarfe* by Scarfe [London: Hamish Hamilton, 1986]) und Bob Geldof (*Is That It?* [London: Warner Books, 1985); Derek Taylors »1967er Jubiläumsfestschrift«, *It Was Twenty Years Ago Today* (New York: Fireside, 1987); Mick Golds *Rock on the Road* (London: Futura 1976); Frederic Dannens *Hit Men* (New York: Times Books, 1990); und der Privatdruck des verstorbenen Malcolm Jones *Syd Barrett: The Making of »The Madap Laughs«* (Middlesex, U. K.: Orange Sunshine Pill Press, 1986).

Aber die nützlichste aller Quellen war das definitive Pink-Floyd- und Roger-Waters-Fan-Magazine *The Amazing Pudding* – dessen Herausgeber Andy Mabbett und Bruno McDonald mir zusätzlich seltene Floyd-Artikel, -Interviews und -Aufnahmen zur Verfügung stellten (und, dank Brunos liebenswürdigen Eltern, Madeleine und Douglas, diverse warme Mahlzeiten). Bezugsadresse ist Andy Mabbett, *The Amazing Pudding*, 61 Meynell House, Browns Green, Birmingham B201BE, England.

Dank auch an Glenn Povey vom Floyd-Fanzine der Achtziger, *Brain Damage*, und an John Steele von der 1970er Syd

Barrett Appreciation Society; an Jean Yuscavage für das Abtippen vieler meiner Interviews; an meinen verständnisvollen Redakteur Michael Pietsch und meinen Agenten (und Bruder) Tom Schaffner, die gemeinsam mit mir dieses Projekt ausbrüteten; und an Rosemary Bailey; P. J. Dempsey; Patrick Dillon; Barrie Duryea; Mark Marone; Lee Minoff; Rob Norris; Parke Puterbaugh; Louise Rush und Alan Bamberger; Nicholas Scarim; Virginia L. Smyers; und Sue Weiner. Und an den verstorbenen Brant Mewborn, dessen Rock'n'Roll-Begeisterung für immer in den Herzen seiner vielen Freunde weiterleben wird.

Prolog: Wish You Were Here

Die letzten Wochen des für den Rock'n'Roll magischsten Jahres sahen Englands vielversprechendste neue Band in einem schrecklichen Dilemma.

Ende 1967 waren es die Pink Floyd, die, mehr als jeder andere neue Act, die beginnende Jugendrevolution in den Einstellungen, der Mode und der Musik verkörperten, die schon das Aussehen, den Sound und die Botschaft der Beatles, der Rolling Stones und anderer etablierter Popidole verändert hatte. Als »Hausorchester der Bewegung«, wie es Bassist Roger Waters ausdrückte, waren die Pink Floyd bereits berühmt für ihre futuristischen Multimedia-Konzert-Happenings – für Englands erste psychedelische Lightshow und ein bahnbrechendes quadrophonisches Lautsprechersystem, das die Floyd in die Lage versetzte, ein Publikum aus alle Richtungen mit ihren charakteristischen, frei assoziierten elektronischen Klängen zu beschallen und hinzureißen.

Während des größten Teils des Sommers der Liebe hatte ihre zweite Single, »See Emily Play«, die britischen Charts angeführt, zusammen mit anderen Flower-Power-Hymnen wie »A Whiter Shade of Pale« von Procol Harum und »All You Need Is Love« von den Beatles. Das erste Pink-Floyd-Album, *The Piper at the Gates of Dawn* – aufgenommen in demselben Abbey-Road-Gebäude, wo buchstäblich zur gleichen Zeit die Beatles mit *Sgt. Pepper's Lonely Hearts Club Band* einspielten –, bezauberte seine Hörer mit einer neuartigen Mischung aus lyrischen Fantasien, melodischem Pop-Erfindungsreichtum, ausgedehnten Improvisationen und surrealen Soundeffekten. Einige meinten sogar, daß *Piper* dort begann, wo *Pepper* aufhörte: in jenen hochfliegenden Jahren die ultimative Anerkennung.

Aber für Waters und seine beiden ehemaligen Kommilitonen, Drummer Nick Mason und Keyboarder Richard Wright, die wie er Architektur studiert hatten, war jede Aura der Hoffnung und des Triumphes um die Gruppe durch das Problem Syd vollständig zerstört worden. Der Songwriter und künstlerischer Katalysator der Band, Gitarrist Syd Barrett, der auch als einziges Mitglied das unverfälschte Charisma eines Popstars besaß, hatte den Pink Floyd ihre Stimme, ihre Identität, sogar ihren geheimnisvollen Namen gegeben.

Auf der Bühne, wenn die Musiker nicht gerade hinter visuellen Projektionen und blitzenden, bunten Lichtern verborgen waren, dominierte Barrett mit der Intensität seiner Präsenz, fuchtelte geheimnisvoll mit seinen halb unter einem Umhang verborgenen Armen, während aus den Lautsprechern interstellares Feedback drang und das Scheinwerferlicht seinen monströsen Schatten auf die Leinwand im Hintergrund warf. Auf den Platten schufen die Texte und die Musik der Band eine magische Welt, die von futuristischen Raumfahrern, Rocky-Horror-Transvestiten und den Zwergen und Einhörnern des englischen Märchenschatzes bevölkert war – eine Welt, bei der es sich eindeutig um Barretts eigene handelte. »Die *Fantasie*, die er hatte...«, schwärmt Rick Wright noch eine Generation später. »Er war genial. Und ein wirklich netter Kerl.«

Pink Floyd ohne Syd schienen unvorstellbar. Trotzdem, angesichts Syds Entwicklung schien es ebenso unwahrscheinlich, daß er weiter bei der Band bleiben würde. Manchmal war Barrett so unzugänglich, daß man nichts mit ihm anfangen konnte; manchmal benahm er sich einfach unmöglich.

In Londons »Underground«- und Popmusikkreisen waren die Geschichten über Syds unberechenbares Verhalten bereits Legion. Nachdem Pink Floyd die Charts mit »See Emily Play« erobert hatten, wurden sie zu drei aufeinanderfolgenden Auftritten in der TV-Hitparade »Top of the Pops« engagiert. Bei ihrem ersten Auftritt trugen Barrett und die übrigen Bandmitglieder die Samt- und Seidengewänder aus den exklusiven Popstar-Boutiquen, die damals die Kings Road säumten. Auch beim nächsten Mal blieb Syd bei seinem »Summer of Love«-

Outfit – obwohl er aussah, als hätte er in ihm eine Woche lang geschlafen. Dann, bei der dritten Show, tauchte er in einem prächtigen, trendigen neuen Kostüm im TV-Studio auf – und mit einem Bündel stinkender, alter Lumpen unter dem Arm, in die er kurz vor dem Gig der Floyd schlüpfte. Syd erklärte später, wenn die Beatles sich nicht mehr dazu herabließen, ihre Hits in den auf Massengeschmack getrimmten »Top of the Pops« zu spielen, würde er nicht einsehen, warum es die Pink Floyd tun sollten.

Freunde und Bekannte schrieben Barretts Metamorphose einer seit langem latenten psychischen Störung zu; dem Druck des weltlichen Ruhms auf einen hochsensiblen, einundzwanzigjährigen visionären Künstler; und einem permanenten Mißbrauch von LSD und anderen gehirnzerstörenden Substanzen. Ganz gleich, welcher Grund nun zutraf, alle waren sich einig, daß die Situation unerträglich wurde.

Im Herbst 1967 war die erste Amerika-Tournee der Gruppe nach nur acht Tagen beendet worden – in denen der Sänger seine Lippen fest geschlossen gehalten hatte, als die Floyd eigentlich in Dick Clarks »American Bandstand« »Emily« zum Playback mimen sollten. Anschließend in der »Pat Boone Show« reagierte er auf die schmeichlerischen Fragen des Gastgebers mit hartnäckigem Schweigen und katatonischem Blick. Als die Floyd im November als Vorgruppe für Jimi Hendrix tourten, blieb Barretts bereitstehende Telecaster bei vielen Auftritten ungenutzt.

Die klassische Barrett-Episode ereignete sich kurz darauf. Da Syd vor dem Spiegel der Umkleidekabine die Zeit vertrödelte und sich nach dem Vorbild des amerikanischen Gitarrengottes an einer prächtigen Afrofrisur versuchte – »die unvermeidliche Jimi-Hendrix-Dauerwelle« nannte Roger Waters es zwölf Jahre später in *The Wall* –, gingen seine entnervten Kollegen schließlich ohne ihn auf die Bühne. Dies stachelte Barrett offenbar dazu an, härtere Maßnahmen zu ergreifen: aufgebracht zerstampfte er den Inhalt eines Röhrchens seiner geliebten Mandrax-Tabletten (ein starkes Barbiturat, das in den USA unter dem Markennamen Quaalude vertrieben wird) und schmierte sich das Pulver zusammen mit einer ganzen Tube Pomade ins Haar. Anschließend gesellte sich Syd zur Gruppe auf die Bühne, wo die Hitze der Scheinwerfer seine einzigartige Schönheitspackung in eine dünnflüssige Masse verwandelte, die den vergessenen Star von Pink Floyd in den Augen ihres wie vom Donner gerührten Beleuchters »wie eine tropfende Kerze« aussehen ließ. Man kann nicht gerade behaupten, daß die anderen Floyd davon unbeeindruckt blieben – zumal die einzige Note, die Syds Gitarre an jenem Abend von sich gab, ein endlos wiederholtes mittleres C war.

Der Rest der Band entschied, daß sie die Besetzung durch einen weiteren Sänger/Gitarristen verstärken mußten, um die Lücke zu füllen, die Syd so häufig hinterließ. Der blonde, gelegentlich als Dressman arbeitende David Gilmour schien die perfekte Wahl zu sein – er war im Gegensatz zu Barrett zuverlässig und umgänglich und hatte sogar länger als der Rest der Band mit Barrett gearbeitet.

Zusammen mit Syd in Cambridge aufgewachsen, hatte Dave ihm die Stones-Licks beigebracht, bevor die beiden den Gitarrenstil entwickelten, der sie alle berühmt machen sollte. In dem wahrscheinlichen Fall, daß Barrett bei einem Gig nicht ganz da sein sollte, konnte Gilmour problemlos seinen Part übernehmen und zum Teil sogar noch bessere Leistungen liefern.

Für eine Weile sahen die anderen Floyd und ihre Manager eine mögliche Lösung für ihr Problem in dem Präzedenzfall, den die Beach Boys geschaffen hatten, deren gleichermaßen genialisch-überspannter Songwriter, Brian Wilson, zu Hause gelassen wurde, um in aller Abgeschiedenheit neues Material zu komponieren, wenn die Band auf Tournee ging. Aber Barretts neue Songs wurden merklich unkommerzieller. Seine erschütternden Selbstporträts »Vegetable Man« und »Scream Thy Last Scream« schienen kaum geeignet, Floyds Erfolg zu mehren. Und»Have You Got It Yet?« schien jedes Mal, wenn Syd es mit seinen Freunden übte, eine völlig neue Melodie und neue Akkordsequenzen anzunehmen. Roger Waters nannte das Stück ein »Werk eines echt wahnsinnigen Genies« und erinnerte sich später: »Ich stand eine Stunde lang da, während er sang... und versuchte ihm zu erklären, daß er es die ganze Zeit veränderte und ich ihm deshalb nicht folgen konnte. Er sang dauernd: ›Have you got it yet?‹ *(Hast du's jetzt geschnallt?)*, und ich sang: ›Nein, nein!‹«[1]

Roger hatte inzwischen die Geduld mit Syd verloren. Er spürte, daß Pink Floyds Träume von musikalischem Weltruhm und Anerkennung rasant den Bach hinuntergingen, und reagierte auf Barretts Verstiegenheiten mit einer immer stärker werdenden, vernichtenden Feindseligkeit, die der Bassist in späteren Jahren tief bereuen sollte.

An einem Nachmittag im Februar 1968 setzte sich Waters an das Steuer des superlangen alten Rolls der Band und klapperte die über London verstreuten Wohnungen der Pink Floyd ab, um anschließend zum nächsten Gig in den südlichen Teil des Landes zu fahren. Bei solchen Gelegenheiten war Barrett, der im vorstädtischen Richmond lebte, immer der letzte, der abgeholt wurde. »Sollen wir Syd abholen?« fragte einer aus der Gruppe. »Oh, nein, bloß nicht«, stöhnten die anderen. Und in diesem Moment wurde plötzlich allen klar, daß sie lieber ohne ihn weitermachen wollten.

In den vergangenen Monaten hatte es viele Shows gegeben, bei denen Barrett nicht in der Verfassung zum Auftreten gewesen war; aber jener Abend in Southampton war die erste Gelegenheit, bei der Waters, Mason, Wright und Gilmour die Entscheidung trafen, ohne ihn auf die Bühne zu gehen. Von da an gab es kein Zurück mehr; als sie in EMIs Abbey Road Studios zurückkehrten, um ihr zweites Album aufzunehmen, blieb manchmal ein verwirrter Syd mit seiner Gitarre am Empfang zurück, während die anderen die Tracks für *A Saucerful of Secrets* einspielten.

Kurz darauf – am 6. April 1968 – wurde offiziell bestätigt, daß Syd Barrett nicht länger Mitglied von Pink Floyd war. Soweit es die Londoner Popmusik-Medien – und sogar die Manager der Gruppe – betraf, bedeutete diese Nachricht das Ende von Floyd. Schließlich *war* Syd mit Pink identisch.

Barrett selbst akzeptierte nie, daß die Pink Floyd etwas anderes als *seine* Gruppe waren. Er tauchte weiter unangemeldet bei späteren Floyd-Shows in »alternativen« Londoner Clubs wie Middle Earth auf, stellte sich in die erste Zuschauerreihe und starrte David Gilmour während des ganzen, zugegebenermaßen chaotischen Auftritts unverwandt an. »Es war ein paranoides Erlebnis«, sagte Gilmour. »Ich habe sehr lange gebraucht, bis ich mich als Teil der Band fühlte.«[2]

Eine Generation später füllten Pink Floyd – wie man sie längst schon nannte, nachdem das »The« zusammen mit Syd in Vergessenheit geraten war – überall auf der Welt riesige Arenen und Stadien. Bei der ersten großen Roadshow der Band seit einem Jahrzehnt, der 1987er *Momentary Lapse of Reason*-Tour, reagierten die Massen fast drei Stunden lang auf jeden vertrauten Lick mit einem dermaßen ekstakischen Aufschrei, daß die Musiker auf der Bühne oft kaum ihre eigene Musik hören konnten. Die Schauplätze dieses »Comebacks« hätten kaum unterschiedlicher als die Kellerlöcher des Londoner Underground eine Generation sein können; trotzdem fehlte auch diesmal jemand.

Der verdächtige Abwesende auf dieser Tour war Roger Waters, der nach Barretts Ausscheiden allmählich das künstlerische Kommando übernommen hatte und dem die Floyds hauptsächlich ihren langsamen, anfänglich so unwahrscheinlichen Aufstieg zum Gipfel des weltweiten kommerziellen Erfolgs und der öffentlichen Anerkennung zu verdanken hatten. Nick Mason und Rick Wright waren noch immer dabei, aber diesmal war der Leitstern von Pink Floyd kein anderer als David Gilmour – der Mann, der ursprünglich als Syd Barretts Ersatz angeheuert worden war.

Die Umstände, unter denen sich der Abgang des mit eisernem Willen gesegneten Waters' abspielten, hatten natürlich wenig Ähnlichkeit mit denen im Falle Barretts. Der Gruppe und ihres Images überdrüssig, hatte Roger einfach Pink Floyds Ende erklärt und wie selbstverständlich vorausgesetzt, daß seine verstimmten Partner die Band entsprechend auflösen würden. Als sie sich nicht seinen Erwartungen gemäß verhielten, reagierte er auf Daves Wiedervereinigungsparty nicht mit starren Blicken, sondern mit haßerfüllten öffentlichen Denunziationen und einer Flut von Prozessen. Erneut hatten die Pop-Experten die neuformierten Floyd im voraus als hoffnungsloses Unterfangen abgetan, als Schande, sogar als Verrat. Und erneut bewiesen Pink Floyd ihnen auf spektakuläre Weise – wenn auch nur aus dem Blickwinkel der Plattenindustrie und der zahlenden Konsumenten –, wie sehr sie sich irrten.

Viel hatte sich in den dazwischenliegenden zwanzig Jahren verändert. Die improvisierten, freischwebenden Qualitäten der Floyd-Auftritte in den sechziger Jahren hatte einem Multimedia-Bombast Platz gemacht, an dem einhundert zusätzliche Musiker, Techniker und Helfer sowie genug technische Ausrüstung beteiligt waren, um damit über fünfzig Lastwagen zu füllen. »Mr. Leinwand« (Pink Floyds »Riesenauge in ein anderes Universum«) blieb das Zentrum der Shows, war aber auf einen Durchmesser von rund zehn Metern angewachsen und von computergesteuerten Vari-Lites umringt. Die feedbackgeladenen Improvisationen von damals waren längst durch eine minutiös choreographierte Aufführung ersetzt worden, bei der jede Note mit den ausgeflippten Zeichentrickfilmen, Laserlightshows und solch legendären Totems wie einem zwölf Meter großen fliegenden Schwein und einem Flugzeug synchronisiert werden mußte, das brennend auf die Bühne stürzte. Nichts konnte dem Zufall überlassen werden.

Barretts Einfluß allerdings lebte fort in jenen Floyd-Markenzeichen wie der Aufnahme von Soundeffekten in die musikalischen Kompositionen und in den außerweltlichen Klängen vielen Materials; für die Fans blieben Pink Floyd – wie es ein beliebter T-Shirt-Slogan einmal ausdrückte – die »erste Band im All«. Gleichzeitig lieferte Syds eigener Abstieg in den Wahnsinn unterschwellige Motive für die millionenfach verkauften Konzeptalben *The Wall, Wish You Were Here* und – vor allem – *Dark Side of the Moon,* dessen verblüffender, siebenhundert Wochen währender Aufenthalt in den *Billboard*-Charts es zu dem am längsten in den Hitparaden vertretenen Album *aller Zeiten* machte. Natürlich waren es diese Werke, auf denen Pink Floyds Ruhm bei ihrem Publikum in den späten 80er Jahren hauptsächlich beruhte, und sie waren es auch, die ihr Konzertprogramm dominierten.

Alle Schlüsselelemente des legendären Pink-Floyd-Sounds – der in Trance versetzende Baß/Schlagzeug-Rhythmus, die ätherische Hintergrundorgel, die steigenden Gitarrenphrasen, die erhabenen Vokalharmonien – waren bei den Pink Floyd der späten Achtziger deutlich vertreten. Ihre Konzerte brachten nonstop »progressive« Radioklassiker wie »One of These Days (I'm Going to Cut You into Little Pieces)«, »Time«, »Us and Them«, »Welcome to the Machine« und »Comfortably Numb« in einem majestätischen, fast gletscherhaft ruhigen Rhythmus, der, wie fast alles bei diesem Unternehmen, wenig bis keine Ähnlichkeit mit dem hatte, was man dreißig Jahre früher mit dem Begriff Rock'n'Roll verband, ursprünglich eine elektrisierende Verschmelzung von weißer Country-Musik mit schwarzem Blues. Keine andere große Rocklegende hatte sich je so weit von der vielgepriesenen »Straße« entfernt, in die Rockkritiker so verliebt sind – was vielleicht der Grund dafür ist, warum die Schreiberlinge den Floyd so selten ihre Aufmerksamkeit gewidmet oder ihren Respekt erwiesen haben.

Ungeachtet der Verunglimpfungen durch Waters und seine Partisanen (der darauf beharrte, daß das Schwein und das Flugzeug seine Ideen waren, von seinen Texten ganz zu schweigen), klang das Floyd-Modell der späteren Achtziger zweifellos wie jene »Untertasse voller Geheimnisse«, die ihr

Credo so weit trug, wie es nur irgendwie möglich war: »Wir haben immer geglaubt, daß Rock'n'Roll mehr war als nur ›Johnny B. Goode‹.« Ein Modell, dessen futuristische Klagegesänge Eurodisco, Synthirock und New-Age-Musik vorwegnahmen und alle anderen anglo-amerikanischen Bands in so traditionell rockresistenten Ländern wie Italien und Frankreich übertrumpften (wo *Dark Side of the Moon* das bestverkaufte Rockalbum aller Zeiten war). Als die *Momentary Lapse of Reason*-Tournee 1989 endete, fast zwei Jahre nach ihrem Beginn, hatten Gilmour & Co. rund 135 Millionen Dollar eingenommen und sie – zumindest vom finanziellen Standpunkt aus betrachtet – zur erfolgreichsten musikalischen Roadshow aller Zeiten gemacht. (Das *Forbes*-Magazin stufte Pink Floyd in seiner Hitparade der höchstbezahlten Entertainer 1989 auf Platz Sieben ein: vor allen anderen Rockgruppen – den Rolling Stones eingeschlossen, die auf Platz Acht kamen – und nur hinter Michael Jackson, Steven Spielberg, Bill Cosby, Mike Tyson, Charles M. Schultz und Eddie Murphy.)

Waters' Einfluß war, genau wie vor ihm Barretts, weiterhin spürbar; dennoch schien es, daß die körperliche Abwesenheit der beiden eine Voraussetzung für die Erzeugung der unverwechselbaren Floyd-Magie war. Nach Syd Barretts Ausscheiden kultivierten die Mitglieder von Pink Floyd eine gelassene Bühnenpose, dazu bestimmt, die Aufmerksamkeit des Publikums einzig und allein auf die Musik und den künstlerischen Inhalt zu konzentrieren – eine fast bewußte Anonymität, die sie in die Lage versetzte, sich auf ihren eigenen Konzerten unerkannt unter die Menge zu mischen. Jahrelang (bis das Waters-Gilmour-Schisma jedes Lager dazu veranlaßte, seine Version der Geschichte erzählen zu wollen) scheuten die Floyd Interviews und ignorierten die Medien (ein anderer plausibler Grund dafür, warum die Kritiker sie schnitten). Durch ihre Entschlossenheit, ihre Privatsphäre vor der Neugierde der Welt zu schützen, drangen die Künstler auch nicht in die Fantasien ihrer Fans ein. Selbst die Plattencover verzichteten auf die Bilder der Interpreten zugunsten surrealer oder bizarrer Bilder, die unter den Floyd-Anhängern eine fast mythische Resonanz gefunden haben: eine Kuh auf einer Weide *(Atom Heart Mother)*; ein Rockbiz-Mogul, der von Flammen verzehrt wird und dabei seinem Doppelgänger freundlich die Hand schüttelt *(Wish You Were Here)*; das zuvor erwähnte aufblasbare Schwein, das zwischen den Schloten von Londons Battersea-Kraftwerk hindurchfliegt *(Animals)*. Im Lauf der Zeit haben Pink Floyd ein Eigenleben und eine eigene Musik entwickelt, die zusammen die individuellen Komponenten der Band transzendieren.

Doch trotz allen High-Tech-Bombastes der Band passierte der ergreifendste Moment der *Momentary Lapse*-Tour während einer der wenigen akustischen Balladen, als man für kurze Zeit auf die Spezialeffekte verzichtete. Ohne jede Aufforderung von der Bühne begannen Tausende von bewegten Fans gemeinsam mit David Gilmour einen weiteren von Roger Waters' Texten zu singen, den dieser in Hinblick auf Syd Barrett geschrieben hatte – jene tief empfundene Meditation über die Abwesenheit, deren herzergreifende Metaphorik in dem wehmütigen Refrain kulminiert: »*How I wish, how I Wish You Were Here...*« *(Wie sehr wünsche ich mir, wie sehr wünsche ich mir, du wärest hier...)*

Teil Eins

A Smile from the Veil

1

Set the Controls for the Heart of the Sun

Einmal unter der Erde, weiß man genau, woran man ist. Nichts kann einem mehr geschehen, und nichts kann einen beunruhigen. Man ist ganz sein eigener Herr und braucht niemanden um seine Meinung zu bitten oder sich darum zu kümmern. Oben geht alles seinen Gang, man läßt es geschehen, und es läßt einen kalt. Wenn man will, taucht man auf, und dann ist alles da und erwartet einen.

Der Maulwurf in *Der Wind in den Weiden*
von Kenneth Grahame

Neunzehnhundertsechsundsechzig war London voller Verheißungen. Nach zwei grauen Jahrzehnten der »Nachkriegsentbehrungen« boomte die Wirtschaft; eine angeblich progressive neue Regierung war an der Macht; und Idealismus und Optimismus blühten und gedeihten.

Selbst die Klassengesellschaft schien ihren Druck auf die britische Psyche zu verringern, als eine dynamische junge Heerschar junger Fotografen, Designer, Dramatiker und Popstars aus der Unterschicht den neuen Ton und Stil für das alte Inselkönigreich bestimmten. Kleidung und Platten waren billig, und ihre Verfügbarkeit versetzte junge Menschen aus einfachen Verhältnissen in die Lage, Mode und Musik zu den Vehikeln einer zügellosen Selbstdarstellung zu machen, die sogar von der Aristokratie übernommen wurde. Und überall in der einst verschlafenen Stadt kam Bewegung in die ungleichen Gruppen der Musiker, Dichter, Regisseure, Maler und politische Aktivisten: »Die Sechziger« (wie wir sie heute nennen) waren auf dem Weg.

Im Frühjahr 1966 hatte die legendäre Vitalität der britischen Hauptstadt ein solches Maß erreicht, daß *Time* sie in einer Titelgeschichte in »Swinging London« umtaufte – in die Stadt des Jahrzehnts, vergleichbar mit dem Paris der Zwanziger und dem Rom der Fünfziger. »Wie noch nie zuvor in der modernen Zeit«, erklärte das Magazin, »ist London auf Touren gekommen. Altehrwürdige Eleganz und neuer Prunk haben sich zu einem atemberaubenden Wirbel aus Op und Pop vermischt.«

Die anglophilen Redakteure der *Time* waren jedoch nicht die ersten amerikanischen Schreiber, die das neue London entdeckten. Mitte der Sechziger, in einer Zeit, in der interkontinentale Flüge keineswegs alltäglich waren, hatten Beat-Autoren wie Allen Ginsberg und William S. Burroughs die Stadt zu ihrer zweiten Heimat gemacht. Talentierte junge Exil-Amerikaner – angefangen von Joe Boyd, dem Statthalter von Elektra Records, bis hin zum Magier auf der elektrischen Gitarre, Jimi Hendrix – sorgten für die transatlantische Synergie, die Londons kulturelles Leben explodieren ließ.

Zu den Zeitzeugen gehörte der auf den Philippinen geborene experimentelle Künstler und Tänzer (und Szeneguru im Sechziger-Jahre-London) David Medalla. »Amerikanische Schriftsteller und Künstler hatten einen ungeheuren Einfluß«, erinnert er sich. »Amerikanische Maler der Nachkriegsgeneration, abstrakte Expressionisten und vor allem die Popkünstler wurden oft zuerst in England ausgestellt, bevor man sie in New York akzeptierte. Die Wirkung der frühen Rock'n'Roll-Stars wie Gene Vincent und Eddie Cochran, die herüberkamen, war unglaublich. Die Engländer wurden von allem total beflügelt und trieben mit ihrer wundervollen Kunstfertigkeit die Entwicklung noch voran. Während man in Amerika noch den puren Rock'n'Roll hörte, gab es in England Leute wie die Beatles, die experimentierten und eine Synthese schufen. Die Beatles-Generation machte sich mit einer einzigartigen Naivität an die Entdeckung all dieser neuen Dinge – neue Frisuren, neue Kleidung.«

Neunzehnhundertsechsundsechzig war das Jahr, in dem die kreativ erblühenden Beatles die Popmusik mit *Revolver* neu definierten – John Lennon und Paul McCartney (unterstützt von Sitars, Streichquartetten und Bandmaschinen) hatten in weniger als zwei Jahren »Yeah Yeah Yeah« und »I Want to Hold Your Hand« in »Eleanor Rigby« und »Turn of your mind, relax, and float downstream« umgewandelt. Die Rolling Stones putzten sich als Regency-Dandys heraus – und füllten die Radiowellen mit düsteren Psychodramen wie »19th Nervous Breakdown« und »Paint It Black«. Peter Townshend, Leader der Who und berüchtigter Gitarrenzerstörer, vermarktete die von seiner Band inszenierte berauschende Mischung aus Mod-Klamotten, harten Akkorden, Feedbacks und anarchistischer Theatralik – zu der Videos und Rauchbomben gehörten – als »Pop-Art«. Der schottische Folkie Donovan (Leitch), einst ein blasser Bob-Dylan-Klon, hatte nicht nur das Licht des Ostens gesehen, sondern gleichzeitig Elektrizität und »Mittelalter« verwoben und die Charts mit »Sunshine Superman« und »Mellow Yellow« erobert. Und Ray Davies von den Kinks hatte sich zu dem wohl ersten Rockstar entwickelt, der mit betont britischem Akzent über betont britische Themen sang und 1966 ein ganzes Trio hochliterarischer Hits zustande brachte: »Dedicated Flower of Fashion«, »Sunny Afternoon« und »Dead End Street«.

Zu den Dingen, die Davies, Townshend, Lennon und Keith Richards von den Stones gemeinsam hatten, gehörte die Tatsache, daß sie alle von der Kunsthochschule kamen – die traditionelle englische Zuflucht für intelligente junge Außenseiter, die es auf den strengeren akademischen Einrichtungen nicht aushielten. Mit dem Aufkommen des britischen Wohlfahrtsstaats waren die Kunsthochschulen für viele ihrer über hunderttausend Studenten zu einem von der Regierung subventionierten Fluchtweg aus der realen Welt in eine intellektuell stimulierende Umgebung geworden.

So war es keine Überraschung, daß die Kunsthochschulen seit langer Zeit einen fruchtbaren Nährboden für solch Manifestationen der Boheme wie der Anti-Atomwaffen-Bewegung, Drogenexperimenten, Beat-Literatur und, nicht zuletzt, Jazz, Blues und Rock'n'Roll geworden waren. Trotzdem gab es ursprünglich nur wenig direkte »Kunst« in der Musik der Popgruppen, die von den Kunsthochschulen kamen. Sie fand hauptsächlich auf indirektem Weg ihren Ausdruck: im visuellen Flair, einem Gespür für Stil und einer ironischen Bewußtheit, die ihren amerikanischen Gegenparts völlig abging.

Laut dem Floyd-Freund und Grafikdesigner Pearce Marchbank ließ sich Englands »ganze Sechziger-Jahre-Kultur« auf die Kunsthochschulen zurückführen – »die Laboratorien, in denen Rockmusiker und Designer und Maler herangezüchtet wurden... Kunststudenten waren sehr offen – wir interessierten uns für alles, was passierte. Die Tatsache, daß man uns ausbildete, Tontöpfe oder Bücher oder Bühnenbilder herzustellen, war irrelevant. Man konnte in die Mensa gehen und mit einem Maler, einem Typographen, einem Filmemacher, einem Grafikdesigner an einem Tisch sitzen und reden, und das konnte man sonst nirgendwo bekommen.«[1]

Der Einfluß der Kunsthochschulen auf die britische Rockmusik wurde Anfang 1970 durch den Dichter und Künstler Pete Brown illustriert, als er eine Platte mit dem Titel *The Art School Dance Goes On for Ever* aufnahm und das Cover mit Zeichnungen berühmter Musikerfreunde schmückte, die dort studiert hatten. Auf seiner Liste standen Lennon (der zu den wenigen gehörte, die davon nicht begeistert waren); Mitglieder der Yardbirds, Stones und Who; Eric Clapton, Ginger Baker und Jack Bruce (für deren kurzlebiges Powertrio Cream Brown Texte lieferte) und ein gewisser Syd Barrett.

Barrett unterschied sich von den anderen insofern, als er zu der *dritten* Generation der Popmusiker gehörte: gerade jung genug, um sowohl von den Beatles und den Stones als auch von den Stars der ersten Generation wie Buddy Holly oder Elvis Presley für den Rock'n'Roll fasziniert zu werden. Zu dem Zeitpunkt, als sich dieser talentierte neunzehnjährige Maler mit Roger Waters, Rick Wright und Nick Mason zusammentat, hatten die Byrds bereit mit ihrer elektrischen Popversion von Bob Dylans visionärem »Mr. Tambourine Man« einen weltweiten Nummer-Eins-Hit gelandet, und die Beatles lagen mit ihrem *Rubber Soul* in den Geburtswehen. In der Popmusik hatte sich schon eine neue künstlerische Qualität und Bewußtheit etabliert, als Syd begann; im Gegensatz zu früheren Kunsthochschul-Rock'n'Rollern betrachtete die Band, die Syd berühmt machte, ihre Musik vom buchstäblichen ersten Tag an als Kunst.

In Amerika stiegen langhaarige Jugendliche in Massen aus der »Plastikgesellschaft« aus. Abgestoßen vom Vietnamkrieg und angezogen von den Drogen (vom relativ ungefährlichen Marihuana bis hin zu Dr. Albert Hoffmans hochwirksamer 1938er Erfindung Lysergsäurediäthylamid), die damals eher als Schlüssel zur Bewußtseinserweiterung denn als Betäubungsmittel galten, strömten die sogenannten Hippies und Blumenkinder in solche Oasen wie San Franciscos Haight-Ashbury-Viertel. Diese alternativen Gemeinschaften fanden ihre Stimme in einer ganzen Heerschar bewußt nichtkommerzieller Bands, die ebenfalls von den Beatles und Stones entwöhnt waren – die Grateful Dead, Jefferson Airplane, Moby Grape – und die fast ausnahmslos »psychedelische« Lightshows bei ihren Auftritten einsetzten.

Es dauerte noch eine Weile, bis ihr Acid-Rock auf Platte zu hören war, und Londons Kontakte zu den Brutstätten der Gegenkultur in San Francisco und New York beschränkten sich auf entstellende Zeitungsartikel und ein paar sehr seltene Augenzeugenberichte der wenigen, die persönlich dort gewesen waren. Nichtsdestotrotz sprang der Funke der amerikanischen Jugendrevolution auf die Vorhut von Londons jungen Musikern, Schriftstellern und Künstlern über, die in kürzester Zeit ein britisches Gegenstück entwickelten.

Notting Hill wurde für London mehr oder weniger das, was

Haight Ashbury für San Francisco oder East Village für New York war. In einem für das damalige England ungewöhnlichen Ausmaß rassisch gemischt – es hatte sogar Rassenunruhen erlebt –, war Notting Hill sowohl eine billige Wohngegend als auch ein Mekka für schwarze Musik und den Cannabishandel. Trotzdem sind nur wenige Gruppen von Aussteigern je so wohlerzogen und gut ausgebildet gewesen wie die führenden Köpfe jener sich entwickelnden alternativen Gemeinschaft. Um es mit den Worten eines Beteiligten zu sagen, des Cambridge-Absolventen Peter Jenner, Enkel eines Parlamentsabgeordneten der Labour Party: »Wir waren im herkömmlichen Sinne alle sehr erfolgreich, aber irgend etwas fehlte uns. Wir hatten im Lotto gewonnen, und trotzdem schien uns alles schrecklich unbefriedigend.«

Jenner zumindest ging noch einem anerkannten Beruf nach – er war Dozent für Ökonomie und Soziologie an der London School of Economics. Sein erster pottrauchender Partner, der charismatische Friedensaktivist John Hopkins, hatte ebenfalls einen akademischen Grad in Cambridge erworben, nur um seine Karriere als Atomphysiker aufzugeben und als freier Fotograf zu arbeiten, während er nebenbei eine Reihe »kleiner« Magazine herausgab.

»Hoppys« schmetterlingshafte Begeisterung für den Jazz fand ein Ventil in einem Job bei der wöchentlich erscheinenden Londoner Musikzeitschrift *Melody Maker*, aber während der britischen Popexplosion Anfang der 60er verlagerte sich ihr thematischer Schwerpunkt, und die Jazzmusiker vor seiner Kamera machten den Beatles und den Rolling Stones Platz. Diese frühen Begegnungen mit den neuen Rockkönigen waren, wie Hopkins sagt, »ein toller Spaß. Persönlich war ich viel mehr an Jazz interessiert – aber ich begann mich auch mit *dieser* Art von Musik zu beschäftigen.«

Hoppys Partner bei seinen kurzlebigen Magazinprojekten wie der *Longhair Times* war der täuschend sanftmütig wirkende (Barry) Miles. Ursprünglich besser bekannt als Allen Ginsbergs führender britischer Schüler und Gefolgsmann (er vollendete schließlich 1989 die autorisierte Biographie des Dichters), hatte Miles im Juni 1965 eine erfolgreiche Dichterlesung in der Londoner Royal Albert Hall mitorganisiert. Das Ereignis präsentierte amerikanische Poeten wie Gregory Corso und Lawrence Ferlinghetti zusammen mit ihren britischen Kollegen wie Adrian Mitchell und Pete Brown, lockte sechstausend eingeborene Hipster an, kulminierte in Ginsbergs seherischer Rezitation seines »Tonight Let's All Make Love in London« und ist seitdem oft als das erste Donnergrollen der britischen Undergroundbewegung bezeichnet worden.

Anfang 1966 war Miles der Mitbegründer des innovativen und einflußreichen Indica-Projekts, einer Mischung aus Buchladen und Kunstgalerie, das von Peter Asher finanziert wurde, dem Bruder von Paul McCartneys Freundin Jane. Auf diese Weise wurde Indica der Ort (und Miles der Mann), der den Hunger der Beatles in ihrer neuen Inkarnation als spirituelle Sucher und kulturelle Blutsauger stillte; noch heute ist es allgemein als der Ort bekannt, wo sich John Lennon und Yoko Ono zum ersten Mal begegneten. (Der Name wurde schelmenhaft von der damals unentbehrlichen Pflanze *Cannabis Indica* abgeleitet...) Jane Asher für ihren Teil heiratete später Gerald Scarfe, der weiter hinten in unserer Geschichte als der Illustrator von *The Wall* wieder auftauchen wird.

In der Zwischenzeit schlossen sich Jenner und Hoppy mit »einem Haufen abgedrehter Leute« zusammen, wie sie der letztere bezeichnet – darunter die Autoren John Michell und Felix de Mendelsohn, der Dichter Neil Oram, Joe Boyd von Elektra Records und der Black-Power-Aktivist Michael X –, um die London Free School am Powis Place in Notting Hill zu gründen. »War waren alle Akademiker und so«, erklärt Jenner, »aber wir erkannten, daß das, was man auf den Schulen und Universitäten beigebracht bekommt, nur ein kleiner Teil der Wahrheit ist. Wir kombinierten [dies] mit einer sozialarbeiterartigen Einstellung zu der Kluft zwischen der intellektuellen

Elite und den schlechtausgebildeten kleinen Leuten in North Kensington. Aber es ging auf Dauer nicht gut. Die meiste Zeit diskutierten wir über das, was wir tun wollten, und begannen erst am Ende des Frühlings [1966] mit der praktischen Arbeit – mit ein paar Vorlesungen in Michael X' schrecklich düsterem, möblierten Zimmer. Dann kamen die Sommerferien, und eine Menge Leute gingen fort.« Obwohl diese Gegenuniversität weniger eine konkrete Realität und mehr ein elektrisierendes Konzept war, erinnert sich Jenner an sie als »wahrscheinlich die erste öffentliche Manifestation des Undergrounds in England«.

Da ihre Gründer sich in ihrer beatinduzierten Begeisterung für den Jazz einig waren, gehörte zu den ersten Nebenprodukten der Free School eine visionäre Plattenfirma namens DNA. Jenner, Hoppy und de Mendelsohn planten, sich Joe Boyds Elektra-Kontakte nützlich zu machen, um die Werke von Musikern zu vertreiben, die zu progressiv waren, als daß sie hoffen konnten, einen Vertrag bei den spießigen großen Labeln zu bekommen.

Das einzige Album, das so entstand, war *AMMusic* von der innovativen Free-Jazz-Band AMM, die für ihre weißen Laborkittel, ihre dem experimentellen Theater entlehnten Lichteffekte und ihre selbstentwickelten und selbstgebauten Instrumente berüchtigt waren. Darunter befand sich ein Fußpedal, das mit einem Radio verbunden war; wenn sie es bei ihren Auftritten einschalteten, paßten die AMMusiker ihre Improvisationen vom jeweiligen Pophit an, der zu diesem Zeitpunkt zufälligerweise gesendet wurde. Ihre LP bestand aus nur zwei Stücken, eins auf jeder Seite, die die surrealen Titel »Later During a Flaming Riviera Sunset« und »After Rapidly Circling the Plaza« trugen. Obwohl ohne jeden kommerziellen Erfolg, hatten AMM einen großen Einfluß auf zumindest eine Band, die Erfolg haben sollte.

Das »alternative London« kam immer mehr unter Dampf, und zwar mit einer Reihe von Sonntagnachmittags-Happenings im Marquee Club, dem berühmten Treffpunkt in Soho, wo mehrere Generationen von Musikern (unter anderem, nur ein paar Jahre zuvor, die Rolling Stones, die Yardbirds und die Who) ihre Legenden begonnen hatten. »Spontaner Underground« – in etwa zu gleichen Teilen bestehend aus Jam-Sessions, Kostümpartys und anarchischem Treiben – bot eine britische Variation des amerikanischen In-Seins. Der Veranstalter, Steve Stollman, war ein echter New Yorker, dessen Bruder das avantgardistische US-Plattenlabel ESP leitete, das gerade sein experimentelles Jazzprogramm mit der mehr oder weniger rockorientierten Gruppe The Fugs verbreitet hatte.

Stollman war, erinnert sich Miles, »voller brillanter Ideen und Pläne. Er hatte die New Yorker Energie und Chuzpe, die den Engländern völlig abgeht.« Die Einladung zu seinem Marquee-Eröffnungshappening im Februar 1966 lautete: »Wer wird da sein? Dichter, Popsänger, Ganoven, Amerikaner, Homosexuelle (denn sie stellen 10 Prozent der Bevölkerung), 20 Clowns, Jazzmusiker, ein Mörder, Bildhauer, Politiker und ein Haufen Mädchen, die jeder Beschreibung spotten...«

Obwohl gewöhnlich ein oder zwei Rockbands zum nachmittäglichen Unterhaltungsprogramm gehörten, konnte kein einzelner Act erwarten, im Mittelpunkt der Aufmerksamkeit zu stehen. Bei den Auftritten flimmerten Acht-Millimeter-Filme an einer Wand, und zwischen den Musikern und dem Publikum wurde kaum ein Unterschied gemacht. Das letztere wurde aufgefordert, sich so schrill wie möglich zu kleiden und mit solch »improvisierten« Instrumenten wie Toilettensaugern, Paketröhren und sogar Transistorradios zum allgemeinen Chaos beizutragen.

»Das Großartige war, daß Stollman keine Acts ankündigte; er versprach überhaupt nichts«, sagt Miles. »Man mußte Eintritt bezahlen, aber das bedeutete nicht unbedingt, daß einem etwas geboten wurde. Man mußte sich selbst unterhalten.

Da tauchten all diese Dichter auf, und ich erinnere mich noch, daß sich einmal ein Mädchen auf der Bühne die Haare schneiden ließ. Eines Tages kamen Ginger Johnsons afrikanische Drummer – über ein Dutzend, die auf riesigen afrikanischen Trommeln spielten. Donovan war da, auf Acid und völlig weggetreten, mit Augen, die er wie Kleopatra geschminkt hatte, mit sechs Sitarspielern im Schlepptau. Ich habe ihn später darauf angesprochen, und er konnte sich an nichts erinnern.«

Spontaner Underground wurde allein durch Mundpropaganda verbreitet – und durch kryptische Einladungen im Stil der folgenden:

TRIP
bring möbel spielzeug propeller teppich
farbe ballon krimskrams kostüm maske
roboter kerze weihrauch leiter rad
licht dich selbst alle anderen 13 märz 17 uhr
marquee club
90 wardour street w1
5,–

Obwohl sie nicht namentlich angekündigt waren, handelt es sich hierbei um das einzige überlieferte Dokument des Spontaner-Underground-Debüts einer Gruppe von vier Studenten, deren Baßverstärker die Aufschrift The Pink Floyd Sound trug.

Wie gewöhnlich war auch John Hopkins anwesend. »Es waren nicht viele Leute da, vielleicht vierzig oder fünfzig«, erinnert er sich. »Die Band machte keine Musik, sie machte *Klänge*. Ganze Wellen, ganze Klangteppiche, wie man sie noch nie zuvor von irgendeiner Rock'n'Roll-Gruppe gehört hatte. John Cage hatte solches Zeug komponiert. Und plötzlich waren da diese jungen Kunststudenten und spielten das verrückteste Zeug. Eine Menge Leute gerieten völlig aus dem Häuschen. Es war fantastisch.«

Im Frühjahr 1966 traten The Pink Floyd Sound regelmäßig im Spontanen Underground auf, und die Neuigkeit verbreitete sich schnell unter Hoppys Künstlerfreunden, Miles eingeschlossen. »Sie waren die ersten«, sagt er, »die eine Art intellektueller Experimentalmusik mit Rock'n'Roll kombinierten, und Rock hat mir immer gefallen. Denn das Zeug, mit dem man aufwächst, ist immer da – man kennt die Texte zu allen Songs, so primitiv sie auch sein mögen.

In den späten Fünfzigern war ich ein Rock'n'Roller, ein Teddy-Boy-Verschnitt. Dann fuhr ich auf Jazz ab, und es gab da eine Zeit von rund vier Jahren, in der ich nicht den blassesten Schimmer von Rock'n'Roll hatte. Ich war ein Produkt der Kunsthochschule, des amerikanischen abstrakten Impressionismus und der Beat-Generation. Ich traf zwar die Beatles auf Allen Ginsbergs Geburtstagsparty, aber ihre Musik interessierte mich noch nicht. Die Floyd-Synthese war – zumindest erschien es mir so – etwas ganz Außergewöhnliches.«

Der Inhaber des berühmten Indica-Buchladens war beeindruckt genug, um den Floyd ihren ersten Pressebericht zu verschaffen – ausgerechnet in New York, wo die neue Underground-Zeitung, der *East Village Other*, ihn gebeten hatte, einen Artikel über Englands alternative Kunstszene zu schreiben. »Anfänglich«, erklärt Miles, »habe ich die Floyd nie als Individuen gesehen. Ich sah sie als Teil der avantgardistischen Bewegung, die damals London prägte.«

Peter Jenner andererseits hatte kein sonderliches Interesse an der Entwicklung irgendeiner Rock'n'Roll-Band, ob sie nun »experimentell« oder sonst etwas war. »Als intellektueller Snob aus der Mittelschicht kam ich vom Jazz«, erklärt er. »In jener Zeit durfte man sich nicht für Popmusik interessieren; sie war nicht angesagt. Selbst von jungen Leuten erwartet man, daß sie sich mit klassischer Musik beschäftigten – das war die ›richtige Musik‹. Wenn man ein bißchen abgedreht war, fuhr man auf Jazz ab. Und wenn man *richtig* abgedreht war, fuhr man auf den Chicago Blues ab. Mir gefiel der elektrische Blues,

Sachen wie Bo Diddley und Muddy Waters, aber der wurde von weißen Jungs in London nicht gespielt; der war nicht angesagt – obwohl ich damals mit Eric Clapton herumhing. Aber damals dachte er genauso wie ich.«

Anfang 1966 ließ Jenners Abneigung gegen den Rock etwas nach: »Mit Bob Dylan und den Byrds begann man zu begreifen, daß Popmusik Interessanteres zu bieten hatte als ›itsybitsy yellow polka-dot bikini‹.« Zudem war dem »Business-Beatnik« (wie ihn seine Freunde nannten) klar geworden, daß die Bedingungen des Vertrages zwischen seinem jungen Avant-Jazz-Label und der Elektra bedeuteten, daß »wir Millionen Platten verkaufen mußten, um überhaupt Geld zu verdienen. Ich spreche nicht vom Reichwerden – ich spreche vom Geldverdienen. Wir konnten von unseren zwei Prozent Tantiemen nicht einmal die Aufnahmekosten bezahlen. Ich kam zu dem Schluß, daß wir eine Popgruppe brauchten, weil ich dachte, Popgruppen würden Geld verdienen.«

An einem Sonntag im Mai stöhnte Jenner unter dem »sterbenslangweiligen Joch«, Examensarbeiten korrigieren zu müssen. Eine Generation vor ihm hatte ein ähnlich gelangweilter Professor, J. R. R. Tolkien, sein Joch dadurch erleichtert, daß er auf ein leeres Blatt aus den Unterlagen eines Studenten die Worte kritzelte: »In einer Höhle in der Erde, da lebte ein Hobbit« – und das war der Anfang der mythischen Sage von Mittelerde, die für Englands aufblühenden Underground zur Bibel werden sollte. Peter Jenner seinerseits schob die Examen zur Seite und spazierte in den Marquee Club – wo er die definitive Band der Subkultur »entdeckte«.

Soweit es die meisten der Spontanen Undergroundler betraf, war die Hauptattraktion dieses Nachmittags eine der ersten jener Riesenportionen rote Grütze (auch als Wackelpeter oder Götterspeise bekannt), die zum obligatorischen Teil der alternativen Londoner Happenings werden sollten (die Gummibärchen – oder Geleebonbons –, mit den die Beatlemaniacs einst die Fab Four beworfen hatten, waren im Lauf der Popgeschichte durch Riesenportionen Grütze ersetzt worden). Mehrere wagemutige junge Hipster zogen ihre Kings-Road-Klamotten aus und sprangen in die rote Masse, wo sie sich zur Musik von Pink Floyd Sound wanden und krümmten.

Mehr von der Band als von der Grütze beeindruckt, ertappte sich Jenner bei der Frage, ob dies vielleicht die Popgruppe seiner Träume war, der Act, der DNA-Records vor der Pleite retten und in die schwarzen Zahlen bringen konnte. »Sie waren avantgardistisch, sie waren gut«, sagt Jenner. »Meine Ohren gerieten völlig durcheinander, denn mitten in geradlinigen Bluessongs oder ›Louie Louie‹ hoben sie plötzlich ab und brachten diese psychedelischen Einschübe.

Ich weiß noch, wie ich beim erstenmal, als ich sie im Marquee hörte, vor der Bühne hin und her lief und herauszufinden versuchte, woher der Sound kam, wer was spielte. Normalerweise gibt es da den Baß, *Bumm, Bumm, Bumm*; das Klavier, *Kling, Kling, Kling* – und *Kläng, Kläng, Kläng*, das ist die Gitarre. Aber bei den Instrumentalstücken fand ich einfach nicht heraus, ob es nun die Gitarre oder das Keyboard war. Es faszinierte und es ärgerte mich. Es war ganz anders, nicht so sauber und ordentlich wie die meiste Popmusik, die ich völlig langweilig fand: ›My baby loves me, yeah, yeah, yeah‹, und die Akkorde wiederholen sich ständig.

In meiner verklemmten Art als Angehöriger der oberen Mittelschicht konnte ich eine Beziehung zu ihnen entwickeln; ich begriff, daß das, was sie da machten, interessant war.«

Jenner spürte bald darauf den Bassisten und den Drummer in ihrem Haus im Norden von Londons Highgate-Distrikt auf. »›Ihr Burschen könnt größer als die Beatles werden‹ – und wir starrten ihn an und sagten im zweifelnden Ton: ›Tscha, nun, wir melden uns bei dir, sobald wir aus dem Urlaub zurück sind.‹ Denn wir waren auf dem Weg zum Kontinent, um uns dort in die Sonne zu legen.«[2]

Bei dieser Begegnung erfuhr der Möchtegern-Musikmogul auch, daß The Pink Floyd Sound kurz vor dem Auseinanderbrechen stand; es fehlte an Gigs, die stressige Suche nach neuen Jobs wurde zuviel, und Roger und Nick hatten genug mit ihrem Architekturstudium am Regent-Street-Polytechnikum zu tun. Außerdem interessierte sich der Sänger und Gitarrist Syd Barrett – der nach Jenners Ansicht Starqualitäten hatte – noch immer mehr für seine Malerei als für die Band.

2

Embryo

In London, der Heimatstadt von Nick Mason und Rick Wright, fanden die Floyd zusammen und wurden berühmt. Die drei erfolgreichen Steuermänner der Band jedoch – Barrett, Waters und Gilmour – stammten alle aus Cambridge, das etwa eine Auto- und Zugstunde nördlich der Hauptstadt liegt.

Seit dem dreizehnten Jahrhundert von seiner weltberühmten Universität geprägt – deren Colleges der Großteil der Stadt gehört, und deren Studenten, Dozenten und andere Angestellte rund ein Fünftel der hunderttausend Einwohner stellen –, ist Cambridge bekannt für seinen Wohlstand und seine Kultur, für seine fast völlig erhalten gebliebenen mittelalterlichen Bauten und seine landschaftliche Schönheit. Nach den äußeren Maßstäben dessen, was man »Lebensqualität« nennt, repräsentiert Cambridge das Beste, was England zu bieten hat.

Das Zentrum der Stadt – mit dem Cam, dem Fluß, der ihr seinen Namen gegeben hat – ist ein Labyrinth aus schmalen, gewundenen Gassen, die von jahrhundertealten Gasthöfen und Kirchen gesäumt werden. Diese weichen nach und nach saubereren, vom roten Ziegelstein geprägten Vororten wie Cherry Hinton, berühmt für seine jährlichen Folkfestivals, wo Syd Barrett aufwuchs; und dann folgen die hügeligen Parklandschaften und die gemütlichen, im Tudorstil gehaltenen Häuschen von Grantchester Meadows, das Roger Waters in einem Text verewigen sollte und das Gilmour einst sein Zuhause nannte.

Doch noch weiter draußen liegen die saftigen grünen Niederungen, die bis zu ihrer Trockenlegung vor dreihundert Jahren eine unpassierbare Moorlandschaft bildeten, wo der Sage nach Mutanten mit Schwimmhäuten zwischen den Fingern hausten

41

und grunzende, unflätige Töne wie »*Ummagumma*« ausstießen. Der heutige Reisende wird viel eher auf unzählige Kühe in einer idyllischen Landschaft stoßen und an das Cover der Pink-Floyd-LP *Atom Heart Mother* erinnert – oder (wenn er seine Fantasie ein wenig mehr bemüht) auf die schwarzgrüne Vogelscheuche im Gerstenfeld, die Syd Barrett auf ihrem ersten Album zum Leben erweckte. Falls es heute noch in den Niederungen spuken sollte, dann sind es die Geister der vielen tausend amerikanischen Soldaten, die im Zweiten Weltkrieg ihr Leben verloren haben und die dort unter endlosen Reihen schlichter weißer Kreuze begraben liegen.

Sowohl Peter Jenner als auch John Hopkins hatten die Universität von Cambridge besucht, aber die Kluft zwischen Stadt und Universität, Einheimischen und Studenten, machte von vornherein einen Kontakt zu ihren zukünftigen musikalischen Bannerträgern unmöglich. Im Gegensatz zu einigen anderen britischen Rockgrößen jedoch konnten und wollten die führenden Köpfe von Pink Floyd niemals vortäuschen, aus der Arbeiterklasse zu kommen. Sie stammten aus dem Bürgertum, hatten beide Eltern von akademischem Rang. Doug Gilmour war Professor für Genetik und seine Frau Silvia eine Lehrerin, die später in die Filmbranche überwechselte. Max Barrett war Gerichtspathologe und galt zudem als einer der führenden britischen Experten auf dem Gebiet der Kindersterblichkeit. Mary Waters war Schuldirektorin und betätigte sich aktiv in der Kommunalpolitik; ihr Mann war ebenfalls Lehrer gewesen und hatte Sport und Religion unterrichtet.

Eric Fletcher Waters war jedoch schon lange tot – 1944 in Italien gefallen. Waters senior war erst Dreißig gewesen, als er starb, zusammen mit vierzigtausend anderen britischen Soldaten, die bei dem todesmutigen Versuch, den Brückenkopf der Nazis bei Anzio zu stürmen, abgeschlachtet wurden. Sein drittes Kind, George Roger Waters, war nur ein paar Monate zuvor, am 9. September 1943, zur Welt gekommen. Man muß nicht weiter nach dem Ursprung des Komplexes suchen, der Waters' Jahre bei den Floyd bestimmte – ganz zu schweigen von dem militanten Antimilitarismus, der seine Songtexte immer mehr beherrschte. In Waters' eigener Terminologie stellte der Verlust seines Vaters den ersten – und den schlimmsten – Stein in der Mauer dar.

»Ich würde jede Wette eingehen, daß es keinen Tag gibt«, meint der Autor und ehemalige *Rolling Stone*-Redakteur Timothy White, »an dem Roger Waters nicht bewußt *und* unbewußt den Vater, den er nie gekannt hat, betrauert und vermißt – oder die Hierarchie der Umstände verflucht, die ihm dieses (aller Wahrscheinlichkeit nach liebende) Elternteil genommen haben.«

Jedem, der die Platte und den Film *The Wall* kennt, werden bestimmte Einzelheiten auffallen, die aus Rogers Kindheit entnommen sind: wie er in einer Schublade seiner Mutter die Uniform seines Vaters und ein Beileidsschreiben von König George VI. findet; wie er ein sterbendes Tier rettet, nur um es auf Befehl der bereits erwähnten hartherzigen Dominatrix in den Mülleimer zu werfen; wie er in ein Internat voller Sadisten abgeschoben wird, die geradewegs einem Buch von Dickens entstiegen zu sein scheinen und kein anderes Ziel kennen, als auch den letzten Funken Kreativität oder Individualität aus ihren unglückseligen kleinen Opfern herauszuprügeln. »Es war schrecklich«, sollte Waters 1979 sagen. »Nie irgendeine Ermutigung, nie ein ernsthafter Versuch, sie für irgend etwas zu interessieren, nur darauf aus, sie stumm und still zu halten und sie in die richtige Form zu hämmern, damit sie auf die Universität gehen und es *schaffen*.«[1]

Alles weitere Steine in der Mauer, aber in Rogers Hauptwerk durch das Mittel der Karikatur zum Leben erweckt. *Einige* von seinen Lehrern waren »sehr nette Kerle«, gab er zu; und seine schottische Mutter hat ihm eine »vernünftige Einstellung zur Welt und dem Leben« vermittelt, zumindest »so vernünftig, wie es ihr möglich war«. Mary Waters mag das Fehlen des

Vaters überkompensiert haben, aber im Herzen versuchte sie nur, für den jüngsten ihrer drei Söhne das Beste zu erreichen. Sie war und ist eine Persönlichkeit mit festgefügten Ansichten (darunter auch extrem linken politischen): wie die Mutter, so der Sohn – der nie auch nur ansatzweise zu erkennen gegeben hat, daß er das ändern möchte.

Als junger Teenager umgab sich Roger am liebsten mit Spielzeugpistolen (und schoß mit echten) und blieb nächtelang wach, um mit seinem Batterieradio American Forces Network oder Radio Luxemburg zu hören (eine Erinnerung, die er dreißig Jahre später mit seinem Solo-Album *Radio K. A. O. S.* heraufbeschwören sollte). »Auf einsame Weise war das Radio das erste Objekt, zu dem ich – von meiner Familie und der Schule abgesehen – eine Art Beziehung entwickelte. Es war immer da, wenn man es brauchte, und wenn es einem zuviel wurde, schaltete man es einfach ab; in dieser Hinsicht war es ein pflegeleichtes Medium. Es bedrängte einen nicht, trieb einen nicht in die Ecke, und trotzdem brachte es einem die Ansichten anderer Leute nahe, mehr sogar als das Fernsehen. Das Radio hat kein Bild. Auf das Radio kann man sich viel besser konzentrieren. Man kann nicht im Dunkeln fernsehen, weil zum Fernsehen Licht gehört.«[2]

Die ersten Platten, die sich Waters kaufte, waren Alben von Blueslegenden wie Leadbelly, Billie Holiday und Bessie Smith. Später ging er zu zeitgenössischen Blues und Jazz über – »alles, nur keinen Rock'n'Roll«. Er war ein Teenager, der nie Singles sammelte.

Seine Cambridger Freunde beschreiben den jungen Waters als schlagfertig und bis zur Hochnäsigkeit selbstbewußt. Nach seinen eigenen Worten verlebte er auf der relativ progressiven Cambridge County High School für Jungen »eine fantastische Zeit«, auch wenn in seinem Abschlußzeugnis stand, daß »Waters nie sein beträchtliches Potential genutzt hat«.

Von seiner an den Wochenenden stattfindenden Ausbildung zum Marinekadetten war er weniger begeistert, obwohl

er es bis zum Hauptmatrosen brachte. Bei einem propheti-
schen Zwischenfall meuterten seine jungen Untergebene, über
Rogers herrische Art empört, und schlugen ihn zusammen.
Waters entschied daraufhin, daß militärische Disziplin nichts
für ihn war, zog ohne viel Federlesens die Uniform aus und
wurde unehrenhaft entlassen. Statt dessen wurde er Vorsit-
zender der örtlichen Jugendgruppe der Anti-Atomwaffen-Bewegung.

Auch einige zukünftige Kollegen besuchten die Cambridge
County High School für Jungen. Einer von Rogers Klassenkameraden war Storm Thorgerson, der Sohn von Mary Waters'
bester Freundin und später der kluge Kopf, der hinter Floyds
klassischen LP-Covern steckte. Zwei Klassen unter ihnen war
Syd Barrett, mit dem sich Storm immer mehr befreundete, und
zwei Klassen unter *ihm* wiederum war der spätere zweite Gitarrist von Floyd (und Roger Waters), Tim Renwick – dessen
Pfadfindergruppe von Syd angeführt wurde.

So schwer es einem auch fallen mag, sich diesen legendären
Propheten der Psychedelik von der dunklen Seite des Mondes
in einer Pfadfinderuniform vorzustellen, so verlebte Roger
Keith Barrett – geboren am 6. Januar 1946 – doch eine völlig
normale Kindheit. Er wuchs in einem großen Haus an der Hill
Road auf, der schönsten Straße von Cherry Hinton, in der
Obhut warmherziger, liebender Eltern. Er war ein beliebter
und guter Schüler: seine Interessen reichten von Zelten und
Sport bis hin zu Theater und Malerei, wo er sich besonders
hervortat. Sein Vater war ein Fan klassischer Musik, dessen
wertvoller Flügel regelmäßig zum Mittelpunkt musikalischer
Familienabende wurde, an denen außer Roger Barrett (oder
»Syd«, wie sein Spitzname lautete) auch seine beiden Brüder
und Schwestern teilnahmen. Barrett förderte außerdem die
musikalischen Interessen seines jüngsten Sohnes mit dem
Kauf eines Banjos – und, auf das Drängen des Jungen hin,
einer Gitarre.

Als Syd vierzehn war, zerstörte Dr. Barretts plötzlicher Tod das idyllische Bild. Storm Thorgerson sieht in diesem Trauma den ersten »Katalysator« für den späteren Wahnsinn seines Freundes. Es war, in Waters' Worten, der erste Stein in Syds Mauer.

1962 gab es in Cambridge, wie in den meisten englischen Städten, eine lebendige, blühende Musikszene; gut über hundert Bands spielten auf beiden Seiten der Kluft, die Einheimische und Studenten trennte. Zu den weniger bedeutenden zählten Geoff Mott and the Mottoes, zu denen auch Syd Barrett gehörte, inzwischen stolzer Besitzer einer elektrischen Gitarre, für die er selbst einen kleinen Verstärker gebastelt hatte. Weitere Mitglieder waren Nobby Clarke, ebenfalls Gitarrist; Bassist Tony Santi; und Drummer Clive Welham – sowie der Sänger und Frontman, dessen voller Nachname Motlow lautete. Teilweise um Syd über den Tod seines Vaters hinwegzuhelfen, stellte die stets nachgiebige Mrs. Barrett der Band ihres Sohnes das große, zur Straße hin gelegene Wohnzimmer ihres Hauses als Proberaum zur Verfügung, nachdem die Umstände sie gezwungen hatten, es in eine Pension umzuwandeln. Das Repertoire der Mottoes bestand aus dem leichtverdaulichen Hitparadenfutter der aktuellen britischen Charts wie den Songs von Cliff Richards Shadows, gelegentlich mit einem Schuß Chuck Berry gewürzt.

Clive Welham beschreibt jene Proben am Sonntagnachmittag als »eine tolle Zeit, echte Sahne«, wenngleich sie »recht stümperhaft und naiv waren. Wir waren einfach scharf darauf, Musik zu machen, ein paar Gitarrenakkorde mit einem dumpfen Drum zu verbinden.« Ein gelegentlicher Besucher dieser »Gigs« war Barretts älterer Schulkamerad Roger Waters, der auf seinem geliebten alten AJS-Motorrad in die Hill Road knatterte; aber ihm fehlte noch immer das Interesse, selbst Musik zu machen.

Wie alle von Syds Cambridger Freunden bemerkte auch der Drummer der Mottoes an ihm kaum ein Anzeichen dafür, daß er musikalisches Genie entwickelte – oder eine geistige Störung. Welham sah in Barrett in erster Linie einen »hervorragenden Maler, als Maler wesentlich talentierter denn als Musiker. Um ehrlich zu sein, Syd war ein lausiger Gitarrist. Selbst als die Floyd berühmt wurden, übertraf seine Kreativität seine musikalischen Fähigkeiten bei weitem.

Ich hätte niemals für möglich gehalten, daß er irgendwann eine geistige Störung entwickeln würde. Ich hielt ihn für einen aufgeweckten, umgänglichen Burschen. Sehr relaxed, mit einer Art milliganeskem Humor – irgendwie goonisch.« (»The Goon Show« war eine populäre britische Radiosendung mit der absurden Komik von Spike Milligan und Peter Sellers.)

Die bescheidene Karriere der Mottoes fand ihren Höhepunkt in einer sonnabendlichen Tanzveranstaltung in einer örtlichen Schule und einem Benefizkonzert für die Anti-Atomwaffen-Bewegung in den Union Cellars in der Innenstadt. Welham wechselte zu einer halbprofessionellen Band namens The Ramblers über; und Geoff Motlow sang später bei den Boston Crabs, die als erste Cambridger Gruppe einen Plattenvertrag (bei EMIs Columbia, dem späteren Floyd-Label) und fast eine Hitsingle (»Down in Mexico«) landen sollte. Nach einem kurzen Zwischenspiel als Bassist bei einer anderen örtlichen Band war Syd Barrett wieder allein und ergötzte auf Partys seine Freunde mit den Songs von Lennon und McCartney und versponnenen Liedchen wie »The Effervescing Elephant«, das seinen ersten Versuch als Songwriter darstellte.

»Er hat uns oft was vorgespielt und vorgesungen«, sagt Storm Thorgerson, »und er war der erste von uns, der auf die Beatles abfuhr. Er war bis zu einem gewissen Grad talentiert, aber wir waren ohnehin eine talentierte Gruppe; viele von uns wurden Schriftsteller, Musiker, Künstler und Theaterleute. Syd war Syd, und obwohl jeder von uns begabt war, konnte niemand ahnen, was die Zukunft bringen würde.

Diese Zeit mit sechzehn, siebzehn ist ungeheuer aufregend, und er gehörte einfach dazu. Wir veranstalteten Picknicks, schwammen im Fluß, gingen auf Partys, fuhren mit dem Auto herum, rauchten zusammen Dope, lachten und machten Musik. Zwar gab es schon damals ein paar Typen bei uns, die ziemlich abgedreht waren, aber nicht Syd. Er war einfach einer von den Jungs.«

Zu »den Jungs« gehörte auch Storms Kumpel und »bester Freund auf Lebenszeit« David Gilmour, der auf den Tag genau zwei Monate nach Syd geboren worden war, am 6. März 1946. Im deutlichen Gegensatz zu Roger Waters wuchs der junge Dave bei freizügigen, lockeren Eltern auf, die von einem Cambridger Freund als »für die damalige Zeit sehr unkonventionell, äußerst trendig« beschrieben wurden.

Als einziger zukünftiger Floyd, der, von Syd abgesehen, schon in jungen Jahren großes Interesse an der Musik zeigte, zählte Dave zu seinen geheiligten Besitztümern eine 78er von Bill Haleys »Rock Around the Clock« (bis sich das Au-pair-Mädchen der Gilmours darauf setzte!) und fand seine Bestimmung im Alter von dreizehn Jahren, als ihm ein Nachbar eine billige spanische Gitarre schenkte. Noch heute erzählt Gilmour, wieviel er dem amerikanischen Folksänger Pete Seeger zu verdanken hat – »einem meiner Lieblingsmusiker«–, dessen populäre, aus Buch und Platte bestehende Gitarrenkurse ihn in die Lage versetzten, sein neues Instrument zu beherrschen.

Dave und Syd kamen sich näher, nachdem sie von ihren jeweiligen High Schools abgegangen waren und das Cambridge College of Arts and Technology besuchten. »Er war im Kunstseminar, lernte Kunst«, erinnert sich Gilmour, »während ich Sprachen lernte. Er und ich und eine Menge anderer Leute, die sich für Musik interessierten, hingen in der Mittagspause in der Kunsthochschule herum und spielten Songs auf Gitarren und Harmonikas.«

Die Songs, die bei solchen Treffen gespielt wurden, stammten immer mehr von britischen Künstlern – die Beatles und ihre Nachfolger lieferten Schuljungen wie Syd und Dave ein viel plausibleres Rollenmodell als Chuck Berry oder selbst die Beach Boys und erfüllte sie mit einem Stolz auf die Popmusik ihres eigenen Landes, der noch vor nur ein oder zwei Jahren undenkbar gewesen wäre. Als die Rolling Stones ihren Durchbruch hatten, half Gilmour – der in einer Band namens The Newcomers gespielt hatte und der weitaus bessere Gitarrist war – einem völlig begeisterten Barrett beim Einstudieren von Keith Richards' Licks; die beiden experimentierten außerdem mit Slidegitarre und Echohall (vom Haschisch ganz zu schweigen). Aber bis zur kurzlebigen Inkarnation der Floyd als fünfköpfige Band Anfang 1968 beschränkte sich ihre musikalische Zusammenarbeit auf eine Handvoll akustischer Sessions in einem Cambridger Club namens The Mill – und ein paar Auftritte als Straßenmusiker in Südfrankreich, wo die beiden Urlaub machten und einiges über die Vor- und Nachteile des Reisens per Anhalter lernten.

1963 stieß Gilmour zur neuen Band des Ex-Mottoes-Drummers Clive Welham, den Ramblers. David, Clive und der Rhythmusgitarrist John Gordon entschlossen sich, die Gruppe unter dem Namen Jokers Wild neu zu formieren. Zu der neuen Besetzung gehörten außerdem Mottoes-Bassist Tony Santi und der vielseitige begabte John Altham, der Gitarre, Keyboard und Saxophon spielte.

Weil sich alle fünf Jokers als Sänger sahen, war ihr wichtigstes Kapital der vielstimmige Gesang – einschließlich der Songs der Beach Boys und der Four Seasons. Gilmour fungierte oft als Leadsänger, selbst wenn er auf seiner geliebten kleinen Hofner-Club-60-Gitarre seine Instrumentalsoli vortrug. Seine Erkennungsmelodie war Wilson Picketts »In the Midnight Hour«.

»Dave mußte immer seinen Willen durchsetzen, aber er machte es auf eine nette Art«, berichtet Welham. »Trotzdem lief alles auf demokratischer Basis ab. Es war eine der bestorganisierten Bands, mit denen ich je gearbeitet habe, selbst als ich älter wurde. Wenn es um die Musik ging, waren alle mit äußerster Ernsthaftigkeit bei der Sache. Jeder schien genau zu wissen, was er machte.«

Der Drummer erinnert sich, daß schon damals Gilmours größtes musikalisches Talent »sein Gespür für Feeling und Timing [war]. In neunundneunzig Prozent aller Fälle stimmten seine Nummern, und dafür liebte ich sein Gitarrenspiel. Ob es sich nun um kurze Riffs oder sonst was handelte – ob er eine rasante, schnelle Nummer oder etwas Langsames und Zurückhaltendes spielte –, es war immer genau so, wie es sein mußte. Er hatte diese Intuition.«

In der Zwischenzeit war Dr. Gilmour nach Übersee gezogen – nach Lower Manhattan – im Zuge der Abwanderung britischer Top-Wissenschaftler und -Gelehrter, die dort erheblich mehr verdienen konnten als zu Hause. (»Roger«, witzelte Dave einmal, »verlor seinen Vater im Krieg; ich verlor meinen in Greenwich Village.«[3]) Von seinen Eltern schon früh zur Selbständigkeit erzogen, blieb Dave auf sich allein gestellt in einer kleinen Wohnung an der Mill Road zurück, im Herzen von Cambridge. »Er war damals ziemlich arm dran«, sagt Welham. »Eine Jeans und eine gefütterte Jacke waren sein einziger Besitz.«

Gilmour selbst erinnert sich, mit Jokers Wild bis spät in die Nacht auf US-Militärstützpunkten gespielt zu haben und um vier Uhr morgens todmüde ins Bett gefallen zu sein, nur um drei Stunden später wieder aufzustehen und Gelegenheitsjobs zu übernehmen. (Am lukrativsten erwies sich für einen großen, blonden und gutaussehenden Jungen wie Dave die Arbeit als Dressman.) All das bestärkte den nach außen hin lockeren Gitarristen nur in seiner grimmigen Entschlossenheit, seinen eigenen Weg zu gehen und Erfolg zu haben, eine Entschlossenheit, die sich eine Generation später während des Floydschen Bürgerkriegs erneut bemerkbar machen sollte.

1964 und 1965 war es sein oberstes Ziel, Jokers Wild den ihnen gebührenden Platz in der britischen Popszene zu verschaffen, deren Lohn im Gefolge der Beatles und der Stones schier grenzenlos schien. Nachdem sie sich in Cambridge etabliert hatten und jeden Mittwochabend im Victoria Ballroom spielten, traten Jokers Wild als Vorgruppe bei örtlichen Gigs der Animals und Zoot Moneys auf. Bald fuhren sie regelmäßig mit ihrem Ford Transit nach London, wobei Gilmour immer öfter das Steuer übernahm – und zwar im praktischen als auch im übertragenen Sinne. Bei einem ihrer Clubdates erregte er sogar die Aufmerksamkeit von Brian Epstein: allerdings hatte das Interesse des Beatles-Managers mehr mit Daves gutem Aussehen als mit der Musik der Jokers zu tun, und es kam schlußendlich nichts dabei heraus.

Sie nahmen allerdings in London eine selbstproduzierte Platte auf, die auf einer LP-Seite fünf Songs enthielt, während die andere Seite leer blieb. Rund einhundert Stück wurden privat gepreßt und zu Hause an Freunde verkauft. Zwanzig Jahre später sollte eine davon auf dem Plattensammlermarkt für vierhundert Pfund gehandelt werden.

Daß ein eigener, origineller Stil nie die Stärke von Jokers Wild – oder David Gilmour – war, läßt sich an der Zusammenstellung der Songs belegen, bei denen es sich hauptsächlich um Coverversionen von *Coverversionen* handelte: Chuck Berrys »Beautiful Delilah« und Frankie Lymons »Why Do Fools Fall in Love« wurden im Stil der Kinks- und Beach-Boys-Versionen interpretiert und das R&B-Stück »Dont't You Ask Me« im Stil Manfred Manns arrangiert (wobei Gilmour an der Harmonika Manns Paul Jones nachäffte!). Außerdem gab es noch die Four-Seasons-Evergreens »Sherry« und »Big Girls Don't Cry«.

Die Platte verschaffte Jokers Wild nichtsdestotrotz Zugang zu dem ausgeflippten jungen Produzenten Jonathan King, der eine starke Position bei Decca Records und mit »Everyone's Gone to the Moon« einen eigenen Hit gelandet hatte. In den Londoner Regent Sound Studios nahm King das geplante Decca-Debüt der Jokers auf: Sam and Daves »You Don't Know What I Know« mit Otis Reddings »That's How Strong My Love

Is« auf der B-Seite. Doch bevor die Platte veröffentlicht werden konnte, wurde der ultimative Alptraum für eine englische R&B-Coverband Wirklichkeit: Englands einflußreiche Piratensender entdeckten das Original von Sam and Dave und sorgten dafür, daß es als Single herausgebracht wurde. Die Jokers-Wild-Version von »You Don't Know What I Know« war eine Totgeburt – und damit war auch die einzige Chance verflogen, die das Schicksal für die Jokers vorgesehen hatte.

Hätte es damals nicht diese tragikomische Wendung gegeben, hätte dieses Buch vielleicht eine ganz andere Band zum Thema. Über zwanzig Jahre später zeigte sich Gilmour gegenüber Welham überzeugt, daß er unter ähnlichen Voraussetzungen auch mit Jokers Wild einen Erfolg wie mit Pink Floyd gehabt hätte. Aber, fügte Dave hastig hinzu: »Es wäre eine ganz andere Band geworden.«

Während Gilmour und Jokers Wild in Cambridge blieben – Lokalgrößen« für junge Bewunderer wie Tim Renwick –, verlegten Waters und später auch Barrett ihr Studium nach London, um dort an ihrer Karriere als Architekt beziehungsweise Maler zu arbeiten. Am Regent-Street-Polytechnikum tat sich Welham – der inzwischen ein Fan der Rolling Stones geworden war und sich eine Gitarre zugelegt hatte – mit den Architekturstudenten Rick Wright und Nick Mason zusammen, die sich eine Wohnung in Highgate teilten und eine Band gründen wollten.

Am 28. Juli 1945 in London geboren, hatte Richard William Wright (Sohn von Bridie und Cedric) ursprünglich die Haberdashers Prep School besucht, eine private Vorbereitungsschule für die Hochschule, und sich nicht entscheiden können, welchen Weg er einschlagen sollte. »Irgendwann«, erinnert sich Rick, »meinte der Studienberater: ›Warum versuchst du's nicht mit Architektur?‹ Erstaunlicherweise nahmen sie mich – Gott sei Dank, denn so lernte ich Nick und Roger kennen. Aber ich wollte nicht Architekt werden. Ich wollte Musiker werden.

Jazz war damals meine Leidenschaft. Das einzige Mal, als ich für Eintrittskarten Schlange gestanden habe, war mit siebzehn bei einem Konzert von Duke Ellington.«

Während alle anderen Floyd nach den Maßstäben angehender Rock'n'Roller in den Sechzigern wohlhabend waren, war Nicholas Berkeley Mason *reich*. Am 27. Januar 1945 in Birmingham geboren – und, wie Rick Wright, einziger Sohn mitten unter Schwestern–, wurde er von Bill und Sally Mason in einem herrschaftlichen Anwesen an der Downshire Hill großgezogen, einer der exklusivsten Straßen in Londons exklusivem Hampstead-Distrikt. Bill Mason hatte einige Bekanntheit als Englands führender Dokumentarfilmer für Motorsport erlangt und war selbst Amateurrennfahrer und begeisterter Sammler von Vorkriegssportwagen – zwei Leidenschaften, die Nick, der schon in jungen Jahren seinen Dad zu den Treffen seines Oldtimerclubs begleitete, erben sollte. Die Zufahrt zum Anwesen der Masons war oft von all den schicken Sportwagen versperrt, zu denen auch der Lotus Elan und Aston-Martin gehörten, die sich Nick bereits zugelegt hatte, als er sich mit Wright und Waters zusammenschloß. Unter den Trophäen des jungen Mason befand sich auch ein Diplom des vornehmen Frensham-Heights-Internats, wo man sich noch heute an ihn als erstklassigen Unruhestifter erinnert.

Trotzdem nahm dieser schienbar verwöhnte Bengel sein Architekturstudium wesentlich ernster als Wright – oder selbst Waters, der die Vorlesungen mit unverschämten Zwischenrufen störte und die allein aufs Pauken konzentrierte Lehrmethode kritisierte. Zusätzlich durch die Erkenntnis desillusioniert, daß das britische Architekturestablishment mehr durch ökonomische als durch ästhetische Überlegungen motiviert wurde, gab Roger sein Stipendium für Musikinstrumente aus.

Die erste Band von Waters, Wright und Mason hieß Sigma 6, bestehend aus Leadgitarre, Rhythmusgitarre und Drums, alles Instrumente, die keiner von ihnen richtig beherrschte. Roger hatte zwei Unterrichtsstunden am Londoner Spanish Guitar

Centre genommen, ehe seine Aversion gegen das Üben der Tonleiter die Oberhand gewann. Zur Besetzung gehörten außerdem Bassist Clive Metcalf, Sängerin Juliette Gale (mit der Wright bald eine Wohnung teilte) und Sänger Keith Noble – und ein Manager namens Ken Chapman, der Karten mit der Ankündigung drucken ließ: »Sigma 6 stehen für Clubs und Partys zur Verfügung.« Chapman halste der Band auch sein eigenes Material auf – das Waters folgendermaßen charakterisierte: »›Have you seen a morning rose?‹ zur Melodie eines Tschaikowsky-Präludiums oder so was in dieser Richtung.«[4] Trotzdem spielten sie das Zeug, da ihr Möchtegern-Svengali den Produzenten Gerry Bron kannte, der eines Tages mit Uriah Heep und der Bonzo Dog Band arbeiten sollte, aber Sigma 6 an sich vorübergehen ließ.

Nach der Trennung von Chapman durchliefen Sigma 6 eine schwindelerregende Serie von Namensänderungen: von The T-Set über The Megadeath bis hin zu The Architectural Abdabs oder Screaming Abdabs oder einfach Abdabs. In dieser letzten Inkarnation landeten sie ihren ersten Pressebericht im *The Regent Street Poly Magazine*, das die Abdabs als »eine aufstrebende neue Popgruppe« bejubelte, die »hofft, sich einen Namen als Rhythm & Blues-Band zu machen«. Waters' Ansichten über die Faszination von Rhythm & Blues wurden zitiert: »Es ist einfacher, sich im Bluesstil rhythmisch auszudrücken. Man braucht keine Übung, man braucht nur das Grundgefühl.«[5]

Zu diesem Zeitpunkt war Waters in Masons Highgater Bude gezogen, deren Besitzer Mike Leonard war, Kunstdozent aus Hornsey mit einem bahnbrechenden Interesse an der Verbindung von Musik und bunten Scheinwerfern. Wenn man die Neigung der Cambridger Studenten bedenkt, sich in der großen Stadt zusammenzutun, war es keine Überraschung, daß zwei gitarreklimpernde Bekannte aus dem Heimatort ebenfalls dazustießen und in Rogers Band spielten. Der eine war Bob Close, Mitstudent am Regent-Street-Polytechnikum und ein perfekter Jazzgitarrist, der mit einer Gruppe namens Blues

Anonymous gearbeitet hatte. Der andere war Syd Barrett, der ein Stipendium an der Camberwell Art School bekommen hatte.

»Mit dem Einstieg von Bob Close«, erinnert sich Waters, »hatten wir endlich jemand, der sein Instrument wirklich beherrschte. Erst dann bestimmten wir, wer was spielen sollte. Ich wurde von der Lead- an die Rhythmusgitarre und dann an den Baß versetzt. Dauernd hatte ich diese grausige Angst, daß ich als Drummer enden würde.«[6]

Juliette verließ die Band und wurde schließlich Mrs. Richard Wright; Metcalf und Noble verschwanden von der Bildfläche. Rick schwor in der Zwischenzeit der Gitarre ab und lief zu den Keyboards über (er spielte auch Cello, aber selten in der Öffentlichkeit); begann sich für zeitgenössische elektronische Komponisten wie Karlheinz Stockhausen zu interessieren; und gab, nachdem er vom Regent-Street-Polytechnikum geflogen war, ein kurzes Gastspiel am London College of Music.

Als Syd hinzukam, geriet er rasch mit dem unheilbar spießigen Close aneinander, der leider nicht die Faszination des experimentell gesinnten Kunststudenten für die Möglichkeiten des Gitarrenfeedbacks und des Echohalls teilte, ganz zu schweigen von seinem erblühenden Interesse für östlichen Mystizismus, das Übernatürliche, ESP und LSD. Bob stieg aus – und Syd war, fast ohne eigenes Zutun, Chef der Gruppe.

Kurz darauf fand Barrett eine dauerhafte Bleibe unweit vom West-End-Theaterviertel, in der 2 Earlham Street, wo bereits mehrere junge Neuzugänge aus Cambridge untergekommen waren. Dazu gehörten Susie Gawler-Wright, deren Lebensgefährte (und späterer Ehemann) Peter Wynne Willson, ein Beleuchter am New Theatre, einer von Syds engsten Freunden und künstlerischen Mitarbeitern werden sollte. Der familiäre Hintergrund sowohl von Peter als auch von Susie hätte nicht seriöser sein können: Wynne Willsons Großonkel beispielsweise war der Bischof von Bath und Wells.

»Seriös« allerdings war wohl kaum die richtige Bezeichnung für den halbseidenen Verlag, der unter der Schirmherrschaft eines anderen Mitbewohners im Erdgeschoß gedieh. Ein französischer Fahnenflüchtiger, Jean-Simon Kaminsky, hatte seine Erfüllung darin gefunden, indizierte Porno-»Klassiker« von Olympia Press neu herauszugeben und mit eigenen Illustrationen zu versehen. (Damit war der moralische Niedergang der 2 Earlham Street noch nicht beendet. Lange nachdem Barrett und die Wynne Willsons sowie ihre schrille gegenkulturelle Entourage ausgezogen waren, wurde ihr Haus zu einem Bordell umfunktioniert.)

Zu Jean-Simons Erleichterung machte Syd den Eindruck eines relativ bescheidenen Menschen, der meist in seinem Zimmer saß und auf einer akustischen Gitarre klimperte. Susie erinnert sich an ihn als einen »glücklichen, ausgeglichenen Kunststudenten, der sehr rücksichtsvoll und süß war und glaubte, Songs schreiben zu können«.

Barrett geriet nichtsdestotrotz in einen Strudel von Ereignissen, in denen Storm Thorgerson später den zweiten »Katalysator« für seinen Niedergang sah. Zwei Jahre bevor der Maharishi zu den Beatles stieß, verstrickten sich viele von Syds Cambridger Kumpeln, von denen die meisten bereits LSD probiert hatten, in einen indischen religiösen Kult namens Sant Mat oder Weg der Meister. »Eine Menge Leute versuchten Syd einzufangen und für ihre Religion zu gewinnen«, sagt Susie, die selbst eine Anhängerin des Kultes war.

Zu den Geboten von Sant Mat gehörten der Verzicht auf Fleisch und Alkohol und tägliche meditative Übungen von zweieinhalb Stunden Dauer. »Das ganze Guru-Weisheit-des-Ostens-Zeug«, erinnert sich Thorgerson, »war eine Begleiterscheinung der Acidgeneration. Es gab eine Menge Dinge auf Acid, die mit der östlichen Philosophie übereinzustimmen schienen, auch wenn Westler diese Philosophie kaum verstanden. Kids verstanden sie ganz bestimmt nicht, aber sie schien eine gewisse Anziehungskraft auf uns zu haben.

Syd und ich gingen also in ein Hotel im Zentrum von London, um dort den Meister zu treffen. Ich war im Grunde nur neugierig, aber Syd wollte initiiert und ein sogenannter Sat Sanghi werden.« Im Gegensatz zu seinen Cambridger Freunden wie Nigel Gordon und Susie Gawler-Wright wurde Barrett jedoch vom Maharaji Charan Signh Ji abgewiesen, weil er Student war und sich deshalb auf die Beendigung seines Studiums konzentrieren sollte. Diese Erklärung war, wie Storm meint, »ein Euphemismus« – aber wofür, bekam Syd nie heraus. Obwohl er selten mit seinen Freunden darüber sprach, spürten sie, daß Barrett die Zurückweisung des geheimnisvollen Gurus eben persönlich nahm. Von da an hatte er das Gefühl, seine Erleuchtung woanders suchen zu müssen – vor allem in der Kunst und in Chemikalien.

Die Besessenheit, mit der Syd anschließend seine Psyche bis zur Selbstzerstörung belastete, erinnert an das berühmte Credo, das der ähnlich jugendliche und charismatische Arthur Rimbaud ein Jahrhundert zuvor in Frankreich abgelegt hatte: »Ein Poet wird durch eine lange, schrankenlose und systematische Desorganisation all seiner Sinne zum Visionär. Alle Formen der Liebe, des Leidens, des Wahnsinns... beraubt er in sich selbst aller Gifte und bewahrt ihre Quintessenzen.« Barrett wollte seine eigene Apotheose von »Liebe, Leid und Wahnsinn« erreichen – und zwar durch die für das späte zwanzigste Jahrhundert typische Mischung aus Sex, Drogen und Rock'n'Roll (wenn auch nicht unbedingt in dieser Reihenfolge).

Der seltsame Name, den Syd seiner Band vermachte, entsprang keiner Drogenvision, sondern zwei obskuren Namen aus seiner Plattensammlung: die Georgia Bluesmen Pink Anderson (1900–1974) und Floyd »Dipper Boy« Council (1911–1976). Das frühe Repertoire von The Pink Floyd Sound war allerdings weit weniger esoterisch und bestand hauptsächlich aus den größten Hits der Rolling Stones und alten Schinken wie »Louie Louie« und »Road Runner«. Was die Gruppe von Zehntausenden anderen unterschied, die dieselben Nummern überall in England auf Partys und in Pubs spielten, waren die Instrumentaleinlagen, reich an Verzerrungen, Feedback und Improvisationen, durch die der Gitarrist (zunehmend vom Stockhausen-beeinflußten Keyboarder unterstützt) seine phlegmatische kleine R&B-Band in völlig andere Regionen versetzte.

The Pink Floyd Sound traten unter diesem Namen erstmals Ende 1965 im Londoner Countdown Club auf – ein Gig, für den die vier Studenten fünfzehn Pfund bekamen. Im Laufe der nächsten Monate spielten Jokers Wild beziehungsweise die Floyd oft als Vorgruppe für die jeweils andere Gruppe in ihren jeweiligen Hochburgen Cambridge und London. An einem denkwürdigen Abend waren die Bands von David Gilmour und Syd Barrett – »Zwillingsgestirne aus einer Kleinstadt«, wie Thorgerson es ausdrückt – die Hauptattraktionen einer großen Party in Shelford bei Cambridge. Der traditionelle »Kabarett«-Füller – in der ein akustischer Act oder ein Komiker der tanzenden Menge eine Pause vom elektrisch verstärkten Rock'n'Roll gönnte – war ein am Hungertuch nagender New Yorker Folkie namens Paul Simon.

Der Fotograf Mick Rock, damals Studienanfänger an der Universität von Cambridge, wurde von gemeinsamen Freunden zu einem Auftritt von Syds Band an der örtlichen Kunsthochschule mitgenommen. »Ich hatte nicht die blasseste Ahnung, was mich erwartete«, erinnert er sich. »Das war einer jener Momente, in denen man etwas noch nie Dagewesenes sieht, das völlig neue Möglichkeiten eröffnet.« Nach der Show gingen sie alle mit Barrett in seine Kellerbude im Haus seiner Mutter und rauchten dort einen Haufen riesiger Joints.

Die Cambridger Studentenszene war eine der hipsten im ganzen Land – »es hat dort eine richtige kleine Acidexplosion gegeben«, sagte Rock. »Zur damaligen Zeit war es ein ganz besonderer Ort.« Bei seinen häufigen Besuchen in seiner Heimatstadt, ob nun mit oder ohne die Floyd, wurde Barrett zu einer Art Szeneguru. Syd war nach Rocks Worten »*besonders* hip. Er war immer der erste, der neue Sachen ausprobierte.

Ich studierte damals in Cambridge französische und deutsche Literatur; von daher rührten auch meine Fantasien. Auf dem linken Seineufer von Paris zu leben, Drogen zu nehmen und wilde Gedichte zu schreiben – das war für mich das wahre Leben. Ich wollte nicht einen Haufen Geld verdienen. Ich war von dieser romantisch-mythischen Vorstellung von Dichtern und Malern und Künstlern völlig durchdrungen. Und Syd wurde für mich zu dieser Art mythologischer Figur – ›das göttliche Licht‹.« (Obwohl Gilmour ebenfalls ein Fixpunkt jener Cambridger Subkultur war – und man, wie Rock meint, »sich keinen netteren Menschen vorstellen konnte« –, sah keiner Jokers Wild in demselben Licht wie die Pink Floyd Sound. Dave machte »nicht die wilde, avantgardistische Musik, auf die die wilden Cambridger Studienanfänger abfuhren. Aber genau die wollte man hören, wenn man Tanzen ging.«)

Doch es war bei einem anderen Gig außerhalb Londons – an der Universität von Essex Anfang 1966 –, daß die göttliche Vorsehung zuschlug. »Wir interessierten uns damals schon für Multimedia«, berichtete Waters, »und irgendein heller Kopf dort hatte einen Film gemacht... hatte diesem doppelseitig gelähmten Burschen eine Filmkamera in die Hand gedrückt, ihn in seinem Rollstuhl kreuz und quer durch London geschoben und ihn die Stadt aus seiner Perspektive filmen lassen. Und während wir spielten, zeigten sie diesen Film hinter uns auf einer Leinwand.«[7]

3

Learning to Fly

1966, nach ihrer Rückkehr aus den Sommerferien, waren Barrett, Waters, Mason und Wright bereit, mit Peter Jenner und seinem langjährigen Freund und zukünftigen Partner Andrew King über Geschäfte zu reden. Da King vor kurzem bei der Lehr- und Ausbildungsabteilung von British Airways ausgeschieden und arbeitslos war, hatte er genug Zeit zur Verfügung – und eine bescheidene Erbschaft, die er in ein vielversprechendes neues Unternehmen investieren wollte.

Laut Jenner argwöhnte Roger Waters zuerst, daß es sich bei den beiden Männern um Drogendealer handelte. Andererseits hatten die vier Studenten nicht viel zu verlieren, wenn sie auf die Annäherungsversuche des überschwenglichen Dozenten und seines freigebigen Sidekicks eingingen: Amateure in jeglichem Sinne des Wortes, hatten sie weder einen Manager noch einen Agenten; ihre technische Ausrüstung war minimal und darüber hinaus altersschwach; und ihr Kleintransporter drohte jeden Moment den Geist aufzugeben. Als sie sich entschieden, ihr Schicksal mit Jenner und King zu verbinden, war eine der ersten Taten der letzteren, für rund tausend Pfund neue Instrumente und Verstärker zu kaufen. (Die kurz darauf wieder gestohlen wurden, so daß sich die Musiker eine neue Ausrüstung besorgen mußten – und zwar auf Raten.) Jenner für seinen Teil begeisterte Syd Barrett für die AMM-Spieltechniken und brachte ihm bei, Kugellager über die Saiten der Gitarre zu rollen; er schlug außerdem vor, daß die Pink Floyd das überflüssige »Sound« aus ihrem Namen streichen sollten.

Der ursprüngliche Plan, die Floyd zum Flaggschiff von Jenners DNA Records zu machen, wurde rasch fallengelassen, als Roger darauf beharrte, daß die Gruppe am dringendsten einen

Vollzeitmanager brauchte – einen Job, den Peter und Andrew trotz der hartnäckigen Fragen ihrer skeptischen Freunde (»Pink wer?«) begeistert übernahmen. Die Zusammenarbeit wurde schließlich mit Blackhill Enterprises zementiert, einer Firma, an der die vier Bandmitglieder und ihre beiden Produzenten zu je einem Sechstel beteiligt waren und die ihren Namen nach einem kleinen Bauernhof erhielt, der Jenner und King gehörte. Daß ein Popmusikmanager einem Künstler einen gleichberechtigten Anteil an einem Unternehmen einräumte, statt ihn mit 20 oder 25 Prozent der Bruttoeinnahmen abzuspeisen, war ungewöhnlich. Aber die neuen Förderer waren ihren psychedelischen Idealen treu und entschlossen, wie es Peter Jenner ausdrückte, »alternativ und gleichberechtigt zusammenzuarbeiten, demokratisch und groovy«.[1]

Währenddessen fuhren Jenner und die anderen subversiven Elemente von der Free-School-Front mit der Verwirklichung ihrer abstrusen Pläne fort. Nach einer erbitterten Szenedebatte, ob man es hinnehmen sollte, daß »dem Volk« die freie Benutzung »öffentlicher Einrichtungen« verwehrt blieb, halfen sie Michael X und einer respektgebietenden, an den Rollstuhl gefesselte Hausfrau namens Rhonnie Laslett bei der Mobilisierung der westindischen Gemeinde und der Organisation des ersten Notting-Hill-Karnevals, für den Jenner als Schatzmeister fungierte. Wenngleich ihre vielgepriesene Mischung aus Straßenfest, Umzug und Demonstration auf den eher symbolischen Widerstand der Polizei stieß (die sich nicht entblödete, einen als Pferd verkleideten Pantomimen und einen Mann in einem Gorillakostüm zu verhaften), ist der Karneval seitdem zu einem beliebten, jährlich stattfindenden Volksfest geworden. Von Pink Floyd vielleicht abgesehen, bleibt er die langlebigste Hinterlassenschaft der Free School.

Die Floyd traten kurz bei einem Free-School-Benefizkonzert in der All Saints Church am Powis Place in Notting Hill auf, deren liberaler Vikar seine Kirche für alle möglichen Veranstaltungen wie die Sitzungen des Bezirksrates oder die Aufführungen schwarzer Theatergruppen zur Verfügung stellte. Der Sound and Light Workshop, sagt John Hopkins, »war eine Möglichkeit, ein paar Schulden abzutragen und jede Menge Spaß zu haben«. In beider Hinsicht erfolgreich, erwies er sich als viel populärer, als man erwartet hatte, und wurde zu einer regelmäßigen Freitagabendveranstaltung, die auch nach dem Ende der Free School fortgeführt wurde. Die Shows wurden hauptsächlich durch Mundpropaganda und Handzettel wie den folgenden angekündigt:

ANKÜNDIGUNG:
POP TANZ MIT LONDONS
ABGEDREHTESTER GRUPPE
THE PINK FLOYD
MIT
INTERSTELLAR OVERDRIVE
STONED ALONE
ASTRONOMY DOMINI
(ein astraler Chor)
& anderen Nummern aus
ihrem Programm des
Weltraumzeitalters
sowie:
DIASHOW
FLÜSSIGLIGHTSHOW
DIE ZEIT: 20.00–23.00 UHR
DER TAG: FREITAG, 14. OKTOBER
DER ORT: ALL SAINTS HALL, POWIS
GARDENS, W. 11
DER ANLASS: VIEL SPASS
EINE WEITERE PRODUKTION DER
FREE SCHOOL

Rick Wright hat diese frühen Floyd-Auftritte als »rein experimentell« bezeichnet, »eine Zeit, wo wir lernen und herausfinden konnten, was wir eigentlich wollten. Jede Nacht herrschte das reinste Chaos, weil wir völlig neue Sachen machten und keiner von uns wußte, wie die anderen darauf reagieren würden.«[2] Der Multimedia-Poet Pete Brown sagt, daß die All Saints Hall regelmäßig von »unglaublich verrückten Jamsessions« erschüttert wurde – von denen »eine damit endete, daß Alexis Korner, Arthur Brown, Mick Farren, Nick Mason und ich ›Lucille‹ sangen. Was eine Menge Leute ziemlich entsetzte – uns eingeschlossen!«

Miles erinnert sich dennoch, daß nach einem typischen Sound and Light Workshop die Floyd »Fragen aus dem Publikum beantworteten, wo ernste junge Avantgardisten wie ich sich für Multimedia-Experimente und ähnliche Dinge interessierten. Es war eine ›Lehr-Veranstaltung‹, sehr ernsthaft gemeint.«

Ein amerikanisches Pärchen, Joel und Toni Brown – Freunde des LSD-Gurus Timothy Leary –, tauchte bei der ersten All-Saints-Show mit einem Diaprojektor auf und projizierte die verrücktesten Bilder auf die Floyd, während sie spielten. Obwohl ihre Dias sich kaum mit dem phantasmagorischen Wirbel der Haight-Ashbury-Lightshows vergleichen ließen, hatte diese Neuerung einen elektrisierenden Effekt auf die Band und ihr Publikum – und auf Peter Jenner, der keine Zeit verlor und umgehend mit seiner Frau Sumi und Andrew King ein rudimentäres »psychedelisches« Lightshowsystem zusammenbastelte. Ihre Konstruktion bestand aus Richtstrahlern mit bunten Plexiglasscheiben, die auf Brettern angebracht und durch ganz gewöhnliche Lichtschalter per Hand bedient wurde. Nach und nach verfeinert und verbessert wurde das System vom ersten Beleuchter der Floyd, Joe Gannon, einem siebzehnjährigen Wunderknaben mit Verbindungen zum Beleuchter-Lehrgang am Hornsey College of Arts, der dabei noch von Syd Barretts Hausgenossen Peter Wynne Willson und Susie Gawler-Wright unterstützt wurde. Zu einer Zeit, in der alle Bands ausnahmslos

63

auf die Saallichter des jeweiligen Auftrittsortes angewiesen waren, sammelte Wynne Willson die ausrangierten Geräte des West-End-Theaters, wo er arbeitete, und setzte sie bei den Gigs der Floyd ein. Dann besorgte sich Gannon Scheinwerfer, die er über ein kleines, von Wynne Willson erfundenes keyboardähnliches Instrument bediente, sowie einige kleine fünfhundert und tausend Watt starke Projektoren. Sie entwickelten außerdem die Flüssigdias, die zum Markenzeichen der Londoner Underground-Ära wurden.

»Peter beschmierte die Dias mit Doctor Martin's Inks – sehr leuchtende Farben«, erklärte Sue. »Wir fügten noch verschiedene Chemikalien hinzu: es war eine ziemlich schmutzige und sehr spaßige Sache. Mit einer Lötlampe erhitzten wir die Flüssigkeit und kühlten sie mit einem Fön wieder ab. Ich war ganz fasziniert, wenn ich sah, wie sich die Blasen bewegten.«

»Wir dachten, wir würden nachahmen, was man in New York und Kalifornien machte«, sagte Jenner. »Aber in Wirklichkeit sind nur sehr wenige von uns in Amerika gewesen; damals setzte man sich nicht so einfach ins Flugzeug. Importplatten waren teuer und schwer aufzutreiben, und es gab keine richtige Rockpresse, so daß die Informationen wahnsinnig gefiltert und ungenau waren. Es gab nur vage Gerüchte über Bands wie Velvet Underground und Jefferson Airplane.«

John Hopkins' damalige Freundin hatte ihre fünfzehn Minuten Starauftritt als die weibliche »Füllung« des rassengemischten Sexsandwichs in Andy Warhols Ultra-Undergroundfilm *Couch*. Sie war vor kurzem aus New York zurückgekehrt und verbreitete die verlockendsten Geschichten über das Exploding Plastic Inevitable – die Multimedia-Performances im Dom mit Velvet Underground – und eine Kassette mit Aufnahmen von Lou-Reed-Songs. (Die Velvets hatten ihr erstes Album noch nicht veröffentlicht.)

»Als ich die Floyd bekam«, erinnert sich Jenner, »glaubte ich, ein ›Rockmanager‹ werden zu müssen. Auf einer Party hörte ich von den Velvet Underground; dann hörten wir ihre

Demos – ›Kiss the boot of shiny leather‹ und das ganze Zeug. Ich dachte: ›Sie sind gut – die sollte ich managen.‹ Ich rief John Cale an und sagte: ›Hallo, ich bin Peter Jenner und ich möchte euch managen.‹« Der Electric-Viola-Mann der Velvets informierte ihn, daß die Karriere der Band bereits in den Händen von Mr. Warhol lag. Jenner und seine Genossen mußten sich damit zufriedengeben, das Exploding Plastic Inevitable – oder Haight-Ashburys Avalon- und Fillmore-Shows – so zu kopieren, wie sie es sich *vorstellten*. »Wir wußten im Grunde nicht, was sich drüben abspielte«, erzählt Jenner. »Und so schufen wir *unsere* Version des Underground. Als ich nach drüben kam, stellte ich fest, wie völlig anders alles war. Die Pink-Floyd-Lightshow, die ich mit Andrew gebaut hatte, arbeitete mit relativ schwachen Scheinwerfern, die große Schatten warfen. Die blendenden High-Tech-Blitzgewitter des Fillmore waren etwas völlig anderes. Aber in gewisser Hinsicht war die Show der Floyd viel fantasievoller.« (Ein anderer wichtiger Unterschied war, daß die Airplane und die Dead nie ihre eigene Lightshow hatten; in San Francisco wurden unabhängige Anbieter wie die Joshua Light Show eher von den Veranstaltern als den Bands engagiert. Von Anfang an war bei den Floyd das visuelle Element viel stärker in die Musik integriert.)

Jenner berichtet, daß er zwanzig Jahre später ein starkes Gefühl des Déjà vu hatte, als er Billy Bragg auf einer bahnbrechenden Tournee durch die UdSSR begleitete und sich für den Sowjetrock zu interessieren begann. »Sie haben eine dermaßen gefilterte Vorstellung von der westlichen Musik, daß bei ihnen wahnsinnig interessante Sachen ablaufen, die irgendwie daneben liegen. Das Wenige, was zu ihnen herüberkam, machte sich selbständig, entwickelte konsequenterweise ein eigenes Leben, einen eigenen Charakter. Was jetzt in der Sowjetunion geschieht – daß sie nicht wissen, was wirklich in England los ist, aber mitmachen wollen und ihre *eigene* Szene schaffen–, das geschah auch in den sechziger Jahren in England.«

Bei der Personalauswahl für ihre aufstrebende Firma griffen die Blackhill-Boys auf ihre Nachbarn zurück. In Peter und Sumi Jenners Haus an der Edbrooke Road wohnten ein Juwelier, Mick Milligan, und dessen Freundin June Child – zusammen mit den rund ein Dutzend Katzen der Jenners, von denen die meisten schwarz waren und Squeaky hießen. Im Zimmer unterm Dach hauste ein junger Mod-Flüchtling aus der Provinz, John Marsh (ironischerweise wohnte dort zuvor Mike Ratledge von Soft Machine, den Underground-Rivalen der Floyd). Wie es damals Mode war, führte diese bunte Truppe ein lockeres, freischwebendes Kommunardenleben und ernährte sich zeitweise von den Obst- und Gemüseabfällen, die nach Schließung des Straßenmarktes in der Portobello Road übrigblieben.

Die energische und tatkräftige June Child – besser bekannt als June Bolan nach ihrer späteren Heirat mit der Poplegende Marc Bolan – wurde bei Blackhill beinahe zufällig zur Sekretärin (und dann zum Mädchen für alles). »Ich hatte damals nicht gearbeitet«, berichtet sie, »und war den ganzen Tag zu Hause in meinem Zimmer im Keller. Peter lehrte damals am LSE, und was Andrew machte, weiß ich nicht mehr. Aber dauernd klingelte das Telefon, und ich nahm die Gespräche entgegen, und fast jede Nachricht war für die Floyd. Und eines Tages sagte ich dann plötzlich zu Peter und Andrew: ›Das ist einfach lächerlich. Könnt ihr mich dafür nicht bezahlen?‹ Ich bekam drei Pfund, acht Shilling und Sixpence die Woche, also fast nichts. Aber es war bar auf die Hand.« Jenner erließ ihr außerdem die Miete.

Im Lauf der Zeit übernahm June immer mehr Aufgaben, fuhr den Transporter der Floyd, trieb ihre Gaben ein und zahlte ihre Honorare aus.

John Marsh arbeitete immer öfter als Hilfsbeleuchter für die Floyd – bis er seinen Job in der Buchhandlung Dillon verlor, weil er zu oft fehlte, und auf die Lohnliste von Blackhill kam.

Nach Joe Gannons Übersiedlung an die Westküste* war nun der geschickte und einfallsreiche Peter Wynne Willson hauptverantwortlich für Entwurf und Realisierung der »Blob Shows«. Willson hatte in der Zwischenzeit sein Gehalt durch den Verkauf von selbstgebastelten psychedelischen Brillen aufgebessert. In frühen Zeitungsberichten als der fünfte Floyd charakterisiert, war Wynne Willson außerdem der designierte »Roadmanager«, obwohl er keinen Führerschein hatte. Als Chefbeleuchter war er sogar prozentual an den Einnahmen der Floyd beteiligt – eine Vereinbarung, die zu Spannungen führen sollte, als diese stiegen.

Susie Gawler-Wright – die in Underground-Kreisen als »die psychedelische Debütantin« bekannt war – half ihrem Freund bei der Lightshow der Floyd. »Susie war süß«, sagt June Bolan. »Dünn wie ein Besen, mit makellosen Zähnen und einem einfach hinreißenden Lächeln, machte sie ständig ›Wow!‹, wie es damals üblich war.«

Syd Barrett teilte sich nun das obere Stockwerk von Peters und Susies Haus mit seiner ihm ähnlich sehenden Freundin, einem eleganten Model namens Lindsay Korner. Gutmütig und vergleichsweise zurückhaltend, sollte Lindsay Syd durch alle Höhen und Tiefen seiner Floyd-Jahre begleiten.

Die beiden Pärchen führten ein entspanntes Künstlerleben, schliefen bis in den späten Morgen, hielten sich stundenlang in der Pollo Bar an der Old Compton Street bei Sandwiches und Chips auf und spielten oft bis in die Nacht das fernöstliche Brettspiel Go. Dann machte Barretts Begeisterung für Go einer Besessenheit für das I Ging Platz, das ihn zu einem neuen Song mit dem Titel »Chapter 24« inspirierte: »Veränderung bringt Erfolg... Handeln führt zu großem Glück.«

Jetzt, wo die Floyd abhoben, hatte Syd die Leinwand zur

---

* Zwanzig Jahre später tauchte Gannon auf der Comeback-Tournee von Alice Cooper wieder hinter dem Lichtpult auf!

Seite gelegt, um statt dessen »farbige Musik« zu schaffen – er schrieb Songs mit einem Gespür und einer Hingabe, die selbst seine engsten Freunde verblüffte. Seine typischen »Underground«-Obsessionen und -Einflüsse – chinesische Orakel und Kindermärchen; Science Fiction und J. R. R. Tolkiens Geschichten über Mittelerde; englische Folkballaden, Chicago-Blues, avantgardistische elektronische Musik und Donovan, die Beatles und die Rolling Stones – alles sickerte in den großen Kessel seines Unbewußten, um als eine Stimme, ein Sound, ein Stil wieder aufzutauchen, der unverkennbar Syds war.

»Damals«, erzählt Wynne Willson, »verbrachte man wesentlich mehr Zeit mit dem Schreiben der Nummern als mit dem Proben. Wenn er an einem Stück arbeitete, dann mehr mit dem Ziel, es live zu spielen, als es auf Platte aufzunehmen. Er schrieb den Rohentwurf eines Textes und bastelte dann endlos lange daran herum. Das waren damals glückliche Zeiten – alles lief sehr locker ab. Es war genauso, wie Syd es haben wollte. Er hatte endlos viel Zeit zum Schreiben und Spielen.

Ich kann mich noch gut daran erinnern, wie er herumsaß und an seinen Texten feilte und dabei große Mengen Gras und Hasch rauchte. Es war alles sehr entspannt – und später wurde alles viel zu hektisch und künstlich.«

»Syd war etwas ganz Besonderes – etwas Außergewöhnliches«, sagt June Bolan. »Er schrieb wundervolle Songs; die Texte waren einfach fantastisch. Am Anfang, als er noch ganz bei sich war, schien er Scheuklappen zu tragen. Er saß stundenlang da, spielte wundervoll Gitarre und komponierte – er tat einfach, mehr nicht. Er blühte dabei richtig auf.

Er war damals er eigentliche kreative Kopf der Gruppe. Wenn er zu Hause an einem Song arbeitete, überlegte er sich, was der Drummer spielen, wie der Baß klingen sollte. Er spielte sowohl Rhythmus- als auch Leadgitarre, und er wußte, was er hören wollte. Bei den Proben ging er zu Nick und sagte: ›Das mußt du so und so spielen‹, und so wurde es dann auch gemacht.«

Sumi Jenner für ihren Teil fand Syd nie besonders gesprächig. »Er drückte sich durch seine Musik aus.« Ihr Mann (der im Lauf der Jahre eine ganze Reihe künstlerischer Wunderkinder kennengelernt hat) hält Barrett »für den kreativsten Menschen, der mir je begegnet ist. Es war unglaublich – in ein paar Monaten in der Earlham Street schrieb er fast all seine Songs für die Floyd und seine Solo-LPs.

Es kam alles wie von selbst, als würde er es aus dem Handgelenk schütteln. Soweit ich es beurteilen kann, war er kein gequältes Genie, das seine Schöpfungen unter Schmerzen gebar. Wenn jemand einfach so drauflos schreibt, dann schreibt er viel besser als diejenigen, die sich für große Künstler halten.«

Peter Jenners greifbarster, wenn auch unbeabsichtigter Beitrag zu diesem künstlerischen Werk findet sich im fetzigen Leitmotiv von »Interstellar Overdrive« – jener ausgeflippten langen Instrumentalpassage, die zum Höhepunkt von Syds Auftritten mit den Floyd wurde. Alles begann mit Jenners Versuch, Barrett das Gitarrenthema der Love-Version des Burt-Bacharach-Songs »My Little Red Book« vorzusummen. »Ich bin nicht gerade der beste Sänger; um ganz ehrlich zu sein, ich kann nicht mehr richtig den Ton halten«, erzählt Jenner. »Er spielte einen Riff auf seiner Gitarre und fragte: ›Geht es so?‹ Und natürlich klang es völlig anders, weil ich es falsch vorgesummt hatte!«

Im Oktober 1966 waren die Floyd in der Lage, sich der Herausforderung zu stellen, die Allan Jones, ihr erster Fan in der Londoner Musikpresse, in einem Artikel im *Melody Maker* so formuliert hatte: »»Psychedelische‹ Versionen von ›Louie Louie‹ werden nichts bringen, aber wenn es ihnen gelingt, ihre elektronischen Fähigkeiten mit melodischen und lyrischen Songs zu verbinden – und sich von den überholten R&B-Nummern freizumachen –, könnten sie in der nahen Zukunft Erfolg haben.« Mit der Aufnahme von solchen Barrett-Originalen wie »Astronomy Domine«, »The Gnome«, »Matilda Mother« und der Potraucherhymne »Let's Roll Another One« wurden Chuck Berry und Bo Diddley für immer aus dem Repertoire der Pink Floyd verbannt.

Die plötzliche Blüte von Barretts Kreativität machte sich bald auf der Bühne bemerkbar. Dort eiferte Syd Pete Townshend nach, indem er sowohl Lead- als auch Rhythmusgitarre spielte – manchmal sogar gleichzeitig. Seine Innovationen reichten vom Einsatz seines geliebten Zippo-Feuerzeugs zum Slide-Gitarrespielen bis hin zu den Spezialeffekten, die er mit einem Binson-Echohall erzeugte.

Bei den Höhepunkten der Show – dreißig bis fünfundvierzig Minuten langen Improvisationen von »Interstellar Overdrive« und »Astronomy Domine« – verwandelte sich Barrett in einen tanzenden Derwisch; zu ganzen Salven elektronischen Feedbacks wirbelten seine Arme durch die Luft, während bunte Scheinwerfer seinen riesigen Schatten auf die Leinwand hinter ihm warfen. Syds Floyd, beobachtete Miles, »trieben ihre musikalischen Innovationen weiter als je zuvor, bewegten sich auf gefährlich schmalem Grat und tanzten auf unsicherem Grund, wobei sie manchmal nur durch das Vertrauen des Publikums gerettet wurden, das nur wenige Meter entfernt zu ihren Füßen saß und sie anbetete.

Zum Schluß, wenn sie mit ihren Eskapaden fertig waren, begann Nick mit dem Trommelwirbel, der zum letzten Durchlauf des Themas führte, und alle konnten wieder frei atmen.«[3]

»Syd entführte dich in eine völlig andere Welt«, erinnert sich Sumi Jenner. »Auf der Bühne hatte er einfach eine hypnotische Wirkung. Die anderen schienen immer Mühe zu haben, mit ihm mitzuhalten.«

Außerdem sah er *großartig* aus. Barrett entdeckte als erster von seinen Freunden Londons legendäre psychedelische Boutique Granny Takes a Trip und demonstrierte weithin, was June Bolan seinen »wunderbaren Sinn für Kleidung« nennt. »Er war wie ein Kleiderständer – alles, was er anzog, sah großartig aus. Er trug Seidenblusen und Halstücher und allen möglichen Schnickschnack. Außerdem war er der schönste Typ in der Band. Ein Genie, das wie ein Adonis aussah.« Sumi erinnert sich, daß Barrett sein Aussehen ständig änderte. »Einmal trugen er und Lindsay die gleichen Sachen, die gleiche Frisur – und man konnte sie nicht mehr auseinanderhalten.« Im Licht dieser blendenden Talente war es kein Wunder, daß nicht nur Peter Jenner davon überzeugt war, daß von den vier Floyd Barrett der »bei weitem wichtigste« und es sogar »*seine* Band war.«

Im Gegensatz dazu vermittelte Nick Mason oft den Eindruck einer gewissen Gleichgültigkeit (obwohl inzwischen das von ihm herausgegebene definitive Pink-Floyd-Sammelalbum es bis auf acht Bände brachte). In späteren Jahren ein außergewöhnlich freundlicher und amüsanter Mensch, trat der »Playboydrummer« allerdings früher einigen Floyd-Mitarbeitern empfindlich auf die Zehen; einer beschreibt ihn als »arrogant, snobistisch und gehässig. Wahrscheinlich lag es an seiner Unsicherheit, denn er sollte der Spitzendrummer einer Spitzenband sein – und er wußte, daß er es nicht war. Im Lauf der Jahre scheint er umgänglicher und netter geworden zu sein.« Peter Jenner andererseits hielt Nick schon immer für den am wenigsten neurotischen Floyd, mit dem sich am einfachsten arbeiten ließ.

Rick Wrights gutmütiges Wesen schienen alle von Anfang an erkannt zu haben – genau wie seine Verletzbarkeit. Ein Freund aus den frühen Floyd-Zeiten erinnert sich an ihn als »sanft und lieb«, aber auch als »unsicher und labil« – und im hohen Maße abhängig von seiner »viel robusteren und willensstärkeren« Frau Juliette. Obwohl ihn anfänglich seine Freunde damit aufzogen, daß er bei allen Songs dieselben Licks spielte – »Rick's Turkish Delight« nannten sie es –, war Wright sowohl persönlich als auch musikalisch Barretts engster Partner bei den Floyd. Auf der Bühne, schrieb Miles, »hatte Rick ein gespenstisches Auftreten, verwob geisterhafte Orgeltöne zu sanften Klangteppichen, die im Hintergrund wogten«.[4]

»Am Anfang«, sagt Jenner, »stimmte Rick alle Gitarren. Syd konnte damit nicht belästigt werden – er war nicht besonders gut darin, obwohl er es konnte, wenn es sein mußte –, und Roger hatte kein Gehör für Tonhöhen, keine Ahnung davon.

Ich habe nie viel von Rogers Fähigkeiten als Bassist gehalten – kein Wunder, daß er mich nicht mochte. Ich bin nie darüber hinweggekommen, daß Roger kein Gehör für Tonhöhen hatte und seinen Baß nicht stimmen konnte. Er war genau wie Syd ein instinktiver Musiker.«

Nichtsdestotrotz erkannte zumindest ein wichtiger Beteiligter – Joe Boyd – Waters' treibenden Baßstil mit seinen typischen Oktavenwechseln als Hauptbestandteil des Pink-Floyd-Sounds. Ebenso wichtig für den frühen Erfolg der Floyd war die Energie des Bassisten: er übernahm es, die Aktivitäten der Gruppe zu organisieren und als ihr offizieller Pressesprecher aufzutreten. Die Tatsache, daß Waters etwas älter als die anderen war – und mit einsfünfundachtzig der größte –, trug ebenso zu seiner Aura der Autorität bei den Floyd bei. Jenner lobt Roger für seine »unglaublich harte Arbeit und sein Engagement« und sieht in ihm fraglos »die *stärkste* Persönlichkeit in der Band«.

Das nächste wichtige Nebenprodukt der Free School war die erste englische Underground-Zeitung, *IT*. Um ihr Kleinverlagsprodukt in ein massenhaft verbreitetes »internationales Kulturmagazin« zu verwandeln, vergleichbar dem New Yorker *Village Voice* oder *East Village Other*, taten sich Miles und John Hopkins (unter anderem) mit dem dynamischen Auslandsamerikaner Jim Haynes zusammen. Haynes, der Gründer des innovativen Edinburgher Taschenbuchladens und des Traverse Theaters – und später des Londoner Arts Lab in Covent Garden –, rühmte sich solch einflußreicher Freunde wie George Orwells Witwe Sonia (die der Zeitschrift die erste Schreibmaschine spendete) und dem Unternehmer Victor Herbert (der vierhundert Pfund lieh). Miles stellte im Keller seines

Indica-Buchladens die Büroräume zur Verfügung. Der Name *IT – Es* – entstand als Antwort auf die oft gestellte Frage »Wie sollen wir es nennen?« – und wurde fast sofort als Akronym für »International Times« umgedeutet.

Hoppy und Miles entschlossen sich, ihre vierzehntäglich erscheinende Publikation mit einem epochalen Benefiz-Happening einzuführen – und von vornherein stand fest, daß die Pink Floyd dabei auftreten würden. Als Veranstaltungsort für ihre »Fete bis in den frühen Morgen« wählten sie das rußverkrustete, Jahrhunderte alte Roundhouse im nördlichen London aus, dessen ursprünglicher Verwendungszweck als Lokomotiven-Halle immer noch aus den Eisenbahnschienen im Boden hervorging. Das Gebäude war später von der Gilbey's Gin Company übernommen und mit einer von hölzernen Säulen gestützten Galerie versehen worden, um zusätzliche Ginfässer lagern zu können.

Hopkins erinnert sich, daß 1966 »das Roundhouse ein kaltes, staubiges, leeres Ginlager war, das von niemand benutzt wurde und der passende Ort für die Einführungsparty von *IT* zu sein schien. Ein Dramatiker und Theaterschriftsteller namens Arnold Wesker hatte schon seit Jahren ein Auge darauf geworfen. Er hatte eine Organisation [Centre 42], die über die Gewerkschaften den Massen Kultur nahebringen wollte – ziemlich traditioneller Sozialismus. Irgendwie hatte er das Gebäude erhalten, es aber noch nicht renovieren können.«

Der Unterschied zwischen einem altlinken Weltverbesserer wie Wesker und Hoppys neuem psychedelischen Unternehmergeist war der, daß der Stückeschreiber geduldig darauf wartete, eine halbe Million Pfund durch Spenden und Zuschüsse zusammenzubekommen, ehe er sich an die Renovierung des Roundhouse machte, während die Jungs von *IT* ihn einfach um die Schlüssel baten, versprachen, keinen Mist zu bauen, und ihre Sache begannen. »Damals ist vieles passiert«, sagt Hopkins, »weil die Leute nicht wußten, daß das, was sie erreichen wollten, eigentlich unmöglich war. Aber es funktionierte – hätten wir es auf rationale Weise analysiert, hätten wir die Zeitung nie gemacht. Ich hätte nie den UFO-Club gegründet. Es war gut, daß wir nicht wußten, daß wir etwas Unmögliches versuchten. Deshalb war die Zeit damals so aufregend.«

In der Nacht zum 15. Oktober starteten Hoppy, Miles und der Rest nicht nur *IT* und das Roundhouse (das sich inzwischen zu einem etablierten Londoner Veranstaltungsort für Konzert und Theater entwickelt hat), sondern auch die Pink Floyd. »Das«, sagt Miles, »war ihr erstes großes Konzert. Wir zahlten ihnen fünfzehn Pfund, was mehr war, als Soft Machine bekam, weil Pink Floyd eine Lightshow hatten und Soft Machine nicht.«

Angekündigt als »Pop Op Kostüm-, Masken- und Fummelball«, zog das Ereignis die Creme von Londons Mode-, Kunst- und Popmusikszene an, die sich in prächtige Kaftane, Blumenpyjamas und antike Militäruniformen hüllte. Paul McCartney und Marianne Faithfull waren da – als Araber im weißen Burnus beziehungsweise als teilentblößte Nonne verkleidet. Ebenfalls anwesend war der Regisseur Michelangelo Antonioni – der sich zur Verfilmung seiner Swinging-London-Saga *Blow-Up* in der Stadt aufhielt –, im Schlepptau eine spärlich bekleidete Monica Vitti. »Wir waren alle so cool«, berichtet Miles, »und taten so, als würden wir sie nicht bemerken.« Bei seiner Ankunft erhielt jeder Gast feierlich einen Zuckerwürfel überreicht, der allerdings nicht, wie so viele andere zu jener Zeit, mit LSD beträufelt war. Allerdings gingen die meisten Anwesenden davon aus, daß die Würfel die Droge enthielten.

»Es war ein richtiger Alptraum«, erinnert sich Miles. »Es gab für über zweitausend Leute nur zwei Toiletten, die sofort überliefen. Die Treppe, die von der Straße zum Roundhouse hinaufführte, war so schmal, daß man nur nach unten oder nach oben gehen konnte; für zwei Leute war nicht genug Platz. Sie war eine richtige Feuerfalle.« Hatten sich die Gäste endlich Zugang verschafft, mußten sie darüber hinaus die frostige Herbstnacht ohne Heizung verbringen – obwohl Hoppy sagt, daß »die zweitausend Leute die Halle schon angeheizt haben«.

»Wir hatten nicht den blassesten Schimmer, was wir da eigentlich machten«, gesteht Miles. »Wir waren richtige dumme Jungs. Es wimmelte von Bullen, aber auch *sie* schafften es nicht die Treppe hinauf. Um zwei Uhr morgens reichte die Warteschlange noch immer bis zum Ende des Blocks. Schließlich brachen die Leute den Hintereingang auf und kamen rein.« Inzwischen hatte der Transporter der Floyd versehentlich die frisch gemachte, fast zwei Meter hohe rote Grütze des Happenings umgefahren.

Trotz dieser Mißgeschicke gelang es der »Fete bis in den frühen Morgen« mühelos, zum ersten Mal all die weit verstreuten Stämme des entstehenden Londoner Undergrounds unter einem Dach zu versammeln. Wie sich der damalige *IT*-Mitarbeiter und spätere Science-Fiction-Autor Chris Rowley erinnerte, kamen sie im Roundhouse endlich »miteinander in Berührung, teilten ihre Joints, debattierten hitzig darüber... Botschaften der Liebe und des Friedens an den Himmel zu schreiben... Wann hatte es zum letzten Mal eine Gruppe gegeben, die von einem derart ungestümen Optimismus erfüllt war? Wahrscheinlich nicht mehr seit 1914, als die jungen Leute zum gemeinsamen Sterben in den Krieg gezogen waren.«[5]

Und die Floyd schwangen sich bei dieser ekstatischen Versammlung zu ihrem bislang eindrucksvollsten Konzert auf. Ihre Lightshow – von einem prächtigen alten Waggon aus projiziert, den Gilbey's Gin zurückgelassen hatte – war in der allumfassenden Dunkelheit der nur spärlich elektrifizierten Halle einfach überwältigend. Nach dem *IT*-Bericht gaben die Floyd »dem Feeling der Veranstaltung eine unheimliche Note: grausige Feedbackklänge, auf ihrer Haut tanzende Diabilder (amoklaufende Farbtropfen auf den Dias erzeugten Weltraum- und Urzeitassoziationen) [und] im Takt der Drums blitzende Scheinwerfer«.[6] Dem totalen Chaos der Veranstaltung entsprechend, kam das Konzert zu einem abrupten und dramatischen Ende, als das schwache Stromnetz des Roundhouse während »Interstellar Overdrive« zusammenbrach.

Das Ereignis sorgte sogar im fernen Kalifornien für ein Medienecho. Aber der Bericht im *San Francisco Examiner*, verfaßt von Miles' grantigem Gast Kenneth Rexroth, war kaum geeignet, die Karriere der beteiligten Gruppen zu fördern, zumal er andeutete, daß die angekündigten musikalischen Darbietungen in all dem Chaos und dem Schmutz nicht materialisierten: »Die Bands tauchten nicht auf, dafür gab es diese große Session der verschiedensten Musiker auf einer kleinen Bühne in der Mitte. Manchmal produzierten sie rhythmische Klänge, manchmal nicht ...

Ich fühlte mich wie auf der *Titanic*. Ich bin wahrhaftig kein Pedant, aber ich war sprachlos, daß die Londoner Polizei und die Brandschutzbehörde eine Massenveranstaltung in einer derartigen Falle erlaubt hatten, in der schon ein Dutzend Leute zuviel gewesen wären ...«[7]

Daß Soft Machine oder die Pink Floyd vielleicht *Musik* gemacht haben könnten, ist dem empfindsamen amerikanischen Poeten nie in den Sinn gekommen.

»Die Musik«, gibt Miles bereitwillig zu, »war sehr experimentell, weil niemand etwas anderes erwartete. Soft Machine hatten Kontaktmikros auf einem Motorrad befestigt, mit dem ein Typ namens Dennis, der auf den Platten nie erwähnt wurde, aber damals zur Band gehörte, kreative Dinge anstellte. Als dann die Floyd spielten, lud er Mädchen zu einer Spazierfahrt auf seinem Motorrad ein und brauste draußen um das Roundhouse herum.«

Die Floyd ernteten eine Erwähnung in der *Sunday Times* – der erste Bericht über sie in einer seriösen britischen Zeitung. »Gestern abend bei der Präsentation des neuen Magazins *IT* spielte eine Popgruppe namens Pink Floyd dröhnende Musik, während hinter ihnen auf einer großen Leinwand bizarre farbige Formen tanzten. Jemand hatte einen Berg rote Grütze hergestellt, die um Mitternacht von den Gästen verzehrt wurde, und eine andere Person hatte sein Motorrad mitten in der Halle geparkt. Es war alles zweifellos sehr psychedelisch.«[8]

Der Artikel endete mit einem Zitat von Roger Waters: »Unsere Musik erzeugt entweder blankes Entsetzen oder reine Ekstase. Meistens das letztere. Uns ist es inzwischen lieber, wenn unser Publikum nicht tanzt. Wir möchten, daß die Leute einfach dastehen, völlig weggetreten, mit offenem Mund.«

4

Let There Be More Light

Im Anschluß an den *IT*-Start kamen die regelmäßigen All-Saints-Auftritte der Pink Floyd – die Blackhill unter Dr. Learys Slogan »Turn on, tune in, drop out« ankündigte – so in Mode, daß die kleine Kirche dem Andrang nicht mehr gewachsen war. Am 3. Dezember gaben die Floyd ein zweites Benefizkonzert im Roundhouse, das Stimmung gegen das weiße Minderheitsregime in Rhodesien machte und unter dem Motto »Psychodelphia versus [den rhodesischen Premierminister] Ian Smith« lief. (»Bringt eure eigenen Happenings und ekstatogenen Substanzen mit«, forderte das Plakat. »Kostümierung je nach Wunsch.«) Neun Tage später – in Verbindung mit einem Benefiz in Oxfam namens »Soll das ein Witz sein?« – gaben sie ihr erstes Konzert in der viel größeren (und weitaus prestigeträchtigeren) Royal Albert Hall. Der enger werdende Terminkalender der Floyd sah dann eine Rückkehr ins Roundhouse vor, um dort als Teil einer »Riesen-Freak-out-Fete bis in den frühen Morgen« das Jahr 1967 einzuläuten – wo ihre an dritter Stelle angekündigten Licht- und Klanggewitter nicht nur die Move ausstachen (die rituell drei Fernseher und ein Auto zerstörten), sondern auch die Who (die sich daran versuchten, die Stromversorgung zusammenbrechen zu lassen). Kurz und gut, die Pink Floyd hatten ihren Durchbruch so schnell geschafft, wie es ihre Manager in aller Naivität schon immer erwartet hatten.

In der Zwischenzeit machte *IT* auf alarmierende Weise finanzielle Verluste. Um an die Werbeetats der Plattenfirmen zu kommen, stellte die Zeitschrift den Großteil jeder Ausgabe für Interviews mit wohlgesonnenen Popstars zur Verfügung, vor allem den Beatles, die wiederum die Gelegenheit nutzten – die ihnen die Fanmagazine oder etablierten Musikzeitschriften nicht boten –, um sich lang und breit über Drogen, Politik und Gott auszulassen (und so oft »Fuck« zu sagen, wie sie wollten). Miles hatte sich vor allem mit Paul McCartney angefreundet, der ihn gelegentlich sogar zu Hause besuchte und ihm beim Zusammenheften der Zeitung half. »Aber von der Werbung konnten wir nicht leben«, sagt Miles, »weil zuviel Zeit verging, bis wir das Geld bekamen. Und wir hatten keinen Vertrieb; wir waren auf Straßenverkäufer angewiesen – und auf die paar Läden, die mitmachten und denen wir die Exemplare per Post schickten. Unsere Finanzen waren in einem katastrophalen Zutand.«

John Hopkins erinnert sich, daß es Joe Boyd war – »ein verdammt gerissener Hund« –, der eine Möglichkeit fand, *IT* nicht nur mit einer reichlich sprudelnden Bargeldquelle zu versehen, sondern auch die riesigen Menschenmengen unterzubringen, die die All Saints Church Hall stürmten: Sie mußten nur die Sound and Light Workshops in einer größeren Halle abhalten, vorzugsweise im Stadtzentrum. Daraufhin durchkämmten Hoppy und Boyd das West End, bis sie im Keller des Gebäudes 31 Tottenham Court Road auf einen schäbigen alten Tanzschuppen namens Blarney Club stießen, dessen freundlicher irischer Besitzer bereit war, ihn Freitagabends für fünfzehn Pfund bar auf die Hand zu vermieten.

»Wir entschlossen uns, es an zwei aufeinanderfolgenden Abenden zu versuchen«, sagt Hopkins, »am Freitag vor und nach Weihnachten. ›Wenn es klappt, klappt es; wenn nicht, sind's nur zwei Gigs.‹ Und wir trieben ein paar Leute auf, die psychedelische Plakate für uns entwarfen, und wir engagierten die Floyd, und es kamen ein Haufen Leute. Beim nächsten Mal kamen noch mehr Leute.«

Joe Boyd, der bei seinen Bossen bei Elektra Records in Ungnade gefallen war, fand so eine neue Stellung als (völlig unerfahrener) Musikdirektor des Clubs. Am Eröffnungsabend, dem 23. Dezember 1966, wurde der Club auf einem Poster von

Michael English als »Night Tripper« angekündigt – der Name stand in krakeliger Schrift über einem Foto von Pete Townshends bezaubernder Verlobter Karen. Eine Woche später hieß er UFO.

»Wir haben das gemacht, was unserer Vorstellung von einem psychedelischen Nightclub in San Francisco entsprach«, sagt Miles, »obwohl keiner von uns je in einem gewesen war und wir im Grunde keine Ahnung hatten. Wir zeigten Filme mit Marilyn Monroe, Filme von Kenneth Anger, William Burroughs' *Cut-Ups* – eben das, was damals als wahnsinnig interessant und experimentell galt. Serviert wurden Fruchtsäfte und Sandwiches, aber kein Alkohol, was im Rückblick ganz außergewöhnlich erscheint. Dann gab es da einen Spezialraum, wo Caroline Coon Leute von schlechten Trips herunterbrachte. Es gab ein paar Headshops, und Granny Takes a Trip hatte einen Stand, wo man sich seinen nächsten psychedelischen Anzug bestellen konnte. Es gab auch einen Stand der Underground-Presse mit Gratis-Broschüren. Und es schien, als würden die Floyd ständig dort spielen und der Club schon jahrelang existieren, obwohl er in Wirklichkeit relativ neu war.«

Als UFO die Pforten schloß, resümierte derselbe Miles in *IT*: »Es war ein Club in dem Sinne, daß die meisten Leute sich kannten, sich dort zu Geschäften trafen, zu Verabredungen, zum Essen, um neue Ausgaben von *IT* auszubrüten, Pläne für Arts Lab und SOMA (eine Lobby zur Legalisierung von Pot) zu schmieden und diverse Aktionen auszuhecken, beispielsweise mit dem Ziel, die Themse gelb zu färben oder alle Zäune in Notting Hill zu entfernen. Aktivität und Energie lag noch schwerer in der Luft als die Schwaden der Räucherstäbchen.«[1]

Was noch mehr zählte, der Club blieb ganz im Stil der niemals schlafenden Stadt New York die ganze Nacht geöffnet – eine fast einmalige Erscheinung im verschlafenen London, wo selbst die öffentlichen Verkehrsmittel um Mitternacht den Betrieb einstellten. (In den letzten Stunden vor der Abfahrt der ersten Züge im Morgengrauen lagen die ausgeknockten Blumenkinder allerdings wie Gemüse auf der blankpolierten Tanzfläche herum.)

»Es war der richtige Ort zur richtigen Zeit«, meint Hopkins. »Und weil noch niemand etwas ähnliches erlebt hatte, war er sehr beliebt« – vor allem, nachdem Journalisten wie Chris Welch vom *Melody Maker* die Kunde unters Volk getragen hatten:

Heute haben die Nachteulen von London ihr eigenes Hauptquartier, und das UFO (es steht für Unidentified Flying Object oder Underground Freak Out) gilt als Englands erster psychedelischer Club. Glückliche junge Menschen, die Räucherstäbchen schwenkten, tanzten auf griechische Art, wedelten mit glöckchengeschmückten Händen, ließen Halstücher flattern und trugen jede Menge seltsame Hüte zur Schau. Hübsche Dias wurden über die fröhliche Menge geworfen, die teils im Stehen, teils im Sitzen die Lightshow genoß oder den Love zuhörte, die in für Diskotheken unüblich gedämpfter Lautstärke gespielt wurden. Gelegentlich wurden die Gäste über Lautsprecher vor einer Polizeikontrolle gewarnt und aufgefordert, cool zu bleiben. Tatsächlich platzten zwei junge Beamte herein und stellten mit sichtlicher Befriedigung fest, daß alles in Ordnung war, und es war tatsächlich alles in Ordnung. Die Lightshow war »heiß«, die Musik »abgefahren«, aber – alles war in Ordnung.[2]

»Wir machten einfach, was wir wollten«, versichert Hoppy. »Wir spielten die Platten nicht so laut wie in anderen Clubs. Beim Plattenwechseln gab es fünf Minuten Pause, und die Leute konnten Hallo sagen und miteinander reden, was eine sehr nette Atmosphäre schuf. Es war alles sehr locker und entspannt.«

So locker und entspannt, daß bei einem frühen Floyd-Gig

ein Freak, wie Pete Brown erzählt, »aus seinen Klamotten schlüpfte und die Treppe hinauf auf die Tottenham Court Road stürzte, vorbei an der Polizeiwache. Es war ein warmer Abend, und die Polizisten standen draußen und schnappten frische Luft. Und plötzlich rast dieser splitterfasernackte Typ an ihnen vorbei – was 1966 einfach unerhört war! Also sind alle hinter ihm her und jagten ihn durch die Straße.«

»Es war ein *wahnsinnig* cooler Laden«, sagt Miles, »in den Leute wie die Beatles oder die Who oder Jimi Hendrix kommen konnten, ohne daß irgend jemand ein Autogramm von ihnen haben wollte. Es war der hipste Rockclub in der Stadt, das steht fest – wo man die interessanteste Musik hörte und wo Bands wie die Floyd richtig lange, ausgedehnte Versionen ihrer Songs spielen konnten.« Peter Jenner entdeckte einmal sogar Roy Orbison unter den Gästen.

Dieser »trippige Abenteuerspielplatz«, wie Paul McCartney ihn nannte, wurde für die Pink Floyd – die Hauptattraktion an den ersten vier Freitagabenden –, was der Liverpooler Cavern Club für die Beatles gewesen war. Im UFO, sagt Hopkins, »wurden die Floyd zur Lieblingsband der Underground-Kultur, dicht gefolgt von den Soft Machine. Sie waren die Beatles und die Stones der alternativen Musik.«

Joe Boyd holte später auch andere Talente in den Club, etwa Tomorrow (mit dem späteren Barrett-Partner Twink und dem Yes-Gitarristen Steve Howe) und die Crazy World of Arthur Brown; und im UFO hatten Procol Harum an dem Tag, als »A Whiter Shade of Pale« veröffentlicht wurde, ihren zweiten Live-Auftritt überhaupt – nur eine Woche später, als der Song bereits Nummer Zwei war, traten sie erneut auf. (Es gab außerdem einen festen Stab von Dichtern, Schauspielern und Jongleuren sowie Konzepttheater- und freie Tanzgruppen wie David Medallas Exploding Galaxy.) Aber es waren die Floyd, die allgemein als Hausband angesehen wurden.

Die bedrückend niedrige Decke und die kleine Bühne des feuchten, langgezogenen Kellers waren für die Beleuchtung und die Akustik nicht gerade ideal; der Bericht über einen 120 Dezibel lauten Floyd-Gig im UFO veranlaßte keinen geringeren als den Vorsitzenden des Königlichen Taubstummenverbandes zu der Warnung, »daß diese Lautstärke auf Dauer dem Hörvermögen schaden muß«. Nichtsdestotrotz, meint Peter Wynne Willson, war das »UFO der Ort, wo wir alle unsere Ideen entwickelten – die Gruppe musikalisch und ich, was die Lightshow betraf–, weil das Publikum so hervorragend mitging. Wir haben den ganzen Club in die Lightshow einbezogen. Russell Page und ich übernahmen die eine Hälfte, und Mark Boyle, der sehr geschmackvoll und künstlerisch arbeitete, beleuchtete die andere.«

Boyle, der Lightshow-Maestro des UFO, hatte seine Fähigkeiten seit 1963 im Rahmen von Jim Haynes' avantgardistischem Theater entwickelt; im Gegensatz zu Wynne Willson war er gewitzt genug, um seinen Ruf und seine Karriere zu fördern, indem er seinen Lichtzauber als Kunst vermarktete. (Nicht daß er deshalb auf die üblichen Faxen verzichtete – auch er ließ Blasen aus den Hosenschlitzen der Musiker aufsteigen.) Ein weiterer Winkel des Clubs wurde von Jack Braceland beleuchtet, der nebenbei eine von Englands führenden Nudistenkolonien leitete.

Zu Wynne Willsons eigenen Neuerungen gehörte »je ein Scheinwerfer für jedes Mitglied der Band. Einer war seitlich von Ricks Orgel angebracht und auf seinen Kopf und seine Schultern gerichtet. Ein zweiter befand sich vor den Drums und je einer vor Syd und Roger. Davon abgesehen, daß sie die Jungs anstrahlten, warfen sie ihre Schatten auf die Leinwand hinter ihnen. Wenn sich zwei überlagerten, bekam man einen farbigen Schatten. Da waren also diese bunten, tanzenden Schatten der Band auf der Leinwand – einfach fantastisch, denn wir hatten sie ja ständig unter Kontrolle und konnten sofort auf die Musik reagieren.

Wir erzeugten einige verdammt groteske Effekte, indem wir Filter aus Plastikfolie oder dünnem Gummi benutzten. Wenn man die Folie auf bestimmte Weise spannte, bekam man wundervolle Spektralfarben. Ich habe Unmengen an Kondomen verbraucht, weil sie aus qualitativ hochwertigem Gummi bestanden.«

Eines Nachts, als die Polizei den Transporter der Floyd wegen eines kleineren Verstoßes gegen die Verkehrsregeln anhielt, sahen die staunenden Beamten John Marsh im Wagen sitzen, mit einem LP-Cover im Schoß und mit einer Schere einen Haufen Kondome bearbeitend. »Das ist nur unser Roadie«, meinte Wynne Willson beruhigend. »Er zerschneidet Pariser, aber er ist auch verrückt.«[3]

Von den ästhetischen Gesichtspunkten abgesehen, hatte die Lightshow eine tiefe – und anhaltende – Wirkung auf das Verhältnis der Floyd zu ihrem Publikum. Weil die einzelnen Musiker hinter die Show zurücktraten (und von ihr überlagert wurden), waren ihre Gesichter kaum bekannt – und so konnten sie jene Anonymität kultivieren, die auch dann noch das Markenzeichen der Floyd blieb, als die Gruppe längst weltberühmt war. Doch einer stach hervor. »Syd war bekannt«, sagt Peter Jenner. »Von Anfang an galt er als ›Star‹. Alle liebten ihn.«

Im UFO sah Pete Brown zum ersten Mal, wie »Barrett ›den Act‹ machte. So wie er herumsprang, völlig aus dem Häuschen geriet und improvisierte, war mein Eindruck, daß er *inspiriert* war. Ständig überschritt er seine Grenzen und drang in Regionen vor, die sehr, sehr interessant waren – was keinem der anderen gelang. Um ganz offen zu sein, die anderen waren dazu nicht mal in der Lage. Syds Songs waren zu magisch und bahnbrechend. Die ganze Sache lebte von diesen Songs und seiner Persönlichkeit.

Syd Barrett schuftete auf der Bühne wie ein Verrückter. Wahrscheinlich klingt es kitschig, aber ich würde fast sagen, daß er in diesen Lightshows zu existieren und zu leben schien – ein Geschöpf der Fantasie. Seine Bewegungen waren genau auf die Spots abgestimmt, und er schien eine natürliche Fortsetzung – das menschliche Element – jener wabernden Bilder zu sein.«

»Im UFO fing alles an«, sagt Wynne Willson. »Es gibt keinen Zweifel, daß sie im UFO am besten gespielt haben. Es ist eine Schande, daß es davon keine Aufnahmen gibt. Syds Improvisationen waren sehr ausgedehnt, aber absolut perfekt. Die Musik war wunderbar und das Publikum total begeistert. Das UFO war eine außergewöhnliche Erfahrung – alle hatten dieselben Vorstellungen, dieselben Ziele.«

Nick Mason jedoch sieht die UFO-Auftritte der Floyd in einem etwas ambivalenteren Licht. »Sie waren fast punkig, sehr frei. Es ist schon seltsam, wenn man improvisiert und technisch nicht besonders gut ist; Charlie Parker konnte so etwas, aber wir waren nicht Charlie Parker. Das Verhältnis von Gut zu Schlecht war bei uns nicht so positiv.

In der Frühphase der Pink Floyd, als wir in Clubs wie dem UFO spielten, waren die Leute davon überzeugt – was vielleicht an ihrem Zustand lag –, daß wir eher zu achtzig Prozent als zu zwanzig Prozent gut waren. Aber es mußte eine Menge Mist gespielt werden, um ein paar gute Ideen hervorzubringen.«

Die Diskrepanz zwischen diesen Ansichten über die UFO-Gigs (»Sie *waren* zu achtzig Prozent gut«, beharrt Peter Jenner) mag auf die unterschiedlichen Einstellungen und Lebensstile im damaligen Floyd-Lager zurückzuführen sein. Syd Barrett und Peter Wynne Willson *glaubten* an den Beginn eines wunderbaren neuen Zeitalters. Roger Waters und Nick Mason waren schon damit zufrieden, den musikalischen Soundtrack beizusteuern, auch wenn sie zunehmend auf den Poperfolg bei der breiten Masse setzten. (Nicht daß sich Barrett nicht auch vom Glanz des Starkults angezogen fühlte.)

Bereits im Januar 1967 gab Mason freimütig zu, daß die psychedelische Bewegung »um uns herum stattgefunden hat – nicht in uns«.[4] Diese Worte trafen wahrscheinlich auch auf

Waters zu, aber Barrett – den Jenner als »das wahre Blumen-kind« bezeichnet hat – hätte sich schwerlich noch mehr den Idealen und Exzessen des Undergrounds hingeben können. Ein enger Freund aus jener Zeit geht sogar so weit zu behaupten, daß Waters und Mason in Wirklichkeit »genau das reprä-sentierten, was Syd ablehnte. Obwohl sie nun in einer Rock-band spielten, waren sie sehr froh darüber, Architektur stu-diert und den ganzen Hintergrund der oberen Mittelklasse zu haben.«

Anfang 1967 hatte LSD das Cannabis als Barretts Lieblings-droge in der Earlham Street verdrängt. »Syd war der einzige in der Gruppe«, sagte Wynne Willson, »der ein Teil der – diese Worte klingen heute auf absurde Weise anmaßend – bewußt-seinserweiternden experimentellen Bewegung war. Ich will damit nicht behaupten, daß es nicht Spaß machte, Acid zu nehmen, aber wir erwarteten auch eine *Entwicklung*.«

Zunächst schien das Acid Barrett in noch größere Höhen der Inspiration und Kreativität zu tragen. Es gab ein paar vertrack-te Momente, beispielsweise als Lindsay verschwand und Syd die Treppe hinuntersegelte, um im Flur vor dem Klo in Susies Armen zusammenzubrechen. Oder als die Polizei auf der Su-che nach einem zeitweiligen Mitbewohner mit einer Vorliebe für Heroin und einem langen Vorstrafenregister an die purpur-ne Tür des Hauses 2 Earlham Street klopfte – in einer Zeit, wo »Bulle« sogar dann ein Synonym für Paranoia war, wenn ein »Freak« zufällig mal keinen Trip eingeworfen hatte – und Bar-rett sprachlos und wie gelähmt die Männer in Blau mit (wie Susie es ausdrückt) »riesigen Horroraugen« anstarrte. (Glückli-cherweise griff eine andere bezaubernde Freundin von Syd namens Carrie Anne ein und lenkte die Bobbys mit Geplauder und Tee ab.)

In seinen im Selbstverlag veröffentlichten Memoiren *Rehear-sal for the Year 2000: The Rebirth of Albion Free State* beschreibt Susies Freund Alan Beam eindrucksvoll ein paar der »guten Trips« in der Earlham Street. Während Syd ohrenbetäubend laut Slidegitarre spielt, intoniert Peter würdevoll Timothy Learys »Psychedelische Gebete«, und Susie (die kurz zuvor nur mit Körperfarbe bekleidet das Cover von *IT* geschmückt hatte) reicht Postkartenreproduktionen von William Blakes Gemälden herum. Es endete damit, daß alle halsbrecherisch auf Leitern herumturnen und die Wände mit Day-Glo-Mustern verschönern.

Obwohl Susie diese Beschreibung als leicht übertrieben und romantisierend bezeichnet, erinnert sich Beam immer noch voller Stolz an die 2 Earlham Street als »mein Tempel, mein Mekka. Ich war achtzehn, ziemlich spießig und studierte in Oxford. Peter und Susie hatten mich mit riesigen Hasch-und-Tabak-Joints auf LSD vorbereitet. Eines Tages träufelte mir Syd zwei Tropfen Acid auf die Zunge, und wir stiefelten alle zur Albert Hall, um uns Händels *Messias* anzuhören. Danach war nichts mehr so, wie es einmal war.«

»Wir saßen während des ganzen *Messias* völlig weggetreten da«, bestätigt Wynne Willson. »Ich kann zu den mentalen Erlebnissen der anderen nichts sagen, aber der *Messias* auf Acid war für mich die außergewöhnlichste Erfahrung, die ich je gemacht habe.«

Im Januar 1967 kam es endlich zu der ersten direkten Begegnung zwischen Underground-London und einem hochrangigen Botschafter seines weit entfernten Gegenparts, dem Wunderland der Haight-Asbury. Chet Helms – der in Texas geborene Acid-Evangelist und Impresario des Avalon – hatte den Atlantik überquert, getrieben von der Vision, ein englisches Avalon zu eröffnen und so den Plan seines Promotor-Rivalen Bill Graham zu konterkarieren, ein Fillmore East in New York zu gründen. »Ich hatte Haare bis zur Hüfte und einen Bart bis zum Bauchnabel«, erinnert sich Helms. »Und als der erste Macher aus der Haight-Ashbury, der sich in London blicken ließ, wurde ich mit offenen Armen empfangen.«

Nachdem er mehrere Tage damit verbracht hatte, das Clubpotential von einigen katakombenähnlichen Luftschutzbunkern aus dem Zweiten Weltkrieg zu erkunden, wurde Helms plötzlich »klar, daß es reinste Idiotie war – daß es für mich völlig unmöglich war, zwölftausend Kilometer von meiner Heimatbasis entfernt einen Club zu führen. Also konnte ich mich entspannen und einen netten Urlaub verleben.« Von Miles und Hoppy in der Stadt herumgeführt, war der legendäre Kalifornier auf einzigartige Weise befähigt, einen Vergleich zwischen der alternativen Londoner Szene und ihrem angeblichen Vorbild zu ziehen. »In Haight-Ashbury war es damals eine Straßenszene, die es zu was gebracht hatte«, sagte Helms. »In England war ich sehr vom Indica-Buchladen beeindruckt, der so professionell und intellektuell war, aber trotzdem das Zentrum der Londoner Underground-Aktivitäten darstellte.

Das UFO kam dem, was wir in der Haight machten, sehr nahe, und zwar in dem Sinne, daß die traditionelle Rock'n' Roll-Szene von kriminellen Elementen beherrscht wurde, während die jungen Politrebellen wie Hoppy und ich ihre eigenen alternativen Treffpunkte schufen. Die Pink Floyd waren ganz klar die Hausband, genau wie Big Brother and the Holding Company bei mir. Ich weiß noch, daß mir unsere Musik viel melodischer vorkam, was wahrscheinlich an ihrer Verwurzelung im amerikanischen R&B lag. Sie waren mehr von avantgardistisch-klassizistischen Komponisten wie Stockhausen beeinflußt. Ich fand die Floyd atonal und amelodisch – im großen und ganzen brachten sie nur Klangteppiche und auf Feedback basierende Spacemusik. Einzigartig war an ihnen, daß sie ständig mit der Lightshow arbeiteten; sie waren zur damaligen Zeit die einzige Band in England, bei der die Show zum Act gehörte.

Um siebenundsechzig herum waren die Lightshows in San Francisco ziemlich hochentwickelt. In England waren sie selten und unterentwickelt, obwohl die im UFO die beste weit und breit war. Sie war recht statisch im Vergleich zu dem Flüssigdiazeug, das wir machten – hing mehr von der traditionellen

Dramaturgie, farbigen Scheinwerfern, gelüberzogenen Spots und ähnlichen Sachen ab.

Der einzige in der Band, der mir besonders auffiel, war Syd Barrett, obwohl ich ihn nie so gut kennenlernte wie zum Beispiel Miles oder Hoppy. Er machte auf mich den Eindruck eines sehr aufgeweckten, tatkräftigen, einfallsreichen Typen, der in der gleichen Richtung arbeitete wie ich.

Zumindest für mich als Außenstehenden schien es keinen großen Unterschied zwischen dem UFO und den Pink Floyd und auch dem *IT*-Magazin zu geben. Es waren dieselben Leute, die zusammen herumhingen und Dope rauchten.«

Eine Journalistin namens Ann Sharpley – die »für jemand über Dreißig sehr verständnisvoll und wohlwollend« zu sein schien – machte sich gleich zu Beginn seines Besuches an Helms heran und schlug vor, einen Reisebericht über den Londoner Underground zu schreiben, gesehen mit den Augen eines amerikanischen Hippies. »Ich war völlig offen zu ihr, und weil man mich kannte, waren die Leute bereit, uns buchstäblich in jede Szene einzuführen – und das taten sie auch.« Gemeinsam besuchten sie Veranstaltungen wie ein von *IT* gesponsortes Benefizkonzert im Roundhouse namens Ungewöhnlicher Markt, zu dem auch eine rekordverdächtige 255-Liter-Grütze gehörte, mit der sich schließlich das Publikum bekleckerte, »weil sie kostenlos abgegeben wurde und die Leute sich wie wild darauf stürzten«. Zu den Teilnehmern dieser Schlacht, »bis zum Stehkragen voll mit Acid«, gehörten auch John Lennon und Paul McCartney.

Helms erinnert sich, daß Sharpleys Bericht »kurz vor meiner Abreise herauskam, mit der Riesenschlagzeile ›Verlorenes psychedelisches Wochenende‹. Sie kondensierte die Erlebnisse von drei Wochen auf ein einziges Wochenende, was eine totale Verdrehung der Tatsachen war, und machte in ihrem Artikel jeden außer mir fix und fertig. Zu mir war sie recht freundlich, aber am Ende zitierte sie mich mit dem Resümee: ›Wenn Sie *das* für abgefahren halten, sollten Sie mal sehen, wie's bei uns zu

Hause abgeht!‹ Ich versuchte ihr damit zu sagen, daß es zu Hause nicht so gekünstelt war, daß die Happenings und alles andere irgendwie natürlicher waren.

Jedenfalls fühlte ich mich verraten und hatte ein schrecklich schlechtes Gewissen gegenüber den Leuten, die ich Ann Sharpley vorgestellt hatte. Dann stieg UPI darauf ein und stellte den ganzen Artikel so dar, als hätte ich all diese Ereignisse in England *veranstaltet*. Als die Geschichte dann in den US-Zeitungen erschien, hieß es: ›Junger, langhaariger amerikanischer Promoter geht nach England, zeigt England, was 'ne Harke ist, und kehrt im Triumphzug zurück!‹«

5

Have a Cigar

Am 1. Februar 1967 wurden die Pink Floyd nun auch offiziell »Profi-Musiker« und gaben ihre akademische Karriere auf, um sich ganz auf die der Band zu konzentrieren. »Ist doch klar«, scherzte Nick Mason, der noch immer glaubte, daß er im nächsten Jahr aufs College zurückkehren würde, »das Showbusineß bietet für einen Architekten die besten Chancen, Klienten zu finden. Ich halte ständig Ausschau nach jemand, der eine halbe Million Pfund übrig hat und von mir ein Haus entworfen haben will.«

Das wichtigste Ziel der Floyd war es jetzt, eine Platte herauszubringen. Ursprünglich waren sie davon ausgegangen, daß Joe Boyd der Gruppe einen Vertrag mit Elektra verschaffen würde, deren langjährige Folk/Blues-Orientierung in Amerika gerade mit der Verpflichtung von den Love und den Doors bekräftigt worden war. Boyd dachte, er hätte den Auftrag, »etwas Ähnliches in England zu machen«.

Er hatte Elektra bereits die Incredible String Band besorgt, die als traditioneller Folk-Act begonnen hatten. Später hatte eine Dosis acidinspirierter Fantasy und Mystik das schottische Duo in die Underground-Ikonen von *The 5000 Spirits or the Layers of the Onion* verwandelt. Doch Boyd – der für sie sowohl als Manager als auch als Produzent tätig war – irrte sich, als er davon ausging, daß sein amerikanischer Boß Jac Holzman ähnlich progressive Engländer wie die Pink Floyd willkommen heißen würde.

»Ihn störte immer mehr«, erinnert sich Boyd, »daß ich meine Zeit damit verbrachte, neue Gruppen zu finden, anstatt Tom Paxton zu verkaufen. Er wollte sie nicht haben. Genau ein Jahr nach meinem Einstieg bei Elektra in London hatten Holzman und ich eins von diesen ›Sie können mich nicht feuern – ich kündige‹-Gesprächen.«[1]

In der Zwischenzeit hatte ein in Ehren ergrauter EMI-Manager namens Beecher Stevens »eine Menge über ihre Musik und Lightshow und so weiter« gehört und in der All Saints Church herumgeschnüffelt, begleitet von seinem A&R-Mann Norman Smith. Ebenfalls ein angehender Produzent, war Smith am besten bekannt als langjähriger Techniker bei den Beatles – die Stevens während seiner vorherigen Tätigkeit bei Decca nicht eines Plattenvertrags für würdig befunden hatte (was er später tief bereuen sollte).

Stevens fand die Floyd »abgedreht, aber gut«, zögerte aber trotzdem, da »einer von den Jungs und ein paar von den Leuten um sie herum ziemlich merkwürdig waren«.[2] Woraufhin Joe Boyd, der als freier Agent agierte, Polydor Records dazu überredete, die Band gegen einen Vorschuß von fünfzehnhundert Pfund zu nehmen – und in Erwartung der bevorstehenden Plattenkarriere der Floyd seine eigene Witchseason Productions gründete.

Das Schicksal jedoch intervenierte in Gestalt eines hungrigen Popmusikmaklers namens Bryan Morrison und seines Partners Tony Howard, die dringend einen heißen Act für ihre dahinsiechende Agentur brauchten. Auf die Vermittlung von Talenten für Veranstaltungen wie den Weihnachtsball der Architektenvereinigung herabgesunken, horchten Morrison und Howard auf, als die Architekturstudenten in glühenden Farben von den Pink Floyd schwärmten (von denen das Paar noch nie etwas gehört hatte) und keine andere Band mehr haben wollten. Howard verlor keine Zeit, die mysteriöse Gruppe aufzuspüren – und sie gegen die üblichen 10 Prozent auf alle Konzerteinnahmen bei der Bryan Morrison Agency unter Vertrag zu nehmen.

Da der charmante und wortgewandte »Morrie« (der zu jener Zeit außerdem die verblassenden Pretty Things managte) der erste erfahrene Vertreter des Musikbiz war, der in ihrem verzauberten Kreis auftauchte, suchten Peter Jenner und Andrew King begierig seinen Rat. Er überzeugte sie, daß sie besser mit einem mächtigen Giganten wie EMI bedient wären als mit Polydor und daß EMI einen weit höheren Vorschuß ausspucken würde als sein kleiner Rivale, falls die Floyd ihre Fähigkeiten mit einem unabhängig produzierten Demo unter Beweis stellen würden, das vielleicht später als ihre Debütsingle veröffentlicht werden konnte.

Den Rat befolgend, brachte Joe Boyd die Floyd in die Chelsea's Sound Techniques Studios, um »Arnold Layne« aufzunehmen, eine eingängige Barrett-Fabel über einen kleptomanischen Transvestiten, die durch die gefällige Bearbeitung des UFO-Musikdirektors *sowohl* bizarr *als auch* kommerziell klang. Aus diesen Ende Januar stattfindenden Sessions gingen außerdem eine frühe Version von »Interstellar Overdrive« und ein hastig geschriebener B-Seiten-Titel hervor, »Candy and a Currant Bun«, nachdem jemand bei der BBC an dem Originaltitel »Let's Roll Another One« Anstoß genommen hatte.

EMIs Vorstandsriege war angemessen beeindruckt und erhöhte den Vorschuß auf die damals beträchtliche Summe von fünftausend Pfund. Die Floyd und ihre Manager waren über das Angebot besonders erfreut, denn es legte das Schwergewicht – ungewöhnlich für diese Zeit – auf Alben statt auf Singles. Allerdings hing EMIs Großzügigkeit von der Bereitschaft der Band zu einem weiteren Kompromiß ab – sie mußten sich bereiterklären, in Zukunft exklusiv mit einem Hausproduzenten der EMI in den Abbey Road Studios zu arbeiten. Das gehörte damals zum normalen Geschäftsgebaren jeder großen Plattenfirma. Angesichts der Kontakte der Floyd zu gewissen dubiosen Elementen war Mr. Stevens zudem entschlossen, ihnen einen nüchtern denkenden Bürger – genauer: Norman Smith – zur Seite zu stellen, der »die Sessions unter Kontrolle halten« sollte. So wurde Joe Boyd recht unsanft vor die Tür gesetzt, noch ehe er die Früchte seiner Arbeit – für die er zu seiner zusätzlichen Verbitterung keinen Penny bekam – ernten konnte.

Bei seiner Veröffentlichung am 11. März auf EMIs Columbia-Label zog der gruselige, aber dennoch verführerische »Arnold« sowohl Kritik als auch Lob auf sich. Der *Melody Maker* pries ihn als »eine amüsante und farbenprächtige Geschichte über einen Burschen, der sich ganz nach innen wendet, während er von den Vögeln und den Bienen lernt... zweifellos eine sehr gute Scheibe. Die Pink Floyd repräsentieren eine neue Form der Musik in der englischen Popszene, so daß man nur hoffen kann, daß die Engländer tolerant genug sind, um sie mit offenen Armen zu empfangen.«[3]

Seltsamerweise gehörten zu denjenigen, die es nicht waren (und auch nicht taten), der populäre und vorgeblich superhippe Piratensender Radio London, der die »schmutzige« Scheibe mit einem Bann belegte. »Wenn wir über die verschiedenen Formen der menschlichen Zwangslagen keine Songs schreiben und singen dürfen«, erwiderte Roger Waters, »dann können wir auch ganz aus dem Geschäft aussteigen.« Rick Wright vermutete, daß »die Platte nicht wegen des Textes verboten wurde – denn in ihm findet sich wirklich nichts Anstößiges –, sondern weil sie gegen uns als Gruppe und gegen das sind, was wir symbolisieren«. Der einundzwanzigjährige Komponist des Songs erklärte lediglich, daß »Arnold Layne halt gerne Frauenkleidung trägt; viele Leute machen das, also stellen wir uns der Realität!«[4]

Barrett übertrieb damit keinesfalls, wie jeder bestätigen kann, der einige Zeit in dessen Heimatland verbracht hat. Die eigenartige Faszination der Engländer für die Kleidung des anderen Geschlechts (eine Folge der vorherrschenden sexuellen Repression und der Vorliebe für alles Exzentrische) manifestierte sich in zumindest zwei Topgruppen jener Ära. Die Rolling Stones hatten kürzlich auf dem Cover ihrer Single »Have You Seen Your Mother, Baby, Standing in the Shadow?« im Fummel posiert; drei Jahre nach »Arnold Layne« verschaffte die ähnlich veranlagte »Lola« den Kinks einen ihrer größten Hits.

Laut Waters waren »Arnold Layne« und sein »ungewöhnliches Hobby« von einer Episode aus Rogers und Syds Jugendzeit in Cambridge inspiriert: nachdem ihre beiden verwitweten Mütter einige Studentinnen von einem nahen College als Untermieter aufgenommen hatten, verschwanden von den Wäscheleinen der Damen ständig BHs und Höschen, was die Nachbarschaft bis in die Grundfesten erschütterte. Syds musikalische Rekonstruktion fügte dem Fall noch eine fiktive Wendung hinzu, die selbst die »Vereinigung wider die sündhaften Triebe« billigen konnte: Der Protagonist (»eine widerliche Kreatur«) landet hinter Gittern, und der Song endet mit den Worten – in einem Tonfall bedrohlicher Endgültigkeit intoniert – »Arnold Layne, tu es nie wieder!«

Natürlich haben Kontroversen noch nie dem Verkauf geschadet; zudem sparten die Musik und die Produktion auch nicht mit den guten altmodischen Popkniffen. Ein Jahrzehnt später sagte Nick Mason, daß »Arnold Layne« bewußt konzipiert wurde, um die Floyd »als Hitparadenband zu etablieren... Wir wollten ins Rock'n'Roll-Geschäft und wir wollten eine Popgruppe sein – wir wollten Erfolg haben, Geld, Autos, solche Sachen. Wir wollten gut leben; ich meine, das ist doch der Grund, warum die Leute Rockmusik machen, weil sie diese Art von Erfolg haben wollen. Wenn nicht, macht man irgend etwas anderes.«[5]

Bestrebt, ihr Versprechen auf »hundertprozentige Promotion« einzulösen, präsentierten Beecher Stevens und seine Kollegen Ron White und Roy Featherstone die Pink Floyd am 1. April im EMI-Hauptquartier am Manchester Square den etablierten Medien. In einer Pressemitteilung charakterisierte die Plattenfirma ihre jüngste Neuerwerbung als »musikalischer Sprecher einer neuen Bewegung, die mit allen Kunstformen experimentiert« – mit dem beschwichtigenden Dementi, daß »die Pink Floyd nicht wissen, was die Leute mit psychedelischem Pop meinen, und auch nicht versuchen, ihr Publikum halluzinatorischen Effekten auszusetzen«. (Worauf John Hopkins im *IT* antwortete: »Um offen zu sein, mir *gefällt* es, wenn die Floyd mir Halluzinationen verschaffen.«)

»Arnold Layne« schaffte es knapp in die britischen Top Twenty, was im Lauf der illustren Karriere der Band nur noch zwei andere Floyd-Singles schaffen sollten. Aber die Platte erreichte in den Köpfen und Herzen des Londoner Underground einen viel höheren Platz, und kraft unermüdlichen Abspielens wurde sie für Clubs wie den UFO zu einer richtigen Hymne.

»›Arnold Layne‹ war wahrscheinlich der erste Pophit«, erklärt Pete Brown, »der im englischen Akzent englische kulturelle Obsessionen und englische Fetische besang. So etwas hatte es zuvor noch nie gegeben; alle hatten sich wie Amerikaner benommen. Vorher stand ich voll auf Blues. Zur gleichen Zeit begann ich für die Cream zu schreiben, und der Song kam für mich genau im richtigen Moment. Ohne Syd wären Sachen wie ›White Room‹ gar nicht möglich gewesen.«

Die Floyd wurden wiederum von Browns Kollegen Eric Clapton, Jack Bruce und Ginger Baker beeinflußt. »Die Cream«, sagt Nick Mason, »waren ganz eindeutig die Band, bei der ich dachte: ›*Das* ist es, was ich machen will.‹ Ich wollte eine Band haben, die nur von der Musik lebte, von dieser Powermusik – und nicht von ihrem guten Aussehen oder ihren hübschen Jacken. Waren die Stones auf ihre Art ebenfalls auf dieses optische Blendwerk aus, so stellten die Cream ein völlig anderes Konzept dar. Das war für mich der Wendepunkt.«

Roger Waters zählte ebenfalls die Cream (zusammen mit den Who, Buffalo Springfield, The Band und natürlich den Rolling Stones) zu den fünf Gruppen, in denen er gerne gespielt hätte, wäre er nicht bei den Floyd gewesen – »weil sie mich bei einem Konzert so angetörnt haben: der Vorhang ging auf und da war diese riesige Marshall-Anlage, und es war ein überwältigendes, lautes, mächtiges Blueserlebnis.«[6]

Die Pink Floyd waren unaufhaltsam unterwegs: Sie hatten nicht nur eine Platte veröffentlicht, ihre Musik wurde sogar in einem Film vorgestellt.

Peter Whiteheads trendige Dokumentation *Tonite Let's All Make Love in London* enthielt zwei gekürzte Versionen von »Interstellar Overdrive«; die eine wurde live vor der Kamera von den Floyd gespielt, die andere diente als Hintergrundmusik für Allen Ginsbergs Rezitation des Gedichtes, dem der Regisseur seinen Filmtitel entliehen hatte.

Der EMI-Vorschuß ermöglichte es Blackhill, in einem Ladenlokal unter Andrew Kings Wohnung in der Alexander Street vernünftige Büroräume anzumieten, nachdem Peter Jenner fast ein ganzes Jahr lang die Anlage der Band in seinem Wohnzimmer beherbergt hatte. Zu diesem Zeitpunkt hatte der junge Dozent sich auch von der London School of Economics beurlauben lassen, wo Jenners enges Verhältnis zu den studentischen Revolutionären seinen älteren Kollegen nicht unbedingt gefallen hatte.

Ohne Jenners und Kings unermüdliche Anstrengung und unerschütterliche Hingabe, so meinen viele der frühen Mitarbeiter der Gruppe, hätten die Pink Floyd es nie geschafft. Trotzdem verriet Roger Waters bereits eine gewisse Ungeduld mit dem Duo, vor allem mit dem nervöseren und ernsthafteren King. Dies machte sich in diesem Frühling auf der ersten Europatournee der Floyd bemerkbar, als Andrew in Kopenhagen nach seinen Schlüsseln suchte und es dabei schaffte, den Inhalt seiner Tasche durch einen Kanaldeckel fallen zu lassen, und Roger sich zu ihm umdrehte und höhnisch bemerkte: »Einen Manager, der unser Geld in den Gully wirft, können wir uns nicht leisten, oder?«

Dank »Arnold Layne« konnten sich Blackhill und die Floyd nichtsdestotrotz ihren ersten Rolls leisten. Wobei es keine Rolle spielte, daß die Limousine weder neu noch – strenggenommen – ein Rolls-Royce war; sie war, sagt June Bolan, »eine Mischung – halb ein Rolls-Royce und halb ein Bentley. Aber das sah man ihr nicht an. Sie war einfach wunderschön und unglaublich nobel für die damalige Zeit.«

Da man zusätzlich noch Instrumente und neues Beleuchtungsmaterial anschaffte, waren die fünftausend Pfund Vorschuß bald nur mehr eine angenehme Erinnerung. Dennoch war der unerschütterlich optimistische Peter Jenner – der sich den Firmenslogan »Himmlisch prächtig – 1967« ausgedacht hatte – davon überzeugt, daß knapp hinter dem Horizont genügend auf sie wartete.

Die erste Pink-Floyd-Platte schlug ein, als das alternative London auf seinem Zenit war. Es gab ein Gefühl der Gemeinschaft und der Erwartung. Die breitere britische Musikszene spürte den Druck der ersten Alben der Cream und der Jimi Hendrix Experience, und die Beatles hatten sich soeben auf die neue übersinnliche Wellenlänge eingeklinkt und die erstaunliche Single »Penny Lane« mit der gleichwertigen B-Seite »Strawberry Fields Forever« herausgebracht – ein Meilenstein auf dem Weg zu *Sgt. Pepper*. Doch noch war die Subkultur (ungeachtet *Tonite Let's All Make Love in London*) nicht völlig kommerzialisiert, und die Behörden hatten mit dem Gegenschlag gerade erst begonnen.

»Es war ein sehr kurzer, aber auch schöner Moment, der von den Ereignissen bald eingeholt wurde«, erinnert sich der Künstler und Tänzer David Medalla. »London war im klassischen Sinne eine kosmopolitische Stadt. Aus ganz England kamen Leute aus der Arbeiterklasse, der Mittelschicht, der Aristokratie und trafen auf Leute mit ganz anderem Hintergrund. Man konnte überall einen Schlafplatz finden, immer gab es etwas zu Essen, und die Busse waren billig. Wenn man Geld brauchte, baute man einfach einen Stand in der Portobello Road auf. Damals konnte man viel leichter überleben als heute; alles ist viel ordentlicher, durchorganisierter geworden. Und es gab da diese ständige Euphorie.

Die sexuellen Experimente waren sehr interessant. Die meisten Leute kamen aus eher repressiven Familien. Schwule entdeckten, daß sie schwul oder bisexuell waren. Antibiotika und Verhütungsmittel hatten die Dinge verändert, und man mußte nicht mehr heiraten, um Sex zu haben.

Es existierte außerdem eine Gruppe reicher Leute wie Tara Brown und Robert Fraser, die ihr Geld für die Kunst ausgaben. Sie veranstalteten nicht nur fantastische Partys, sondern halfen auch mit, die Vorstellung totaler Freiheit zu schaffen. Ich schätze, daß das wirklich eine Illusion war; daß die Freiheit nur für diejenigen existierte, die frei sein wollten.

Es gab Buchläden wie Indica, wo man an Dichterlesungen und sonstigen Veranstaltungen teilnehmen und richtige Schriftsteller wie Allen Ginsberg treffen konnte. Der ganze Osten wurde entdeckt; die Hare-Krishna-Chöre waren damals noch nicht der Witz, zu dem sie heute geworden sind.

Wir taten uns zusammen, um zum Beispiel die London Film Co-Op zu gründen, weil keiner genug Geld hatte, um sich einen Schneidetisch zu kaufen. Heute können junge Filmemacher ihre Filme zu Hause machen; sie brauchen niemand anderen. Junge Musiker haben Sechzehn-Spur-Tonbänder zu Hause, mit Drums und allem. Sie brauchen draußen keine Konzerte zu geben; sie können ihre eigenen Platten pressen. Dasselbe trifft auf bildende Künstler und Schriftsteller zu. In einer Hinsicht bedeutet es Befreiung, aber es stellt auch eine Entfremdung dar. Der soziale Aspekt ist total verschwunden – man hat kein Feedback mehr.

Außerdem war damals die junge Generation nicht so technik- und perfektionsbesessen. Ein Beispiel waren die Pink Floyd und ihre Musik; sie experimentierten mit neuen Klängen, mit Video. Man hat wirklich daran geglaubt, daß diese Dinge das Bewußtsein der Leute erweitern konnten.

Im großen und ganzen war das, was wir in den Sechzigern erreicht haben, positiver als, sagen wir, das in den Siebzigern – die viel *ernster* und schmerzhafter waren. Ich habe lieber einen ekstatischen Orgasmus als einen Haufen Angst.«

Games for May

Der nächste legendäre Auftritt der Pink Floyd fand am 29. April beim »14-Stunden-Technicolor-Traum« im Alexandra Palace statt – jenem Ereignis, das mehr als alles andere das alternative London ins Bewußtsein der Öffentlichkeit rückte. Der grandiose Einfall, in der viktorianischen Ausstellungshalle auf dem Muswell Hill ein Konzert bis in den frühen Morgen zu organisieren, stammte von – wem sonst? – Miles, Jim Haynes und John Hopkins (der laut Miles zu »neunundneunzig Prozent für das Gelingen« verantwortlich war). Der offizielle Grund war diesmal die dringende Notwendigkeit, nach einer Polizeirazzia im Stil einer Bananenrepublik Geld für *IT* aufzutreiben. Am 9. März waren die buntschillernde Abonnentenkartei, unverkaufte Exemplare, nicht eingelöste Schecks und sogar die persönlichen Adreßbücher der Mitarbeiter (ganz zu schweigen von dem Inhalt der Aschenbecher) beschlagnahmt worden – um drei Monate später, nachdem die Behörden keinen legalen Vorwand für eine Anklageerhebung gefunden hatten, ohne Entschuldigung wieder zurückgegeben zu werden.

In der Zwischenzeit organisierten die Mitarbeiter trotzig den Technicolor-Traum – und publizierten weiter. Die nächste Ausgabe von *IT* enthielt Herausgeber Tom McGraths donnernde Deklaration der Prinzipien des Undergrounds, die mit den Worten schloß: »Die neue Bewegung entwickelt gemächlich, unbekümmert eine alternative Gesellschaft. Sie ist mühelos international, rassenverbindend, gleichberechtigt. Sie basiert auf anderen Vorstellungen von Raum und Zeit. Die Welt von morgen kennt vielleicht keine Uhren mehr.«

Trotz der Tatsache, daß die Pink Floyd erst eine Single veröffentlich hatten, fiel auf sie die einzigartige Ehre, das einundvierzig Acts umfassende Benefiz-Konzert zu beenden. Hitparadenstürmende Kollegen wie John Lennon und Paul McCartney ihrerseits deckten einen Teil der anfallenden Kosten. »Sie gaben das zurück, was sie herausgeholt hatten«, meint Hopkins. »Nicht daß sie etwas aus uns herausgeholt hatten, aber alle halfen auf ihre Art. Michael McInnerney steuerte die auffälligen Regenbogenplakate bei; und Michael X und seine Black-Power-Brigade sorgten für die Sicherheit. In den Stunden vor der Show«, schrieb Miles, »explodierten Raketen über London und zeichneten ein Signal des Undergrounds für ein besonderes Ereignis an den Himmel. Und«, fuhr er fort, »zehntausend Leute kamen, eine Armee in selbstgefertigten Klamotten aus Spitze und Samt, Perlen und Glöckchen, und bis zum Stehkragen zugedröhnt.«[1]

»Es war ein richtig freakiger Abend«, sagt David Medalla, dessen Exploding Galaxy zu den Eröffnungsgigs gehörte. »Er begann bereits vor den vierzehn Stunden, weil wir uns alle im Alexandra Palace trafen – Hunderte von Leuten. Ich weiß nicht, woher sie alle kamen. Es bewies, daß der Underground ein richtiger Underground war, denn wir hatten keine Reklame dafür gemacht.

Als ich eintraf, sagte Mike McInnerney: ›Wir müssen die Sache voll durchplanen, denn das BBC filmt und ist heiß darauf, einen Haufen unverantwortlicher Hippies zu zeigen, die Drogen nehmen und freie Liebe praktizieren.‹ Alle waren deswegen ziemlich nervös und gehemmt. Ich mußte mir Unterhosen anziehen, weil man mir sagte: ›Wenn du all deine Klamotten ausziehst, werden sie dich nicht filmen.‹ Damals sah ich recht gut aus, und ich liebte es, nur mit Körperfarbe bekleidet zu tanzen, solche Sachen.

Yoko Ono wollte ihren Auftritt beim ›Destruktion in der Kunst‹-Symposium wiederholen, wo sie den Zuschauern eine Schere gegeben hatte und sich von ihnen den Kimono zerschneiden ließ. Ich sagte zu ihrem Mann Tony Cox: ›Ich glaube nicht, daß das der richtige Ort dafür ist, nicht vor zehntausend

kreischenden Leuten, denn jemand könnte Yoko erstechen.‹
Sie wurde völlig paranoid« - und wählte ein passenderes Konzeptstück.

Ein in einen Schaffellmantel gehüllter John Lennon, der Tony erst noch im Ringen um Yokos Gunst besiegen mußte, schlenderte durch die Menge und betrachtete durch die Filter seiner Omabrille und seiner lysergbenebelten Augen die Darbietungen. Am Rand der Veranstaltung boten fliegende Händler Räucherstäbchen und Hippiekunst an, und in einem Iglu aus Fiberglas wurden offen Joints verteilt, die aus Blättchen mit Bananenaroma gerollt waren, ganz im Sinne von Donovans Diktum auf »Mellow Yellow« (»Elektrische Bananen sind plötzlich der letzte Schrei«). Und im Zentrum der riesigen Halle konnten lachende Blumenkinder ihre verlorene Unschuld auf einer »Helter-Skelter«-Rutschbahn zurückgewinnen.

Die Musik kam – manchmal gleichzeitig – von zwei gegenüberliegenden Bühnen, während von gewaltigen Beleuchtungstürmen Filme auf die mit Bettlaken drapierten Wände projiziert wurden. Niemand störte es, daß diese improvisierten Leinwände im Luftzug flatterten und es schwer machten, dem filmischen Geschehen zu folgen, oder daß die Verstärker nicht in der Lage waren, die Power zu liefern, an die die meisten Acidrocker der Show gewöhnt waren. Nur wenige der Bands – von »Randerscheinungen« wie Medalla, Yoko Ono und dem späteren Floyd-Kollaborateur Ron Geesin ganz zu schweigen – waren je in einem derartigen Rahmen aufgetreten, der alles bisherige übertrumpfen sollte.

Doch nicht alle waren begeistert. David Jenkins (heute Mitherausgeber des *Tatler*) bezeichnete es als »ein bizarres, ermüdendes Spektakel« und stellte fest, daß ihm »der ganze Schrekken der Langeweile« erst gegen Mitternacht aufging, als ihm bewußt wurde, daß die öffentlichen Verkehrsmittel Londons ihren Betrieb eingestellt hatten und er und seine skeptischen Begleiter bis zum Morgengrauen in diesem Technicolor-Traum gefangen waren.[2]

David Medalla jedoch beharrt (trotz des Nacktheitsverbots): »Es ist nicht nur Nostalgie, wenn ich sage, daß die Veranstaltung ein Moment der totalen Freiheit war.« Und obwohl sie – dank der Ansprüche mehrerer Interpreten, des einen oder anderen zwielichtigen Promotors und seines eigenen ungenierten Umgangs mit dem Geld – ihr Ziel, Spenden für das bedrängte *IT* zu sammeln, eklatant verfehlt, ist John Hopkins immer noch überzeugt, daß der Technicolor-Traum »alles in allem ein großartiger Erfolg war. Alle Musiker waren einfach fantastisch.«

Dazu gehörten auch solche UFO-Stammgäste wie Tomorrow, Alex Harvey, Soft Machine und ein Arthur Brown in Helm, Visier und safrangelber Robe, der sich auf dem Höhepunkt seiner Show selbst in Brand zu stecken schien. Miles Bericht über das Konzert endet mit der lyrischen Bemerkung:

Dann ging ein Raunen durch die Menge und alle drehten sich zu den riesigen Ostfenstern um. Sie glühten im ersten matten Glanz der Morgendämmerung. In diesem magischen Moment der Zeitlosigkeit kamen die Pink Floyd heraus. Ihre Musik war unheimlich, ernst und beruhigend. Nach einer ganzen Nacht voller Tollerei, Ausgelassenheit und Acid wurde die Morgendämmerung gefeiert... Syds Augen leuchteten, während seine Noten dem heller werdenden Licht entgegenstiegen und die Strahlen der Morgendämmerung sich in seiner berühmten verspiegelten Telecaster reflektierten...«[3]

Es schien kaum eine Rolle zu spielen, daß die Floyd – die erst am Abend extra für diese Veranstaltung vom Kontinent herübergeflogen waren – mit ihrem Auftritt weit weniger zufrieden waren.

Der nächste Londoner Gig der Floyd am 12. Mai in der Queen Elizabeth Hall war vom Standpunkt fast aller Beteiligten aus

unbestreitbar spektakulär – ausgenommen die Veranstaltungs-
manager der vornehmen South Bank, die nicht ahnten, worauf
sie sich einließen, als sie die Multimedia-Performance buchten,
die unter dem Motto lief: »GAMES FOR MAY: Entspannung
im Stil des Weltraumzeitalters auf dem Höhepunkt des Frühlings – elektronische Kompositionen, Farb- und Bildprojektio-
nen, Mädchen und THE PINK FLOYD.«

»Andrew King war kein Idiot«, sagt Susie Wynne Willson.
»Er vermarktete die Sache ganz bewußt als Kunst. Es sollte ein
hochkarätiges Spektakel werden. Weil die South Bank daran
beteiligt war – damals für ein Popkonzert absolut ungewöhnlich –, begannen sich auch die Zeitungen ernsthaft dafür zu
interessieren.« Ähnlich ungewöhnlich war, daß eine Popband
(noch dazu eine mit so unbedeutender Diskographie) ohne
Vorgruppe zwei Stunden lang auf der Bühne stehen sollte.

Games for May wurde von Christopher Hunt präsentiert,
einem Veranstalter, dessen Spezialität klassische Kammermu-
sik war. Aber der vielseitige Hunt hatte vier Monate zuvor –
auf Drängen von Sumi Jenner, die damals für ihn arbeitete –
eine Multimedia-Veranstaltung mit den Floyd am Londoner
Commonwealth Institute gesponsort, und ihm gefiel, was er
sah und hörte. Hunt war auch für die verlockende Pressemitteilung verantwortlich: »Die Floyd sehen in diesem Konzert
eine musikalische und visuelle Entdeckungsreise – nicht nur
für sich selbst, sondern auch für das Publikum. Neues Material
wird zum ersten Mal aufgeführt, unter anderem mit Hilfe
einiger speziell präparierter Vier-Kanal-Stereotonbänder. Optisch haben die Lichttechniker der Gruppe eine noch nie dage-
wesene Show vorbereitet.«

Das »Vier-Kanal-Stereo« war sowohl eine echte Floyd-Erfin-
dung als auch eine, die die Band in den folgenden Jahren zu
erstaunlichen Höhen entwickeln sollte. Es hatte als Experiment
bei einer ihrer ersten Vier-Spur-Aufnahmesessions in der Abbey Road begonnen, als die Jungs den Produzenten Norman
Smith überredeten, zwei zusätzliche Lautsprecher dem norma-

len stereofonen Paar hinzuzufügen. Sie waren so zufrieden mit dem Ergebnis, daß sie den »Rundumsound« beibehielten – »bei dem«, erklärte Roger Waters, »der Sound kreisförmig um die Halle wandert und dem Publikum den unheimlichen Eindruck vermittelt, vollständig von dieser Musik umgeben zu sein« – und ihn zu einem wesentlichen Bestandteil des Pink-Floyd-Live-Erlebnisses machten. Damals wie heute wurden die Lautsprecher im hinteren Teil der Halle hauptsächlich für die vorfabrizierten, meist von Waters entwickelten Soundeffekte benutzt (Wind, Wellen, Schritte, Vogelzwitschern und so weiter), die die Gruppe immer mehr begann, in ihre Show einzubauen.

In der Queen Elizabeth Hall mußten die Floyd noch die akustischen Feinheiten ausarbeiten, und ihr rudimentäres Quadrosystem hatte nur auf eine Handvoll gutplazierter Zuschauer die gewünschte Wirkung. (Es wurde außerdem nach der Show gestohlen.) Aber es gab genug andere Dinge, die das Publikum in ihren Bann schlugen, angefangen von dem künstlichen Sonnenaufgang, den Peter Jenner in den dunkelsten Rottönen auf die Leinwand hinter der Bühne warf. Seine Flüssiglightshow wurde durch 35mm-Filme – und Tausende von herabschwebenden Seifenblasen – vervollständigt. Einer der Roadies, als Flottenadmiral verkleidet, ließ Narzissen auf die Konzertbesucher niederregnen – die außerdem Zeuge wurden, wie Roger Waters mit Kartoffeln einen riesigen Gong bewarf und Nick Mason mit einer elektrisch verstärkten Säge Holz zerkleinerte.

»Wir haben einfach einen Haufen Requisiten mit auf die Bühne genommen und improvisiert... Aber es erwies sich als extrem schwierig«, gab Nick später zu. »Ich glaube, es ist wichtig, daß man bis zu einem gewissen Grad weiß, was man machen will... Aber [*Games for May*] war die erste Veranstaltung dieser Art, und wir persönlich lernten eine Menge dazu.«[4]

Jenners und Kings Spielplan entsprechend, wurde in den

»seriösen« Zeitungen breit über das Ereignis berichtet, das selbst in der ehrwürdigen *Financial Times* Erwähnung fand: »Das Publikum, das die Halle füllte, war wunderbar, wenn auch seltsam gezähmt, und ihr Anblick allein war das Geld für die Eintrittskarte wert. Aber wenn man die unbezähmbaren Pink Floyd und die echten Narzissen hinzunimmt, war es eine überschäumende Erfahrung.« Die *International Times* wiederum pries *Games for May* als »ein echtes Kammermusikkonzert des zwanzigsten Jahrhunderts«, dessen »zweite Hälfte in die Bereiche der... reinen elektronischen Musik vorstieß... Es tat gut zu sehen, daß eine Hipshow genug Power hatte, um in solch einer museumsähnlichen und spießigen Umgebung zu bestehen.« Ein launiger Syd Barrett befand (sehr hellsichtig, soweit es die Floyd betraf): »In Zukunft werden Gruppen mehr als nur eine Popshow bieten müssen. Sie werden eine gut inszenierte Theatershow bieten müssen.«

Die Direktion der Queen Elizabeth Hall allerdings war empört über die Flecken, die die Seifenblasen auf ihren Ledersitzen hinterlassen hatten, und über die Narzissenblüten, die in die Teppiche eingetreten worden waren, und erteilte den Pink Floyd Hausverbot. »Offenbar«, meinte Roger schulterzuckend, »haben wir gegen eine Vorschrift verstoßen.«

Zu dem versprochenen »neuen Material« in der Queen Elizabeth Hall gehörte eine recht zündende Nummer namens »Games for May«. Obwohl Norman Smith in der Abbey Road bereits solch eingängige Barrett-Kompositionen wie »The Gnome« und »Scarecrow« aufgenommen hatte, erkannten sowohl er als auch die Floyd-Manager in dem neuen Liedchen den passendsten Nachfolger für »Arnold Layne«. Syd änderte dann den Titel in »See Emily Play«. Später erzählte Barrett, daß ihm »Emily« vollständig im Traum erschienen wäre, ähnlich Coleridges »Kubla Khan«, als er im Wald eingeschlafen war. Unabhängig davon erinnert sich Pete Brown, daß der Text eine leibhaftige Emily zum Vorbild hatte, die Stammgast im UFO war – das »psychedelische Schulmädchen« war die Tochter des adeligen Schriftstellers Lord Kennet (alias Wayland Young, Autor von *Eros Denied*). Und so machte der Sexfetischist Arnold dem Blumenkind Emily Platz...

Ungeachtet der Tatsache, daß Smith in den Floyd das Vehikel sah, »mit dem ich mir einen Namen als Produzent machen konnte«, so wie es sein alter Boß George Martin mit den Beatles getan hatte, machte die Aussicht, diesen legendären Undergroundlern verkäufliche Produkte zu entlocken, den zukünftigen Starproduzenten »Normal« (ein Spitzname der Fab Four) nach seinen eigenen Worten »sehr nervös und ängstlich«.[5] So sehr sogar, daß er die für den 18. Mai angesetzte »Emily«-Session wieder in die Sound Techniques Studios verlegte, wo auch »Arnold Layne« aufgenommen worden war, in dem bewußten Versuch, Joe Boyds magische Formel auf die neue Single zu übertragen.

Boyd fand dies natürlich bitter ironisch, doch Peter Jenner meinte, daß auf lange Sicht »Joe ihnen gegenüber wahrscheinlich zu nachsichtig gewesen wäre, weil er damals einfach zu jung und zu unerfahren war. Es lag genug Wahnsinn in der Luft, und Normans geistige Stabilität und Nüchternheit stellten sicher, daß die Floyd Hits einspielten. Was lebenswichtig war. Hätten die Floyd keinen Hit gehabt, hätten sie nie die schweren Zeiten durchstehen können, die auf sie warteten.«[6]

»See Emily Play« wurde tatsächlich ein Hit (auch wenn ihr zuckersüßer psychedelischer Pop und schmalzige Sätze wie »Treib für immer und ewig auf dem Fluß« die Zeit nicht bei weitem so gut überstanden haben wie der herbere und rundere »Arnold Layne«). Radio London, offenbar als Buße für den Verrat an »Arnold Layne«, setzte »Emily« unmittelbar nach der Veröffentlichung auf Platz eins. Und so wurden die Pink Floyd, beinahe zufällig, zu Popstars.

Doch es gab zumindest ein schlechtes Omen. David Gilmour, der soeben aus Europa zurückgekehrt war, wo er Ersatz für die gestohlene Ausrüstung der Jokers Wild gekauft hatte, besuchte Syd während der »Emily«-Sessions in den Sound Techniques Studios. Völlig verdutzt mußte er feststellen, daß sein alter Kumpel »einfach durch mich hindurchblickte und kaum realisierte, daß ich da war. Sehr merkwürdig...«

»See Emily Play« wurde zwischen den Sessions für die erste Pink-Floyd-LP aufgenommen, die im Juli 1967 fertig war und Anfang August veröffentlicht wurde. Über zwanzig Jahre und rund ein Dutzend Alben später bezeichnet Rick Wright sie immer noch als eine seiner zwei oder drei Lieblingsplatten der Floyd (genau wie David Gilmour, der daran gar nicht beteiligt war). »Ich höre sie gern, ich höre mir Syds Songs einfach gern an«, sagt Wright. »In gewisser Hinsicht ist es auch traurig, weil sie mich an das erinnern, was hätte sein können. Ich glaube, er könnte heute mühelos einer der besten Songwriter sein.«

Einer von Barretts Freunden andererseits, der Fotograf Mick Rock, meint inzwischen, daß das Album nur eine Eintagsfliege hätte werden können: »Was hätte er danach noch machen können? Er hatte bereits alles gesagt. So etwas hatte es auf Gottes Erde noch nicht gegeben – das war Kunst.«

The Piper at the Gates of Dawn – nach dem Titel des siebten Kapitels in Kenneth Grahames Kinderbuchklassiker *Der Wind in den Weiden*, das zu Barretts Lieblingslektüre gehörte – war in jeder Hinsicht eine bemerkenswerte Leistung. Es ist außerdem das Werk, das Syds mythischen Ruf fast allein begründet hat, und eins, das die Vorlage für viele Alben lieferte, die seine Kollegen später ohne ihn machen sollten.

Zum *Piper* gehört eine Roger-Waters-Komposition; weniger ein Song denn ein Riff, demonstriert das schrille »Take Up Thy Stethoscope and Walk« nichtsdestotrotz, wie weit er musikalisch von Barrett entfernt war. Die beiden langen Instrumentalstücke – »Interstellar Overdrive« und »Pow R. Toc H.« – wurden der ganzen Gruppe zugeschrieben, wobei das letztere (wenn man die primitive Vier-Spur-Aufnahmetechnik und den grellen Klang von Syds Gitarre übersieht) Passagen enthält, die nahtlos zu den 1970er Post-Barrett-Hits der Floyd passen. Und auf dem ganzen Album wird der Instrumentalsound der Band hauptsächlich durch die »östlichen« Modalimprovisationen von Wrights hallgesättigter Farfisa-Orgel geprägt.

Trotzdem war der *Piper*, wie June Bolan sagt, »zum größten Teil Syds Kind – und es war ein wundervolles Kind«. Laut Andrew King war Barrett bei der Arbeit am Album »hundertprozentig kreativ und sehr hart zu sich selbst. Er war erst mit etwas zufrieden, wenn er glaubte, daß es künstlerisch war.« Sein Perfektionismus erstreckte sich sogar auf den normalerweise stumpfsinnigen Mischprozeß, wo Syd »die Regler am Pult offenbar nach Gutdünken rauf und runter schob und dabei hübsche Bilder mit den Händen malte.«[7] (Der einzige *Piper*-Mix, an dem die Floyd beteiligt waren und den sie autorisierten, war übrigens die Monoversion.)

Selbst ohne derartige Effekthascherei ist Syds Spiel äußerst innovativ und ausdrucksstark – und völlig unvorhersagbar. Melodische Soli machen abrupt harten Dissonanzen Platz und dylaneske Klimpereien fast jazzähnlichen Improvisationen ohne Rücksicht auf Tonart und Takt. Barrett gehörte zu den ersten Rockgitarristen, die mit Wah-Wah und Echohall experimentierten; und – was vielleicht am bemerkenswertesten ist – er transformierte die Slidegitarre (die zuvor meist mit dem Blues des Mississippi assoziiert wurde) zum Inventar der typisch englischen Traumlandschaften der Floyd.

Aber es sind die Songs an sich, die wie Diamanten funkeln. Obwohl sie sich ohne weiteres unter »bedröhnte englische Wunderlichkeit« einordnen lassen – was viele auch tatsächlich sind, z. B »Auf dem Rücken eines Einhorns... durchschwimmen wir den sternenklaren Himmel... Hey-ho! Hier kommen wir, unheimlich high!« aus »Flaming« –, sind sie trotzdem entwaffnend genial, faszinierend melodisch und völlig originell. Wenige Songwriter jener Zeit hätten es beispielsweise gewagt, ihre »Magical Mystery Tour« durch eine Rahmenhandlung zu verknüpfen, bei der ein Kind seine Mama bittet, ihm eine weitere Gutenachtgeschichte aus dem Märchenbuch vorzulesen, wie Syd es auf »Matilda Mother« macht – wo der Refrain »Du mußt nur diese Zeilen als schwarzes Gekritzel lesen, und alles erstrahlt!« in eine neue Strophe übergeht, die fantastische Bilder von magischen Königen, Glockengeläut und Horden »schattenhafter Reiter« heraufbeschwört.

Gleichzeitig ist *Piper* erfrischend frei von den üblichen Rock'n'Roll'-Klischees wie Sex und »Liebe«; tatsächlich schneidet Syd diese Themen so gut wie gar nicht an.

Zudem haben wenige erfolgreiche Songschreiber der Sechziger so spärlich Gebrauch von den traditionellen Blues- oder Rockformeln gemacht wie Barrett, und seine Songstrukturen sind oft verblüffend zusammenhanglos. Häufig unterminiert er auch gewitzt die offenkundige Botschaft eines Songs mit musikalischen Effekten, die etwas völlig Gegenteiliges andeuten – wie auf »Lucifer Sam«, wo Wah-Wah und Feedback einer ansonsten harmlosen Ode an eine siamesische Katze einen drohenden, gespenstischen Unterton geben. Dennoch mangelt es seinen Kompositionen nicht an Harmonien, auch wenn sie zumeist an den unerwartetsten Stellen auftauchen.

Vielen *Piper*-Songs merkt man deutlich die Bearbeitung an (man hört fast das Klappern der Schere, wenn auf »Matilda Mother« die Instrumentalträumereien zu einem abschließenden Vers metamorphieren) – was in der Zusammenarbeit mit Barrett keine leichte Sache gewesen sein dürfte. Um es mit Norman Smith zu sagen: »Es war wirklich verdammt schwierig mit Syd, weil meiner Meinung nach für Syd die Musik... [wie] ein Statement war, das vom jeweiligen Zeitpunkt abhing. Das bedeutete, wenn man fünf Minuten später zurückkkam, um den nächsten Take zu machen, bekam man wahrscheinlich etwas ganz anderes. Man bekam wahrscheinlich nicht einmal mehr dieselbe Melodie.«[8] (Der »Interstellar Overdrive«-Track, der aus zwei ununterbrochenen, übereinander gedubbten Einspielungen des Stücks bestand, erforderte allerdings keine Bearbeitung.)

Aber im Gegensatz zu seinem späteren Werk befindet sich

Barrett auf *Piper* am Höhepunkt seiner kreativen Schaffens-kraft. Nur der letzte Song, »Bike«, scheint mit seinem »Scherz« über einen Mantel am Rand der Psychose dahinzutaumeln:

Vorne ist ein Riß, er ist rot
und schwarz. Ich habe ihn schon seit
Monaten...

Am Ende wird der Zuhörer in Syds »anderen Raum« eingela-den – und die Hölle bricht los. Auf einer Ebene nimmt seine sperrfeuerähnliche Uhrwerkcollage bereits die späteren Floyd vorweg, vor allem »Time«, doch mit dem Unterschied, daß hier die Soundeffekte in keiner erkennbaren Beziehung zum übrigen Songinhalt stehen und deshalb noch diabolischer und verrückter klingen.

Piper demonstriert ebenfalls, daß die Floyd die begrenzten Studiomöglichkeiten, die ihnen damals zur Verfügung stan-den, voll genutzt haben. »Astronomy Domine« (auf dem Peter Jenner zu hören ist, wie er die Namen von Sternen und Gala-xien durch ein Megafon aufzählt) zeigt, daß die Band bereits Studioeffekte wie Echohall praktisch als zusätzliches Instru-ment einsetzte. Dies ist hauptsächlich Norman Smith zu ver-danken – und, indirekt, George Martin und den Beatles, die damals im selben Abbey-Road-Gebäude *Sgt. Pepper* einspielten und für die Smith jedes Album bis *Rubber Soul* arrangiert hatte. *Piper* bietet im Überfluß studiotechnische Zaubereien, die der Trickkiste der Fab Four entnommen wurden, vor allem das künstliche Doppeltracking des Gesangsparts, das bei Barrett noch häufiger eingesetzt wurde als bei Lennon und McCartney und das nicht unwesentlich zur entrückten Atmosphäre der Platte beitrug. Smith entlockte auch Nick Masons Snaredrums jene unverwechselbaren dumpfen Klänge, die er und Martin bereits aus Ringo Starrs Schlagzeug hervorgezaubert hatten – und zwar durch den Einsatz von Geschirrtüchern als Dämm-Material.

Die Smith- und Abbey-Road-Verbindung war nur die erste von vielen Gelegenheiten, bei denen sich die Karriere der beiden Quartette überlappen oder decken sollte. (Diese reichten von zahlreichen Anspielungen auf die Beatles in der Musik der Floyd über die verblüffend ähnlichen Umstände beim Auseinanderbrechen der beiden erfolgreichsten EMI-Gruppen – bis hin zu den Prozessen, mit denen der dominierende Bassist seine drei ehemaligen Kollegen überziehen sollte.) Und natürlich wurde *Piper* nach seiner Veröffentlichung und seinem Aufstieg in den britischen LP-Charts (es erreichte Platz Sechs) häufig mit *Pepper* verglichen.

Die beiden Lager wurden einander Ende April offiziell vorgestellt, als Miles während einer der letzten *Pepper*-Sessions mit Paul McCartney in der Abbey Road herumhing. Miles erfuhr von einem Techniker, daß die Pink Floyd im Nachbarstudio arbeiteten, und erzählte es Paul, der vorschlug, vorbeizuschauen und Hallo zu sagen. George Harrison und Ringo schlossen sich ihnen an.

»Es war wirklich ein außergewöhnliches Erlebnis, weil die Floyds so naiv waren«, erinnert sich Miles. »Sie riefen ›Könnt ihr uns hören?‹, wegen der schalldichten Glasscheibe, ohne daran zu denken, daß die Mikros eingeschaltet waren. Es war völlig unschuldig und sehr rührend.

Und Paul klopfte ihnen auf die Schulter und sagte, sie wären großartig und würden es schaffen. Er meinte es nicht gönnerhaft; es war fast so, als würden die Beatles das Zepter – zumindest teilweise – weitergeben und die Existenz einer neuen Musikgeneration anerkennen. In meinen Gesprächen mit ihm hat sich McCartney immer überzeugt gezeigt, daß es eine neue Synthese aus elektronischer Musik und Studiotechniken und Rock'n'Roll geben würde. Für ihn waren die Beatles nicht das richtige Vehikel dafür. Aber die Pink Floyd, meinte er, waren genau das, worüber wir gesprochen hatten.«

»Ich bin sicher, daß die Beatles uns kopierten«, fügt Peter

MIT FREUNDLICHER GENEHMIGUNG VON GLENN POVEY, BRIAN DAMAGE   SAMMLUNG JOHN STEELE

Links: The Pink Floyd, Anfang 1967: Im Vordergrund Barrett, hinten (von links) Mason, Waters und Wright.

Vorhergehende Seite: Oben: Syd Barrett als Teenager in Cambridge: „Ein sehr aufgeweckter und fröhlicher Junge."
Unten: Architectural Abdabs, Ende 1965: (von links) Nick Mason, Roger Waters, Syd Barrett, Bob Close und Richard Wright.

Unten: Eine leicht prophetische Pose der zukünftigen Interpreten (und/oder Protagonisten) von The Wall.

PICTORIAL/STAR FILE

ARCHIV MICHAEL OCHS

Eintrittskarte und Handzettel
zum legendärsten 1967er
„Happening" des Londoner
Undergrounds: Obwohl die
Floyd nur eine einzige Single
veröffentlicht hatten, bekamen sie die Ehre, die Show
zu beenden.

MIT FREUNDLICHER GENEHMIGUNG VON MILES

MIT FREUNDLICHER GENEHMIGUNG VON MILES

RDR PRODUCTIONS

ARCHIV MICHAEL OCHS

Oben: „Schon 1976 himm-
lisch prächtig": The
Pipers at the Gates of
Fame, für den Sommer
der Liebe herausgeputzt.

Links: Die Flower Power
wird immer grauer unter
Syds „obligatorischer
Hendrix-Dauerwelle".

Jenner hinzu. »Genau wie wir kopierten, was wir von der anderen Seite des Flurs hörten!«

Als die Pink Floyd von EMI ein Vorausexemplar von *Sgt. Pepper* erhielten, war dies der Anlaß für eine rauschende Party in Jenners Haus an der Edbrooke Road. Während das psychedelische Meisterwerk der Beatles immer wieder gespielt wurde, lösten sich die Joints so schnell in Rauch auf, wie die multitalentierte June für Nachschub sorgen konnte. Obwohl sie selbst nie Dope nahm, weil sie es vorzog, sich »unter Kontrolle« zu haben, konnte keiner die Joints so gut drehen wie June.

Die Party, die der Sommer der Liebe für die Welt der Angetörnten und Ausgeflippten war, schien für die Pink Floyd bereits zu Ende zu sein, bevor sie richtig begonnen hatte. Am Abend des 2. Juni, einen Tag nach der Veröffentlichung von *Sgt. Pepper*, traten die Floyd zum ersten Mal seit zwei Monaten wieder im UFO auf. (»Meine Uhr steht, mein Radio ist stumm... aber was kümmert mich das... im UFO?« fragte die Anzeige im *IT*.)

Im Licht der Dinge, die seit ihrem letzten Auftritt geschehen waren, schien es nicht weiter überraschend, daß der Club völlig überfüllt war, wobei Größen wie Jimi Hendrix, Pete Townshend und Mitglieder der Yardbirds und Animals sich unter die zahllosen begeisterten Fans, Möchtegern-Hippies und schlichten Touristen mischten. Trotzdem mußten die Floyd denselben Eingang wie alle anderen benutzen und sich dann durch die Menge bis zur Garderobe vorkämpfen.

Auf ihrem Weg kamen sie an Joe Boyd vorbei (der seinen unfreiwilligen Abgang als Produzent noch immer nicht verdaut hatte, ohne dies jemals den Jungs selbst zum Vorwurf zu machen). »Es war so eng, daß unsere Gesichter nur Zentimeter voneinander entfernt waren. Sie kamen alle vorbei – ›Hi, Joe!‹ ›Wie geht's?‹ ›Großartig!‹ Ich begrüßte sie alle, als sie sich an mir vorbeidrängten, und der letzte war Syd. Und das Besondere an Syd war immer, daß er dieses Funkeln in den Augen hatte; ein richtig spitzbübisches Funkeln. Er hatte diesen schelmischen Blick, dieses verschmitzte Grinsen. Und er kam vorbei, und ich sagte ›Hi, Syd!‹ Und er sah mich nur an. Ich sah ihm direkt in die Augen und da war kein Funkeln, kein Leuchten. Es war, als hätte jemand die Jalousien heruntergelassen – nach dem Motto: ›Keiner zu Hause‹.«[9]

In der nächsten Ausgabe von *IT* stand, daß die Floyd »wie die letzten Penner« gespielt hätten. Erst im nachhinein wird klar, daß in jenen Tagen Syd Barretts Zusammenbruch begonnen hatte.

Für eine Reihe anderer prominenter Vertreter des Londoner Undergrounds erwies sich der »Sommer der Liebe« eher als die »Zeit der Hexe« (um einen Ausdruck von Donovan zu benutzen, der zu jenen gehörte, die vom Gegenschlag der Mächtigen getroffen wurden). Zweifellos traf dies auch auf den UFO- und *IT*-Gründer John Hopkins zu, für den die Veröffentlichung von *Sgt. Pepper* mit seiner ersten Nacht im Gefängnis einherging.

»Das englische System *funktioniert*«, sagt er. »Wenn man sich querstellt, lautstark gegen das System oder das Establishment wettert, werden sie dich unter irgendeinem Vorwand erledigen.« In Hoppys Fall war Pot der Vorwand, und sie erledigten ihn – für neun Monate. »Ich war sehr jung und naiv. Ich begriff nicht, daß es ihnen nicht paßte, wenn man öffentlich gegen sie auftrat. Ich war auch nicht besonders vorsichtig. Es war, als würde ich mit geschlossenen Augen gegen eine Mauer rennen. Wäre ich etwas cleverer gewesen, hätten sie mich nie erwischt.«

Ungeachtet Hoppys bemerkenswerter philosophischer Einstellung sah sich der Londoner Underground durch seine Verhaftung eines seiner größten Katalysatoren und Freigeister beraubt; ohne Hoppy war alles plötzlich ganz anders. Als er schließlich aus dem Gefängnis entlassen wurde, schien zudem das alte Feuer erloschen und er ein gebrochener Mann zu sein.

Der lange Arm des Gesetzes holte außerdem den australischen Elektronikzauberer der Soft Machine, Daevid Allen, von der Bühne des UFO. Pete Brown meint dazu: »Die Behörden wußten, daß die ganze Szene irgendwie drogenorientiert war, und als er nach einem Parisbesuch zurückkehren wollte, ließen sie ihn nicht mehr ins Land. Deshalb haben die Floyd die Führung übernommen – weil die Soft Machine nicht mehr funktionierte.«

Die spektakulärste Polizeiaktion des Jahres 1967 war gegen Mick Jagger und Keith Richards von den Rolling Stones gerichtet, deren rebellisches und sexgeladenes Image, das den Behörden schon immer ein Dorn im Auge gewesen war, seit einiger Zeit eine psychedelische Dimension angenommen hatte. Die Stones waren zur Zielscheibe der sensationslüsternen *News of the World* geworden, nachdem Jagger mit einer Verleumdungsklage auf »Enthüllungen« des Revolverblatts über seine angeblichen Drogeneskapaden reagiert hatte. Der Bericht enthielt zwar einen wahren Kern – aber der fragliche Stone war der weniger diskrete Brian Jones gewesen, den der Reporter mit Jagger verwechselt hatte.

In einem Präventivschlag half die mit besten Verbindungen gesegnete *News of the World* (die später erklärte, daß es »unsere Pflicht war... die Polizei mit Informationen« zu versorgen) bei der Vorbereitung einer Razzia auf eine Potparty in Richards' Haus, bei der auch Jagger anwesend war. Die Drogenfahnder fanden bei Mick jedoch nur vier Aufputschtabletten, für die er kein Rezept hatte; aber obwohl sein Arzt später zu seinen Gunsten aussagte, wurde der Sänger der Stones zu drei Monaten Gefängnis verurteilt. Richards bekam ein Jahr. Und Jones wurde mit einer ganzen Reihe getrennter Prozesse und Verurteilungen überzogen, die ihn buchstäblich das Leben kosten sollten.

Die Urteile waren so hart und die Verletzungen der Grundrechte der Angeklagten so ungeheuerlich, daß selbst Teile des Establishments mit Abscheu reagierten; die altehrwürdige *Times* in London protestierte mit einem berühmten Leitartikel, der unter der Schlagzeile WER SCHIESST MIT KANONEN AUF

SPATZEN? erschien. Die beiden Stones wurden schließlich nach nur drei Tagen Haft entlassen – während der sie kurz ihre Bekanntschaft mit John Hopkins erneuerten. »Man trifft sich«, witzelt er, »an den seltsamsten Orten...«

In der Zwischenzeit hatten Hoppys frühere Kollegen vom UFO einen Protestmarsch zur *News of the World* organisiert, um auf deren Rolle bei der Verhaftung der Stones aufmerksam zu machen. Joe Boyd erinnerte sich, daß nach einem frühabendlichen Auftritt von Tomorrow »der ganze Club nach draußen strömte und zur *News of the World* marschierte und erst um vier Uhr morgens zurückkehrte«.

Als Tomorrow wieder auf die Bühne ging, »war der Laden gerammelt voll; so voll war er noch nie zuvor gewesen. Es war fünf Uhr morgens, und man konnte sich nicht bewegen! Die Atmosphäre war unglaublich... die Polizei hatte ihre Hunde auf ein paar Leute gehetzt, und alle waren total aufgebracht. Und Twink mischte sich mit einem Mikrofon unter die Zuschauer und sang ›Revolution! Revolution! Revolution!‹, und der ganze Laden brüllte ›Revolution! Revolution!‹, und Steve Howe spielte dazu einen ganz fantastischen Gitarrenfeedbackriff... Sehr aufwühlendes Zeug.«[10]

News of the World ließ sich derartige Provokationen nicht gefallen und schlug mit einer Serie von Sensationsartikeln über das UFO zurück – das, vom Standpunkt des reaktionären Skandalblättchens aus, so oder so ein unwiderstehliches Ziel gewesen wäre. Zu den »verborgenen Gefahren«, die zum Vergnügen Millionen gackernder Leser ans Licht gezerrt wurden, zählten »enthemmte Musik«, »Blumenmuster«, »abwesende Mienen«, »fanatische Mitglieder des Kultes, [der] nur makrobiotische Kost ißt«, und »verrückt gekleidete... Männer, die mit Männern tanzen, Mädchen, die mit Mädchen tanzen.« Diese verwerflichen Charaktere gaben sich, was nicht weiter überrascht, zudem der »Freien Liebe« hin – »Sex um des Sexes willen mit jedem, der Lust darauf hat«. Von den Drogen ganz zu schweigen...

Ironischerweise war das UFO seit Hopkins' Verhaftung und der Übernahme durch den relativ geschäftstüchtigen Boyd wesentlich ruhiger und seriöser geworden. UFO-Beleuchter Mark Boyle erinnerte sich: »Hoppy hatte es hauptsächlich aus Liebhaberei heraus betrieben und um die *International Times* zu finanzieren. Joe wollte Profit machen.« Eine Einschätzung, die Boyd nicht bestreitet.[11]

Nichtsdestotrotz hatte die publizistische Schlammschlacht eine sofortige Wirkung auf die Ordnungshüter der am Ende der Straße befindlichen Polizeiwache, die pflichtbewußte *News of the World*-Leser waren. Bis dahin hatten die Bobbys das Underground-Mekka mitten unter ihnen mehr oder weniger mit würdevoller Mißachtung bestraft, was zum Teil an dem Whisky lag, den der geniale irische Betreiber des Ladens ihnen zu Weihnachten kistenweise schenkte. Aber als sie ihn warnten, daß ernste Maßnahmen nicht mehr zu vermeiden wären, sollte das gesetzlose Treiben in diesem Sündenpfuhl nicht aufhören, reagierte er umgehend und kündigte den UFO-Mietvertrag in der 31 Tottenham Court Road.

Boyd und Miles versuchten, die Freitagabendtradition in dem weit größeren und unpersönlicheren Roundhouse fortzusetzen. Doch trotz einiger Auftritte der Pink Floyd erinnerte der neueröffnete Club mit seinem Menschenandrang und den angeheuerten Rausschmeißern (ganz zu schweigen von dem Ansinnen, die Hand am Eingang abstempeln zu lassen) die Veteranen kaum noch an das UFO. Hinzu kam, sagt Miles, daß »die Miete für das Roundhouse gigantisch war und Gruppen wie die Move und sogar Arthur Brown mittlerweile ungeheure Gagen forderten. An manchen Abenden brachte das Ding gerade mal sechzig Scheine ein. Schließlich machten wir den Laden dicht.«

Auf diese Weise mußte das Nervenzentrum des alternativen London daran glauben: die Totengräber waren auf der einen Seite die immer populärer werdenden und kommerzieller denkenden Stammusiker und auf der anderen Seite die feindseligen Politiker, Gesetzesvertreter und Fleet-Street-Reporter.

Für viele ist ein Sechziger-Jahre-Underground ohne Pot und Acid ein Widerspruch an sich, aber Pete Brown gehörte zu den wenigen, die in derartigen Substanzen eine Achillesferse sahen. Ihre Illegalität lieferte den Behörden nicht nur einen Vorwand, um die ganze Macht des Gesetzes gegen die John Hopkinses (und schließlich auch John Lennons) zu mobilisieren; die Drogen hinderten ihre Benutzer auch daran, fundamentale, dauerhafte Veränderungen in der offiziellen Kultur durchzusetzen. »Alle hätten brüllen müssen: ›Gebt uns das! Gebt uns dies! Laßt uns die Gesellschaft verändern!‹« lamentiert Brown. »Statt dessen hieß es: ›Klar, Mann... die Gesellschaft verändern... wow.‹ Und wenn die Polizei kam, sagten sie: ›Nimm die Blume, Mann... nimm mich mit.‹ Ich wollte mehr *Widerstand* sehen.«

Und so wurde die scharfe Schneide des Undergrounds stumpf, selbst als seine oberflächlichen Insignien – die langen Haare, die Kleidung, die weniger bedrohlichen Aspekte der Musik – von den Massen des »Overgrounds« übernommen und zunehmend akzeptiert wurden – bis auch diese als die bloßen Trends denunziert werden konnten, auf die sie bereits reduziert worden waren. (Wie um diese Feststellung zu illustrieren, brachte eine halbstündige »Nightline«-Sendung, die ich zufälligerweise sah, als ich die Arbeit an diesen Seiten unterbrach, *drei* eingängige Werbejingles, die auf Gegenkultur-Songs der späten Sechziger basierten – je einen von Graham Nash, John Sebastian und Pete Townshend. Alle haben beim Woodstock-Festival mitgewirkt – eine Veranstaltung, die damals als absolute Antithese zu Bleichmitteln, Versicherungen und Pennzoil in dreißigsekündigen TV-Spots galt.)

»Immer, wenn wir in England etwas Gutes machen«, sagt Brown, »und nicht vorsichtig sind, wird es als Mode abgetan. Man verleumdet es, zerstört seine Glaubwürdigkeit. Das ist mit den meisten Idealen der Sechziger passiert: ›Oh, nun ja, es war doch nur eine Mode.‹ *Falsch*. Es war mehr als das, aber es wurde auf die Kleidung reduziert. Es hat damals eine Menge

Durchbrüche gegeben, aber die meisten waren nicht von Dauer – und deshalb sehnen sich die Leute nach den Sechzigern zurück, weil sie sich vage daran erinnern, daß es Ideale gegeben *hat*. Heutzutage geht's nur ums Geld. Nicht daß wir nicht an Geld interessiert waren; jeder ist es – dagegen kann man nichts tun. Aber wir versuchten, etwas Konstruktives zu machen.

Eine Menge wurde von der Presse und den Mächtigen zerstört, weil die erkannten, daß es eine Bedrohung für sie *war*. Deshalb wurde Jagger verknackt, deshalb wurde Lennon verknackt. Weil es damals noch immer ein ›Familienpublikum‹ war, weil die Eltern kontrollierten, was ihre Kinder kauften, vor allem außerhalb Londons. Die Beatles – Jungs aus der Arbeiterklasse, die wundervolle Songs schrieben – allen gefielen sie, Müttern, Vätern, allen.

Aber in dem Moment, als, sagen wir, Lennon verknackt wurde, veränderte sich in dieser Hinsicht alles. Es lag an dieser abseitigen, ungebildeten viktorianischen Heuchelei: ›Lennon ist ein Junkie, wir können ihn nicht mehr ernst nehmen.‹ Exzentrik ist eine Sache, die hier auch toleriert wurde, aber Politik und Drogen waren etwas ganz anderes.«

Obwohl die Pink Floyd nicht verknackt wurden, war dieses besondere Milieu, in dem die Band groß geworden war, nichtsdestotrotz völlig zerstört – auch wenn die Floyd unaufhaltsam in die ganz andere Welt der Top of the Pops aufstiegen. Es war kein Aufstieg, an den sich Syd Barrett mühelos gewöhnen sollte.

Interstellar Overdrive

»Es war damals alles so einfach«, sagt Peter Jenner über Syd Barretts künstlerische Schaffenskraft und die ersten Erfolge der Pink Floyd. »Die Frage ist, warum es dann so schwer wurde. Geld? Ruhm? Lag es an den Leuten, die zu Syd kamen und ihn nach dem Sinn des Lebens fragten – und ihn mit Acid überhäuften? Ich gebe dem Acid die Schuld, aber ich schätze, wenn es das Acid nicht gegeben hätte, wäre es etwas anderes gewesen.«

»Sicher hatte das Acid etwas damit zu tun«, meint Rick Wright. »Der Punkt ist, daß niemand weiß, ob das Acid diesen Prozeß in seinem Gehirn beschleunigt hat oder der Auslöser dafür war. Niemand weiß es. Ich bin sicher, daß die Drogen eine Menge damit zu tun hatten.

Ich denke, daß sich Syd einfach auf bestimmte Leute einließ, die versucht haben, ihn anzutörnen. Acid zu nehmen gehörte in den späten Sechzigern dazu, es war eine völlig neue Welt – und er hat sich darin verirrt.«

So gesehen war Barretts nächster Schritt – der Umzug in die berüchtigste »Underground«-Adresse in South Kensington – wie der Schritt von der Bratpfanne ins offene Feuer. Ein Freund aus Cambridge beschreibt die 101 Cromwell Road, in der bereits viele aus ihrer alten Clique wohnten, als »ein außergewöhnliches Haus voller außergewöhnlicher Leute – sehr talentierte und hochfliegende Maler und Musiker. Sie waren schwer drogenorientiert; internationale Aciddealer kamen alle drei Tage vorbei.« »Cromwell Road, Mann«, wie Donovan auf »Sunny South Kensington« trällerte, »da breitest du deine Flügel aus...«

Das Schwerkraftzentrum dieser schönen neuen Welt war

eine Zeitlang der neuseeländische LSD-Prediger John Esam. Der Hippie-Aristokrat Prinz Stanislaw Klossowski de Rola (auch als »Stash«* bekannt) taufte Esam in »Spinne« um, weil »er in einer Art Stollen hauste, einer fensterlosen Galerie, die er aus einem Korridor gemacht hatte«. Esam wird von Virginia Clive-Smith – einer weiteren 101erin, die ihm beim Design seines Magazins *The Image* half – als »unglaublicher Typ« beschrieben, der »alles vögelte, was sich bewegte, und eine ungewöhnliche magische Ausstrahlung hatte. Er schlug die Leute völlig in seinen Bann. Von ihm ging eine derartige Energie aus, daß es hypnotisch war, ähnlich wie eine Kobra einen Vogel hypnotisiert.«[1]

Esam wurde zu einer *cause célèbre*, nachdem sich die Behörden dazu entschlossen hatten, die seltsamen Umtriebe in der 101 Cromwell Road näher zu untersuchen. »Spinne« war geistesgegenwärtig genug, bei der Ankunft der Polizei Hunderte von acidgetränkten Zuckerwürfeln aus dem Fenster zu werfen, doch im Garten lauerte bereits ein Bobby, der den verräterischen Beutel auffing. Der Fall kam vor Gericht und brachte ans Tageslicht, daß die britische Regierung noch nicht dazu gekommen war, LSD für illegal zu erklären. In dem Versuch, eine Alternativklage zu konstruieren und Esam der Verschwörung zur Herstellung kontrollierter Gifte zu bezichtigen, präsentierte die Anklagevertretung daraufhin Albert Hoffman, den Schweizer Erfinder von LSD, der bezeugte, daß sein Halluzinogen ein Derivat der toxischen Substanz Ergotamin war. Aber die Verteidigung konterte mit einem Gutachten des Penicillinpioniers Ernest Chain, aus dem hervorging, daß die untersuchte Substanz ein synthetisches Mutterkorn und nicht das natürliche Gift war. Obwohl »Spinne« so eine längere Gefängnisstrafe erspart blieb, hatte die Tortur dieses Schauprozesses ihn so verschreckt, daß er anschließend dem Acid auf ewig abschwor.

Syd Barrett allerdings war allem Anschein nach in eine perma-

---

* Stash: Slangausdruck für den zum eigenen Gebrauch bestimmten Drogenvorrat bzw. für das Drogenversteck eines Dealers. Anm. d. Übers.

nente LSD-Umlaufbahn eingeschwenkt. Daheim in der Earlham Street, berichtet ein enger Freund, »nahmen wir Acid unter sehr sicheren Bedingungen – mit Leuten, die wir sehr gut kannten, in einer vertrauten Umgebung. Aber Syd begann es allein zu nehmen – und flippte dabei aus.«

Dabei wurde er von nun an ständig (wissentlich und unwissentlich) von einem anderen neuen Mitbewohner versorgt und unterstützt, einem Typ namens Scotty, der vom Floyd-Mitarbeiter John Marsh als einer der echten »Kippt-Acid-in-die-Trinkwasserversorgung-und-ändert-das-Gesicht-der-Welt-Acid-Missionare« beschrieben wurde – und als »ein völlig verrückter Freak« obendrein. Nach Marshs Worten lehnten Syds mehr irdische Besucher in der 101 Cromwell Road jede Erfrischung, selbst ein angebotenes Glas Wasser ab – »sofern sie es sich nicht selbst von der Leitung holen konnten, und sogar dann machten sie sich noch verdammte Sorgen, weil Scotty alles mit Acid präparierte.«[2]

Als Barrett, der Katzen liebte, eine aus Jenners Wurf übernahm, gab er ihr ebenfalls LSD. Trotzdem behielten Peter Jenner und John Marsh – wie fast alle anderen im Umfeld der Band – ihre Bedenken über Syds Exzesse für sich. Es war schließlich der Sommer der Liebe, und niemand – am allerwenigsten die Manager der Pink Floyd oder ein Modkid, das das Privileg hatte, ihre psychedelische Lightshow mitzubedienen – wollte so *langweilig* sein und andeuten, daß die Acidmania vielleicht außer Kontrolle geraten könnte.

Nicht daß Barretts Verirrungen bereits als Symptome einer irreversiblen Metamorphose erkennbar waren – oder als eine Entwicklung, die über den alltäglichen Wahnsinn jener Zeit hinausging. Bei June Bolan begannen die Alarmglocken erst zu läuten, als Syd seine Freundin drei Tage lang einsperrte und ihr gelegentlich eine Ration Kekse unter die Tür hindurchschob. Nachdem Juliette Wright und June die übel zugerichtete und geschockte Gefangene befreit hatten, schloß sich Barrett in dem Zimmer ein und tauchte eine Woche lang nicht mehr auf.

Und dennoch, beharrt June, gab es keine Veränderung des »uns vertrauten und von uns geliebten Syd« in dem Sinne, daß plötzlich »ein Verrückter dastand. Denn so funktionierte es nicht. Es ging ganz allmählich. Eines Tages flippte er ohne ersichtlichen Grund völlig aus – aber da lebte keiner von uns mit ihm zusammen, so daß wir nicht wußten, was bei ihm zu Hause los war. Dann war er vielleicht wieder für ein paar Wochen normal und dann für ein paar Tage gut drauf – und es wurde klar, daß er eine Menge Acid nahm. Er wußte, wie groß die Dosis war, wie viele Trips er nahm. Aber wenn er beispielsweise Tee trank, taten ihm irgendwelche ›Freunde‹ was hinein, ohne es ihm zu sagen, so daß er auf einen weiteren Trip kam, obwohl er bereits drauf war. Und wahrscheinlich machten sie das ein paar Mal am Tag mit ihm, zwei oder drei Wochen lang. Und dadurch verlor er den Kontakt zur Realität – und es wurde für Leute, die nicht mit ihm zusammenlebten, sehr schwierig, mit ihm auszukommen.

Ich bin noch immer überzeugt, daß viel davon am Acid lag. Es wäre vielleicht auch ohne passiert, aber wahrscheinlich hätte es länger gedauert. Wenn Leute mit schizophrenen Tendenzen Drogen nehmen, verstärken sie diese Tendenzen. Wenn man sie täglich nimmt, ist es sehr schwierig, wieder zum realen Leben zurückzufinden: den tagtäglichen Fototerminen, den Auftritten in ›Top of the Pops‹. Man kommt nie wieder richtig runter, weil man dauernd diese Flashbacks bekommt. Okay, an dem einen Tag hatte er nichts genommen – aber am nächsten Tag mußte er vielleicht zu einem Fototermin, und er war noch immer drauf.«

Einer von Barretts Kollegen sieht in der schieren Intensität von Syds künstlerischen Visionen einen paradoxen Grund für seine Probleme mit LSD. »Ich habe oft feststellen müssen, daß die Leute mit der stärksten Fantasie am wenigsten mit Acid umgehen können«, sagt Pete Brown, der höchstens einen Zug von einem Joint gemacht und den einen oder anderen Schluck Whisky getrunken hat, seit er 1967 fast auf LSD ausgeflippt wäre. »Acid erzeugt in Leuten ohne Fantasie die Illusion, daß sie welche haben. Leute, die bereits in anderen Sphären leben, treibt das Zeug in vielen Fällen zu weit hinaus.«

Wie Pete Brown ließ Peter Wynne Willson nach einem schlechten Trip, der mit seiner Einlieferung in eine Nervenklinik endete, für immer die Finger vom LSD. Barrett, erinnert sich Susie, »war der einzige Mensch, von dem ich meinte, daß er Peter herausholen könnte. Er lieh sich von irgend jemand einen uralten Kleinwagen, und wir fuhren durch die Gegend und suchten dieses Krankenhaus. Syd hatte große Angst hineinzugehen, weil er sich einbildete, man würde *ihn* nicht wieder herauslassen. Damals war jeder völlig mit den Nerven fertig.«

Syds jahrelanger Acidtrip begann alles durcheinanderzubringen, als die Karriere der Floyd gerade richtig ins Rollen kam. Einige seiner Freunde schreiben seine Verwirrung zum Teil dem Druck des »Lebens als Popstar« und dem Verhalten der übrigen Floyd zu; andere meinen wiederum, daß die persönlichen Konflikte in der Band sowie Syds Unfähigkeit, mit seinem Erfolg zurechtzukommen, hauptsächlich aus seiner acidbedingten Geistesgestörtheit entstanden. Fairerweise sei gesagt, daß wahrscheinlich *all* diese Faktoren – die Drogen, der Ruhm, persönliche und künstlerische Differenzen und eine seit langem latente Störung von Barretts Psyche – wechselseitig aufeinander wirkten und sich zu einem Alptraum hochschaukelten.

Peter Jenner ist der erste, der zugibt, daß das Berufsleben der Floyd »plötzlich aufhörte, Spaß zu machen. All diese Leute fragten: ›Wo bleibt die nächste Single. Wir brauchen jetzt einen neuen Hit.‹ Und wir dachten: ›Verdammt, was könnte ein Hit werden?‹ Alles wurde zum *Geschäft.*« Und Syd, sagt Mick Rock, »war Künstler pur; mit dem Geschäft kam er überhaupt nicht zurecht. Diese Art der Vision – das Ursprüngliche – kann nur aus einem Zustand entstehen, der wenig Kontakt mit dem langweiligen tagtäglichen Leben hat.«

Zur Druckkesselatmosphäre trugen auch die endlosen Tourneen bei, zu denen die Floyd (deren neugewonnener Status als »Hitparadengruppe« eine Flut relativ lukrativer Angebote auslöste) den Rest des Jahres 1967 über gezwungen waren; allein von Mai bis September gaben sie über achtzig Konzerte. Manche waren, wie June Bolan sie nennt, »Doppeldecker – zwei Gigs an einem Abend. Was bedeutet, daß man zu einem Gig fährt, aufbaut, das Konzert hinter sich bringt, alles wieder nach draußen schleppt, in den Laster lädt und zum nächsten Gig fährt – und dort die Spätvorstellung gibt.«

Hinzu kam, daß die gnadenlosen Promoter jener Zeit, wie Peter Wynne Willson sagt, »die Strecken, die wir zurücklegen mußten, völlig ignorierten. Irgendwann war der Roadie in dem Stadium, daß er schlafen *mußte* – aber wir mußten trotzdem zum nächsten Ort. Damals gab es auf den Autobahnen nur wenig Verkehr; sie waren erst kürzlich gebaut worden. Er trat das Gaspedal durch und schlief ein. Und wer neben ihm saß – Susie oder ich –, übernahm das Steuer.«

Susie macht vor allem Bryan Morrison den Vorwurf, daß er regelmäßig »einen Gig im Norden Englands buchte, dann einen im Süden, dann wieder einen im Norden – ohne zu überlegen, wie man von A nach B kommen sollte. Ich weiß noch, daß ich den Wagen lenkte, aber neben dem schlafenden Fahrer saß, weil ich keinen Führerschein hatte. Wir waren alle total übernächtigt. Wenn etwas auf uns zukam und ich wußte, daß ich ihn wecken *mußte*, dauerte es ein oder zwei Momente, bis er wach war, und erst dann reagierte er auf die jeweilige Situation – und das bei hundertvierzig Kilometern pro Stunde in einem Ford Transit!«

»Stell dir vor, wie das ist«, amüsiert sich ihr Partner, »aus dem tiefsten Schlaf aufzuwachen und dich am Steuer eines Autos wiederzufinden, das auf irgendeine Katastrophe zurast. Es wäre wirklich sicherer gewesen, wenn wir die Plätze getauscht hätten, statt uns Sorgen darüber zu machen, daß uns die Polizei beim Fahren ohne Führerschein erwischt.«

Von der Logistik abgesehen, waren die britischen Provinzen

– mit Ausnahme einiger hipper Enklaven im Norden – auf Barretts zwanzigminütige Feedbacksoli, Wynne Willsons kosmische Blasen und den bewußten Verzicht der Gruppe auf tanzbare Rhythmen oder traditionelle Showeinlagen schlecht vorbereitet. Verdächtigerweise fehlte bei den meisten Gigs auch noch der eine Song – »See Emily Play« –, den die Provinznormalos wahrscheinlich bereits gehört hatten oder hören *wollten*. Die Pink Floyd und ihr Tanzschuppenpublikum paßten ähnlich schlecht zusammen: »Junge Intellektuelle aus der Mittelschicht spielten für Rowdys aus der Arbeiterklasse«, sagt Jenner. »Aber damals gab es keinen Platz für ›gute‹ Rockmusik – nur sehr wenige Collegegigs, kaum Konzerte. Es war damals einfacher, in Holland oder Frankreich zu arbeiten als in den meisten englischen Städten.« Jahre später meinte Roger Waters scherzhaft zu einem Freund, daß das 67er Floyd-Modell »berüchtigt dafür war, die Tanzschuppen schneller zu leeren als jede andere Band«.

Manchmal allerdings drückte das Publikum sein Mißvergnügen gewalttätiger aus. Waters erinnerte sich an einen Zwischenfall in einem Tanzschuppen in Bedfordshire: »Sie kippten von der Galerie ihre Biergläser über uns aus. Das war äußerst unangenehm und auch sehr gefährlich.« Fast zu Hause, im Feathers Club im Londoner Vorort Ealing, tauchte ein Störenfried auf, der mit überdimensionalen alten Pennymünzen um sich warf und »mir eine große Platzwunde an der Stirn zufügte. Ich blutete wie angestochen. Und ich trat an den Rand der Bühne, um festzustellen, ob er weiter nach mir warf. Ich war fuchsteufelswild und bereit, ins Publikum zu springen und ihn mir zu schnappen. Glücklicherweise war ein Freak da, der uns zu mögen schien, und so verprügelten die Leute *ihn* statt uns.«[3]

Ein Jahrzehnt später beschrieb Nick Mason einen typischen Floyd-Gig des Jahres 1967 in der Provinz:

Es gab da diese Drehbühne, und die Leute hofften alle, »Arnold Layne« und »See Emily Play« zu hören – und eine Reihe anderer Hits, die wir natürlich nicht spielen konnten. Wir hatten ein Repertoire abgedrehter Sachen wie »Interstellar Overdrive«, mit denen wir das halbe Programm bestritten. Ich weiß noch, wie sich die Bühne drehte und die ganzen Leute angewidert von dem waren, was sie vor sich sahen. Jedenfalls war die ganze Sache fantastisch, denn die Leute, die als »unser« Publikum galten, durften einen derartigen Laden gar nicht betreten, weil man eine Krawatte tragen mußte. Und an der Bar bekamen wir nichts zu trinken, weil wir weder Kragen noch Krawatte hatten, von den anderen Umständen, die uns fast in den Wahnsinn trieben, ganz zu schweigen.[4]

Während die Floyd, um es mit Masons Worten zu sagen, »sich für eine tägliche Dosis Flaschenscherben abrackerten«, stellte sich das erhoffte Medienfeuerwerk als Knallfrosch heraus wie in jener schottischen Kleinstadtzeitung, wo sie noch hinter einem Bericht über den jährlichen Obstkuchenwettbewerb des Bauernverbandes von Morayshire rangierten: »Und im Red Shoes treten die Pink Floyd auf, die Plattenstars von Columbia. Dies ist die Gruppe, die ihre eigene Beleuchtung mitbringt, und mit ABGEFAHRENEN EFFEKTEN zum Schwingen und Vibrieren bringen will.« Als sich *Disc and Music Echo* in die Berichterstattung über die Julitour der Floyd durch Schottland einschaltete, vermeldete es nicht nur die Torturen, die unsere »vier bescheidenen, umgänglichen und natürlichen Jungs« erdulden mußten, sondern auch die Erholungsaktivitäten, deren sich zumindest drei von ihnen noch immer hingeben:

Vielleicht gibt es nur viermal täglich einen Zug aus der Stadt... aber selbst Elgin hat seine Vorzüge.
Was der Grund dafür ist, warum vier Pink Floyds – Roger Waters, still und offenbar kultiviert, Syd Barrett, still und

offenbar scheu, Rick Wright und Nick Mason – sich in der schwärzesten Mittwochnacht in Great Yarmouth in ein Auto quetschten, die ganze Nacht hindurch fuhren und am Donnerstag um vier Uhr morgens vor einem Strandhotel in Lossiemouth eintrafen.

Dort nahmen sie eine Mütze Schlaf, bestellten für den Morgenritt ein paar Pferde, inspizierten die Angelgründe und klopften auf eine Runde beim örtlichen Golfclub an.

Dann ging es nach Elgin zum Auftritt...[5]

An diesem Abend zumindest sparten sich die Hochlandbewohner ihr Bier für die eigenen Kehlen auf und ließen die Pennies in den Taschen. Die Reaktion des Publikums im Red Shoes reichte von »Besser als die sing' ich in meiner Wanne allemal« bis zu »Nicht schlecht – die Cream waren besser«.

Creams Texter allerdings hatte und hat viel Verständnis für Barretts Dilemma zu diesem Zeitpunkt. »Als er auf der Höhe seiner Schaffenskraft war und als sie diese Pophits hatten, ›Emily‹ und ›Arnold Layne‹«, erinnert sich Pete Brown, »war dieses ganze psychedelische Ding fast ausschließlich auf London beschränkt und von kurzer Dauer. Und man schickte sie auf Tour und ließ sie in Tanzschuppen auftreten, vor einem Publikum, das nur gewohnt war, R&B-Bands zu hören und nicht den blassesten Schimmer hatte, was das alles sollte.

Außerdem war das britische Musikbusineß jener Zeit richtig bescheuert. Die Grundüberzeugung war: ›Die ganze Sache kann morgen zu Ende sein, also greifen wir zu, solange wir können.‹ Und wenn der Künstler in der Scheiße landet, spielt es keine Rolle. Es fiel ihnen sehr schwer zu begreifen, was mit den Floyd passierte. Es gab keine alternativen Strukturen, wenn man von den paar Läden in London absah, wo die Bands vor sehr begeistertem Publikum spielten. Sonst gab es nichts. Keiner ahnte, daß die Floyd eines Tages zu den bestverkauften Acts in Amerika zählen würden. Als sie diese Hits hatten, wußte die Plattenfirma eigentlich nicht, was sie mit ihnen tun sollte.

Und natürlich war Syd wahrscheinlich der letzte Mensch auf der Welt, der mit diesen Strukturen zurechtkommen konnte. Er gab auf der Bühne hundert Prozent und bekam kaum etwas zurück – bis auf London, wo die Leute ihn verstanden. Das war hart für ihn; das Publikum konnte sehr banausenhaft sein, wenn es so etwas Schwieriges und Anspruchsvolles wie die Floyd vorgesetzt bekam. Auf Tournee mußte Syd dies kompensieren, indem er es so weit wie irgend möglich trieb. Und ich bin sicher, daß er einen Haufen Drogen nahm – jeder wußte es.

In der Provinz lief es nicht besonders gut, weil das Publikum nicht gebildet war und die Medien nicht wußten, was, zur Hölle, sie damit anfangen sollten. Die Medien waren sich ein paar Jahre lang nicht sicher, ob die ganze Underground-Bewegung nicht verboten werden würde. Und deshalb haben sie nur ganz allmählich darüber berichtet.

Heutzutage sind sie sofort da, ganz gleich, wie ›ausgeflippt‹ oder ›subversiv‹ es ist. Es gibt da diese Wie-ausgeflippt-sind-wir-denn-heute-Syndrom: ›Machen wir's den Sechzigern nach? Irgend etwas mit einem Syd-Barrett-Einfluß?‹ Man steigt darauf ein, und schon sind die Medien da.

Damals hatten sie aus politischen Gründen davor Angst. Nicht daß die Floyd politisch waren, wenn man davon absah, daß sie unterschwellig die Bewußtseinserweiterung propagierten. Es gab ein unglaubliches Maß an Verständnislosigkeit.«

Der *New Musical Express* reagierte auf den Höhenflug der Floyd mit der Bitte, daß jedes Bandmitglied die Leser der auf Massengeschmack getrimmten Popgazette mit so lebenswichtigen Informationen wie Größe und Gewicht, Namen der Brüder und Schwestern, Haustiere und Hobby, »Eintrittsalter ins Showgeschäft«, Lieblingsfarben, -gerichte und -schauspieler versorgte. *NMEs* »Lebensläufe der Stars« waren schließlich ein ehrwürdiger Initiationsritus, den die Beatles, die Stones und die Kinks – von den Dave Clark Five und Herman's Hermits ganz zu schweigen – auf ihrem Weg zur Spitze hinter sich hatten bringen müssen. Jetzt waren die Pink Floyd an der Reihe.

Die Antworten der einzelnen Floyd auf diese Übung waren nichtsdestotrotz bemerkenswert enthüllend. Rick Wright war der bei weitem Gewissen- und Ernsthafteste – beispielsweise gestand er ein, daß sein »Beruflicher Ehrgeiz« die »Aufführung einer eigenen Symphonie in der Festival Hall« war. Nick Mason reagierte mit Humor auf den Fragebogen – »Größter Einfluß auf die Karriere: Angst und Rum«. Roger zeigte einen Anflug von Ungeduld – er schrieb »Mutter und Vater«, »Keines« und »Viele!« in die (jeweiligen) Rubriken »Namen der Eltern«, »Hobbys« und »Lieblingsfarbe« –, war aber ansonsten offenbar bereit, das Spiel mitzumachen. (Er folgte sogar der traditionellen Popstarpraxis und verlegte sein Geburtsdatum um ein Jahr vor.) Im Gegensatz dazu antwortete Syd (sah man davon ab, daß er zugab, einen »Kater namens Rover« zu haben) mit einem schlichten »Habe keine« oder »Alle« – oder ließ die jeweiligen Felder einfach aus.

Je nach Standpunkt des Betrachters konnte eine derartige Aufsässigkeit als grundsätzlicher Protest oder als Manifestation einer beginnenden Psychose gewertet werden. Die berüchtigten »Top of the Pops«-Episoden, wo sich Barrett der landesweiten Fernsehgemeinde in eskalierenden Stadien erleuchteter Verwirrung präsentierte, könnten ähnlich unterschiedlich interpretiert werden.

Der Erfolg von »See Emily Play« hatte die Pink Floyd qualifiziert, so oft in der Sendung aufzutreten, wie die Single sich in den wöchentlichen Top Ten plazierte – drei Mal insgesamt. Sowohl der Rest der Band als auch die Manager sahen in den TV-Auftritten einen wertvollen und unverhofften Glücksfall. Aber Syd drehte sich allein bei dem Gedanken, sein Gesicht in einer derart billigen Show zu sehen, der Magen um; für ihn bedeutete ein Auftritt in »Top of the Pops« den eigenen Ausverkauf. (Fünf Jahre später gab Rick Wright zu, daß »›Top of the Pops‹ eindeutig zu den schlimmsten Sachen gehörte, die ich gemacht habe. Es war schrecklich, dabei zu sein... ein furchtbarer Mist.«) In einem späteren »Saturday Club«-Interview im BBC ging Syd noch weiter und erklärte: »Ich werde das nie wieder machen.«

Was immer auch Barretts Motive waren, zwischen Syd und zumindest zweien seiner Floyd-Kollegen bildete sich eine immer breiter werdende Kluft. Laut einem engen Mitarbeiter war »Roger schon immer sehr ehrgeizig. Den anderen gefiel es offensichtlich, Popstars zu sein, aber Roger versuchte ständig, die Gruppe in eine kommerziellere Richtung zu drängen – im Umgang mit der Presse, beim Konzept der Gigs, bei den Nummern, die sie herausbrachten. Nick Mason machte da mit.

Rick war ein zurückhaltender Mensch und anfangs mit Syd eng befreundet. Sie spielten viel zusammen, arbeiteten viel zusammen. Das war schon ein Unterschied. Aber Rick hängte sich schließlich an die stärkeren Persönlichkeiten in der Gruppe.«

Peter Jenner andererseits – unabhängig von seinen eigenen Differenzen mit Waters – hat das Gefühl, daß der Bassist hauptsächlich von dem Wunsch getrieben wurde, »die ganze Sache zu organisieren und überschaubarer zu machen«. Und zumindest er sieht in Mason den Floyd, »der immer mit allen reden konnte, der nichts beweisen mußte. Vor allem ihm hat die Band zu verdanken, daß sie im Lauf der Jahre zusammenblieb.«

June Bolan schreibt einen Teil der Schuld an dem Bruch Barrett zu, dem charismatischen Sänger und Songwriter, dem zwangsläufig besondere Aufmerksamkeit entgegengebracht wurde. »So was passiert dauernd – vom Sänger der Band werden immer mehr Fotos gebracht. Er war außerdem am fotogensten. Syd war die motivierende Kraft der Band und schon von Anfang an derjenige, den die Leute sehen wollten.

Ich denke, das ist bezeichnend für den Ruhm – es genügt eine einzige Platte, etwas wie ›See Emily Play‹, und der erste Auftritt in ›Top of the Pops‹, und die Dinge ändern sich«, sagt sie. »Vorher waren sie vier junge Leute, die zusammen aufgewachsen waren oder dasselbe College besucht hatten. Daraus wurden zwei unterschiedliche Lager: hier die Kiffer und Doper, da die Trinker. Die Trinker waren alles in allem nicht extrem, sie zogen eben das Trinken den Joints und dem Acid und was man damals sonst noch alles nahm, vor. Aber die Trennung ging stufenweise vor sich.«

Was die künstlerischen Differenzen betrifft, sieht June im LSD den Hauptschuldigen. »Je mehr Acid man nimmt, desto überwältigender findet man selbst die Musik – aber für andere Leute klingt sie wie ein Haufen Scheiße. Die Leute, die das Zeug nicht nehmen, hören nicht das, was du in deinem Kopf hörst. Daher rührten die Auseinandersetzungen, deshalb ging alles in die Brüche. Weil sie nicht als Einheit arbeiteten. Richard hatte seine eigenen Ansichten, wie die Keyboards klingen sollten; Roger hatte genaue Vorstellungen von der Musik. Nick vertrat seine Meinung am wenigsten – zumindest nicht vor den anderen!«

Peter Wynne Willson sieht die Dynamik etwas anders. »Es wurde immer eine Menge Druck auf Syd ausgeübt, vor allem von Nick und Roger, ihrem Bild von einer Popgruppe zu entsprechen – bei einem Konzert die aktuelle Single und bestimmte Stücke von der LP zu spielen. Und genau das wollte Syd nicht. Er wollte vielmehr die Musik entwickeln, ihm ging es um dieses experimentelle, altruistische Gefühl, das er damals mit ähnlich denkenden Menschen teilte. Aber Nick und Roger sahen die Möglichkeit eines großen kommerziellen Erfolges für die Band.

Auch auf mich übten sie eine Menge Druck aus. Roger beklagte sich oft, daß er nicht als Star hervorgehoben wurde. Ich habe keinen von ihnen als ›Rockstar‹ hervorgehoben, weil ich die Beleuchtung als Ergänzung der Musik empfand und nicht als Mittel, um jemand persönlich hervorzuheben.«

»Die Floyd-Tourneen«, sagt Susie Wynne, »waren stressig und vom Konkurrenzdenken geprägt, und jeder hackte auf jedem herum. Roger hatte eine sehr seltsame Art an sich, als müßte es einen ›Sieger‹ geben. Sie hatten nicht dieselbe Lebenseinstellung; sie lebten nur zusammen, weil sie zusammen tourten. Sie aßen nicht mal das gleiche Essen. Syd, Pete und ich waren Vegetarier und rauchten ungeheure Mengen Dope. Alle anderen tranken Bier und verschlangen große, saftige Steaks. Wir lebten in völlig verschiedenen Welten.«

Als Barretts Verhalten unterwegs immer unberechenbarer wurde, rächten sich die anderen durch Sticheleien. Bei einer Tour beispielsweise kauften sie ihm an einer Raststätte nicht ein, sondern *zwölf* Sandwiches. Die stopfte er sich dann in rascher Folge in den Mund, ohne darauf zu achten, daß er sich dabei Hände und Gesicht beschmierte, während die anderen Bandmitglieder voller Sarkasmus und Verachtung über ihn herzogen. Erstaunlicherweise wurde ihm nicht schlecht davon.

June Bolan beteuert, »als Syd erst einmal durchgedreht war, in dem Sinne, daß er ein sehr unzuverlässiges Bandmitglied war, benahmen sie sich richtig gemein zu ihm. Obwohl sich Syd wie ein totaler Kretin aufführte, schickten sie ihn auf diese langen Autofahrten, wo alle in einem Wagen festsaßen und keiner ausweichen konnte, weil man ja gemeinsam zum Gig mußte.

Wären sie am Beginn seines Nervenzusammenbruchs – oder wie man es auch nennen will – netter zu ihm gewesen, wäre es mit ihm vielleicht nicht so weit gekommen. Aber das ist eine Spekulation. Vielleicht wäre es so oder so passiert, auf genau dieselbe Weise, oder vielleicht wäre es nicht so schlimm geworden – aber ich habe das Gefühl, daß sie gemeiner zu ihm waren als nötig.«

Am 29. Juli traten die Pink Floyd auf einer zweiten Sonderveranstaltung im Alexandra Palace auf, als zweite Band nach Eric »San Franciscan Nights« Burdon und seinen neu formierten psychedelischen Animals – auf den Tag genau drei Monate nach der Euphorie des Technicolor-Traums. Allerdings war das internationale Love-In nicht ganz die triumphale Rückkehr, auf die Peter Jenner und Andrew King gehofft hatten.

»Die Hauptattraktion«, berichtete Keith Altham im *NME*, »war das Publikum selbst, zwischen siebzehn und fünfundzwanzig Jahren alt... mit blau, gelb oder grün bemalten Gesichtern (die vom Wolkenbruch draußen verschmiert waren). Einige trugen geblümte Jacken, andere waren in Tücher gehüllt mit leuchtend bunten Schals. Manche trugen Perlen und verstreuten Nelken.«[7]

Als der große Moment der Floyd näher rückte, war Barrett, wie sich June Bolan erinnert, nirgendwo zu finden. Sie spürte ihn schließlich in der Umkleidekabine auf, »total gaga, völlig abgedreht, stocksteif dasitzend«. Sie versuchte, ihn aus seiner Trance zu rütteln, während die anderen Floyds in ihre Bühnenklamotten schlüpften – was in Barretts Fall nicht nötig war, da er sich bereits extravagant herausgeputzt hatte. »Syd!« schrie sie. »Ich bin's, June! Schau mich an!« In seinen leeren Augen glomm kein Funke des Erkennens auf.

Als das Publikum unruhig wurde, klopfte der Stagemanager immer drängender an die Tür: »Es wird Zeit! *Es wird Zeit!*« »Und wir versuchten, Syd wachzurütteln«, erinnert sich June, »ihn dazu zu bringen, auf die Bühne zu gehen und zu spielen. Er konnte nicht sprechen; er war völlig katatonisch. Roger und ich schleppten ihn auf die Bühne, hängten ihm unterwegs die Gitarre um den Hals und stellten ihn vor das Mikro.

Da gelang Roger etwas, für das man ihn loben muß – er schaffte es wirklich, die beiden anderen anzuspornen und den Gig halbwegs über die Bühne zu bringen. Peter und Andrew waren der Verzweiflung nah; sie rauften sich die Haare.«

Die Erleichterung der beiden Manager, als Syd endlich nach seiner weißen Stratocaster griff, erwies sich als kurzlebig; laut June hatten die dissonanten, heulenden Klänge wenig mit dem zu tun, was die anderen drei spielten. Die meiste Zeit »stand Barrett einfach da und wurde immer verstörter«.

Zum Glück für die Floyd war June vorausschauend genug, die Gage beim Veranstalter des Love-Ins abzuholen, bevor er bemerkte, was vor sich ging. Auf die Versicherung hin, daß sie das Geld in ihrer Handtasche hatte, brüllte ihr Peter Jenner durch das Getöse zu: »Verschwinde zum Wagen – sofort! Lauf!«

»Ich raste nach draußen«, sagt June, »und blieb bis zum Ende des Gigs im Wagen und dachte: ›Bitte, laß sie mich nicht finden, denn sonst schlagen sie mir auf den Kopf und nehmen mir das Geld weg!‹ Offenbar haben der Veranstalter, die Ordner und der Bühnen-Manager in der Pause nach der ›Tussi mit dem Geld‹ gesucht. Wir wußten, daß wir hinterher wahrscheinlich nicht mehr bezahlt werden würden – so bekloppt waren wir nicht! Es waren etwa tausend Pfund – damals eine Menge Geld. Und ich hatte es in Zehnpfundnoten in meiner Handtasche!

Alle kamen mit ihren Gitarren herausgestürmt – und wir düsten los und machten ›Wow!‹«

Die nächste Ausgabe von *Melody Maker* meldete, daß »Syd Barrett an ›nervöser Erschöpfung‹ leidet und die Gruppe alle für den Monat August geplanten Engagements abgesagt hat. Sie haben damit mindestens 4000 Pfund verloren.« In Anbetracht der frischgewonnenen Berühmtheit der Band erschien der Bericht auf Seite eins – unter der Schlagzeile PINK FLOYD SCHLAFFEN AB![8]

Paranoid Eyes

Im Sommer 1967 stand die Eroberung Amerikas fett in Jenners und Kings Spielplan. Seit die Beatles 1964 die britische Invasion in die Wege geleitet hatten, war es für alle englischen Plattenstars, die diese Bezeichnung verdienten, obligatorisch geworden, ihren U.K.-Erfolg auf dem weit größeren Markt der Staaten zu wiederholen (wenn nicht gar zu übertreffen). »Englische Bands«, sagt Peter Jenner, »werden oft bei ihrer ersten Reise nach Amerika gemacht oder kaputtgemacht.« Im Falle der Pink Floyd konnte ihr Status als die führende britische Underground-Band nur gefestigt werden – in einer Zeit, wo solch verwandte amerikanische Geister wie die Jefferson Airplane die US-Top Ten stürmten.

Also reiste Jenner nach New York, um den Grundstein für den Durchbruch der Floyd zu legen. Dank Joe Boyds Beziehungen wurde er in den Büros der Elektra Records vom Produzenten Paul Rothchild herzlich empfangen. »Wenn Sie den Underground sehen wollen«, riet Rothchild, »müssen Sie nach San Francisco gehen.« Als Jenner gestand, daß eine derartige Lustbarkeit sein begrenztes Budget überstieg, bestand der Produzent darauf, ihn auf Elektras Kosten erster Klasse über den Kontinent fliegen zu lassen. »Es war wahnsinnig nett von ihm«, sagt Jenner, »aber es entsprach dem damaligen Zeitgeist. Ich war für ihn ein Hippiebruder aus England.«

Im Fillmore West allerdings war er schockiert darüber, wie »langweilig es war im Vergleich zum UFO und wie normal die Bands waren im Vergleich zu den englischen psychedelischen Bands«. In Los Angeles besuchte Jenner eine Aufnahmesession mit Rothchilds heißestem neuen Act, den Doors.

Trotz solcher Gesten hatte Elektra-Boß Jac Holzman die Pink

Floyd vor ihrem Vertragsabschluß bei EMI bereits abgelehnt. Die Gruppe ging kampflos an das amerikanische Schwesterlabel von EMI, Capitol – das wiederum die Floyd an einen seiner eher obskuren Satelliten weiterreichte, Mike Curbs Tower Records. (Curb war der Mann, der später eine vielbeachtete Kampagne mit dem Ziel starten sollte, die Plattenindustrie von »drogenorientierten« Künstlern zu säubern, und der schließlich zum Vizegouverneur von Kalifornien gewählt wurde.) In einer Abkehr von seinen Motorradfilm-Soundtracks und billigen, von Curb selbst dirigierten Einspielungen bekannter Broadway-Musicals, veröffentlichte Tower anläßlich des US-Live-Debüts der Floyd am 26. Oktober im Fillmore East eine Version von *The Piper at the Gates of Dawn*.

Wie es der Zufall wollte, war Capitol eine Firma, die wenig von künstlerischer Integrität, dafür aber wesentlich mehr vom Geld hielt. Sie hatte ihren wichtigsten Dukatenesel, die Beatles, tüchtig gemolken, indem sie 1966 routinemäßig mindestens drei Stücke von jeder britischen LP zurückhielt, um sie später zusammen mit einzelnen Singlehits und B-Seiten zu veröffentlichen und so den LP-»Ausstoß« zu verdoppeln. Obwohl *Sgt. Pepper* bislang eine derartige Behandlung erspart geblieben war, konnten die wenig bekannten Pink Floyd auf ähnliche Schonung nicht hoffen. Für den Fall, daß diese englischen Hippies *tatsächlich* die nächste Teen-Sensation werden sollten, planten die Bosse von Capitol, drei Nummern von *Piper* in Reserve zu halten, um sie bei Bedarf, kombiniert mit einer Handvoll Singles, sofort als zweites Pink-Floyd-Album auf den Markt zu werfen.

Das Ergebnis war, daß der erste und der letzte Song der britischen *Piper*-Veröffentlichung – »Astronomy Domine« und »Bike« – von der Tower-Records-Version gestrichen wurden, zusammen mit »Flaming«, das später als Single veröffentlicht werden sollte. Die übrigen Stücke wurden ohne Rücksicht auf den organischen Aufbau der Originalplatte neu zusammengestellt. Rick Wright beklagte sich hinterher, daß niemand bei

Capitol sich die Mühe gemacht und die Band über diese Änderungen informiert hatte.

Das also war die Plattenfirma, die für die »Lichtkönige von England« (wie sie die Floyd ankündigte) einen mittäglichen Empfang in einem kitschigen, im Mafiastil eingerichteten Nightclub gab. Während die Mitarbeiter von Capitol sich bemühten, Nettigkeiten mit Syd und den anderen auszutauschen, servierten bedauernswerte Go-Go-Girls, deren rotunterlaufenen Augen man ansah, daß man sie extra zu diesem Zweck aus dem Schlaf gerissen hatte, in Trikots und Netzstrümpfen die Drinks.

Diese surreale Szene könnte man ohne weiteres als Omen für das anstehende monumentale Fiasko ansehen. »Auf der Amerikatour wurde Syd ernsthaft exzentrisch«, sagt Jenner, der Andrew King die Organisation der Reise überließ. »Von da an gab es keinen Zweifel mehr, daß er ein echtes Problem war.«

In San Francisco spielten die Floyd nicht nur im Fillmore, sondern ein paar Mal auch im Winterland, wo sie als Vorgruppe für die Schützlinge ihres alten Bekannten Chet Helms auftraten, Big Brother and the Holding Company. Obwohl enttäuscht darüber, daß Big Brother und die anderen Haigth-Ashbury-Bands sich als weit weniger »aufregend und abgefahren und trippig« erwiesen, als er erwartet hatte, wurde Waters – zusammen mit Mason – hinter der Bühne von der Leadsängerin Janis Joplin in die Freuden des Southern Comfort eingeführt. Helms für seinen Teil hatte kaum Anlaß zur Kritik am Konzert der Floyd, das »total vom Feedback beherrscht war, was damals sehr neu und sehr innovativ war. Soweit ich das beurteilen kann, stammte das Hendrix-Feedback von Pink Floyd.«

»Syd war im Winterland okay – halbwegs«, sagt Peter Wynne Willson, der King und die Floyd in die Staaten begleitete. »Aber als wir weiter nach Los Angeles fuhren, um dort in einem kleinen Club zu spielen, wurde Syd fast katatonisch –

zum Teil, weil wir kaum zum Schlafen kamen. Ständig waren diese hinreißenden kalifornischen Mädchen hinter uns her, die Autogramme von uns haben wollten und uns alles anboten, was man sich nur vorstellen kann. Sehr verführerisch für jemand, der aus England kam, vor allem in diesem Sonnenschein.

Ich weiß nicht, ob Syd dort Acid genommen hat. Ganz gewiß haben alle ungeheure Mengen Gras konsumiert – bis auf Roger und Nick, die ungeheure Mengen Southern Comfort konsumierten.«

Doch das Partyfeeling endete abrupt, als die Floyd die Bühne des Cheetah Club betraten, wo das Schweigen von Barretts Gitarre wie ein Schrei wirkte. Mit einer Hand an seinem Hals fingernd, während die andere Hand schlaff an seiner Seite hing, starrte Syd mit leerem Blick in ferne, unbekannte Räume. Als er auch beim Singen versagte, übernahmen Waters und Wright provisorisch seinen Part. »Es war kein Wunder, daß Roger total sauer wurde«, meint Wynne Willson. »Ich glaube mich erinnern zu können, daß er sogar von Andrew verlangte, Syd auf der Stelle zu feuern.«

Ein Jahrzehnt später sprach Nick Mason offen über seine eigene gefühlsmäßige Reaktion auf Syd:

Heute ist es leicht, zurückzuschauen und die Dinge zu sichten und zu ordnen. Aber damals waren wir in einem Zustand der totalen Konfusion, völlig durcheinander, weil wir Erfolg haben und die Sache mit dieser Band durchziehen und zum Laufen bringen wollten – aber es lief nicht. Wir wußten nicht, warum, und wir wollten einfach nicht glauben, daß jemand absichtlich versuchte, alles zu verderben; und trotzdem war da diese Stimme in dir, die sagte: »Dieser Typ ist verrückt – er versucht, mich kaputtzumachen!« Nämlich *mich* kaputtzumachen – es wurde sehr persönlich. Und ruckzuck steigerte man sich in diese extreme Wut hinein.

Ich meine, offensichtlich gab es ein paar unglaubliche Momente der Klarheit, wie die wundervolle Amerika-Tour, die ich nie vergessen werde. Bei einer Nummer stimmte Syd die ganze Zeit seine Gitarre, strich über die Saiten und stimmte erneut die Gitarre, was – sehr modern ist [lacht] – aber für die Band sehr schwer nachzuvollziehen oder nachzuspielen ist. Bei anderen Gelegenheiten hörte er einfach auf zu spielen und stand einfach da, während wir zusehen konnten, wie wir zurechtkamen. Bei derartigen Gelegenheiten denkst du dir: »Wir brauchen jemand anders – oder zumindest einen Ersatzmann!«[1]

»Zu jener Zeit«, sagt Wynne Willson, »haben wir jeden Moment damit gerechnet, daß er völlig ausrastet. Ich stand Syd sehr nahe und fühlte mich in gewisser Hinsicht persönlich für ihn verantwortlich. Es gab ein paar extrem peinliche Situationen.

Syd sah ziemlich furchterregend aus – und es war furchterregend, mit ihm zusammenzusein. Man sagte etwas zu ihm, etwas, das man ganz normal auch zu sonst jemand sagt, und bekam nur diesen total paranoiden Blick zurück.«

Zu dem makaberen Bild trug noch Barretts groteske neue Frisur bei. »Wir gingen alle zu Vidal Sassoon und ließen uns Locken machen«, erinnert sich Wynne Willson. »Aber bei Syd ging die Sache schief. Und er trug ein schreckliches Blumenhemd mit einem bortenbesetzten Kragen und weiten Ärmeln – was sich noch tragen ließ, wenn die Lage entspannt und man selbst locker und gut drauf war. Aber wenn man wahnsinnig verkrampft und paranoid ist, wirken diese Sachen einfach furchterregend.«

Capitol übte sich indessen unverdrossen weiter in Gastfreundschaft. Nachdem der Betreuer die Floyd durch Beverly Hills geschleppt hatte, damit sie die Villen der Stars bestaunen konnten, trompetete er: »Ja, und hier sind wir im Zentrum des Ganzen - Hollywood und Vine!« Woraufhin der glasigen Blikkes dastehende Barrett für einen Moment aus seiner Trance aufzuwachen schien und schwärmte: »Es ist toll, in Las Vegas zu sein!«[2]

Ein anderer eifriger Gastgeber in Los Angeles war Alice Cooper, der Syd und die anderen zum Abendessen mit seiner Band einlud – wodurch der bekannteste Pseudo-Psychopath des Rocks Gelegenheit erhielt, einen echten Vertreter dieser Spezies kennenzulernen. Cooper-Gitarrist Glen Buxton war nach dem Treffen überzeugt, daß »Syd eindeutig vom Mars kam«. Obwohl Barrett den Abend über kaum ein Wort sprach, fand ihn Buxton nicht völlig unkommunikativ. »Plötzlich griff ich nach dem Zucker und reichte ihn Syd«, erinnerte er sich, »und er nickte, als wollte er sagen: ›Ja, danke...‹ Es war wie Telepathie, ehrlich. Total abgehoben. Man ertappte sich plötzlich dabei, daß man irgend etwas tat, wie diese Sache mit dem Zucker, und man dachte bei sich: ›He, verdammt! Es hat doch keiner was gesagt.‹ Das war das erste Mal in meinem Leben, daß ich jemand getroffen habe, der so etwas bewußt konnte. Und dieser Typ machte es die ganze Zeit.«[3]

Die geplanten Höhepunkte und tatsächlichen Tiefstpunkte des Aufenthalts der Floyd in Talmi City waren ihre legendären TV-Begegnungen mit Pat Boone und Dick Clark (am 5. beziehungsweise 6. November), bei denen Syd auf Boones alberne Fragen mit Schweigen und zombiehaften Blicken reagierte – und dann die Lippen nicht bewegte, als er in »American Bandstand« »See Emily Play« zum Playback mimen sollte. Als Reaktion auf diese peinlichen Episoden entschied Andrew King, dem US-Unternehmen ein Ende zu machen und alle ins nächste Flugzeug zu setzen – was die TV-Show »Beach Party« zur Suche nach einem passenden Ersatz zwang. Die Floyd waren außerdem für den 12. November im New Yorker Cheetah Club gebucht; doch unter diesen Umständen mußte selbst »Big Apple« warten.

Während der darauffolgenden, unerwarteten einwöchigen Pause stellten einige Bandmitglieder fest, daß sie doch etwas

Dringendes in London zu erledigen hatten. »Sie kehrten mit Tripper aus den Staaten zurück«, erinnert sich eine ihrer Freundinnen. »Sie ließen sich wie verrückt Spritzen geben.«

Wäre alles planmäßig abgelaufen, hätten die Floyd am Abend nach New York einen Auftritt in Rotterdam, Holland, gehabt – um am nächsten Abend sofort eine weitere aufreibende Tournee durch England anzutreten. Das war die Mühle, durch die angehende »Popstars« in jener Zeit routinemäßig gedreht wurden – »Willkommen, mein Sohn, willkommen... in der Maschine!« – und für die sich Syd Barrett bereits als ungeeignet erwiesen hatte – vom psychologischen wie vom künstlerischen Standpunkt aus.

Und dennoch, jetzt, wo die starproduzierende Maschine angelaufen war, konnte man sie schwerlich abschalten oder langsamer laufen lassen – nicht einmal vorübergehend. Es gab zahllose Rechnungen zu bezahlen – die wegen der Multimedia-Show der Floyd besonders hoch waren. Die Musikgazetten forderten Interviews; die Fanzines verlangten Fotos; die Plattenfirma erwartete eine neue Single. Und die anderen Floyds waren ganz gewiß nicht bereit, sich ihre Chance, große Stars zu werden, von einem ausgeflippten Syd verderben zu lassen. Die Show mußte weitergehen...

Und so gingen die Floyd als Vorgruppe für die Jimi Hendrix Experience sofort wieder auf Tournee. Das Konzept war dem altmodischen Fünfziger-Jahre-Modell der »Package Tour« entliehen – sieben Acts spielten zweimal am Abend, und jeden Abend in einer anderen Stadt –, aber die Musik war eindeutig progressiver Rock im Stil des Jahres 1967. Die Premiere der Show am 14. November in der Londoner Royal Albert Hall hieß – in bester Underground-Manier – »Die alchimistische Hochzeit«.

Auf diesem Konzert, erinnert sich Peter Wynne Willson, präsentierte er zum ersten Mal seinen neuen ultraschnellen Farbwechseleffekt. »Ich schaltete die beiden Einheiten auf höchste Geschwindigkeit, fuhr dann die Leuchtstärke herunter, und das Resultat war ein matter weißer Lichtschimmer. Aber wenn ich die Geschwindigkeit verringerte, erzeugte jede schnelle Bewegung eine Art regenbogenbunten Kondensstreifen. Zuerst sah man beispielsweise, wie sich Nick Masons Hände verfärbten, vorausgesetzt, er bewegte sich schneller als die anderen. Und dann, während ich die Geschwindigkeit weiter verringerte, wurden die Regenbogen immer größer – bis die ganze Bühne vor Farben pulsierte. Aber man konnte nicht feststellen, *welche* Farben es waren, weil sie so schnell wechselten.

Das war ein wundervoller Effekt. Ich konnte damit die verzaubernde Wirkung eines Stroboskops erzeugen, aber ohne das grelle Flackern, das manchen Leuten nicht bekommt. Bei den Floyd habe ich nur sehr selten Stroboskope eingesetzt, weil ich sie für die Musik, die wir machten, zu gewalttätig fand.« Wynne Willson stellte mit Befriedigung fest, daß sich in Folge seines neuesten Effekts nur ein Fan übergeben mußte – »kein schlechtes Ergebnis« im Licht der Massenübelkeit, die konventionelle Stroboskope bei einem aus Acidfreaks bestehenden Publikum auslösen konnten.

In der Royal Albert Hall begleiteten die faszinierenden optischen Effekte die Band durch ihren kurzen Gig als dritte Band des Abends. Ein lobenswerter, wenn auch mittelmäßiger Auftritt von Barrett erwies sich allerdings als Strohfeuer.

Vom engen Terminplan einmal abgesehen, enthielt das Konzept der Hendrix-Tour alles, was Syd als Vergewaltigung seiner Kunst seit langem verabscheute, und die Konflikte mit dem Rest der Band wurden dadurch unaufhaltsam verschärft. Bei jedem Gig hatte der namensgebende Hendrix fünfzig Minuten Zeit, sein Ding durchzuziehen. Die Move, die vor ihm auf die Bühne kamen, hatten nur eine halbe Stunde. Und von den Floyd wurde erwartet, daß sie ihr Können in genau siebzehn Minuten unter Beweis stellten – was von Waters' und Masons Standpunkt aus erforderte, daß die Band eine Auswahl der erprobten Hits spielte, und das so kurz und knapp wie möglich.

Für Barrett jedoch war Musik immer ein Akt der Selbstentzündung gewesen, und Wiederholungen waren schlicht überflüssig. Während er bewußt die Versuche seiner Kollegen ablehnte, ein Mindestmaß an Professionalität zu zeigen, reagierten diese wiederum immer intoleranter auf seine Abneigungen. »Mir scheint, sie waren völlig unempfänglich für die Art Psychose, die Syd durchmachte – sie hatten nicht den blassesten Schimmer«, sagt Susie Wynne Willson. »Er war so hyperempfindlich, daß er nicht einmal ein Zimmer betreten konnte, in dem auch nur ein Hauch einer schlechten oder geladenen Atmosphäre hing.«

Syds Freund Storm Thorgerson jedoch zeigt mehr Verständnis für die Haltung der anderen während dieser Zeit. »Er spielte sowohl im buchstäblichen als auch im übertragenen Sinn eine ganz andere Musik als der Rest der Band, so daß die Zusammenarbeit mit ihm unmöglich wurde. Im nachhinein mag man vielleicht sagen, daß sie mehr auf ihn hätten eingehen sollen, aber das ist sehr schwer, wenn man so jung ist und nicht mal mit seinen eigenen Problemen zurechtkommt; so etwas kostet viel Kraft.

Vielleicht waren Roger und Nick kommerzieller eingestellt, aber Syd war bei weitem der beste Musiker, und ich kann mich nicht erinnern, daß ich je dachte, er wäre ein *Schwächling*. Man muß den Leuten ihre Autonomie zugestehen – oder das Fehlen einer Autonomie.«

Während die Hendrix-Tour ihren Verlauf nahm, wurde Barrett immer mürrischer und depressiver. »Syd war damals sehr blaß, mit dunklen Ringen unter den Augen«, sagt Susie. »Aber er sah trotzdem sehr, sehr gut aus. Er benutzte viel Schminke, und es stand ihm ausgezeichnet.«

Trotz allen zusätzlichen Zaubers, den Eyeliner und Make-up Barretts Konzertpersönlichkeit verliehen, konnte der erste

Glamrocker manchmal gar nicht dazu überredet werden, überhaupt auf die Bühne zu gehen, und Dave O'List, Leadgitarrist der Nice (die als fünfter Act auftraten) sprang dann für ihn ein. Im Wirbel von Wynne Willsons psychedelischen Lichtern fiel der Unterschied den Fans nur selten auf. »Die Mädchen in der ersten Reihe rissen die Arme hoch und kreischten ›Syd! Syd!‹, während ihnen die Tränen über die Gesichter liefen«, sagt Susie. Bei zumindest einer dieser Gelegenheiten, erinnert sie sich, war Barrett in Wirklichkeit schon mit dem Zug nach London unterwegs, so daß ihm Peter Jenner folgen und ihn zurückholen mußte. (Nebenbei bemerkt, der *vierte* Act war die Modcombo Amen Corner, deren Sänger, Andy Fairweather-Low, zwanzig Jahre später Gitarrist bei Roger Waters werden sollte.)

Jimi Hendrix, dem wie fast allen anderen der wahre Ernst von Syds Zustand verborgen blieb, bezeichnete ihn ironisch als »lachenden Syd Barrett«. Hendrix selbst hatte allen Grund zum Lachen: sein Stern war im Aufsteigen und überstrahlte die ganze Welt, und sein Gitarrenfeuerwerk wurde auf der Tournee mit frenetischer Begeisterung begrüßt. »Die Mädchen warfen sich ihm an den Hals, als gäbe es kein Morgen«, sagt Wynne Willson. »Ich weiß noch, wie zwei Mädchen aus seinem Zimmer kamen und am ganzen Körper zitterten. Die eine war von ihm übel zugerichtet worden, und ihre Freundin führte sie aufs Klo, um den Schaden zu beheben.«

Nach einiger Zeit wurde die Hendrix-Entourage um jene beiden als Plaster Casters bekannten Paradiesvögel vergrößert – Groupies, deren Lebenszweck es war, Gipsabdrücke von den erigierten Gliedern der Rock'n'Roll-Stars zu machen. Nachdem sie ihre legendäre Sammlung mit einer Reproduktion von Jimi Hendrix gekrönt hatten, arrangierten sie eine Ausstellung ihrer Trophäen auf einem Regal hinter der Bühne, damit die ganze Tourtruppe sie gebührend bewundern konnte. Die Casters zeigten wenig Interesse an der Verewigung eines Pink-Floyd-Phallus, und zwar »(a) weil sie nicht besonders bekannt waren«, sagt Wynne Willson, »und (b) weil sie kein erotischer Act waren. Sie galten als Kunst.«

Drei Bandmitglieder waren zudem bereits verheiratet oder verlobt. In Rogers Fall war seine Beziehung zu Judy Trim zum Teil eine Reaktion auf seine besitzergreifende Mutter, die ihn buchstäblich dazu ermutigt hatte, »auszugehen und ›verdorbene Mädchen‹ anzumachen«[4], in der Hoffnung, daß er sich mit keiner anständigen Frau auf Dauer einlassen würde. Die neue Mrs. Waters hatte nichtsdestotrotz viel mit der älteren Version gemeinsam: beide waren Lehrerinnen und radikale Linke – und keine mochte Rock'n'Roll. (Ricks Juliette und Nicks Lindy waren im Gegensatz dazu selbst Musikerinnen.)

Syd allerdings hatte die ständige Versorgung mit attraktiven, willigen Frauen immer als Entschädigung für die Mühen des Starseins betrachtet; wie bei den Drogen war sein Appetit unersättlich. Storm Thorgerson meint, daß Barretts »lüsterne Gier auf Frauen« vielleicht eine Rolle bei seinem Zusammenbruch gespielt hat, insofern als »die Tatsache, ein gutaussehender und charismatischer Mann zu sein, der von allen Mädels angehimmelt wird, nicht unbedingt geeignet ist, den Sinn für die Realität zu stärken. Irgendwann wurde er es leid und stellte fest, daß es nicht alles war. Ich schätze, das war für ihn ziemlich verwirrend – auch belastend. Es war ein weiterer Katalysator.«

Trotz allem genoß Syd eine idyllische Ruhepause im Hendrix-Wirbelsturm. Als die Tour nach Manchester kam, besuchten er, Susie und Wynne Willson den Poeten Neil Oram (Autor von *The Walk*), der sich kürzlich in dem ein paar Kilometer entfernten Haworth niedergelassen hatte, dem windumtosten Hangstädtchen, weltberühmt als Heimat der Brontë-Schwestern und Schauplatz von *Sturmhöhe*. Seit seiner Zeit als regelmäßiger Besucher der Free School und gelegentlicher Besucher in der 2 Earlham Street hatte Orams eigene Underground-Odyssee bei seinen früheren Freunden einen legendären Ruf errungen. Von Wynne Willson liebevoll beschrieben als »einer der häßlichsten Menschen, die man sich vorstellen kann – trotz seiner wundervollen Gedichte hatte man immer das Gefühl, daß er überall Kopfläuse verbreitete«, hatte Oram sich dem Studium biodynamischer Anbaumethoden gewidmet, in einer Landkommune draußen im Moor, wo, wie es hieß, das Gemüse allen, die spirituell offen genug waren, bei Sonnenaufgang Ratschläge erteilte.

»Ich schätze, ein Kohlkopf hat Neil befohlen, in einer bestimmten Richtung loszuziehen«, lacht Susie. »Er wanderte kilometerweit und stieß an einem Seilhang auf eine verlassene Hütte – ein wundervolles kleines Häuschen ohne Elektrizität –, wo er seitdem lebt und eine Kreuzung von Energielinien bewacht.« Obwohl Roger und Nick für einen derartigen Unsinn keine Zeit hatten, »mußte die Freakabteilung der Pink Floyd Neil natürlich besuchen«.

Das Häuschen des Dichters schien seinem magischen Ruf gerecht zu werden, da sich Barrett nach Susies Worten »wirklich entspannte und zu Hause und geborgen fühlte, wieder ganz er selbst und gesund war.« Für einen viel zu kurzen Moment, weit vor den Autobahnen und dem Tourneestreß entfernt, verwandelte sich Syd wieder in sein altes charmantes Selbst, während sie um ein prasselndes Kaminfeuer saßen und Orams Pfannkuchen aus Buchweizenmehl verzehrten.

Kaum zurück, verflog der Zauber, als der Rest der Band für Wynne Willsons abrupte Entlassung und Ersatz durch seinen langjährigen Stellvertreter John Marsh sorgte, der bisher die Lightshow übernommen hatte, wenn Peter verhindert war. Seit die Konzertgagen der Floyd auf drei- und vierstellige Summen angewachsen waren, hatten Roger und Nick mit Wynne Willsons fünfprozentigem Anteil an den Bruttoeinnahmen gehadert, die er automatisch zu seinem Wochenlohn von zwanzig Pfund bekam; jetzt, wo die Unkosten stiegen, führte dies oft dazu, daß Peter mehr nach Hause brachte als jeder der vier Musiker. Marsh war glücklich, Wynne Willsons Job für eine wöchentliche Pauschale von nur fünfzehn Pfund übernehmen zu dürfen.

Diese Vereinbarung sagte auch Jenner und King zu, in deren Haus Marsh lange gewohnt hatte. In Anbetracht der prekären Finanzlage von Blackhill Enterprises konnte der Rückgewinn von Wynne Willsons fünf Prozent nur positiv sein.

Wynne Willson für seinen Teil sagt, daß er wahrscheinlich ohnehin bald Schluß gemacht hätte. »Syds Verfall und das Verhalten der anderen Bandmitglieder ihm gegenüber hätten Susie und mich vermutlich sowieso vertrieben.« Marsh war zwar ein sympathischer Mensch, aber auch ein früherer Mod, der wenig Ahnung von der Acidszene hatte und keinen Versuch machte, sich auf Syds spezielle Wellenlänge einzustimmen.

Zerrieben zwischen dem permanenten Streß einer Roadshow, bei der jetzt zwei enge Freunde und Verbündete fehlten, und dem acidgeschwängerten Ambiente seines South Kensingtoner Heims, konnte Syd Barretts Wahnsinn nur noch schlimmer werden.

The Thin Ice

Eine dritte Pink-Floyd-Single – Syd Barretts »Apples and Oranges« mit Rick Wrights Vinyldebüt als Komponist, »Paint Box«, auf der Rückseite – erschien während der Jimi-Hendrix-Tournee. Die kaleidoskopische Vorstadt in Barretts Text – endlose Supermarktstände und Entenfüttern am Fluß – stellt eine versponnene Reaktion auf die »Penny Lane« der Beatles dar: der Ruf »Wir dachten, ihr solltet das wissen!« ist eine offenkundige Anspielung auf *Sgt. Pepper*.

Im Gegensatz zu ihren beiden Vorgängern jedoch ist die hastig aufgenommene »Apples and Oranges«-Single nicht nur aller beatle-esken Elemente beraubt, sondern auch himmelschreiend unmelodisch – und durch den Umstand, daß jeder der irrwitzig überdrehten Verse von einer völlig anderen Musik begleitet wird, kaum das richtige Rezept für einen Pophit. Obwohl *NME* sie als »die bisher psychedelischste Single der Pink Floyd« bezeichnete, blieben die britischen Charts völlig unbeeindruckt. (Lange vergriffen, ist die Platte jetzt eine Rarität, die unter Sammlern bis zu einhundert Dollar bringt. »Apples and Oranges« wurde in Amerika nie veröffentlicht.)

Jahre später gab Roger Waters Norman Smith die Schuld: »›Apples and Oranges‹ wurde von der Produktion zerstört. Es ist ein verdammt guter Song.«[1] Syds eigene öffentliche Reaktion auf das Scheitern seiner Single lautete: »Interessiert mich überhaupt nicht.«

Wie dem auch sei, der Status der Pink Floyd als »Hitparadengruppe« war plötzlich in Gefahr; als sich auch noch die Gerüchte über Barretts Unzuverlässigkeit auf der Bühne verbreiteten, rasselten ihre Aktien bei den Veranstaltern in den Keller. Peter Jenner verteidigt seine eigene Rolle bei dem Debakel mit den Worten: »EMI sagte uns, daß wir eine neue Single brauchten, und das war der einzige Song, den wir hatten. Also mußten wir ihn rausbringen, oder? Ein weiteres Beispiel für unsere Naivität und Unerfahrenheit. Wir hatten nicht mehr in der Schublade.«

Um genau zu sein, es *lagen* drei weitere Barrett-Kompositionen in der Schublade der Floyd – aber im Vergleich zu ihnen klang »Apples and Oranges« geradezu kommerziell. Das Stück, das Syd am liebsten als Single veröffentlicht hätte, war der niederschmetternd zusammenhanglose »Jugband Blues« – dessen Mittelteil auf Barretts Drängen hin von einem Sextett der Heilsarmee bestritten wurde, das er aufforderte, »spielt, was ihr wollt«. Kommentare wie »Ich frage mich, wer diesen Song geschrieben haben könnte« zitierend, beschreibt Jenner »Jugband Blues« als »wahrscheinlich die ultimative Selbstdiagnose eines Schizophrenen«.

»Jugband« sollte zumindest im folgenden Sommer auf der zweiten Pink-Floyd-LP das Licht der Welt erblicken – eine Auszeichnung, die den ähnlich autobiografischen »Scream Thy Last Scream (Old Woman with a Casket)« und »Vegetable Man« verwehrt blieb, obwohl beide inzwischen zur Standardkonterbande unter Floyd-Schwarzpressern geworden sind. »Syd schrieb ›Vegetable Man‹ bei mir zu Hause«, erinnert sich Jenner. »Es war richtig unheimlich. Er saß da und beschrieb sich einfach selbst, was er damals trug und machte.« »In gelben Schuhen krieg' ich den Blues... In meinem Paisley-Hemd seh ich wie ein Trottel aus.«

»Als er die Band verlassen hatte, meinten alle, diese Songs wären zu intensiv. Sie kamen mit ihnen nicht zurecht. Sie waren wie Worte aus der Gummizelle – ein außergewöhnliches Dokument einer ernsten psychischen Störung.

Ich war immer dafür, sie herauszubringen, und habe meine Kopien jedem vorgespielt. Ich wußte, daß Roger oder Dave sie nie herausbringen würden. Irgendwie kamen sie ihnen unanständig vor, als würden sie Nacktfotos einer berühmten Schauspielerin veröffentlichen; es war einfach nicht fair. Aber ich hielt sie für gute Songs und große Kunstwerke. Sie sind aufwühlend und nicht sehr vergnüglich, aber sie gehören zu Syds besten Arbeiten – obwohl Gott weiß, daß ich keinem wünsche, das durchzumachen, was er durchmachen mußte, um diese Songs schreiben zu können. Sie sind wie van Gogh.«

Van Gogh oder nicht, Jenner und seine Partner sahen sich mit einer »ökonomischen Krise in der Band« konfrontiert. »Die Geldquellen trockneten aus und am Horizont zeichneten sich drohend die Steuern ab. Wir alle dachten: ›Verfluchter Mist, wie können wir die ganze Sache am Laufen halten und die Leute bezahlen?‹« Auf einem Floyd-Treffen zählte Jenner dreiunddreißig Gesichter, diverse Freundinnen und Frauen eingeschlossen – viele Mäuler, die zu stopfen waren.

»Am Ende der Woche«, erinnerte sich Roger Waters, »holten wir immer unsere Schecks ab – und Woche für Woche kamen die Leute immer früher und früher. Sie nahmen ihre Schecks, rasten zur Bank und lösten sie ein, denn es war nicht genug Geld für alle da – wer also seinen Scheck zuerst bekam, der bekam auch sein Geld. Ständig platzten die Schecks.«[2]

Eine Lösung war, Blackhill Enterprises aufzuteilen; Jenner hing schon seit langem Apple-ähnlichen Träumen von einem hippen Firmenimperium nach. Blackhills erster Non-Floyd-Klient war ein Act, wie es ihn nur in London und das nur im Jahr 1967 geben konnte: Marc Bolans Tyrannosaurus Rex.

Bolan war zunächst am Rand des Swinging London als rasiermesserscharfer Modstricher namens Mark Feld aufgetaucht; aber wie Jenner sagt, »man konnte sich damals verwandeln, man konnte plötzlich das Licht sehen – und als Hippie wiedergeboren werden.« Zum Entzücken seiner kleinen Underground-Gefolgschaft wurde der elfengleiche Bolan als Botschafter einer anderen Zeit und Welt reinkarniert – in einen Umhang gehüllt, klimperte er auf einer akustischen Gitarre und trällerte Liedchen über mythische Geschöpfe von den fernen Gestaden seiner fruchtbaren Fantasie. Seine »Gruppe« bestand nur aus einem weiteren Mitglied: dem bongospielenden Steve »Peregrine« Took, der sich nach einer Figur aus Tolkiens *Herr der Ringe* benannt hatte, bevor er über eine Anzeige in *IT* zu Marc stieß.

Der einflußreichste Helfer des seltsamen Duos war der ehemalige DJ von Radio London, John Peel – nach der von der Regierung verfügten Schließung der Piratensender außerhalb der Küstengewässer von BBC als Haushippie adoptiert –, der in seiner nächtlichen Radioshow Marcs prä-Rex-Singles »Hippy Gumbo« und »The Wizard« spielte. Fasziniert von der bizarren Stimme und den Texten ließ sich Andrew King von June mit dem Rolls-Bentley zu einem Mittagsgig im Ealing College fahren.

June war augenblicklich hingerissen, erkannte sie doch in Marc jenes außerirdische »Licht«, das sie bisher allein in Syd gesehen hatte, »eine Kerze, die jeden Moment ausgeblasen werden konnte.« Ein paar Tage später tauchte Bolan im Blackhill-Büro auf, um Jenner mit einer seiner ernstgemeinten »Hippie-Butterblume-Sandwich«-Reden (wie der Manager sie nennt) zu umgarnen, und der Handel war perfekt. »Was die Floyd elektronisch machen«, erklärte Marc in der Pop-Presse, »machen wir akustisch.«

In jener Zeit wurden die Werke von Rex gewöhnlich mit denen von Donovan und des anderen mystischen Duos verglichen, Joe Boyds Schützlingen von der Incredible String Band; was Bolan an musikalischen Fähigkeiten und traditionellen Folktechniken fehlte, machte er allein durch Stil und Chuzpe wett. Aber laut June, die bald in einer Position war, um dies beurteilen zu können, war Marcs wahrer Underground-Held Syd Barrett.

»Er kam zu Blackhill, weil Blackhill Syd Barrett managte«, behauptet June. »Er erkannte in ihm einen verwandten Geist, einen zweiten von seiner Sorte – einen anderen Verrückten, der nicht wußte, wo er hingehörte, aber wußte, daß er etwas

Besonderes war und anerkannt werden wollte. Er war ihm damals noch nicht begegnet, doch er kannte alle seine Songs und Texte; also begab er sich direkt dorthin, wo er Verständnis erwartete. Er dachte: ›Wenn sie mit Syd Barrett zurechtkommen, dann sind sie die richtigen Leute für mich.‹

Es war wie Magnetismus. Er war überglücklich, daß er in dem Büro gewesen war, das Syd Barrett managte. Es war ein richtiges, normales Büro mit Telefon, Schreibmaschine, zwei Zimmern – und er war glücklich zu wissen, daß Syd dort gewesen war.«

»Magnetismus« mag auch die richtige Bezeichnung für die Anziehungskraft zwischen Marc und June gewesen sein. Wenige Tage nach ihrer Begegnung hatte June ihren Juwelierfreund und Marc das Fertighaus seiner Eltern in Wimbledon verlassen; das neue Paar zog in einen alten Wohnwagen, den June von Juliette Wright gekauft hatte, ehe sie eine dauerhafte Bleibe in einer Kaltwassermansarde in Notting Hill fanden.

»Von dem Moment an, als ich Marc zum ersten Mal sah«, sagt June, »gehörte *ihm* meine Loyalität. Syd hatte immer noch Zugang zu mir, was er immer haben wird – auch heute noch, wenn er wüßte, wo ich bin. Aber ich konnte mich unmöglich um beide kümmern. Jeder von ihnen war ein Vierundzwanzigstunden-Job.«

Andere Quellen behaupten, daß Junes Zeit bei Blackhill mit einem Mißklang endete, als Andrew King aus den Flitterwochen nach Hause kam und sie mit dem flirrenden Elfen in seinem Bett vorfand. Laut Peter Jenner reagierte Marc auf Junes Entlassung mit der Kündigung seiner Zusammenarbeit mit Blackhill – unter dem Vorwand, daß seine Manager an seiner Kunst herumpfuschten, indem sie einen kommerziellen, elektrischen Popsound für seine Barrett-ähnlichen, frei assoziierten Fantasien forderten.

Ende des Jahrzehnts hatte sich Bolan nicht nur »elektrifiziert«, sondern den Gruppennamen auf T. Rex verkürzt und seine Hippiekluft abgelegt (zusammen mit seinem hobbitverliebten Partner), um wieder eine neue Identität anzunehmen – die des glitzernden Teenidols mit einer ganzen Reihe Nummer-Eins-Hits. Wie bei den Floyd verfolgten Jenner und King den großen kommerziellen Durchbruch ihres Schützlings aus der Ferne: das Management von T. Rex lag jetzt in den fachkundigen Händen des ehemaligen Floyd-Agenten Tony Howard – und June Bolans. (Sie und Marc hatten 1970 geheiratet.)

Doch das Vorbild für den morbiden Glamour von Marcs *Electric-Warrior*-Periode – bis hin zum Eyeliner, dem dicken Make-up und den »Korkenzieherlocken« – lieferte Syd Barrett, den Bolan noch immer für »einen der wenigen Leute [hielt], die ich genial nennen würde... Er hat mich unglaublich inspiriert.«[3] Der »Glitterking« *sah* sogar wie der Syd des Jahres 1967 aus. June über ihren verstorbenen Mann: »Syd hat ihn *wahnsinnig* beeinflußt – wir haben oft darüber gesprochen, als Syd krank wurde und nicht mehr bei den Floyd war.«

Der junge David Bowie, der im Glamrock-Rennen Anfang der Siebziger zu Bolans größtem Rivalen werden sollte, war von Syd nicht minder begeistert und beeinflußt. Die Erleuchtung, daß Popmusik und große Kunst zu einem Medium verschmolzen werden konnten, kam ihm – wie Bowie Jahre später im *Penthouse* offenbarte – bei einem Gig der Floyd im Marquee Club. »Und da war Syd Barrett mit seinem totenbleichen Gesicht und dem schwarzen Eyeliner rund um die Augen – dieses seltsame Wesen, das in einer Band sang, die Lightshows einsetzte. Ich dachte: ›Wow! Er ist ein Bohemien, ein Poet, und er spielt in einer Rockband!‹«

Die chamäleonhafte »Barrett-Phase« manifestierte sich auf dem 1969er *Space Oddity*-Album sowohl in Kompositionen wie »The Cygnet Committee« als auch in dem Künstlernamen »Arnold Korns«, den er sich, von Syds »Arnold Layne« inspiriert, kurz darauf zulegte. Als Bowie Ende 1971 Mick Rock traf, hatte ihr sofortiges gutes Verhältnis – und Rocks Engagement als halboffizieller Fotograf des aufstrebenden Stars – viel mit der Tatsache zu tun, daß er Barretts Freund war. David erzählte

Mick bei der Gelegenheit, daß Syd eine seiner drei großen Inspirationen geblieben war (neben Iggy Pop und Lou Reed). 1973 veröffentlichte Bowie seine eigene Interpretation von »See Emily Play« auf *Pin-Ups*.

Blackhill sollte nie groß von Tyrannosaurus Rex oder zukünftigen Underground-Entdeckungen wie Roy Harper (dem späteren Sänger auf Floyds »Have a Cigar«) profitieren. In der Zwischenzeit versuchte sich Jenner als listenreicher Finanzorganisator, indem er beim Arts Council of Great Britain Förderungsmittel in Höhe von fünftausend Pfund beantragte. Ein vergebliches Unterfangen, wie sich herausstellte, als die Floyd gebeten wurden, Auskunft über den geplanten Verwendungszweck des Geldes zu geben. Roger Waters kam der Wahrheit noch am nächsten, indem er vage erklärte, daß es um eine »Saga wie die *Ilias*« ging, »eine märchenhafte Geschichte über Gut und Böse«, musikalisch begleitet von den Floyd, erzählt von John Peel und mit Arthur Brown in der Rolle eines »Dämonenkönigs«.[4]

The Daily Express veröffentlichte prompt einen Leitartikel, um zu verhindern, daß dieser Plan je Wirklichkeit werden würde: »Nach allgemeiner Überzeugung produzieren die Pink Floyd das musikalische Gegenstück zu LSD-Drogenvisionen... Sie haben an so abseitigen, überspannten Veranstaltungen wie den sogenannten ›Freak-Outs‹ teilgenommen, simulierten Drogenekstasen, bei denen Mädchen sich winden und in schrille Schreie ausbrechen und junge Männer sich nackt in Farbe und Grütze wälzen... Ich glaube nicht, daß das Arts Council derartigen Dingen irgendeine Art von Gütesiegel aufdrücken sollte, oder?« Der Antrag wurde abgelehnt.

Anfang 1968 gab es für die Leser von *Fab(ulous)* wenig Grund zu der Annahme, daß mit den fröhlichen Vier, die sich auf dem Cover des Teenybop-Hochglanzmagazins um eine Geburtstagstorte drängten, irgend etwas nicht in Ordnung war. »In diesem Monat«, meldete die *Fab*-Ausgabe atemlos, »feiern nicht nur wir unseren vierten Geburtstag – auch zwei Mitglieder der Pink Floyd haben Geburtstag.«

Der Artikel bestand hauptsächlich aus einem Gespräch mit den beiden Geburtstagskindern – Barrett und Mason – über das Thema… Geburtstage. Syd erzählte von seinen Feiern in der Kindheit – »Spiele in der Dunkelheit, wo sich jemand versteckt und mit einem Kissen nach dir wirft. Wir haben uns außerdem verkleidet und sind auf die Straße gegangen und haben Steine auf vorbeifahrende Autos geworfen.« Nick und Syd verrieten auch, daß sie Architekt beziehungsweise Maler werden wollten, »wenn das alles einmal vorbei ist«.

»Aber soweit es uns betrifft«, schloß *Fabs* Sally Cork (die Barrett an einem seiner besseren Tage erwischt haben mußte), »sind wir sehr glücklich, wenn sie so bleiben, wie sie sind. Und weiter die halbe Besetzung der sehr progressiven und psychedelischen Gruppe namens THE PINK FLOYD stellen.«[5]

Trotz dieser heiteren Gesprächsrunde hatte hinter den Kulissen bereits eine Kampagne mit dem Ziel begonnen, Barrett hinauszuwerfen, wobei Roger (nach Jenners Worten) »der Anführer der ›Syd-muß-gehen‹-Fraktion war«. Ein Mitarbeiter erinnert sich, daß Waters »eine ganze Liste von Beschwerden über Syd [präsentierte]. Einige waren ziemlich kleinkariert; unter anderem ging es darum, daß Syd von Roger ständig Zigaretten schnorrte und nie selbst welche kaufte. Roger sagte, das hätte das Faß zum Überlaufen gebracht.«

Storm Thorgerson allerdings meint, daß »es nicht sinnvoll ist, mit Roger und Nick und Rick zu hart ins Gericht zu gehen. Nach meiner Erinnerung wußten sie wirklich nicht, wie sie damit fertigwerden sollten. Man schneidet sich nicht die Nase ab, um das Gesicht zu ändern – Syd war der Songwriter. Das trug später zu Rogers extremer Egozentrik bei, aber damals war er noch nicht so. Es war für sie eine sehr schwierige Zeit.

Ich weiß, daß sie es nur sehr ungern getan haben, weil sie sich in meiner Wohnung trafen und darüber sprachen, wie schwierig Syd war, und es eine lange Diskussion über ihr weiteres Vorgehen gab. Ich habe teilweise versucht, als Vermittler aufzutreten, weil sie wußten, daß ich Syd gut kannte.

Ich weiß noch, daß es eine Zeit gab, wo seine Haare ziemlich verfilzt und fettig waren, fast präpunkig. Er war zweifellos ein Neuerer, selbst in diesem Zustand – aber wie bei vielen anderen Künstlern ging seine Innovationsfähigkeit einher mit Unzuverlässigkeit und Labilität. Es ist eine Sache, die Schöpfungen eines Künstlers zu bewundern; eine ganz andere Sache ist es, mit ihm zusammenzuleben. Das war das ständige Dilemma der Floyd – daß es ihnen grundsätzlich unmöglich war, mit ihrer kreativsten Kraft zusammenzusein.«

Andrew King hatte in der Zwischenzeit Syd, Lindsay und deren Katzen Pink und Floyd in einer Wohnung am Richmond Hill untergebracht, die seinem Vater gehörte. Aber alle Hoffnungen, Barrett ein stabiles Umfeld zu geben, wurden durch die allgegenwärtigen Herumtreiber zerstört: Drogenfreaks und Groupies, die in solchen Massen auftauchten, daß die Wohnung einige Besucher an einen Bahnhof erinnerte. »Wir vermuteten«, sagt Thorgerson, »ohne Beweise dafür zu haben oder bestimmte Personen verantwortlich machen zu können, daß Unbekannte seinen Kaffee über Monate hinweg mit kleinen Aciddosen würzten.«

Peter Jenner erinnert sich, daß er und King »wie verrückt gegen Syds Ausscheiden aus der Band kämpften. Wir haben uns dadurch eine Menge Kummer eingehandelt. Als Akademiker, der ein wenig von Soziologie und Psychologie verstand – nur ein wenig zu wissen, kann gefährlich sein –, habe ich alles mögliche versucht, von dem ich annahm, daß es einem Menschen, der offenbar unter großem psychischen Streß stand, helfen könnte. Aber schließlich mußten wir einsehen, daß es einfach zuviel war. Sie gingen auf die Bühne und wußten nicht, welche Songs er spielen würde. Und man wußte auch nicht, was er mit einem Song anstellen würde. Vielleicht würde er ein Solo spielen, das zwei oder fünf Minuten dauern konnte. Vielleicht würde er denselben Song vierzig Minuten lang spielen – oder eine Note ständig wiederholen. Sie konnten nur hilflos danebenstehen, während er diese eine Note, *boing... boing... boing... boing...* immer und immer wieder spielte. Als es offenkundig wurde, daß er ernsthaft gestört war, mußten wir akzeptieren, daß wir von den anderen nicht im Ernst erwarten konnten, mit ihm weiter wie bisher zusammenzuarbeiten.«

David Gilmour hatte währenddessen seine eigenen niederschmetternden Frustrationen erlebt, trotz der Tatsache, daß ihm seine fürsorglichen Eltern seine erste Fender Telecaster zum einundzwanzigsten Geburtstag geschenkt hatten. Jokers Wild waren eine Weile als Coverband über den Kontinent getingelt, mit Ricky Wills (einem zukünftigen Mitglied von Framptons Camel und Foreigner) am Baß und John »Willie« Wilson an den Drums, und die Songs der Four Seasons wichen allmählich Nummern von Jimi Hendrix. Anfang 1967 hatten sie sogar ihren Namen in The Flowers geändert. Doch nach dem Sam-and-Dave-Debakel im Jahre 1965 hatten sie keine weitere Platte mehr aufnehmen können. Mitte 1967 lösten sich die Flowers auf, und Gilmour, Wills und Wilson kämpften als Powertrio namens Bullitt weiter.

Nachdem David eines Abends in London einen typischen Katastrophen-Gig der Floyd besucht hatte, trat Nick Mason mit einem vagen Angebot an ihn heran: »Behalte es für dich – aber hättest du vielleicht Lust, später einmal zur Band zu stoßen? Möglicherweise werden wir jemand brauchen...« Barrett allerdings hatte seine eigenen Pläne zur Vergrößerung der Gruppe – laut Waters wollte er »zwei Freaks [dazuholen], die er irgendwo aufgelesen hatte. Einer spielte Banjo und der andere Saxophon. Wir waren überhaupt nicht dafür, und es war klar, daß der Bruch nicht mehr zu beheben war.«[6]

Der Anruf erreichte Gilmour zur Weihnachtszeit. »Sie fragten nur, ob ich Lust hätte, und ich sagte ja, und das war es dann.« Daves Entscheidung hatte weniger mit neuen künstlerischen Horizonten und mehr mit der Aussicht auf »Ruhm und Mädchen« zu tun.

Seine Rock'n'Roll-Kollegen argwöhnten, daß etwas im Busch war, als Dave in ein Cambridger Musikgeschäft spazierte, das sie häufig besuchten, und feierlich die spezialangefertigte Fender Stratocaster verlangte, nach der sie sich alle verzehrt hatten. Der zukünftige Chronist der Sex Pistols, Lee Wood, bekam Stielaugen, als Gilmour dann ein Bündel Geldscheine aus der Tasche zog und »über hundert Pfund hinblätterte. Sie holten diese gelbe Stratocaster für ihn von der Wand, er kaufte sie und ging hinaus. Wir dachten alle: ›Wo hat er das viele Geld her?‹ Niemand sonst bezahlte eine Gitarre in bar. Einige Tage später las ich im *Melody Maker*, daß David Gilmour jetzt bei Pink Floyd spielte.« (Die Stratocaster sollte während seiner ganzen Karriere bei den Floyd seine Lieblingsgitarre bleiben.)

Ein anderer aufstrebender lokaler Gitarrist, Tim Renwick, erinnert sich, wie er »in einem muffigen kleinen Cambridger Club namens Alley Club [herumhing], als Dave hereinkam und sagte, daß er soeben als Mitglied der Pink Floyd aufgenommen worden war. Ich weiß noch, daß ich dachte: ›Oh, was für ein Tag! Warum passiert *mir* so was nicht?‹« Fast zwanzig Jahre später kam es endlich doch dazu. (In der Zwischenzeit schloß sich Renwick mit Willie Wilson von den Bullitt zur Band Quiver zusammen.)

Blackhill gab Gilmours Einstieg offiziell im Januar 1968 bekannt und nannte als angeblichen Grund den Wunsch der Floyd, »neue Instrumente zu erproben und dem Sound eine neue experimentelle Dimension zu geben.« Eine von Daves ersten Aufgaben war, den Gitarrenpart in einem »Apples and Oranges«-Promotionfilm zu mimen, wobei Roger Syds aufsässigen Gesang nachahmte. Gilmour, meint ein Freund, fand derartige Episoden »richtig gespenstisch«.

Und wie reagierte Barrett auf die Tatsache, daß sein alter Kumpel nun neben ihm im Rampenlicht stand? »Es war vollkommen logisch«, erinnerte sich Gilmour Jahre später –

daß ich angeheuert worden war, um ihn zu ersetzen, zumindest auf der Bühne, [aber] es war unmöglich, seine Gefühle zu erraten. Ich glaube nicht, daß Syd in diesem Sinn denkt. Er funktioniert nach einer total anderen Logik, und manche Leuten werden behaupten: »Na klar, Mann, er ist auf einer höheren kosmischen Ebene!« – aber im Grunde läuft irgend etwas völlig falsch.

Es lag nicht nur an den Drogen – wir hatten beide vor der Sache mit den Floyd Acid genommen –, es war einfach eine psychische Eigenheit, die völlig außer Kontrolle geriet. Ich weiß noch, daß alle möglichen merkwürdigen Dinge passierten – einmal trug er Lippenstift auf und zog hochhackige Schuhe an und meinte, er hätte homosexuelle Tendenzen. Wir meinten alle, er sollte einen Psychiater aufsuchen, obwohl uns jemand ein Interview mit R.D. Laing vorgespielt hat, auf dem Laing ihn für unheilbar hielt.[7]

Gilmour für seinen Teil brachte eine Musikalität zu den Floyd mit, die so harmonisch und vielseitig war wie sein Charakter. »Er kam in einer sehr schwierigen Situation«, sagt Peter Jenner, »und er ging sehr gut damit um. Er war außerdem ein großartiger Gitarrist – der beste Musiker, den die Floyd je hatten.« In einem Gespräch mit dem Superfan Andy Mabbett erinnerte sich der Manager, wie »Dave zum ersten Mal im Studio spielte... und eine fantastische Imitation von Jimi Hendrix lieferte. Er konnte außerdem perfekt Syd Barrett imitieren. Er war technisch weitaus versierter als die anderen... Er begann in einem sehr einfachen Barrett-Stil und entwickelte im Lauf der Jahre seinen eigenen.«

Jenner, der seine Zweifel am kreativen Talent der übrigen Band hatte, bestand trotzdem darauf, Barretts Fähigkeiten weiter zu nutzen. »Wenn man mir damals gesagt hätte, daß sie ohne Syd die erfolgreichste bestehende Band der Welt werden würden... mit Syd hätte ich es geglaubt, aber woher sollte es ohne Syd kommen? Niemand sonst konnte gute Songs schreiben, wenn es unbedingt notwendig war. Aber [Waters] schrieb nur, weil Syd schrieb und wir alle dazu ermutigten... Rick hat vor Roger zu schreiben begonnen.«[8]

Die Floyd gaben eine Handvoll Gigs als fünfköpfige Band – bis zu dem Tag, als die anderen sich vor einem Konzert entschlossen, Barrett nicht abzuholen. »Der Plan war«, sagt Jenner, »daß Dave auf der Bühne Syds Unzuverlässigkeit ausgleichen sollte. Als das nicht funktionierte, sollte Syd nur noch Songs schreiben. Einfach, damit er weiter dabei war, aber auf eine Weise, mit der die anderen zurechtkommen und arbeiten konnten.« Entsprechend wurde – wie Gilmour es ausdrückte – von Syd erwartet, daß er »zu Hause blieb und wundervolle Songs schrieb, zur geheimnisvollen Brian-Wilson-Gestalt hinter der Band wurde«.[9]

Aber mit Syds neuem Material konnte oder wollte die Band nichts anfangen – vor allem nicht mit dem entnervenden »Have You Got It Yet?« und seiner sich ständig verändernden Melodie und den Akkordwechseln. Seine verwirrten Kollegen hatten einfach genug.

»Sie kamen zu Andrew und mir«, berichtet Jenner, »und sagten: ›Ihr glaubt nicht an uns – ihr glaubt nicht, daß wir es ohne Syd schaffen, stimmt's?‹ Wir sagten nein. Also gingen sie zu Bryan Morrison, und wir erklärten uns einverstanden, uns weiter mit Syd zu beschäftigen.« Im April, als der byzantinische Auflösungsprozeß der ursprünglich sechsköpfigen Blackhill-Partnerschaft bereits voll im Gang war, wurde die Presse informiert, daß Syd die Pink Floyd »verlassen« hatte.

Aber, sagt Jenner, »Syd hat das nie richtig begriffen, weil es für ihn immer seine Band war. Er kehrte immer wieder zu den Floyd zurück.«

Und im übertragenen Sinne (d. h. mit *Dark Side of the Moon*, *Wish You Were Here* und *The Wall*) sollten auch die Floyd unweigerlich zu Syd zurückkehren.

10

Shine On You Crazy Diamond

Genau einen Monat nach der offiziellen Erklärung am 6. April 1968, daß Barrett die Pink Floyd »verlassen« hatte, lotste ihn Peter Jenner zurück in die Abbey Road. Begierig zu beweisen, daß Blackhill recht gehabt hatte, auf Syd statt auf den Rest der Band zu setzen, produzierte Jenner in diesem Frühling tatsächlich genug Material für eine Solo-LP. Aber die Tracks – die von der unmelodischen, frei assoziierten Indianersage »Swan Lee« bis hin zu dem instrumentalen (und unmelodischen) Gitarrenexperiment »Lanky« reichten – wurden als zu... nun, *unzugänglich* für ein breiteres Publikum befunden.* EMIs Mißvergnügen wurde noch durch die beschädigten Mikrofone und die »allgemeine Unordnung« verstärkt, die Barrett in der Abbey Road hinterließ.

Syd zog in der Zwischenzeit in Storm Thorgersons Wohnung im Egerton-Court-Komplex gegenüber der U-Bahnhaltestelle South Kensington. Er übernahm das Zimmer von einem anderen alten Freund aus Cambridge, Nigel Gordon; weitere bohemehafte Mitbewohner waren Mick Rock (der Barrett während dieser Zeit als eine »zum Absturz verdammte, schwerelose Kraft« romantisierte), Storms Kommilitone am Royal College of Art und Designpartner Aubrey »Po« Powell und ein Harry Dobson.

Trotz Jenners Erleichterung, daß sein Starklient jetzt unter den Fittichen von Storm und Po war, die als »zuverlässig« galten, schildern andere das Leben am Egerton Court als ganz

---

* Die Rückseite von »Late Night« wurde später für *The Madcap Laughs* ausgeschlachtet; »Swan Lee« und »Lanky« erschienen schließlich zwanzig Jahre später auf der *Opel*-Sammlung.

und gar nicht ersprießlich. Laut dem Schriftsteller Jonathan Meades war Barrett »dieses ziemlich ausgeflippte, exotische und halbwegs berühmte Geschöpf... das in dieser Wohnung mit diesen Leuten zusammenlebte, die bis zu einem gewissen Grad sowohl beruflich als auch privat von ihm lebten. Ich ging Harry besuchen und hörte diesen furchtbaren Lärm. Es klang, als würden Heizungsrohre klappern. Ich fragte: ›Was ist das?‹, und er kicherte und meinte: ›Das ist Syd auf einem schlechten Trip. Wir haben ihn in den Wäscheschrank gesperrt.‹«[1]

»Ich weiß *nichts* davon, daß Syd in einen Schrank gesperrt wurde«, entgegnet Thorgerson. »Für mich klingt das wie pure Fantasie, als wäre Jonathan Meades selbst auf Acid gewesen. Aber es ist durchaus *möglich*, denn wir haben damals alle möglichen spaßigen und weniger spaßigen Sachen gemacht. Es gab jede Menge Dope, und die Leute waren in den verschiedensten Zuständen des ›Reisens‹ und ›Erforschens‹. Manchmal waren alle in der Wohnung, nicht nur Syd, leicht desorientiert.

Als er einzog, war er schon ziemlich hinüber. Es wechselte ständig – mal war er normal, mal nur halbwegs normal. Ich hatte damals weder besonders viel Ahnung von Psychologie, noch war ich in der Lage, damit zurechtzukommen. Wir flippten alle auf dem Höhepunkt der psychedelischen Welle in London herum, es war eine extrem aufregende Zeit, und die Hälfte der Leute war die Hälfte der Zeit völlig weggetreten. *Jeder* war auf seine eigene Art bekloppt. Die Hälfte von uns ging zum Seelenklempner oder verzog sich nach Indien. Wir waren alle verdammt labil, um es vorsichtig auszudrücken.« Storm meint jedenfalls, daß »keiner den Nerv hatte, einen Freund, mit dem er aufgewachsen war, als ›verrückt‹ zu bezeichnen. Sofern er nicht sabberte und Leute zusammenschlug, hielt man sich bedeckt.«

Thorgerson sagt, daß Barrett diesen Kriterien bei einem »besonders schrecklichen« Zwischenfall am nächsten kam, als er mit einer Mandoline auf den Kopf seiner Freundin einschlug –

»sie lag schreiend auf dem Boden, während er breitbeinig über ihr stand und sie nach unten drückte. Wir mußten ihn von ihr wegzerren und ihm die Mandoline abnehmen.« Dies war jedoch nur der letzte in einer ganzen Reihe »furchtbarer Kräche«, an denen schließlich die Beziehung der beiden zerbrach.

In manchen Nächten führte das Bedürfnis nach Abwechslung Syd ins Jugendhotel am Holland Park, geradezu ein Nest voller junger Acidfreaks aus aller Herren Länder. Wenn seine Trips außer Kontrolle gerieten, kroch er manchmal in der nahegelegenen Wohnung einer ehemaligen Mitarbeiterin unter, der er vertraute. Obwohl Roger Waters zu diesem Zeitpunkt ein Stockwerk über June Bolan wohnte, »ist Syd nie nach oben gegangen, um an Rogers Tür zu klopfen, sondern er kam stets zu mir. Ich war noch immer die June, und das ›Büro‹ hatte immer für ihn gesorgt – es bedeutete Stabilität, es bedeutete Schecks am Freitag, und wenn man was brauchte, rief man das Büro an.

Er trudelte völlig verdreckt und total verstört um fünf Uhr morgens ein und faselte etwas davon, daß die Polizei und alle möglichen Leute hinter ihm her wären. Ich sagte: ›Komm, setz dich, möchtest du eine Tasse Tee, möchtest du baden?‹ ›Nein – hast du einen Scheck für mich?‹ Dabei stand er schon seit einem Jahr nicht mehr auf der Lohnliste!« June gab ihm jedoch Geld fürs Taxi, ehe sie ihn auf den Heimweg nach Egerton Court schickte.

Immer ruhelos, schien es Barrett nie für längere Zeit in einer Wohnung aushalten zu können. (Er hatte außerdem das Talent, sich unbeliebt zu machen.) Sein nächster Umzug führte ihn in die Earls-Court-Wohnung des langjährigen Floyd-Freundes Duggie Fields. Eine Generation später wirkt es ironisch, daß der ehemalige Floyd-Star seinen neuen Hausgenossen – der ein erfolgreicher Künstler werden sollte – mit den Worten verspottete: »Duggie, du bist dreiundzwanzig und nicht berühmt!« Was *Syd* immer noch war, wie Fields zu seinem »sprachlosen Erstaunen« angesichts der »vielen Leute« feststellen mußte, »die in unsere Wohnung kamen und völlig außer sich gerieten, wenn einer von der Band da war... Manche Mädchen waren einfach fantastisch, und sie warfen sich Syd buchstäblich an den Hals.«

Und dennoch war Barrett laut Fields seinem Ruhm und seiner körperlichen Anziehungskraft gegenüber fürchterlich ambivalent. »Die Leute kamen, und er schloß sich in seinem Zimmer ein... Da waren diese Mädchen, die buchstäblich die ganze Nacht an seine Schlafzimmertür klopften, und er hatte sich eingeschlossen, saß in der Falle. Bis zu einem gewissen Grad hat er sie zu diesem Verhalten ermutigt, aber er konnte damit nichts anfangen; er ärgerte sich darüber.«[2]

Barrett wurde in der Tat von der Vorstellung verfolgt, daß er als Versager enden würde. Das zugrundeliegende Problem war laut Fields, daß »ihm die Welt zu Füßen lag, daß er alle Möglichkeiten hatte und sich nicht entscheiden konnte. Er hatte große Probleme, sich über längere Zeit auf etwas zu konzentrieren – er gehörte zu den Menschen, die mitten im Satz ihre Meinung ändern. Er hörte auf, verlor die Motivation und stellte das, was er gerade machte, in Frage – und wenn es nur ein Spaziergang war.« Syds Stimmungen waren ähnlich wechselhaft; in einem Moment paranoid, deprimiert oder katatonisch, konnte er im nächsten ohne weiteres »fröhlich, charmant und amüsant« sein.[3]

Während Fields mit begrenztem Erfolg versuchte, seinen Freund zum Malen zu ermuntern, bemühte sich Bryan Morrison, Barrett wieder ins Blickfeld der Öffentlichkeit zu rücken, indem er für ihn die Werbetrommel rührte. Trotz aller Anstrengungen Jenners und Kings sah Barrett in ihnen nicht länger seine Manager; schließlich wurden die Pink Floyd jetzt von »Morrie« gemanagt, und Barrett hatte seine Trennung von der Band nie ganz akzeptiert. Morrison, der schon seit langem die Rechte an Syds Floyd-Songs kontrollierte, war glücklich, sich nun auch um Barretts persönliche Angelegenheiten kümmern zu können, so es denn welche gab.

Jonathon Green, damals ein Mitarbeiter der kurzlebigen englischen Ausgabe von *Rolling Stone*, erinnert sich, wie er zu einem Interview mit Barrett in Morrisons neuem Büro bei NEMS Enterprises auftauchte, eine Firma, die ursprünglich vom Beatles-Manager Brian Epstein gegründet worden war. »Er hatte noch kein Album herausgebracht, und ich wußte nicht, was ich überhaupt da wollte«, sagt Green. »ich betrat dieses große weiße Zimmer, und da war Syd, ganz in Weiß gekleidet. Es war alles sehr bedrückend. Syd starrte die ganze Zeit zu einem Winkel an der Decke hinauf und sagte: ›He, Mann... he... sicher.‹«

Morrison versuchte, Barrett dazu zu bringen, seine religiösen Einsichten mit den Lesern des *Rolling Stone* zu teilen, aber der »Piper« wollte davon nichts wissen. »Ja, ja«, murmelte er gleichgültig. »Jetzt schau mal nach oben – siehst du die Leute an der Decke?« Green verzichtete schließlich auf den Artikel.

Im März 1969 ließ der unberechenbare Barrett nichtsdestotrotz die Abbey Road wissen, daß er wieder eine Platte aufnehmen wollte. Die Nachricht erreichte den inzwischen verstorbenen Malcolm Jones von EMI, einen ehemaligen Rockmusiker in seinen Zwanzigern, der Gruppen wie Deep Purple und Marc Bolan unter Vertrag genommen und kurz zuvor seinen Bossen die Erlaubnis abgerungen hatte, ein »progressives« EMI-Tochterlabel namens Harvest Records zu gründen (bei dem schließlich auch die Pink Floyd landen sollten). Als Bewunderer von Syds Werk war Jones von dem Gedanken, ihn für Harvest zu gewinnen, wie elektrisiert. Er verlor keine Zeit und vereinbarte ein Treffen, bei dem Barrett fast wieder so charismatisch wie früher zu sein schien.

Trotz des Reinfalls mit Syds vorherigem Soloprojekt waren Jones' Vorgesetzte Roy Featherstone und Ron White bereit, das Risiko mit dem ehemaligen Floyd-Star einzugehen. Schließlich war Barrett für die beiden einzigen Hitsingles der Gruppe verantwortlich gewesen – etwas, das bei der neuen Platte seiner Ex-Kollegen, *Ummagumma*, nicht in Sicht war. Featherstone und White bestanden allerdings darauf, einen Produzenten anzuheuern, der ihnen direkt verantwortlich war. Nachdem Norman Smith abgewunken hatte, übernahm Jones, der bereits eine LP der Love Sculpture produziert hatte, den Job.

Seine Begeisterung wuchs noch, als Syd ihm Songs wie »Terrapin« und »Clowns and Jugglers« präsentierte – später in »Octopus« umbenannt und als Single veröffentlicht –, dessen Text der Titel des Albums entlehnt wurde, *The Madcap Laughs*. Der Harvest-Boß war besonders beeindruckt von einem »extrem eindringlichen Song« namens »Opel«, einem impressionistischen »Traum in der Ungewißheit eines fernen Landes«, der immer intensiver und persönlicher wurde, ehe er mit dem herzergreifenden Schrei »ich ertrinke...« endete. Jones buchte sofort die Abbey Road für eine Reihe von Sessions, die am 10. April 1969 begannen.

Barrett wirkte anfangs enthusiastisch und auf Draht, als er die Sologitarren- und Vokaltracks für sechs Nummern einspielte, von denen die erste »Opel« war. (Unerklärlicherweise strich Syd später die vielleicht stärkste seiner post-Floyd-Kompositionen, fast so, als wäre »Opel« einfach zu gut, als daß er in seinem zerrütteten Allgemeinzustand damit zurechtkommen konnte.) In der zweiten Woche brachte Barrett Willie Wilson von Quiver und Jerry Shirley von Humble Pie mit, die ihn auf »No Man's Land« und »Here I Go« begleiteten.

Aber Syds Gitarrenspiel erwies sich nach den Worten seines Produzenten während der Session als »extrem sprunghaft. Er wechselte ständig von Rhythmus zu Lead und trieb den Lautstärkepegel in den Rotbereich, so daß die Aufnahme wiederholt werden mußte. Er hatte einfach zuviele Ideen und wollte sie alle auf einmal verwirklichen!«[4] Jones war erst eine Atempause vergönnt, als Barrett sich in den Kopf setzte, den daheim aufgenommenen Lärm eines Motorrads mit »Rhamadan« zu verbinden, einem achtzehnminütigen Congatrommelstück aus den Sessions mit Peter Jenner, und einen ganzen Tag mit dem Abmischen verschwendete.

Zu einer etwas produktiveren Aufnahme kam es Anfang

Mai, als die alten UFO-Rivalen der Floyd, die Soft Machine – reduziert auf Mike Ratledge am Keyboard, Hugh Hopper am Baß und Robert Wyatt an den Drums – ins Studio kamen, um die Begleitmusik zu Syds Rohaufnahmen von »No Good Trying« und »Love You« einzuspielen. Laut Wyatt glaubten die Softs, »daß die Sessions Proben waren. Wir fragten: ›Ist das die richtige Tonart?‹, und er antwortete: ›Ja‹ oder ›Das klingt komisch.‹«[5]

Da Barrett die Varietéstruktur von »Love You« durch Instrumentalbreaks von acht, sieben und sechseinhalb Takten zerhackt hatte, hatte die Band erhebliche Probleme. Aber ganz im Sinne seiner Philosophie, nach der Spontaneität am wichtigsten war, bestand Syd darauf, daß der stümperhafte erste Take perfekt war, und lehnte eine Wiederholung der Aufnahme ab. (Aus vertraglichen Gründen konnten die Soft Machine auf dem Cover von *The Madcap Laughs* nicht genannt werden.)

Zu dieser Zeit machten sich die Bigshots von EMI bereits ernste Gedanken über die wachsenden Kosten eines Albums, das noch immer erst halb fertig war. Der stets fürsorgliche David Gilmour, der seit dem Split engen Kontakt mit Syd gehalten und seine Fortschritte im Studio verfolgt hatte, informierte Malcolm Jones, daß Syd mit ihm und Roger Waters den Rest der Platte produzieren wollte. Jones, dem es ja gelungen war, Barrett wieder zum Arbeiten zu bewegen, gab sofort seine Zustimmung in der Hoffnung, daß eine Zusammenarbeit mit Mitgliedern seiner früheren Band Syd nicht nur ein angenehmeres Umfeld verschaffen, sondern ihm auch einige floydianisch inspirierte Songs entlocken würde. Der Haken war, daß Gilmour und Waters nur drei zunehmend hektische Sessions zur Verfügung standen, um *The Madcap Laughs* zu vervollständigen, das dann zur Gänze von Dave abgemischt wurde.

Die meisten dieser Aufnahmen bestanden hauptsächlich aus Syds Gesang und akustischer Gitarre; die einzigen wirklichen Produktionen der beiden Floyds waren »Octopus« und »Golden Hair«, ein frühes James-Joyce-Gedicht, zu dem Barrett mit achtzehn, neunzehn Jahren die Musik geschrieben hatte. Für *The Madcap Laughs* wurde es dezent mit Baß, Becken, Vibraphon und Orgel unterlegt, wobei das letztere von Rick Wright gespielt wurde. Aber Dave und Roger hielten es für angebracht, dieser glatten musikalischen Politur die Realität entgegenzustellen und Syd zu präsentieren, wie er sich holprig durch die anschließenden akustischen Tracks arbeitete, komplett mit falschen Anfängen und Studiogemurmel – so daß, ob nun durch Zufall oder Absicht, der Hörer ein Album in der Hand hielt, das fast so entnervend und verstört war wie der Künstler.

In den ersten Tagen des Jahres 1969 veröffentlicht, wurde *The Madcap Laughs* wohlwollend aufgenommen (*Melody Maker* nannte es in unbewußter Hellsichtigkeit »ein schönes Album voller Wahnsinn und Verrücktheiten«) und verkaufte binnen acht Wochen in England die respektable Zahl von über sechstausend Stück, obwohl die Platte kaum im Radio gespielt wurde. Dergestalt überzeugt, daß ihn seine Fans doch nicht vergessen hatten, gab Syd eine ganze Reihe relativ vernünftiger Presseinterviews. (Er sprach sogar über die Floyd und »die Fortschritte, die die Gruppe hätte machen können. Aber sie machte keine, oder nur in dem Sinne, daß sie weiterexistierte. Die Arbeit an der Platte war eine Herausforderung, da ich völliges Neuland betreten mußte.«[6]) Und er begann sofort mit Dave Gilmour und EMI eine weitere Soloplatte zu planen.

Das zweite Album, das unter dem schlichten Titel *Barrett* im November 1970 erschien, profitierte hauptsächlich von der personellen Kontinuität und einem Anflug von Struktur. Dieses Mal teilte sich Gilmour die Produzentenrolle mit Rick Wright, nachdem Waters gestöhnt hatte: »Das kann ich nicht noch einmal ertragen!« Zur Band gehörten Jerry Shirley an den Drums, Rick an den Keyboards und Dave (der darauf bestand, daß Syd alle Gitarrensoli übernahm) am Baß. Dennoch – trotz der schwungvollen, *Piper*-ähnlichen »Baby Lemonade« und

»Gigolo Aunt« – litt *Barrett* zu sehr unter Syds zunehmender Unfähigkeit, zusammenhängend zu spielen oder sogar zu schreiben; vieles stammte aus jener Schublade mit den Stükken, die Pink Floyd bereits abgelehnt hatten. In bester »Have You Got It Yet?«-Tradition schien Barrett zudem entschlossen, nie wieder einen Song zwei Mal auf die gleiche Weise zu spielen.

Gilmour unterstützte seinen Freund heroisch bis zum Ende des Projekts, sichtete vor jeder Session geduldig mit ihm das Material und übersetzte Barretts versponnene Ideen in eine für Wright und Shirley verständliche Sprache. Doch oft endete es damit, daß Dave Syd lediglich ein passables Solo entrang, das er und Rick später mit einem Arrangement versahen. Wenn das Ende des überragenden »Dominoes« ein wenig wie das 1969er *More* der Floyd klingt, so liegt es einfach daran, daß Barrett so abrupt zu spielen aufhörte, daß Wright und Gilmour sich gezwungen sahen, ihre eigene Coda hinzuzufügen.

Bei diesem Song biß sich Syd dermaßen in einen Leadgitarrenpart fest, daß Dave in seiner Not das Band rückwärts abspielte. Als Barrett seine »Dominoes« rückwärts hörte, wurde er abrupt aus seiner Trance gerissen – und spielte nach Jerry Shirleys Meinung »das beste Leadsolo, das ich je gehört habe. Alles in einem Durchgang, ohne eine einzige falsche Note.«[7] Vorfälle wie dieser überzeugten manche Mitarbeiter, daß Syd trotz aller Probleme über außerordentliche geistige Kräfte verfügte (oder von ihnen besessen war).

Die Arbeit mit Barrett raubte dennoch »Dave den letzten Nerv«, sagt Storm Thorgerson. »Syd kam nicht zu den vereinbarten Aufnahmesessions, er spielte die falschen Songs, er vergaß die Texte – es war ein Alptraum. Es ist erstaunlich, daß sie es trotzdem schafften, ein ganzes Album einzuspielen.«

Während der Aufnahmen spielte Barrett – mit Gilmour und Shirley – in zwei live übertragenen Radiosendungen der BBC und sagte sogar zu, beim Londoner Extravaganza '70-Musik- und Modefestival am 6. Juni aufzutreten. Aber dann bekam

Syd kalte Füße, und Dave und Jerry mußten ihn buchstäblich auf die Bühne zerren. Barrett riß »Terrapin«, »Gigolo Aunt« und »Effervescing Elephant« herunter, präsentierte ein dynamitgeladenes »Octopus« – und brachte seinen ersten öffentlichen Auftritt der post-Floyd-Ära zu einem abrupten und vorzeitigen Ende.

Vier Jahre später sagte Rick Wright über Barretts Platten: »Ich kann mir nicht vorstellen, daß irgend jemand sie mag; musikalisch sind sie grauenhaft. Die meisten Songs waren großartig, aber wegen Syds damaliger Verfassung war es unmöglich, einen vernünftigen Sound zu bekommen. Zumindest kann man sich so ein Bild von Syds Zustand während dieser Zeit machen.«

Die Songs auf *The Madcap Laughs* und *Barrett* sind von Inhalt und Struktur her Syds Pink-Floyd-Werken ähnlich, doch das Handwerkliche scheint seinem Wahnsinn zum Opfer gefallen zu sein; im Vergleich zu *Piper* klingen sie flach, lustlos, dumpf und unbeholfen. »Es ist alles in seinem Kopf«, sagte Shirley, »aber nur Bruchstücke finden ihren Weg nach draußen... An einem Tag singt er eine Melodie absolut perfekt, und am nächsten Tag singt er eine völlig andere Melodie oder einfach falsch.«

Barretts späteres Material versprüht dennoch brillante Funken fantastischer Imagination – bestehend aus (um es mit seinen eigenen Worten zu sagen) »Kleehonigtöpfen einer mystischen, glänzenden Saat« und »gestöhnten Magnesiumsprichwörtern und Seufzern«. Aber die Visionen sind nun von verzweifelter Trostlosigkeit: »Kalte Eisenhände applaudieren draußen den Clowns«... »Licht trübt den Nebel, die Toten winken uns zurück in die Reihe«... »Ein geborstener Pier an einer wogenden See«. Und oft weichen die Phantasmagorien einsichtsvollen Kommentaren über Syds verwirrte Seele: »Tief in mir fühle ich mich so allein und unwirklich«... »Bitte, hebe eine Hand... Ich habe mein ganzes Gehirn tätowiert...«

Während die Insekten, die unpassenderweise das *Barrett*-Cover schmückten, ein Produkt aus Syds Kunsthochschultagen waren, stammte die Hülle des *Madcap* von seinen ehemaligen Mitbewohnern Storm Thorgerson und »Po« Powell (die seine Ex-Band bereits mit zwei Covern versorgt hatten) und Mick Rock (dessen Karriere als Fotograf, wie er sagt, allein durch die rein freundschaftlich gemachten Schnappschüsse von Syd ins Rollen kam). Das Trio fotografierte den Künstler in seiner damaligen Bude in Earl's Court, deren Dielen Syd zu diesem Anlaß mit festlich orange-und purpurfarbenen Streifen bemalte.

Aber Thorgerson sagt, daß die nackte Orientalin, die im Hintergrund zu sehen ist, kein gestellter Akt war. »Die ganze Wohnung hatte eine lasterhafte, vermutlich drogenbedingte Ausstrahlung – wozu auch gehörte, daß dieses Mädchen um elf Uhr morgens splitterfasernackt herumlief. Nicht, daß es *mich* erstaunt oder ich es moralisch verdammt hätte; es war nur einfach nicht besonders... normal.«

Wie immer machte das blutsaugerische Gesindel, das sich bei Syd einnistete – zusammen mit seiner Unfähigkeit, nein zu sagen –, ein normales Alltagsleben gänzlich unmöglich. Er begann voller Sehnsucht davon zu sprechen, daß er gern heiraten und sich in der Vorstadt niederlassen, Medizin studieren und wie sein Vater Arzt werden würde. Eine Zeitlang mietete seine neue Freundin, Gayla Pinion, ein weiteres von Duggie Fields Earl's-Court-Zimmern; aber als sie auszog, erlaubte Barrett einem Trio seiner jungen Bewunderer, das winzige Kabinett zu übernehmen. Aus drei wurden bald fünf, und sie schwirrten ständig um ihn herum, zusammen mit einem endlosen Strom von Besuchern – die alle um die Aufmerksamkeit ihres Idols buhlten und ihn ständig mit Drogen versorgten.

Als Syd es nicht mehr ertragen konnte, floh er zu seiner Mutter nach Cambridge und überließ es Fields, das Gesindel loszuwerden. Dies gelang ihm schließlich mit einem Hinweis auf Barretts »gewalttätige Seite«, die jeder, der schon einmal längere Zeit mit ihm verbracht hatte, unter keinen Umständen hervorlocken wollte.

1971 lebte Syd also in Cambridge. Obwohl seine Solo-LP erst 1974 in Amerika erscheinen sollte, brachte *Rolling Stone* einen Artikel über ihn – ohne Verfasserangabe, aber in Wirklichkeit von Mick Rock geschrieben, der Syd im Keller des Hauses seiner Mutter aufgespürt hatte. Rock berichtete, daß Barrett »hohlwangig und bleich« aussah und sich »in seinen Augen ein permanenter Schockzustand« spiegelte. »Er hat die Schönheit, die man normalerweise mit den Poeten aller Zeiten verbindet.«

Wie seine Songs machte auch Syd abwechselnd einen klaren und einen verwirrten Eindruck. Er erzählte Rock, daß er sich »voller Staub und Gitarren« fühlte und mit fünfundzwanzig Angst vor dem Altwerden hatte. »Ich denke, daß junge Leute Spaß haben sollten, aber ich habe nie welchen gehabt.« Dennoch bestand er darauf, »total normal« zusein und fügte hinzu: »Ich bin auf jeden Fall nicht das, was du meinst.«

Anfang 1972 überredete Syds Nachbar Twink – der ehemalige Drummer von Tomorrow, der Pretty Things und der Pink Fairies – ihn zur Gründung einer neuen Cambridger Band namens Stars. Abgesehen von ein oder zwei Gigs in einem Café, fand der erste (und einzige) öffentliche Auftritt des Trios in der Cambridge Corn Exchange statt, als Vorgruppe von MC5. Barrett, Twink und der Bassist Jack Monck hatten eine Syd-Retrospektive geprobt, zu der auch Floyds »Lucifer Sam« und einige Highlights von den Solo-LPs gehörten, aber dann gab die Lautsprecheranlage den Gesang nur unverständlich wider; Moncks Verstärker versagte; und Syd, der es irgendwie geschafft hatte, sich in den Finger zu schneiden, rastete aus.

Unter den schockierten Augenzeugen befand sich der Drummer von Syds erster Band. »Er war völlig daneben – stolperte herum und stammelte beim Singen«, erinnert sich Clive Welham. »Das Publikum klatschte nur aus Mitleid, denn die Musik war von armseliger Qualität, als wären ein paar Betrunkene am Werk.« Als Welham in der Garderobe vorbeischaute, schien sich Barrett nicht einmal mehr erinnern zu können, wer er war. Einige vernichtende Presseberichte waren auch nicht dazu angetan, Barretts Paranoia zu lindern, und er spielte nie wieder mit Twink.

Ungefähr zu dieser Zeit besuchte Barrett seine Jugendliebe Libby Gordon, die, wie Storm Thorgerson meint, »eine eher traurige Geschichte über seinen Besuch in ihrem Haus zu erzählen hat. Für ein oder zwei Tage schien alles in Ordnung, und dann fand sie ihn eines frühen Morgens mit einer Schere im Garten, wie er die Blumen köpfte. Dies gehört nicht unbedingt zu den Dingen, mit denen man sich beliebt macht, und sie warf ihn hinaus.«

Und dennoch, wie immer bei Syd, gab es Zeiten, in denen der »Madcap« die gedämpften Erwartungen seiner alten Freunde erfüllen konnte. Pete Brown war sehr überrascht, als er in einem Club in Cambridge zu einer Lesung seiner Gedichte eintraf. »Ich hatte mich dort mit Jack Bruce verabredet«, erinnert sich Brown, »und nach dem Gig wollten wir zu ihm nach Colchester fahren, sechzig Kilometer weiter östlich, um zu arbeiten. Ich kam erst sehr spät an, und auf der Bühne spielte diese wahnsinnige Band diesen interessanten, abgefahrenen Jazz. Jemand hatte Jack erkannt und ihm einen Kontrabaß gereicht, auf dem er dann spielte, und da war noch ein Gitarrist, der mir vage bekannt vorkam.

Bei meiner Lesung sagte ich: ›Ich möchte dieses Gedicht Syd Barrett widmen, weil er hier in Cambridge lebt und einer der größten Songwriter des Landes ist.‹ Woraufhin der Gitarrist dieser Band, der jetzt im Publikum saß, aufstand und sagte: ›Nein, das bin ich nicht.‹ Das war *er*. Und daß er auf die Bühne gehen und mit Jack Bruce spielen konnte, war schon etwas.«

In den nächsten zwei Jahren pendelte Barrett zwischen Cambridge und einem Penthousezimmer im Londoner Park Lane

Hilton hin und her. Er lebte extrem zurückgezogen und tat überhaupt nichts – nur um zuzusehen, wie sein legendärer Ruf sich in einen der hartnäckigsten Kulte verwandelte, die der Rock'n'Roll je gesehen hatte. Bis zu einem gewissen Grad erinnerte es an den späten Jim Morrison, dessen Status sich indirekt an den bizarren Eskapaden seines brillanten und charismatischen Gegenkultur-Images nährte, bis er sich schließlich von den abseitigeren Seiten seiner eigenen Künstler- und Medienrolle beherrschen und – schlußendlich – zerstören ließ. Nur daß Syd nicht gestorben war.

Die 1972 erfolgte Gründung der Syd Barrett Appreciation Society, die eine Zeitschrift mit dem Titel *Terrapin* sponsorte, ließ die Syd-Freaks in so weit entfernten Ländern wie Brasilien, Israel und der Sowjetunion aus ihren Löchern kriechen. Selbst die massenhaft verbreiteten Popgazetten berichteten über Barrett-»Sichtungen« in einem atemlosen Ton, der jeder UFO-Landung zur Ehre gereicht hätte. Ein bedeutenderer Tribut wurde ihm von *NMEs* Nick Kent erwiesen, der 1974 einen fünftausend Worte langen Artikel über Syds Aufstieg und Fall veröffentlichte.

Doch obwohl es sich zunehmend auf Zeichnungen und Gedichte der Fans und Syd-Barrett-Kreuzworträtsel stützte, war das auf den Nachdruck von alten Zeitungsberichten und Texten spezialisierte *Terrapin* mangels Material zum Untergang verdammt. Wie Herausgeber John Steele 1976 in einer seiner letzten (und schmalsten) Ausgaben feststellen mußte, »kann die Society nicht weiterarbeiten, wenn es nichts Neues zu berichten gibt und die Leute der alten Platten überdrüssig sind, so fantastisch sie auch sein mögen«.

Dennoch bekam Barrett Mitte der Siebziger mehr Tantiemen als je zuvor, dank David Bowies jüngster Coverversion von »See Emily Play« und der Neuveröffentlichung der ersten bei den Pink-Floyd-LPs als *A Nice Pair*. Cambridge überdrüssig, zog er wieder ganz nach London, wo ihn Bryan Morrison in zwei Zimmern im imposanten Backsteingebäude des Chelsea

Cloisters unterbrachte, einer Pension unweit der vornehmen Kings Road.

Dort platzte er bei einer »Syd-Sichtung« in eine schicke Boutique, probierte Hosen in drei verschiedenen Größen an und behauptete, alle würden perfekt passen. Wenn er ruhelos in Chelsea herumwanderte, traf man Barrett oft in einem nahegelegenen Pub, wo er allein in einer Ecke saß und Guinness in sich hineinkippte.

Wieder im »Kloster«, hinter permanent geschlossenen Fenstern und zugezogenen Vorhängen, den überwältigend muffigen Geruch ignorierend, verbrachte Syd die Zeit damit, auf einen riesigen, von der Decke hängenden Fernseher zu starren oder zwanghaft den Kühlschrank zu plündern. Binnen eines Jahres blähte sich sein schlanker Körper auf ein Gewicht von etwa zweihundert Pfund auf – woraufhin der einstige psychedelische Adonis die Transformation (und die Selbstbestrafung, wie einige meinen) vervollständigte, indem er sich den Kopf kahl schor. Als John Marsh Syd in Hawaiihemd und Bermudashorts auf der Straße traf, wurde der frühere Floyd-Beleuchter an »ein Bild Aleister Crowleys als älterer Herr« erinnert.[10] Andere Bekannte beschrieben ihn einfach als »Fettkloß«.

Trotz all seiner Eigenheiten – zu denen ein gelegentlicher, von Arnold Layne inspirierter Ausflug in Frauenkleidung gehörte – gewann »Mr. Barrett« die Sympathien der Angestellten des Chelsea Cloisters, indem er ihnen wahllos seine Gitarren, Fernseher und Stereoanlagen schenkte. Und zumindest ein Botenjunge bekam ein Trinkgeld von mehreren hundert Pfund.

In der Zwischenzeit entschloß sich EMI, von dem zunehmenden Kult um Syd – und von dem außerordentlichen Erfolg seiner Ex-Band mit *Dark Side of the Moon* – zu profitieren, und brachte *The Madcap Laughs* und *Barrett* als Doppelalbum unter dem schlichten Titel *Syd Barrett* neu heraus. Storm Thorgerson, der ein aktuelles Foto des Künstlers für das Coverdesign brauchte, begab sich mit schußbereitem Fotoapparat ins Chelsea Cloisters, nur um von Syd hinausgeworfen zu werden. Als er am nächsten Tag zurückkehrte, ließ Barrett seinen alten Kumpel nicht einmal mehr ins Zimmer.

»Ich habe den Job trotzdem so gewissenhaft wie möglich erledigt«, sagt Thorgerson, der sich schließlich ein recht ergreifendes Arrangement aus alten Barrett-Fotos und -Memorabilien ausdachte. »Aber es war nicht angenehm, an seine Tür zu klopfen und hören zu müssen, ich solle mich verpissen – und das, obwohl ich etwas für *ihn* tun wollte.«

Peter Jenner hatte Ende 1974 kaum mehr Glück, als er versuchte, Barretts Karriere mit einer neuen Soloproduktion wieder in Gang zu bringen. Syd tauchte zwar im Aufnahmestudio auf – aber ohne Saiten an seiner Gitarre. Nachdem Phil May von den Pretty Things einen Satz zur Verfügung gestellt hatte, reichte jemand Barrett ein Blatt Papier mit den Texten zu seinen neuen Songs, die Jenner als minimalistische »Skizzen« bezeichnete. Unglücklicherweise waren sie mit rotem Farbband getippt worden; und Syd, der glaubte, daß man ihm eine Rechnung präsentierte, biß dem Überbringer wütend in die Hand.

Die Sessions schleppten sich über drei Tage dahin, in denen der desorientierte Künstler oft das Interesse verlor und nach draußen ging, um frische Luft zu schnappen. Wie der Techniker feststellte, kehrte Syd bald zurück, wenn er sich beim Hinausgehen nach rechts wandte; wenn er sich aber nach links wandte, ward er für den Rest des Tages nicht mehr gesehen.

»Es war überaus frustrierend und ärgerlich und sehr traurig«, sagt Jenner. »Manchmal entstand etwas aus dem Chaos und der Konfusion, das Bruchstück einer Melodie, der Fetzen eines Textes. Gelegentlich hatte sein kranker Geist lichte Momente. Die Blumen wuchsen noch, aber er konnte sie nicht pflücken.« Obwohl es Jenner gelang, einige Instrumentaltracks aufzunehmen, ehe er das Projekt als hoffnungslos aufgab, machte das Fehlen jeglichen Gesangs es EMI unmöglich, Barretts unvollendetes drittes Album in irgendeiner Form auszuschlachten.

»Er ist ein großartiger Künstler, ein unglaublich kreativer

Künstler, und es ist eine Tragödie, was das Musikgeschäft ihm angetan hat«, erklärte Jenner später in einem kanadischen Rundfunkinterview und fügte hinzu, daß er und »alle, die mit [Barrett] zu tun hatten, eine Menge zu erklären haben«. Das Pink-Floyd-Album aus dem Jahr 1975, *Wish You Were Here*, sollte zeigen, daß Syds ehemalige Band genauso dachte.

Abgesehen von der Tatsache, daß er, wie von einem unheimlichen sechsten Sinn gesteuert, in dem Studio materialisierte, als die Floyd gerade ihren überragenden Barrett-Tribut »Shine On You Crazy Diamond« abmischten (mehr dazu im 17. Kapitel), waren die einzigen weiteren Kontakte des »Pipers« zur Rockwelt seine Besuche in Bryan Morrisons Büro, wo er seine Songwritertantiemen abholte. Es war, um es mit den Worten des Barrett-Archivars Mark Patress zu sagen, »schmerzhaft deutlich, daß die Welt der Erwachsenen zu grausam, zu korrupt und vor allem zu irreal für Syd Barrett war.«

Am Ende des Jahrzehnts zog Roger Barrett – wie er nun genannt werden wollte – zurück nach Cambridge, offenbar für immer. Susie Wynne Willson sah ihn zum letzten Mal Anfang der Achtziger, als sie ihn leichtsinnigerweise zu einer Feier der Sant-Mat-Sekte brachte. Aber jede Hoffnung, das fünfzehn Jahre alte Trauma von Barretts Zurückweisung durch die religiöse Gruppe zumindest zu lindern, verflog beim Ausruf eines hochnäsigen, jungen Sektenmitglieds: »Oh, seht mal, wer da ist – das ist Syd Barrett!« Die lebende Legende floh sofort, und Susie mußte ihm nachlaufen, ehe sie ihn nach Hause fahren konnte.

Zu dieser Zeit war die Zahl der »Sichtungen« in der Rockpresse drastisch zurückgegangen. 1982 erschlichen sich zwei Mitarbeiter des französischen Magazins *Actuel* ein kurzes Treffen mit Barrett – sowie seiner im Hintergrund lauernden Mutter – unter dem Vorwand, ihm Wäsche zurückzubringen, die er im Chelsea Cloisters vergessen hatte. Sie zitierten ihn mit den Worten, daß er nach London zurückkehren wollte, es aber nicht konnte, weil »im Moment die Eisenbahner streiken«. (Der Streik war schon vor Wochen beendet worden.) Und was sein derzeitiges Leben betraf: »Ich sehe fern, das ist alles...« Ein Foto, das bei dieser Gelegenheit gemacht worden sein soll, zeigte einen unscheinbaren, unauffälligen Mann mit beginnender Glatze, der viel älter aussah als sechsunddreißig. Der Artikel endete mit einem treffenden Epitaph von David Gilmour: »Es war nicht romantisch. Es war eine traurige Geschichte. Jetzt ist sie vorbei.«[11]

Drei Jahre später behauptete *Sounds* herzlos, aus »allgemein zuverlässiger Quelle« erfahren zu haben, daß Barrett »Ende letzten Jahres tot vor der Tür eines Ladens gefunden wurde«. Wenn überhaupt, dann hatte *Syd* Barrett über ein Jahrzehnt früher diese Welt verlassen, während *Roger* Barrett sehr lebendig war, obwohl es ihm in dem Vorstadthaus am Ende der Sackgasse, wo er jetzt wohnte, nicht besonders gut ging.

Dave Gilmour sagt, daß sich sein Kontakt zu Syd in den achtziger Jahren auf die Nachfrage beschränkte, »ob er immer pünktlich sein Geld bekam, solche Sachen. Und ich habe seine Schwester Rose gefragt, ob ich ihn besuchen könnte. Aber sie hielt es für keine gute Idee, weil ihn Dinge, die ihn an diese Periode seiner Vergangenheit erinnerten, deprimierten. Wenn er mich oder andere Leute aus dieser Zeit sieht, ist er wochenlang deprimiert. Und das ist es nicht wert.«

Aber offenbar hörte das Interesse an Syd nie auf. Und als die punkinspirierte »New Wave« sich zur »Neo-Psychedelia« entwickelte, galt Syd Barrett allgemein als der Vater beider Retro-Rock-Bewegungen.

Der ausgesucht verrückte Sänger und Songwriter Robyn Hitchcock, der Ende der Siebziger in Cambridge lebte, machte sich als erster einen Namen als dreister Syd-Klon. Robyns erste Band, die Soft Boys, ging sogar – wie später auch die Jesus and Mary Chain – so weit und brachte den sperrigen »Vegetable Man« auf Platte heraus; Hitchcock schrieb und produzierte außerdem einen Barrett-Tribut mit dem Titel »The Man Who

Invented Himself«. Außerdem verzaubert er noch heute sein Konzertpublikum mit »Dark Globe«, obwohl er nachdrücklich behauptet, daß er »nicht so stark von Syd Barrett beeinflußt wurde wie viele andere Leute, zum Beispiel Bowie. Ich *klinge* nur mehr wie er. Ich trage meine Einflüsse eben auf der Zunge.« Die populäre Band Love and Rockets erwies Syd ihren Respekt mit einer Coverversion von »Lucifer Sam«.

1987 taten sich eine ganze Reihe später Barrett-Jünger wie die Shamen, die Mock Turtles, die Green Telescope und Death of Samantha zusammen und nahmen die britische Tribut-LP *Beyond the Wildwood* auf (eine weitere Kapitelüberschrift aus *Der Wind in den Weiden*). Ihre Coverversionen von siebzehn Syd-Klassikern, die von »Arnold Layne« bis »Baby Lemonade« reichen, sind meist sklavische Imitationen der Originale; aber Tracks wie das peinlich genau restaurierte, exakt im Stil der frühen Floyd gehaltene unvollendete Madcap-Stück »Long Gold Look« der Newcomer Fit and Limo, die originelle Interpretation von »Jugband Blues« durch Opel oder die einfallsreiche Neufassung von »See Emily Play« durch Chemistry Set beweisen, daß der »Crazy Diamond« würdige Nachfolger gefunden hat.

Einige Interpreten auf *Wildwood* spielten auch eine Statistenrolle in der unendlichen Barrett/Floyd-Geschichte. Die T.V. Personalities, deren »Apples and Oranges« noch unmelodischer klingt als das Original, wurden 1984 als David Gilmours Londoner Vorgruppe gefeuert, weil sie sich bei ihrem Auftritt nicht damit begnügten, »See Emily Play« zu spielen, sondern den Fauxpas begangen, auf der Bühne Barretts Adresse zu verlesen. Und Plasticland, die auf *Wildwood* »Octopus« covern, arbeiteten mit Syds kurzlebigem Co-Star Twink zusammen.

Währenddessen machte im postpunkigen Amerika Richard Barones Gruppe The Bongos »Emily« zu einem Höhepunkt ihrer Live-Auftritte, und Mitglieder der Feelies bildeten nebenbei die Band Gates of Dawn, deren Repertoire ausschließlich aus Barrett-Songs und frühem Floyd-Material bestand. Die vielbewunderten REM schalteten sich mit ihrer eignen Interpretation von »Dark Globe« ein, und die franko-kanadische Heavy-Metal-Band Voi-Vod veröffentlichte auf ihrem fünften Album, *Nothingface*, eine bemerkenswert werkgetreue Version von »Astronomy Domine«.

Die achtziger Jahre erlebten auch eine neue Generation von Barrett-Fanzines – *Opel*, *Dark Globe* und *Clowns and Jugglers*. Taschenbuchbiografien des verschwundenen Helden erschienen in den Floyd-Hochburgen Italien und Frankreich. Eine hörenswerte EP mit den 1970er Sessions von Syd, Gilmour und Jerry Shirley in John Peels BBC-Radio-One-Shows (sowie mit dem bislang unveröffentlichten »Two of a Kind«) wurde von dem unabhängigen britischen Strange-Fruit-Label auf den Markt gebracht. Und schließlich, im Herbst 1988, gab EMI dem Druck der Fans nach und veröffentlichte eine »neue« Syd-Barrett-Collection mit dem Titel *Opel*: eine bunt zusammengewürfelte Mischung uralten Materials, das (bis auf das unbearbeitete Titeldemo) für die Syd-Freaks zwangsläufig unbefriedigender war als die Träume, denen sie sich in den vorangegangenen fünfzehn Jahren hingegeben hatten. (Die Produzenten hatten gehofft, auch »Vegetable Man« und »Scream Thy Last Scream« der Sammlung hinzufügen zu können, bekamen aber nicht die Erlaubnis der anderen Floyds.)

Währenddessen glänzte der »Piper« weiter durch Abwesenheit, obwohl Mick Rock 1989 einen limitierten Sammelband seiner besten Rock'n'Roll-Porträts zusammenstellte und zu seinem Erstaunen Barretts schriftliche Zustimmung erhielt. Der einzige in der Musikbranche, der eine Art Kontakt herstellen konnte, war Nicky Campbell von Radio One, dem es im Oktober 1988 gelang, einen Angehörigen der Familie Barrett zu überreden, anläßlich der Veröffentlichung von *Opel* ein paar Worte in seiner Show zu sagen. Der Mann von Syds Schwester Rose, der Cambridger Hotelmanager Paul Breem, gab bekannt, daß Barrett »ein ganz normales Leben« führte – wenn auch ohne jeden Kontakt zu seinen Mitmenschen, sah man von einem gelegentlichen Einkaufsbummel mit seiner alten Mutter ab – »und kein Musikinstrument mehr spielt«.

Was Syds musikalische Karriere betraf, so »gehört sie zu einem Lebensabschnitt, den er heute lieber vergessen will. Er hat einige schlechte Erfahrungen gemacht und, glücklicherweise, das Schlimmste inzwischen hinter sich. Er ist nun in der Lage, hier in Cambridge ein normales Leben zu führen.«

Teil Zwei

Heroes for Ghosts

11

Burning Bridges

Jetzt, wo Syd Barrett von der Bildfläche verschwunden war, hatten The Pink Floyd nicht nur ihren Leadsänger und Gitarristen und die Quelle ihrer ursprünglichen künstlerischen Vision verloren, sondern auch das einzige Mitglied, das der Vorstellung von einer Rock'n'Roll-Ikone nahekam. Langsam wurde deutlich, daß die Post-Barrett-Band ein ganz anderes Gebilde war; und obwohl es noch einige Jahre dauern sollte, bis die Öffentlichkeit und EMIs Plattenlabel auf den bestimmten Artikel ganz verzichteten, schien dies der passende Moment zu sein, die Gruppe einfach Pink Floyd zu nennen.

Neben den personellen und künstlerischen Veränderungen sah die Band auch ein neues Management. Während Peter Jenner inzwischen zugibt, daß Bryan Morrisons Agentur besser in der Lage war, das multimediale Floyd-Unternehmen zu vermarkten, argwöhnte er damals eine Verschwörung, als der ehemalige Konzertmakler die Gruppe von Blackhill Enterprises übernahm und die Dürreperiode in Sachen Konzertengagements abrupt endete. Von Jenners Standpunkt aus war »Morrison ziemlich berechnend. Er hat uns die Band abgetrickst. Er ist ein verdammter alter Gauner.« Aber für John Marsh – noch immer ihr Beleuchter – symbolisierte der Wechsel der Floyd »von Blackhill zu Morrison außerdem die Richtung, die sie einschlagen wollten; sie glaubten, daß Morrie sie zu großen Popstars machen konnte. Sie wollten nicht mehr die Lieblinge der Gegenkultur sein.«[1]

Obgleich Roger Waters Blackhills psychedelische Geschäftsmethoden ebenfalls satt hatte, sollte er bald erfahren, wie das traditionelle Gebaren der Musikindustrie aussah. In einem 1987er Interview behauptete er, daß Morrison, mit dem die

Floyd noch keine formelle Abmachung getroffen hatten, sie 1968 dazu überredete, vor ihrer Rückkehr nach Amerika einen Vertrag zu unterschreiben. »›Nur eine Formalität, Jungs – sonst können wir rein rechtlich eure Amerikatour nicht buchen, und ihr kommt nie in die Staaten.‹ Am nächsten Tag verkaufte er die Agentur. Man lernt immer wieder dazu.«[2] Der Käufer war NEMS Enterprises.

Morrison und sein intellektueller Mitarbeiter Tony Howard wurden schließlich von ihrem Juniorpartner Steve O'Rourke abgelöst, dessen bisher größte Ruhmestat ein kurzer Auftritt in der Bob-Dylan-Dokumentation *Don't Look Back* gewesen war (in der Szene, in der eine Auseinandersetzung mit einem Kellner zu sehen ist). NEMS erbte O'Rourke zusammen mit den Floyd, die ihn mitnahmen, als der Vertrag ablief. Laut Jenner »begleitete Steve O'Rourke die Band zu ihren Gigs in Europa und sonstwo, um die Gagen zu kassieren und so weiter, weil er ein ziemlicher Wichser war und man ihn im Büro nicht haben wollte. Deshalb ist er ihr Manager geworden, weil er die ganze Zeit mit ihnen zusammen war.«[3] (Und immer noch ist – Steve hat es geschafft, bei buchstäblich jedem Floyd-Konzert der letzten zwanzig Jahre dabeigewesen zu sein.)

Als Manager war O'Rourke im Gegensatz zu den Blackhill-Boys umsichtig und nüchtern – und finanziell clever. Roger hielt ihn für »ein richtiges Arbeitstier, ein Mann der Tat« (außerdem war er »rund zehnmal billiger als ein Robert Stigwood«); David Gilmour beschrieb ihn gegenüber einem Freund als »den großen Macher«, dessen Desinteresse an ästhetischen Dingen den Floyd die totale Kontrolle über ihre künstlerischen Angelegenheiten gab.

Laut Nick Mason war der unerschütterliche O'Rourke außerdem bereit, die endlosen Beschimpfungen zu absorbieren, mit denen sich die Floyd ansonsten gegenseitig bedacht hätten. Ein anderer enger Mitarbeiter allerdings sagt, daß Waters »ihn immer für einen besseren Makler als für einen richtigen Karrieremanager gehalten hat. Er meint, daß Steve O'Rourke keinen Anteil an ihrem Erfolg hatte und daß sein Musikverstand gleich Null ist.«

In der Zwischenzeit hielt sich ein äußerst unsicherer Gilmour sehr zurück, während er Rhythmusgitarre spielte und, »um offen zu sein, versuchte, ein bißchen wie Syd zu klingen. Aber ihre Nummern stammten zum größten Teil von Syd. Infolgedessen hatte ich eine bestimmte Vorstellung, wie sie sie früher gespielt hatten, und das machte es für mich sehr schwer, einen eigenen Stil zu finden.«[4]

Langjährige Mitarbeiter und Freunde verfolgten die Entwicklung der neuformierten Floyd bestenfalls mit äußerster Skepsis. »Ich konnte mir nicht vorstellen, wie sie es ohne Syd schaffen sollten«, sagt Peter Jenner. »Was eine meiner wichtigsten Lektionen im Showbiz war – wichtig ist der Markenname.« Aber er fügt eilig hinzu: »Ich bleibe trotzdem bei meiner Meinung. Nach Syds Ausscheiden waren sie nicht mehr so interessant wie vorher. Sie waren nie wieder so wahnsinnig aufregend und innovativ.«

In diesen Kreisen gehörte June Bolan zu den wenigen, die den neuen Floyd große Sympathie entgegenbrachten. »Wenn eine Band zwei oder drei Jahre bestanden hat und ein Mitglied plötzlich ausscheidet«, argumentiert sie, »warum soll dann alles vorbei sein? Roger war nicht bereit, die Band auseinanderfallen zu lassen, nur weil Syd nicht mehr dabei war, und er wollte es allen zeigen. Und das hat er verdammt noch mal getan, nicht wahr?

Und er hat es trotz aller Schwierigkeiten geschafft, denn niemand hat ihm schöpferische Fähigkeiten zugetraut. Alle waren sehr Syd-orientiert. Alle sagten: ›Oh, jetzt, wo Syd weg ist, werden die Floyd auseinanderfallen.‹ Aber das geschah nicht – im Gegenteil, Roger hielt sie zusammen. Er war die treibende Kraft.«

»Roger mußte *ungeheuer* viel Energie aufbringen, um sie zusammenzuhalten«, stimmt Sumi Jenner zu, »und es war allein sein Verdienst. Von da an war die Band für ihn *sein* Baby.« Doch selbst June vermochte es nicht, »David so zu sehen, wie ich Syd gesehen habe; ihm fehlt das Besondere. Er ist liebenswert, ein netter Mensch, aber er hat nicht dieses gewisse Flair.«

Wie viele prominente Undergroundler hatte Miles eine spezielle Affinität zu Barrett gehabt, aber kaum zu den drei anderen. »Syd gehörte zum Umfeld der *International Times* und der Szene, in der ich mich bewegte. Er war von allen am interessantesten. Soweit ich weiß, haben die anderen nicht mal Dope geraucht; sie waren sehr, sehr bieder. Sie waren einfache Architekturstudenten.

Mir kam ihre Musik schon immer sehr architektonisch vor. Der Unterschied zwischen der Syd-Barrett-Periode und der Musik der drei Architekturstudenten war wirklich äußerst extrem.« Miles beschäftigte sich in seinem Vorwort zu einem Floyd-Songbuch mit diesem Thema: »Mason, Wright und Waters haben alle Architektur studiert, und ihre architektonische Vision der Musik entwickelte sich zu großartigen kathedralen Konstruktionen, die ganze Alben umfaßten und riesige Amphitheater füllten.«[5]

Aber zumindest Rick Wright behauptet, daß sein architektonischer Hintergrund »keinen Einfluß auf die Art der Musik hatte, die *ich* spielen oder schreiben wollte. Vielleicht spielte die Architektur bei der Strukturierung eines Albums eine Rolle – bei dem Versuch, den Songs eine gemeinsame Aussage zu geben –, aber nicht bei den Songs selbst. Ich wollte kein Architekt sein; ich wollte Musiker sein. Ob Nick und Roger wirklich Musiker sein wollten, war mir nicht ganz klar – ich denke, *sie* wollten Architekten sein.«

Andrew King hat festgestellt, daß – im bezeichnenden Unterschied zu Syd – »Rogers große Stärke immer die Struktur war, was meiner Meinung nach zum Teil von seinem Architekturstudium herrührt, zum Teil aber angeboren ist. Er ist sehr strukturiert.«[6] Jedenfalls dauerte es nicht lange, bis der künstlerische Ethos Pink Floyds eine Drehung um 180 Grad machte und die anarchische Spontaneität der Barrett-Ära peinlich genauen und komplizierten Konstruktionen Platz machte, die dem Zufall wenig Raum ließen.

Diese Metamorphose, sagt Nick Mason, »begann beim Aufnehmen. Alle Dinge, die uns im Studio interessierten, hatten mit Improvisationen wenig zu tun. Wir fanden sehr rasch heraus, daß es uns darum ging, Dinge auszuprobieren und zu perfektionieren und sie dann einzubauen – besonders in der ersten Zeit, als wir noch mit vier und acht Spuren arbeiteten. Die Sachen mußten hieb- und stichfest sein, weil wir sie hinterher overdubben mußten. So wurde uns mehr und mehr bewußt, wie wichtig es war, etwas absolut stimmig zu machen – und daß es besser war, etwas Einfaches und Korrektes zu nehmen als etwas Ausgefallenes und Falsches. Denn sobald man begann, verschiedene Tracks übereinanderzulegen, wurde jede kleine Macke schlimmer und schlimmer. Man dachte sich: ›Wir legen einfach eine Gitarre drüber‹, und jedesmal, wenn dieser Durchhänger kam, wurde er von der Gitarre noch verstärkt.

Das war der Grund, denke ich, der uns anders an die Sache herangehen ließ. Und dann, wenn wir diese Aufnahmen live spielten und mit der Inszenierung und der Beleuchtung und allem anderen zurechtkommen mußten, war es viel einfacher und viel besser für uns, wenn wir nicht so freihändig arbeiteten.« Selbst Pete Brown gibt zu, daß »die Floyd zu den ersten Bands gehörten, die lernten, die Studiomöglichkeiten voll zu nutzen. Sie waren keine Musiker – sie waren im Grunde Konzeptkünstler.«

Die Syd-losen Floyd versuchten es zunächst auf eigene Faust mit »It Would Be So Nice« – vielleicht die kompromißloseste (und durch und durch nichtssagende) Nummer in der gesamten Diskographie der Band. Für Mason war »Nice« das Produkt »des ständigen Drucks, Hitsingles zu machen. Wenn so viele Leute sagen, daß es wichtig ist, hält man es irgendwann selbst für wichtig.«[7]

An die im »Flower Power«-Stil heruntergeleierten Hits von solch ehemaligen Mainstream-Entertainern wie den Hollies und den Bee Gees erinnernd, erwies sich dieses von Rick Wright geschriebene Liedchen dennoch als unfähig, ihren kommerziellen Erfolg zu wiederholen, trotz einer geschickt publizierten »Auseinandersetzung« über die Erwähnung des *Evening Standard* im Text. Als die BBC sich weigerte, kostenlose Werbung für die Zeitung zu machen, gaben die Floyd entgegenkommenderweise zusätzlich 750 Pfund für Studiokosten aus, um auf den Dejay-Exemplaren das Wort »Evening« durch »Daily« zu ersetzen. (Seltsam – niemand schien Anstoß daran zu nehmen, daß die Beatles auf »Paperback Writer« den Rivalen *Daily Mail* beschworen hatten.)

Mason wehrte sich gegen die Unterstellung, daß sich die Floyd dadurch verkauft hätten: »Wenn man eine Rock'n'Roll-Band ist und eine Platte hat, die man als Nummer Eins sehen will, muß sie gespielt werden – und wenn sie sagen, streicht etwas, dann streicht man es. Man macht genau das, was wir gemacht haben – man macht soviel Wirbel wie möglich darum. Man ruft den *Evening Standard* an und sagt: ›Wißt ihr eigentlich, daß die BBC unsere Platte nicht spielen will, weil eure Zeitung darauf erwähnt wird?‹« Doch selbst die anschließende kostenlose Werbung im *Standard* konnte »It Would Be So Nice« nicht vor dem Vergessenwerden bewahren.

Die B-Seite stellte eine weitere Sackgasse für die Post-Syd-Floyd dar. Bei »Julia Dream« gab Waters sein Bestes, um Barrett mit einem psychedelischen Märchen zu imitieren, in dem grausige Ungeheuer »die Königin all meiner Träume« heimsuchen. »Wird der Schlüssel meine Seele öffnen?« hallt Roger Waters' flehende Stimme durch ein Labyrinth von Echoeffekten. »Muß ich wirklich sterben?« Manche Pink-Floyd-Freaks schwören sogar, daß der Song mit dem geflüsterten Namen »Sss-syd« endet.

Ein gangbarerer Weg wurde mit *A Saucerful of Secrets* beschritten, veröffentlicht am 29. Juni 1968. Dieses zweite Pink-Album war im Grunde ein Mischmasch alter und neuer Floyd-Songs, die von Barretts psychotischem »Jugband Blues« bis zur langen instrumentalen Titelsuite reichten, auf der Barrett sowohl im Geiste als auch in der Realität abwesend war. Die eine unausweichliche Schlußfolgerung, die sich aus dem Album (und seinen Nachfolgern bis zumindest *Dark Side of the Moon*) ziehen läßt, ist die, daß mit Syd Barrett auch die Melodie und die Poesie die Floyd verließen – ein Mangel, für den die Band, soviel sei zu ihrem Lob gesagt, einen unerwarteten Ausgleich fand.

Bevor Syd das letzte Wort auf der Sammlung bekommt – mit »Jugband Blues« und seinem durchdringend schrillen Ausruf am Schluß »Und was genau ist ein Scherz?« –, glänzt er an der Slidegitarre auf Ricks nostalgischer Kindheitsträumerei »Remember a Day« (aus der *Piper*-Session) und scheint ein paar manische Licks auf Rogers »Corporal Clegg« herunterzuschrammen. Als schnelle Nummer augenscheinlich ein Novum, nimmt dieses sarkastische Porträt eines neurotischen Kriegshelden Waters' spätere Songwriter-Obsessionen vorweg.

Rogers beide anderen Beiträge entsprachen mehr dem astralen Image, das die Floyd im Lauf der nächsten Jahre pflegen sollten. Den Titel des beschwörenden »Set the Controls for the Heart of the Sun« fand Waters in einem Roman von William S. Burroughs; und seine geflüsterten Strophen in einem Buch mit chinesischen Gedichten. (Gerüchten zufolge sollen einige von Barretts Gitarrenparts im Mix dieses langjährigen Floyd-Konzerthits begraben sein.) Sowohl auf »Set the Controls« als auch auf seinem Eröffnungssong »Let There Be More Light« treten Rogers Texte hinter den ausgedehnten Ein-Akkord-Kosmo-Ausflipp-Jams zurück, die ein Floyd-Markenzeichen werden sollten.

Rick Wrights Songs – »Remember a Day« und das fast katatonisch träge »See Saw« (dessen Arbeitstitel »The Most Boring Song I've Ever Heard Bar Two« lautete) – sind fundamentale Flower-Power-Artefakte, die sich am besten in einer Wolke aus Cannabis- und Weihrauch genießen lassen. »Remember a Day« erinnert stark an »Dandelion« von den Rolling Stones, vor allem mit seiner kosmisch klingenden Überleitung und den Drumeinlagen, wie sie Charlie Watts während ihrer kurzlebigen psychedelischen Inkarnation als *Their Satanic Majesties«* bevorzugte.

»Sie sind mir etwas peinlich«, gesteht ihr Autor eine Generation später. »Ich glaube nicht, daß ich sie mir nach der Aufnahmesession noch einmal angehört habe. Es war ein Lernprozeß. Indem ich diese Songs schrieb, habe ich beispielsweise gelernt, daß ich kein Texter bin. Aber man muß es ausprobieren, um es zu wissen. Die Texte sind furchtbar – scheußlich –, aber so waren damals eine Menge Texte.«

Trotz all seiner späteren Beiträge zum Floyd-Werk tauchte der Komponist Gilmour auf *A Saucerful of Secrets* nur bei der langen instrumentalen Titelsuite auf (ursprünglich »The Massed Gadgets of Hercules«), eine angebliche Gemeinschaftsproduktion, die aus dem Nichts im Studio entstand. Gilmour jedoch schrieb sie allein »den Architekturstudenten in der Band zu... die diese Höhen und Tiefen und alle anderen Sachen aufgezeichnet und ausgerechnet haben, wie sich das Stück entwickeln sollte«.

Dave hatte den Eindruck, daß sich seine Kollegen am Hörbild eines Krieges versuchten. »Der erste Teil ist Spannung, Steigerung, Angst«, spekulierte er. »Und all dieses Donnern und Dröhnen in der Mitte – das ist der Krieg. Der Schluß ist eine Art Requiem.«

Das dominierende Instrument in der Eröffnungssequenz »Something Else« war, wie Gilmour enthüllte, ein dicht am Mikro stehendes Becken, das »sehr leicht mit weichen Schlegeln geschlagen wurde. Der dadurch erzeugte Ton unterschied sich von dem eines normalen Beckens. Die ganze erste Se-

Der Stern von Pink sinkt: Syd Barrett nach der Trennung (rechts) ...und sein umgänglicher Cambridger „Kumpel" David Gilmour als der neue Sänger/ Gitarrist von Floyd (unten).

BARRIE WENTZELL, STAR FILE

THOM LUKAS, STAR FILE

Zwei Aufnahmen des „Madcap" in
seiner Bude in Earl's Court ...

MICK ROCK, © 1970, 1990

MICK ROCK, © 1970, 1990

... und in der Abgeschiedenheit des Cambridger Gar-
tens seiner Mutter

MICK ROCK, © 1970, 1990

MICK ROCK, © 1970, 1990

RDR PRODUCTIONS

Die generalüberholten Floyd
(von links: Waters, Mason,
Gilmour und Wright) pflegten
ihr psychedelisches Image mit
den Saucerful of Secrets- und
Ummagumma-LPs.

quenz besteht hauptsächlich aus einer Serie dieser Töne, denen ein Haufen anderer Sachen unterlegt wurde.« Für den Mittelteil »Syncopated Pandemonium« wurde ein Trommelsolo von Mason auf ein Endlosband aufgenommen und dann mit Gilmours Part gemischt, wobei er »die Gitarre richtig aufdrehte und das Bein eines Mikrofonständers über das Griffbrett schrammte.

Ich weiß noch, daß ich dasaß und dachte: ›Mein Gott, das ist doch keine Musik.‹ Ich kam frisch aus einer Band, die fast die ganze Zeit damit verbrachte, frühe Jimi-Hendrix-Songs vor französischem Publikum zu spielen. Plötzlich mit so etwas konfrontiert zu werden war wie ein Kulturschock.«[9]

Gilmour erwies sich jedenfalls als anpassungsfähiger als der Produzent der Band. Rick Wright erinnerte sich, daß Norman Smith »die Songs gefielen, aber ›Saucerful of Secrets‹ verstand er einfach nicht. Er sagte: ›Ich halte das für Mist... aber macht ruhig weiter damit, wenn ihr wollt.‹«[10] Von diesem Moment an wurde die Bezeichnung »Produzent« für Smith zu einer höflichen Fiktion.

Laut Wright »gab es keinen plötzlichen Bruch oder irgendwelche häßlichen Auseinandersetzungen. Es war nicht so, daß wir eines Tages sagten: ›Okay, Norman, du bist draußen!‹ Uns allen war klar, was passierte, weil doch gerade er uns beigebracht hatte, wie man im Studio arbeitet.« Nach *Saucerful*, dessen Sound noch die Klarheit und der Biß seiner Nachfolger fehlte, hatten die Schüler den Lehrer längst überflügelt.

Smith war laut Gilmour unverbesserlich »seriös« und »mischte sich häufig ein, wenn wir etwas Neues versuchten. Ein paar Mal hat er mich richtig angemacht, weil ich etwas ausprobierte, was in meinen Ohren großartig klang, aber nicht im Lehrbuch stand. Trotzdem war er ein netter Kerl.«[11] (»Hurricane« Smith sollte jedenfalls bald selbst ein Plattenstar werden und Allerweltshits wie »Oh, Babe, What Would You Say?« landen.)

Nick Mason wiederum sieht in »Saucerful« einen Meilenstein der Pink »in dem Sinne, daß der Song uns half, unsere zukünftige Richtung zu bestimmen. Genau dieses Stück enthält Ideen, die der damaligen Zeit weit voraus waren, und stellt ein Konzept dar, an das wir uns im großen und ganzen gehalten haben. Dazu gehört, daß wir auch ohne aufwendige Studiotechniken und großes handwerkliches Können einen professionellen Sound hinbekamen – daß wir mit Sachen experimentierten, die andere Leute nicht konnten oder nie versucht hatten. Uns ging es nie darum, wer am schnellsten Gitarre spielt. Viel wichtiger war für uns, daß man die ungewöhnlichsten Klänge aus einem Klavier hervorzaubern kann, indem man im Innern herumfummelt – solche Dinge.«

Die Ergebnisse erinnern oft, wenn auch ungewollt, an die elektronische Musik, die damals von klassisch ausgebildeten Komponisten produziert wurde, denen ein ganzes Arsenal an komplizierten Geräten und akademischen Theorien zur Verfügung stand; eine Passage auf »Saucerful of Secrets« hat beispielsweise frappierende Ähnlichkeit mit *Animus* von Jacob Druckman von der Universität von Columbia (ehemals Hauskomponist an der New Yorker Philharmonie).

»Saucerful of Secrets« sollte auch noch drei Jahre nach der Konzeption ein Highlight bei den Floyd-Konzerten sein, wie der *Rolling Stone* kommentierte: »Die Fortschritte, die sie seit der *Ummagumma*-Live-LP gemacht haben, sind bemerkenswert. Die Gruppe, insbesondre Wright, hat eine Komplexität und eine Tiefe erreicht, Nuancen in den Hauptstrom der Musik einzubauen, die alles auf der Studioversion oder dem Live-Mitschnitt übertreffen.«[12]

»Ich finde das Titelstück von *Saucerful of Secrets* immer noch fantastisch«, sagt Gilmour. »Ich liebe es wirklich; es war brillant. Von diesem Moment an war klar, wohin die Reise gehen würde. Wenn man sich ›Saucerful of Secrets‹ anhört, dann *Atom Heart Mother* und dann ›Echoes‹ – alle führen logisch zu *Dark Side of the Moon* und den Sachen, die danach kamen.«

Nichtsdestotrotz waren die Kritiken zu *Saucerful* in der alternativen und der etablierten Poppresse nicht besonders ekstatisch. *NME* bemängelt, daß »eigentlich gute Stücke durch den inzwischen obligatorisch exzessiven Einsatz psychedelischer Elektronik ruiniert werden«. Miles schrieb in der *International Times*, daß »es hier nur wenig Neues gibt« – und warf speziell dem Titeltrack vor, »zu lang, zu langweilig und nicht besonders einfallsreich [zu sein], vor allem, wenn man ihn mit einer ähnlichen elektronischen Komposition wie *Metamorphosis* von Vladimir Ussachevsky vergleicht, die 1957 entstand... Genau wie schlechte Sitarmusik anfänglich attraktiv ist, törnt auch elektronische Musik die Leute zunächst an – doch wenn man mehr hört, wünscht man sich, daß aus all diesen ›neuen‹ Klängen mehr gemacht wird als nur ›psychedelische Musik‹.« Nach diesen Worten endete die gelehrte Abhandlung von *IT* mit der Empfehlung: »Der Kauf der Platte lohnt sich!«[13]

Mit *A Saucerful of Secrets* wurden Pink Floyd zum zweiten EMI-Act (natürlich nach den Beatles), dem gestattet wurde, für das Albumcover eigene Designer zu engagieren. Der Job ging an Syd Barretts mittellose Mitbewohner Storm Thorgerson und Aubrey »Po« Powell (die kurz zuvor gemeinsam die Cover für einige Wildwestromane entworfen hatten), mit der Bitte, sich »etwas Kosmisches und Psychedelisches« einfallen zu lassen.

»Wir nannten uns ›Hipgnosis‹«, erinnerte sich Thorgerson, »nachdem irgendein genialer Dopefreak das Wort an unsere Wohnungstür gekritzelt hatte. Wir wählten den Namen natürlich, weil er wie die normale Hypnose klang, und wenn wir hypnotische Bilder entwerfen konnten, wäre das absolut fantastisch. Außerdem lag in der falschen Schreibweise ein interessantes Spannungsverhältnis, wie von einer unmöglichen Koexistenz, zwischen hip = neu und groovy und gnostisch im Sinne alter Weisheit. Das Alte und das Neue, auf eine Weise vereint, die Verzauberung andeutete.«[14]

Thorgerson & Co.s verzaubernde künstlerische Visionen sollten bis auf drei alle weiteren Alben der Band zieren und ein integraler Bestandteil der Floyd-Magie werden. Obwohl Hipgnosis im Lauf der Zeit für eine ganze Reihe von Stars arbeiteten, unter anderem für Paul McCartney und Led Zeppelin, ist Storm noch immer überzeugt, daß seine besten Werke fast immer in Zusammenarbeit mit Pink Floyd entstanden.

Bestrebt, die Wirkung der Lightshow der Band zu simulieren, fotografierten Hipgnosis dreizehn Bilder übereinander, die vom Sonnensystem über den Tierkreis bis hin zu alten Fotos eines Alchimisten und seiner Zaubertränke reichten. (Zum Cover von *Saucerful* gehörte auch eine kaum erkennbare Infrarotaufnahme der Musiker – die vorletzte Aufnahme der zunehmend gesichtslosen Floyd, die auf einer ihrer Platten erscheinen sollte.)

Derartige Bilder sorgten in Verbindung mit Songs wie »Set the Controls for the Heart of the Sun« dafür, daß die Aura der Science Fiction und Fantasy (und sogar des Okkulten) um die Floyd noch verstärkt wurde. Dies wiederum führte zu speziellen Gigs (wie dem auf einem amerikanischen SF-Con, für den die Band extra nach Detroit flog, obwohl sie am nächsten Abend ein Konzert in Manchester, England, hatten), die den astralen Ruf der Floyd weiter untermauerten.

Im Juli 1969 waren Pink Floyd aufgrund dieses Images die natürliche Wahl, als es darum ging, drei Fernsehsendungen über die Mondlandung von *Apollo 11* – eine deutsche, eine holländische und die BBC-Satire »Und wenn er aus grünem Käse besteht?« – mit futuristisch klingender Musik zu untermalen. Die SF/Fantasy-Assoziation – die Mason heute irritiert – sollten die Floyd trotz aller Anstrengungen nie mehr loswerden.

»Es ist interessant«, sagt Nick, »daß Bands mit einem Image Erfolg haben, das oft gar nicht stimmt. Natürlich haben wir uns für Science Fiction interessiert; vor allem in den Sechzigern haben wir sie alle wie verrückt gelesen – Robert Heinlein und *Der Wüstenplanet* und Ray Bradbury. Es gab ein enormes Interesse an der Frage ›Was bringt die Zukunft?‹ und für die Welt von Morgen.

Für die Leute machen wir noch immer ›Sphärenmusik‹ – obwohl wir uns in den letzten fünfzehn Jahren statt mit Außerirdischen mit sehr irdischen Dingen wie gestörten Persönlichkeiten beschäftigt haben. Keiner von uns hat sich je für Okkultismus interessiert, und ich glaube nicht, daß es in unserem Werk irgendwelche Anspielungen darauf gibt. Ich weiß, daß Led Zeppelin immer diesen Ruf hatten. Viele Heavy-Metal-Bands scheinen eine Vorliebe für okkulte Kostüme zu haben. Ich finde so etwas nicht besonders interessant, aber offensichtlich interessieren sich eine Menge Leute dafür. Ich halte es nicht für eine besonders *sinnvolle* Richtung.« (Syd hatte natürlich ein mehr als nur vorübergehendes Interesse am Okkulten; auch in dieser Hinsicht konnten Pink Floyd nur langsam aus seinem Schatten treten.)

Am Tag nach der Veröffentlichung von *Saucerful* traten Pink Floyd als Hauptgruppe beim ersten Gratis-Konzert überhaupt im Londoner Hyde Park auf. Damit begann eine berühmte Tradition, die durch Bands wie die Rolling Stones oder die kurzlebige Eric-Clapton/Steve-Winwood-»Supergruppe« Blind Faith fortgeführt werden sollte. Peter Jenner und Andrew King hatten das Ereignis geplant und dem Verwalter der Königlichen Parks, der sogleich Vandalismus befürchtete, die Bedenken ausgeredet; dennoch forderte später der Musikbiz-Tycoon Robert Stigwood, wie Mason höhnisch kommentierte, eine »Goldmedaille für die Einführung der Free Concerts im Hyde Park, weil er glaubte, der Gig der Blind Faith wäre der erste gewesen... Das war die Geschichte von Blackhill, die ganze Sache wurde von Peter und Andrew angeleiert.«[15]

Der Triumph der Floyd im Hyde Park möbelte ihren Ruf beträchtlich auf – nicht zuletzt beim DJ John Peel, der kurz zuvor die Barrett-lose Formation knapp abgefertigt hatte. »In diesen rauheren Zeiten klingt es ein wenig albern, aber es war eine religiöse Erfahrung«, schwärmte Peel neun Jahre später. »Es war wundervoll. Sie spielten ›Saucerful of Secrets‹ und ähnliche Sachen, und ihre Musik schien den ganzen Himmel zu erfüllen... und paßte perfekt zum Plätschern des Wassers und dem Rauschen der Bäume und allem anderen. Es war eine perfekte Veranstaltung und meiner Meinung nach das schönste Konzert, das ich je erlebt habe.«[16] (Und man muß hinzufügen, daß nur wenige Menschen auf diesem Planeten mehr Rockkonzerte besucht haben als Mr. Peel.)

Während das Hyde-Park-Konzert den Durchbruch darstellte, war ein (wenn nicht *der*) entscheidender Faktor für das Überleben der Band in dieser Zeit ihre Fähigkeit – trotz des beklagenswert unregelmäßigen Vinylausstoßes –, *jede* Pink-Floyd-Show zu einem »Ereignis« zu machen. Diese Fähigkeit war angesichts des Fehlens einer Starpersönlichkeit noch bemerkenswerter; wie Gilmour es (nach dem Ende seiner Partnerschaft mit Waters) bissig ausdrückte: »Wir hatten keinen Roger Daltrey oder Mick Jagger. Wir hatten nur einen Bassisten, der mürrisch herumstapfte und Grimassen schnitt.«

Sie rühmten sich außerdem des besten und innovativsten Soundsystems des Rock'n'Rolls. Seine legendärste Komponente, der quadrophonische »Azimut-Koordinator«, verwandelte die Musik durch die systematische Projektion von Soundeffekten und Soli hinter und um das Publikum herum in ein dreidimensionales Erlebnis – wodurch selbst die Kids in der letzten Reihe das Gefühl bekamen, »im Zentrum« der Musik zu sein. (Für die Definiton von »Azimut« griff Waters nach seinem Wörterbuch: »›Winkel zwischen der Vertikalebene eines Gestirns und der Südhälfte der Meridianebene, gemessen von Süden über Westen, Norden und Osten.‹ Das ist... wenig hilfreich, oder?«[17])

Obwohl die Floyd 1969 so in finanziellen Nöten waren, daß sie vorübergehend auf ihre Lightshow verzichten mußten, reicherten sie ihre Konzerte nicht nur mit Filmen, sondern auch mit einer Fülle neuartiger visueller Effekte an. 1969, bei ihrer Rückkehr in die Royal Albert Hall – unter dem Motto »Noch mehr wilde Verrücktheiten aus der Trickkiste des Auximenes« –, materialisierte jemand in einem Gorillakostüm; eine Kanone wurde abgefeuert; und der Höhepunkt des Programms war die Explosion einer pinkfarbenen Rauchbombe. Tim Renwick, der alte Floyd-Freund aus Cambridge – dessen eigene Band, Quiver, nach der Aufnahme in Steve O'Rourkes Klientenkartei regelmäßig als ihre Vorgruppe auftrat –, war besonders von einer Einlage begeistert, die ihn an AMM erinnerte, an Peter Jenners erste Band.

»Sie zimmerten mit rhythmischen Hämmern und Sägen einen Tisch zusammen«, erinnert sich Renwick. »Als er fertig war, kamen die Roadies mit einer Kanne Tee und schalteten ein Transistorradio ein und stellten ein Mikro davor, so daß das ganze Publikum Radio hörte, während die Jungs ihren Tee tranken. Es war total verrückt, richtig gut.

Ich habe mich schon immer für ihre Sachen interessiert. Im Lauf der Jahre habe ich die unterschiedlichsten Shows erlebt. Jede einzelne war ein Ereignis, etwas ganz Besonderes, obwohl sie manchmal musikalisch nicht gerade umwerfend waren. Das habe ich immer an ihnen bewundert.«

Bei derartigen Konzerten strukturierten die Floyd ihre Darbietungen bereits in Form zweier albumlanger Songzyklen namens *The Man* und *The Journey*. Der erstere sollte »einen Tag im Leben« eines Durchschnittsbriten heraufbeschwören. Er begann mit dem Morgengrauen, gefolgt vom Arbeitstag und einer Teepause (die von Renwick beschriebene Szene), und kulminierte in der Abenddämmerung zu etwas, das die Sumpfbewohner »Ummagumma« nennen, um schließlich mit dem Schlaf und den ihn begleitenden Träumen und Alpträumen zu enden.

Floydianern, denen nun beim Gedanken an zwei verschollene Meisterwerke das Wasser im Mund zusammenläuft, sei aber gesagt, daß beide Suiten (abgesehen von improvisierten Instrumentals wie Nicks Krach-Bum-Drumeinlage »Doing It«) hauptsächlich aus alten, aktuellen und neuesten LP-Tracks bestanden. »Daybreak« von *The Man* beispielsweise ist besser bekannt als »Grantchester Meadows« und »Nightmare« als »Cymbaline«.

The Journey wiederum präsentierte eine fantastische Irrfahrt durch Regionen wie »The Pink Jungle« (alias »Pow R. Toc H.«) und »The Narrow Way«.

1968 wandten sich Pink Floyd wieder den, wie sie meinten, Niederungen des Daseins zu und starteten mit Rogers »Point Me at the Sky« ins Singlerennen, einem Song, der mehr als nur ein wenig an »Lucy in the Sky with Diamonds« von den Beatles erinnerte. Allerdings war es ein Wegwerf-Jam auf der B-Seite, das zu einem mittleren Floyd-Klassiker – und zu einem weiteren Meilenstein im charakteristischen Sound der Band – werden sollte.

Wie andere Floyd-Werke bestand »Careful with That Axe, Eugene« laut Gilmour »im Grunde aus einem Akkord, auf dem wir strukturell und atmosphärisch aufgebaut haben... Hauptsächlich war es eine Frage der Dynamik.«[18] Diesmal war die vorherrschende Atmosphäre die der Bedrohung und der Furcht – die immer deutlicher und stärker wurde, als sich »Eugene« zu einem weiteren langjährigen Konzerthit entwickelte. (In »Beset by Creatures of the Deep« umgetauft, bildete der Song eine Schlüsselsequenz der Journey-Suite.) Verglichen mit den späteren unheimlichen Live-Interpretationen der Floyd war der Originaltrack, wie Mason es ausdrückt, »extrem leichtes, tanzbares Material«.

Nur wenige hörten damals hin; die Single wurde wie ihr Vorgänger weitgehend ignoriert. Dennoch, versicherte Mason, hatte die Band »nie das Gefühl, daß wir erledigt waren, als beide Singles sich als katastrophale Flops entpuppten – daß alles vorbei war. Ich weiß nicht, warum, denn eine Menge Leute glaubten, daß wir erledigt wären.«[19] (Die A-Seiten beider 1968er Floyd-Flops sollten eine Generation später wiederauferstehen – in parodierter Form: an »It Would Be So Nice« versuchte sich Captain Sensible von den Damned, und »Point Me at the Sky« wurde von den Acid Casualties durch den Kakao gezogen, einer Coverband von Rhino Records, die auf derartige Anschläge spezialisiert war.)

Nach »Point Me at the Sky« ignorierten Pink Floyd einfach den Singlemarkt und wurden etwas für die damalige Zeit völlig Neues: eine *Albumband*. Niemals wieder würden sie einen Song speziell für die Singleveröffentlichung aufnehmen; in England sollte kein LP-Track – nicht einmal »Money« – als 45er herausgebracht werden, bis elf Jahre später »Another Brick in the Wall« diese Regel brach. Wie Waters belustigt feststellte, war »unser rotznäsiges Puristentum so stark, daß wir nicht mal eine Single auskoppeln wollten«.[20] Zumindest ersparte ihnen diese Politik einen weiteren Auftritt in »Top of the Pops.«

Man könnte einwenden, daß die Single einfach ein zu begrenztes Medium für eine Gruppe war, die von ehemaligen Architekturstudenten dominiert wurde, dazu bestimmt, immer umfangreichere Soundgebilde zu entwerfen, die zuerst eine, dann zwei und schließlich vier ganze LP-Seiten füllten. In jedem Fall hatte Pink Floyds verwegene Null-Single-Politik nicht nur keine Auswirkungen auf den Absatz ihrer Alben und Konzerttickets, sondern wurde im Lauf der Zeit sogar zu einem festen Bestandteil jenes geheimnisvollen Nimbus, der die Band auszeichnete. (Sie bahnte außerdem den Weg für Mega-Bands wie Led Zeppelin, die bis heute noch keine einzige Single veröffentlicht haben.)

12

Yet Another Movie

Als Pink Floyd Anfang 1969 das Angebot erhielten, den Soundtrack für einen Film zu komponieren, ließen sie sich selbstredend nicht zweimal bitten. (Sie hatten bereits zu Peter Sykes' *The Committee* mit Manfred Manns Paul Jones die Musik beigesteuert, darunter eine frühe Version von »Careful with That Axe, Eugene.«) »Wir hätten fast *alles* getan, um an einem Film mitzuarbeiten«, erinnerte sich David Gilmour später. »Wir wollten unbedingt da rein.« So kamen sie zu dem französischsprachigen Low-Budget-Melodram der Jugendkultur, *More*, unter der Regie des ehemaligen Mitarbeiters von Jean-Luc Godard, Barbet Schroeder – ein Film, an den man sich heutzutage nur noch in Verbindung mit dem dritten Pink-Floyd-Album erinnert.[*]

Angesichts ihrer langjährigen Multimedia-Erfahrungen und dem filmischen Feeling ihrer Musik schienen die Floyd für diese Art Arbeit perfekt geschaffen – die, wie Rick Wright anmerkte, weitaus lukrativer und angenehmer zu werden versprach als das ständige Herumtouren in England: »Filme scheinen im Moment die Lösung für uns zu sein. Es wäre schön, einen Science-Fiction-Streifen zu machen – unsere Musik scheint in diese Richtung zu gehen.«[21]

Roger Waters, der heute auf jede SF-Anspielung allergisch reagiert, ging sogar so weit zu sagen, er würde »am meisten

[*] Abgesehen von Frankreich, wo *More* einen Ruf wie *Easy Rider* in der englischsprachigen Welt genießt – und so mithalf, die außergewöhnliche Popularität der Floyd auf einen Markt zu begründen, der bis dato angloamerikanischen Rockgruppen buchstäblich verschlossen war. Schroeder wiederum sollte in den USA bei Kritikern und Publikum Erfolge mit Filmen wie dem 1990er *Reversal of Fortune* haben.

bedauern«, daß sie nicht die Musik zu *2001: Odyssee im Weltraum* gemacht hatten – die, vor allem in der langen, überwältigend halluzinatorischen Sequenz am Ende nichtsdestotrotz bemerkenswert floydianisch klingt (ein Beispiel für die Affinität der Gruppe zu »seriösen« elektronischen Komponisten, denen Regisseur Stanley Kubrick den Vorzug gab). Den Bewunderern der Band bleibt nur, zu bedauern, daß die Filme, zu denen die Floyd ihre charakteristische Magie beisteuerten, es schwerlich mit Kubricks Klassiker aufnehmen konnten.

Gilmour beschreibt Pink Floyds Erfahrung mit *More* und seinen Nachfolgern als »Auftragsarbeiten. Man fängt im Studio bei Null an und arbeitet, bis etwas herauskommt. Man spielt es und fragt: ›Wie wäre es damit?‹, dann feilt man eine Weile daran herum. Es ist ein anderer Prozeß als bei der Arbeit an der eigenen Musik – alles ist viel hektischer, weniger sorgfältig.«

Doch da EMI das Album als Spezialprojekt betrachtete, brachte *More* der Band größere künstlerische Freiheit – und höhere Tantiemen – ein als seine Vorgänger. Es war die erste große Gelegenheit für die Floyd, zu beweisen, daß sie ihre eigenen Platten produzieren konnten, ohne die Zwänge, die ihnen Norman Smith in der Abbey Road auferlegte.

Seltsamerweise ist auf dem *More*-Soundtrack der Anteil an richtigen Songs im Vergleich zu den instrumentalen Stimmungsmalereien wesentlich größer als auf zahlreichen regulären Floyd-Alben. Die meisten sind leichtgewichtige, eingängige akustische Balladen von Roger Waters – auch wenn der Gesang, seit Syd Barretts Ausscheiden keine starke Seite Pink Floyds, auf Tracks wie »Green Is the Colour« fast kläglich klingt. (Die Band befand dennoch dieses Liedchen und »Cymbaline« für gut genug, um sie für die nächsten zwei Jahre in ihr Konzertprogramm aufzunehmen.)

Die Instrumentals jedoch halfen, Pink Floyds »einzigartige Instant-Kosmo-Astral-Soundtrack-Berieselungsmusik« (so die denkwürdige Formulierung des *New Musical Express)* zu definieren. Die kreative Kraft dabei war laut einem Floyd-Mitarbeiter »Gilmour, der bis zum Stehkragen voll mit Dope diese Traumsequenzen schrieb«.

Wer Pink Floyd ohnehin für die Band hielt, »die Asteroiden zum Frühstück aß«, den konnte es nicht überraschen, daß *More* ein Film über Drogenfreaks auf der malerischen, von Hippies bevölkerten Paradiesinsel Ibiza war, deren Langhaarigenkolonie Syd und Rick bei ihrem Besuch im Jahr 1967 einen begeisterten Empfang bereitet hatte. Nur daß die Droge in *More* sich als Heroin entpuppt und die Botschaft nicht so idyllisch ist. »Er sagt die Wahrheit über Drogen; ich bin sicher, wir hätten nicht mitgemacht, wenn er etwas Falsches gesagt hätte«[2], wies Wright den aufmüpfigen Interviewer eines Collegesenders zurecht – mit dem der Floyd nichtsdestotrotz einen Joint rauchte.

Ein oder zwei Jahre nach Barretts Ausscheiden war das »Doper versus Trinker«-Problem, das einst das Floyd-Lager entzweit hatte, effektiv gelöst: alle machten jetzt *beides* (wenn auch selten exzessiv), wobei Champagner der Marke Dom Perignon das Tourgetränk der Gruppe war. »Als ich zur Band stieß, habe ich nicht getrunken«, stellte Dave fest, »aber das hat sich bald geändert.«[3] Der Input von Gilmour und (auf der visuellen Seite) Storm Thorgerson – denen die Acidkultur auch nicht gerade fremd war – erleichterte es Pink Floyd noch mehr, die Aura von Englands »Head«-Band par excellence aufrechtzuerhalten.

Die Post-Barrett-Floyd, meint ein langjähriger Freund, »erbten dieses ›Acid-Generation‹-Image, ohne etwas dafür getan zu haben, was sie oft irritierte. Die Floyd haben hier und da mal etwas Dope geraucht, aber sie waren nie schwer auf Drogen. Sie waren viel zu ausgeglichen, um den ganzen Weg zu gehen, und sie wußten ja schließlich, was all die Chemikalien mit Syd angerichtet hatten. Ihre Einstellung war: ›Na schön – vielleicht glauben sie, daß wir's tun, und das kann uns nur recht sein, aber wir führen einfach unser normales Leben weiter.‹ Schließlich waren sie alle wohlerzogene Collegekids aus der oberen Mittelschicht.«

»Ich habe in meinem Leben nur zweimal Psychedelika genommen«, gestand Roger Waters 1987. »Und beide Male, nachdem man unserer Musik dieses Label verpaßt hat. Das erste Mal war absolut fantastisch. Es war auf einer griechischen Insel, in einer sehr idyllischen Landschaft, und ich weiß nicht, wieviel ich genommen habe, aber es schien ewig zu dauern. Es war sehr stark und seltsam. Ob es meine Musik beeinflußt hat, weiß ich nicht.

Ein paar Jahre später habe ich erneut Acid genommen, aber eine viel geringere Menge, und ich weiß noch, daß ich die Eight Avenue in New York überquerte, um mir bei Smiler's ein Sandwich und eine Flasche Milch zu kaufen, und mitten auf der Straße nicht mehr weiter konnte. Danach habe ich es nie wieder genommen.«[4]

Wenn Pink Floyd an *More* mitarbeiteten, weil sie laut Gilmour »ins große Filmmusikgeschäft einsteigen wollten«, dann mußte ihnen Michelangelo Antonioni zunächst wie eine Antwort auf ihre Gebete erschienen sein. Sein 1966er *Blow-Up* hatte mit der Beschreibung des Swinging London internationalen Erfolg gehabt, und nun machte sich der sechsundfünfzigjährige italienische Regisseur daran, mit *Zabriskie Point* der kalifornischen Jugendrevolution einen ähnlichen Dienst zu erweisen. Nachdem er das anarchische »Careful with That Axe, Eugene« gehört hatte, bestellte Antonioni (der die Floyd bei der *IT*-Präsentation im Roundhouse kennengelernt hatte) die Jungs nach Rom.

Die Band vertrödelte fast einen ganzen Monat in einem Nobelhotel, mampfte Crêpes Suzette und gab sich im übrigen dem Genuß von Jahrgangsweinen hin. »Wir hätten die ganze Sache in fünf Tagen erledigen können«, meinte Waters. Aber Antonioni »hörte sich die Stücke an und sagte stets – ich kann mich noch gut an seinen schrecklichen Akzent erinnern –: ›Ess ist sehr schön, aber ess ist zu traurig‹ oder ›Ess ist zu stark.‹ Er hatte immer etwas zu bemängeln. Wir änderten die kritisierten Stücke, und er war immer noch nicht zufrieden. Es war die Hölle, die reinste Hölle. Meist schlief er bei unseren Gesprächen ein, und wir arbeiteten bis sieben oder acht Uhr morgens, gingen zurück ins Hotel und frühstückten, gingen schlafen, standen auf – und verzogen uns in die Bar.«[5]

Antonioni kam schließlich zu dem Ergebnis, daß er eine mehr amerikanisch klingende Begleitmusik für die Abenteuer seiner Westküstenrevolutionäre brauchte. Der Regisseur behielt nur drei Kompositionen der Floyd bei und ersetzte die übrigen durch Aufnahmen der Grateful Dead und der Youngbloods – sowie durch Patti Pages »Tennessee Waltz« und eine bluesige Rolling-Stones-Nummer. Zu den drei Floyd-Songs gehörte ironischerweise eine schwache Country & Western-Imitation, während Antonioni ein lyrisches Klavierstück von Roger Waters ablehnte, aus dem später das hervorragende »Us and Them« von *Dark Side of the Moon* werden sollte.

Für die spätere künstlerische Glaubwürdigkeit ihres Werkes aber konnte Pink Floyd wahrscheinlich nicht besseres passieren. Mehr noch als *More* gehört *Zabriskie Point* zu jener Art Film, die den Zuschauer eine Generation später beinahe frohlocken läßt, daß die Sechziger schon lange vorbei sind. Wenn es denn überhaupt so etwas wie eine zusammenhängende Handlung gibt, dann die Geschichte eines jungen Mannes, der verdächtigt wird, bei einer Studentendemonstration einen Polizisten erschossen zu haben, und mit einem gestohlenen Flugzeug in die Wildnis Arizonas flieht. Unter der heißen Wüstensonne trifft er die obligatorische langbeinige Schönheit (Daria Halprin), die keine Zeit verschwendet, sondern sofort eine ekstatische sexuelle Beziehung zu ihm eingeht. Unser gleichermaßen gutaussehender Held (gespielt von Mark Frechette) streicht das Flugzeug in psychedelischen Farben an und kehrt zu dem Flughafen zurück, wo er es gestohlen hat, nur um sofort von den »Bullen« erschossen zu werden. Eine neue

Variation von »Careful with That Axe« – unter dem neuen Titel »Come In Number 51, Your Time Is Up« – liefert zumindest den passenden Hintergrund für das apokalyptische Finale, in dem ein luxuriöser Ferienbungalow mitten in der Wüste in Zeitlupe explodiert.*

Anfang 1970 arbeiteten die Floyd außerdem intensiv an der Musik zu einer geplanten psychedelischen Zeichentrickserie namens *Rollo*, die der Künstler Alan Aldridge ausgebrütet hatte (vielleicht besser bekannt durch seine beiden Bücher *The Beatles' Illustrated Lyrics*). »Es war eine großartige Geschichte«, erzählte Waters. »Die Grundidee war, daß dieser Junge Rollo im Bett liegt und zu träumen beginnt (oder passiert es wirklich?), und plötzlich wird sein Bett lebendig, zwei Stielaugen quellen aus dem Bettpfosten und die Beine wachsen... Und dann springt das Bett aus dem Haus und spaziert elegant durch die Straßen... und fliegt schließlich in den Himmel. Und als es oben ankommt... raucht der Mond eine dicke Zigarre, die sich als optische Illusion entpuppt – sie ist in Wirklichkeit ein Raumschiff.«[6] Begleitet von seinem neuen Freund Professor Creator und einem Robothund, erlebt Rollo eine Reihe extraterrestrischer Abenteuer, die im Sieg des Trios über eine Rasse unterirdischer Riesen gipfeln.

»Es hätte eine hervorragende Serie werden können«, schwärmte Roger, ein Mann, der nicht gerade für überschwengliche Lobpreisungen bekannt ist. Aber *Rollo* sollte nicht sein; trotz eines beeindruckenden Pilotfilms, den ein Team holländischer Zeichner produziert hatte, war Aldridge nie in der Lage, die beträchtliche Summe aufzubringen, die für das ehrgeizige Projekt erforderlich gewesen wäre.

---

* *Zabriskie Point* hatte noch ein tragisches, wenn auch nicht weniger surreales Nachspiel, als sich der Hauptdarsteller Mel Lymans einer gewalttätigen Bostoner Sekte anschloß und an einem echten bewaffneten Raubüberfall teilnahm. Er starb später im Gefängnis.

Binnen eines Jahres sollte es noch einen dritten floydianischen Filmsoundtrack (sowie das entsprechende Album) geben. Diesmal jedoch löste sich Roger Waters vom Pink-Floyd-Kollektiv, um seinem Freund Ron Geesin bei einer filmischen Adaption von Anthony Smith' 1968 erschienenem Buch *The Body* zu helfen – einer Pop-Biologiefibel, in der unter anderem die Wachstumsgeschwindigkeit der Haare und der Marktwert der Muttermilch berechnet wurden. (Und nur für den Fall, daß Sie sich fragen, wie groß die Hautfläche eines durchschnittlichen Erwachsenen ist – es sind rund achtzehneinhalb Quadratmeter.)

Ein Film über ein derartiges Buch war ein verrücktes (wenn nicht gar von Grund auf unmögliches) Unternehmen, für das der versponnene Geesin – der einschlägige Filmerfahrungen hatte und dessen Kompositionen aus Soundeffekten, elektronischen Experimenten, absurden Instrumentenkombinationen und irrwitzen Sprachfragmenten bestanden – genau der richtige Mann zu sein schien. Nur daß Autor Tony Garnett und Regisseur Roy Battersby auch noch *Songs* haben wollten, womit Geesin nicht dienen konnte. Also stellte er ihnen seinen neuen Golf- und intellektuellen Sparringspartner Roger Waters vor.

Obwohl Geesin – der sich inzwischen einen Namen als Jazzpianist gemacht hat – Mitte der sechziger Jahre in der Künstlersubkultur von Notting Hill eine halblegendäre Gestalt war, gesteht er ein, nichts von den glanzvollen Underground-Tagen der Floyd mitbekommen zu haben. »Ich bin nie in der Rockszene gewesen – ich bin ich. Ich habe diese seltsamen Vorstellungen von Musik und versuche mehr oder weniger, sie zu realisieren.« Als 1968 ein gemeinsamer Freund Nick Mason mit in Rons Notting Hiller Kellerwohnung brachte und mit den Worten »Er ist von den Pink Floyd« vorstellte, erwiderte der elektronische Zauberkünstler im singenden Tonfall der Schotten: »Ach – und was machen sie?«

Trotzdem entwickelte Geesin eine tiefe Freundschaft zu Mason und dessen Braut Lindy, für die Ron eigens ein Flöten-und-Orgel-Stück auf einer LP zu Ehren des indischen Gurus Meher Baba komponierte, die von einem anderen befreundeten Rockstar, Pete Townshend, konzipiert worden war. »Sie war eine recht gute Flötistin – aber nicht gut genug für das Stück. Deshalb ließ ich es von einem Profi für Petes Album einspielen.« Er komponierte außerdem die Musik zu einer Motorsportdokumentation von Nicks Vater.

Geesin sagt über seine Begegnung mit Waters: »Ich reagierte auf *ihn*. Ich reagiere auf Individuen und nicht auf Gruppen. Er war ein eigenständiger, ganz eigentümlicher Mensch.«

Eigentümlich? »Wodurch entsteht Kunst, wodurch entsteht Kreativität? Ich glaube, durch Unausgeglichenheit. Roger hatte das Bedürfnis nach Anerkennung und Beifall – wie jeder Egozentriker – und dann das Bedürfnis, den Beifall zurückzuweisen. Selbst ich, ein enger Freund, habe das mehrfach erleben müssen, als wir uns verabredet hatten und ich zu ihm ging und vor verschlossener Tür stand, weil er Squash spielte. Für mich war das Absicht. Es war, als wollte er sagen: ›Komm in meine Burg‹, und wenn man kam, wurde man mit einem Eimer kochendem Öl oder einer Kanonenkugel empfangen.

Von Roger habe ich gelernt, mit diesem Spannungsverhältnis zwischen Nähe und Ferne zu leben. Es gab ein paar Reibereien – politische Auseinandersetzungen auf Dinnerpartys. Aber wenn man ihn nicht auf ein Podest stellt, ist er ein richtig netter Kerl.«

Geesin entwickelte im Laufe der Zeit »zu *allen* Floyd eine künstlerische, intellektuelle Beziehung – mit anderen Worten, ich habe sie zu Hause besucht, mit ihnen geredet, ihnen zugehört, Blödsinn gemacht. Nur Pot habe ich nie geraucht. Ich habe immer gesagt, daß ich frische Luft vorziehe. Die Luft um die Floyd war immer blau, aber das ist bei Musikern normal.

Rick war relativ flatterhaft. Er hatte ständig die tollsten Ideen, die er dann nie realisierte. Ich kann das sagen, weil ich genauso bin und einen Blick dafür habe. ›Wenn ich nur‹ –

›Wenn ich nur ein größeres Studio hätte, wenn ich nur mehr Zeit hätte...‹ Die anderen in der Gruppe hielten ihn wahrscheinlich für einen Durchhänger.

Roger war kein besonders guter Bassist, aber er biß sich durch. Wie man so schön sagt, ›es ist nicht wichtig, was man tut, sondern wie man es tut.‹ Wie Louis Armstrong es ausdrükken würde: ›Wichtig ist, was dabei herauskommt.‹«

Zu welch ausgefallenen Ergebnissen Waters' und Geesins musikalische Zusammenarbeit führte, läßt sich an den Titeln erkennen: »Womb Bit«, »More than Seven Dwarfs in Penis-Land«, »Dance of the Red Corpuscles«, »Piddle in Perspex«. The Body stellte auch »Breathe« vor – dessen Text (über die Umweltzerstörung durch die Industrie) zusammen mit einer anderen Musik zu einer Stütze von Dark Side of the Moon werden sollte.

Die Filmmusik von The Body wurde Anfang 1970 aufgenommen, wobei jeder der beiden Partner im wesentlichen auf sich gestellt war – Geesin polierte seine unnachahmlich verrückten Instrumentals mit Hilfe eines einzigen Cellisten auf, während Waters auf einer akustischen Gitarre eine Reihe zarter Melodien einspielte, die an seine Songs auf More erinnerten.

Roger profitierte zudem von Rons größeren Filmerfahrungen. »Ich habe ihm bestimmt bei den langweiligen Dingen geholfen, zum Beispiel, wenn es darum ging, die Länge der Filmszenen zu berechnen und so weiter«, sagt Geesin. »Oder beim Schneiden. Ich bin mehr ein Handwerker, ich bastle gern herum. Im Lauf der Jahre habe ich herausgefunden, daß die durchschnittliche Filmszene genau eine Minute und fünfzehn Sekunden lang ist.«

Geesin war außerdem Perfektionist, und als er erfuhr, daß EMI ein Soundtrackalbum herausbringen wollte, bestand er darauf, die Sache selbst aufzunehmen, um sie auf LP-Niveau zu bringen. (Von allen anderen Mängeln abgesehen, war die Originalaufnahme in Mono.) Bei diesen von September bis Oktober 1970 dauernden Sessions arbeiteten die beiden Partner eng zusammen, wobei Ron Rogers Material produzierte und vice versa.

Das erste »Solo« eines Floyd (sah man von Syd Barretts Platten ab) nahm jedoch ein ganz anderes Ende als spätere Versuche – Gilmour, Mason und Wright spielten gemeinsam das Finale ein, »Give Birth to a Smile«. »Es war so eine Art Glückliche-Familie-hilft-bei-den-Sessions-Aktion«, sagt Geesin und fügt hinzu, daß die Floyd für ihre Dienste die übliche EMI-Gage für Sessionmusiker gefordert und bekommen haben.

13

The Amazing Pudding

Zu Beginn des neuen Jahrzehnts waren Pink Floyd immer noch auf Richtungssuche und machten eine Art Identitätskrise durch. Das nächste Floyd-Album – ihr erstes auf EMIs »progressivem« Harvest-Label und außerdem eine Doppel-LP – brachte musikalisch keine Neuerungen. Die erste Platte, aufgenommen im College of Commerce in Manchester und dem Mother's Club in Birmingham (seit langem eine Floyd-Hochburg), präsentierte hervorragende Live-Remakes von »Astronomy Domine«, »Careful with That Axe, Eugene«, »Set the Controls for the Heart of the Sun« und »A Saucerful of Secrets.« (Auf »Interstellar Overdrive«, nach wie vor ein Konzerthit, wurde im letzten Moment verzichtet.)

Die Beliebtheit des Albums beruhte hauptsächlich auf diesen Tracks, vor allem in Amerika, wo nur wenige Hörer die Originale kannten – und wo *Ummagumma* so häufig von den Rocksendern gespielt wurde, daß es bald der erste Brückenkopf der Floyd in den Top Hundred wurde. Trotz des legendären Rufes, den die Konzerte der Band genossen, sollte dies Pink Floyds einziges offizielles Live-Album bis zur neunzehn Jahre später erfolgenden Veröffentlichung von *A Delicate Sound of Thunder* bleiben.

Es lag vor allem an der Qualität ihrer Shows, daß die Floyd im September 1969 – einen Monat vor dem Erscheinen von *Ummagumma* – in der jährlichen Leserumfrage des *Melody Maker* zur sechstbeliebtesten Gruppe gewählt wurden. Allerdings fand sich kein Bandmitglied in der Hitliste der besten Musiker wieder – eine Situation, an der selbst *Ummagumma* nichts ändern sollte.

Die Studioplatte entstand aus Rick Wrights Unzufriedenheit mit den engen Grenzen, die einer reinen Rockband gesetzt waren; er wollte die Möglichkeit haben, »richtige Musik« zu komponieren. So erhielten die Floyd die Erlaubnis, eine halbe LP-Seite für Soloexperimente zu verwenden, was zwangsläufig zu »abgefahrener Musik« führen mußte.* Es war eine Übung, für die nur Roger die technischen Voraussetzungen mitbrachte, was Rick – der »Sysyphus«, seine Keyboardkomposition in vier Sätzen, inzwischen als »prätentiös« abtut – nur bestätigen konnte. Dave hat zugegeben, daß er sich durch »The Narrow Way«, dessen Text aufgrund der Zweifel des Autors an seinen eigenen dichterischen Fähigkeiten fast unhörbar leise gesungen wurde, »einfach durchgemogelt« hat; Waters, der später die Texte zu allen Floyd-Songs von Gilmour und Wright schrieb, lehnte es in diesem Fall ab.

Das vielleicht interessanteste Stück – oder das am wenigsten langweilige – war Rogers akustische Cambridge-Träumerei »Grantchester Meadows«, auf der die Flügelschläge echter Schwäne sowie das entnervende Summen einer Biene zu hören sind, was bei nicht wenigen Hörern den Drang erweckte, mit der *Ummagumma*-Hülle nach dem aufdringlichen Insekt zu schlagen. Von Waters stammte außerdem das treffend betitelte »Several Species of Small Furry Animals Gathered Together... in a Cave and Grooving with a Pict«, dessen rhythmisch orchestrierte Menagerie das »Good Morning, Good Morning« der Beatles deklassiert, bevor sie in eine verrückte, schottisch klingenden Tirade übergeht. »Ich bin oft gefragt worden, ob ich der Sprecher war«, sagt Ron Geesin. »Ich hatte damals regelmäßig für die John-Peel-Sendung gearbeitet und noch viel abseitigere Sachen gemacht. Vielleicht hat mein großes Repertoire an schottischen Schimpfwörtern Roger inspiriert, aber wahrscheinlich war es bloßer Zufall. Schließlich hatten wir beide schottische Mütter und englische Väter.«

Die SF-Liebhaber unter den Floydianern vermuteten, daß

---

* Der Waters-Song »Embryo« wurde ebenfalls bei diesen Sessions aufgenommen, doch er paßte nicht ins *mmagumma*-Konzept. Obwohl Roger behauptete, er wäre noch nicht fertig, erschien »Embryo« schließlich 1983 auf der amerikanischen Capitol-Sammlung *Works*.

sich der rätselhafte Titel auf die »Umma« genannten Weisen im *Wüstenplaneten* bezog; immerhin war damals die Rede davon, daß die Band die Filmmusik zu diesem Frank-Herbert-Epos schreiben sollte. Aber laut Nick Mason (dessen neunminütiges, elektronisch bearbeitetes Trommelsolo das Album beendet) war »*Ummagumma*« in Wirklichkeit ein »Slangausdruck für Geschlechtsverkehr«, den Syd, Roger und Dave in Cambridge aufgeschnappt hatten. »Es ist nur ein Wort. Wir haben es nicht genommen, weil es irgend etwas bedeutet, sondern weil es interessant und hübsch klang.« *Ummagumma* präsentierte außerdem eines der fraglos »trippigsten« Cover von Hipgnosis, das die Floyd neben einem Bild der Floyd zeigte, das die Floyd neben einem Bild der Floyd zeigte... und endlos so weiter.

Das erste Floyd-Album der siebziger Jahre spiegelte sowohl die Ziellosigkeit der Band wider als auch die Trends, die damals die britische Musikszene bestimmten. In einer Zeit, in der Bahnbrecher wie Pete Townshend von den Who und Ray Davies von den Kinks »Rockopern« propagierten, Gruppen wie Deep Purple ihre »Concertos« gemeinsam mit dem Royal Philharmonic Orchestra bestritten und Emerson, Lake and Palmer *Pictures at an Exhibition* und die *Nußknacker-Suite* in ihre Konzerte einarbeiteten, konnten Pink Floyd schwerlich der Versuchung widerstehen, sich mit einem monumentalen und ernsten Werk in das Geschehen einzuschalten. So kam es zu *Atom Heart Mother*.

»Das ganze Titelstück«, sagt Dave Gilmour, »entstand aus einer kurzen Akkordsequenz, die ich geschrieben und damals ›Theme from an Imaginary Western‹ genannt hatte. Sie erinnerte mich ein wenig an ›Die glorreichen Sieben‹.« Als der Gitarrist sie in einer Probenpause vor sich hin klimperte, war Waters von der »heroischen, schweren Qualität« der Musik begeistert, die in ihm Bilder von »Pferdesilhouetten vor der untergehenden Sonne« auslöste und ihn an eine »sehr bombastische Filmmusik« gemahnte.[1]

Er und Wright ließen sich davon zu weiteren Themen und Variationen in diesem Kinostil inspirieren, bis das Stück zu der bisher längsten Floyd-Komposition anschwoll und auf eine Gesamtspieldauer von vierundzwanzig Minuten kam. Gilmour erinnert sich: »Wir setzten uns hin und bastelten daran herum, nahmen da was weg und fügten dort was hinzu, probierten alle möglichen Dinge aus, bis es langsam Gestalt annahm.« Unter dem Arbeitstitel »The Amazing Pudding« wurde eine frühe Version des Stückes am 23. Januar 1970 in Paris uraufgeführt.

Nach zunehmenden Auseinandersetzungen über die Produktion ihres wildwuchernden Instrumentals entschlossen sich die vier Floyd schließlich, ihren Kumpel Ron Geesin um Hilfe zu bitten, und überreichten ihm im Frühjahr die Bänder mit der Anweisung, »etwas Grandioses« daraus zu machen – mit himmlischen Chören, Bläserfanfaren oder was auch immer –, während sie auf Amerikatournee gingen. »Sie waren durch ihren Ruhm und den ständigen Druck ziemlich erschöpft«, sagt Geesin. »Steve O'Rourke gönnte ihnen keine Atempause. Sie brauchten einfach einen anderen Input – jemand mit neuen Ideen.«

Einen ganzen Monat lang arbeitete Ron, wegen dem für London untypischen glühendheißen Wetter nackt bis auf die Unterhose, wie besessen an seiner Partitur. »Rick Wright sah mit mir einen halben Tag lang den Chorteil durch, und Dave Gilmour schlug an einer Stelle einen Riff vor. Roger konnte keine Noten lesen und verließ sich darauf, daß dieser Geesin seine Sache gut machte. Von ihnen kamen nicht viele kreative Impulse.

Die eigentlichen Melodien und Harmonien waren von mir. Das ist mein Fachgebiet – von einem bestehenden Konzept auszugehen, es zu bearbeiten und zu verbessern. Ich war immer der Meinung, daß die Floyd kein Gespür für Melodien haben, was sich besonders bei diesen langen Stücken bemerkbar machte. Aber deshalb haben wir auch so gut zusammengearbeitet, weil sie von mir die Melodien und Harmonien bekamen.

Es gab auch Probleme mit den Tempi durch die Art, wie sie die Originaltracks anlegten. Es gab Variationen zwischen den Sätzen, die keine Sequenz vertrugen, oder eine Verlangsamung des Tempos, wo eigentlich eine Temposteigerung erforderlich war, oder manchmal war eher ein plötzlicher Wechsel angebracht als ein allmählicher Übergang.

Aber genau da hakte es, weil sie bereits diesen Haufen Begleittracks mit ihren üblichen Einlagen aufgenommen hatten – die langen Orgelstücke, die dröhnenden Baßparts, die fließende Gitarre. Als es dann darum ging, die live aufgenommene Musik über diese vorfabrizierten Tracks zu legen, wurde das Tempo zu einem echten Problem. Es ist sowieso normal, daß Klassikmusiker Probleme mit dem Beat haben. Der Takt in der klassischen Musik und der Takt in der Rockmusik sind zwei grundverschiedene Dinge.«

Geesins eigentliche Schwierigkeiten begannen, nachdem er es übernommen hatte, das Ensemble in den Abbey Road Studios zu dirigieren. Sein erster Fehler war laut eigener Aussage, daß er EMI die Sessionmusiker auswählen ließ. Der Cellist war in Ordnung – sie hatten bei *The Body* zusammengearbeitet –, aber die zehn Bläser »waren harte, unsensible Burschen, die wenig Rücksicht auf jemand nahmen, der neu und unerfahren war. Ich habe festgestellt, daß sie von allen Musikern am härtesten und streitlustigsten sind; sie sind so oft von irgendwelchen Primadonnen zusammengestaucht worden, daß sie sich diese Schale um ihr eigentlich freundliches, hilfsbereites Wesen zugelegt haben. Ein Hornist war besonders nervig – er machte dumme Bemerkungen und stellte Fragen, deren Antwort er längst kannte.«

Die Androhung körperlicher Gewalt brachte den Mann schließlich zum Schweigen; aber das Ensemble dazu zu bringen, das zu spielen, was Geesin vorschwebte, erwies sich als ständige Herausforderung. »Das erste, was passierte, war, daß sie diese seltsam stotternde Einleitung, die ich viel stotternder angelegt hatte, in dem verlangten Tempo gar nicht spielen konnten. Sie mußten dieses Stottern erst glätten, es synkopieren, ehe sie es verstanden.

Dann, beim funkigen Teil, zu dem auch der Chor gehört, hatte ich berechnet, daß der erste Takt an einer bestimmten Stelle einsetzte, und den ganzen Satz so geschrieben, daß die Flexionen von diesem Punkt aus gemessen wurden. Es stellte sich heraus, daß von Nicks Standpunkt aus der erste Takt einen Takt höher war – und er bestand darauf, daß alles, was ich für diesen Satz geschrieben hatte, um einen Takt angehoben wurde. Was bedeutete, daß in meiner Partitur alles einen Takt tiefer stand, als es eigentlich sein sollte. Ich hätte einfach die Taktstriche ausradieren und sie um einen Takt nach oben verschieben müssen, aber dafür war ich nicht clever genug.«

Zu dem Durcheinander trug noch Syd Barrett bei, der gehört hatte, daß seine Band ein neues Album einspielte, und in die Sessions hineinplatzte: »Ich hielt ihn schlicht für einen Spinner«, sagt Geesin. »Er blickte überhaupt nicht durch und war plötzlich zu einer Art Jesusgestalt geworden. Das ist das Faszinierende am Mythos versus Arbeit. Obwohl er überhaupt nichts tat, wurde er mehr verehrt als zu dem Zeitpunkt, wo er etwas getan hatte.«

Ron für seinen Teil erlebte bei den Aufnahmen seine eigene Nervenkrise. »Ich hatte ein verdammt hartes Jahr hinter mir und war definitiv fertig. Ich konnte nicht mehr. Die Band raufte sich die Haare und dachte: ›Jesus, wird dieser Typ das durchstehen? Mein Gott, was haben wir uns da nur eingebrockt?‹« Man einigte sich schließlich, daß der Leiter des zwanzigstimmigen Chors, John Alldis, den Taktstock übernehmen sollte.

Geesin allerdings meint, daß die Vorteile seiner Ablösung »durch die von da an eher schlaffe Qualität des Beat wieder aufgehoben wurden, denn John Alldis kam aus einem Klassikchor und verstand wenig von heißen Rhythmen. Die Bläser hinkten dem Takt ständig um eine Nuance hinterher. Als *Jazzfan* phrasiere ich immer knapp vor dem Takt – dadurch entsteht diese ›heiße‹ Wirkung. So aber war die ganze Sache irgendwie schlaff.«

Nachdem sich alle die Aufnahme angehört hatten, sagte Geesin zu Steve O'Rourke: »Okay, das ist ein gutes Demo. Es war für alle eine gute Übung. Können wir jetzt richtig zur Sache kommen?« Man kann sich vorstellen, welche Stoßseufzer dieser Vorschlag auslöste.

Jedenfalls klingt das Endprodukt trotz seines grandiosen Schwungs und musikalischen Reichtums oft überraschend konventionell; eher wie solide, durchschnittliche »klassische« Musik – wenn nicht gar wie ein epischer Filmsoundtrack – und nicht wie die neueste Schöpfung von Englands vermeintlichen Hohepriestern des kosmischen Rocks. Die Kritiken des »Underground« reichten von »gewaltig, zeitlos, mitreißend, universell« (*Frendz*) bis zu »Versucht's wieder einmal mit dem Ausflippen, Pink Floyd!« (*Rolling Stone*).

Fast zwei Jahrzehnte später kritisiert Gilmour das erste große Opus der Floyd als »einen Haufen Mist, um ganz offen zu sein. Wir hatten damals einen ziemlichen Tiefpunkt. Wir wußten beim besten Willen nicht, was wir überhaupt machten oder wollten, keiner von uns. Wir waren richtig leer. Ich schätze, wir haben in dieser Zeit aus dem letzten Loch gepfiffen.« Waters wiederum hätte nichts dagegen, wenn die Suite »im Mülleimer landet und nie wieder von jemand gehört wird«.[2]

Nichtsdestotrotz war *Atom Heart Mother* in England ungeheuer erfolgreich, wo es der gerade vorherrschenden Vorliebe für »symphonischen Rock« entgegenkam und Pink Floyd den ersten Nummer-Eins-Hit einbrachte. Aber erst als sie die mit »Atom Heart« verfolgten ehrgeizigen Ziele in den Kontext ihres unverwechselbaren Sounds einbauten, waren sie, wie Nick Mason erklärt, in der Lage, in der Größenordnung von *Meddles* »Echoes« und der folgenden Konzeptalben zu denken.

Das Werk zeigte auch, wie sich mit einem Titel und einem

LP-Cover, die wenig miteinander, geschweige denn mit der Musik zu tun hatten, eine geheimnisvolle und mystische Wirkung erzielen ließ. Der Titel entstand, als die Floyd ihre noch ungetaufte Suite in John Peels Radio-One-Konzertprogramm aufführen sollten. Der Produzent fragte, wie er das Stück ankündigen sollte. Geesin wies auf eine Ausgabe des *Evening Standard* und »schlug Roger vor, in der Zeitung nach einem Titel zu suchen«. Waters stieß auf einen Bericht über eine schwangere Frau mit einem atombatteriebetriebenen Herzschrittmacher, der die Schlagzeile ATOM HEART MOTHER trug, und erklärte: »Das ist ein hübscher Titel. Den nehmen wir.«

»Wir nehmen oft Titel, die mit den Songs nichts zu tun haben«, sagte Wright später. »Ein Titel dient doch nur der Kennzeichnung. Wir hätten unsere Songs auch ›Nummer Eins‹, ›Nummer Zwei‹ und ›Nummer Drei‹ nennen können, aber Worte sind interessanter und können – wie bei ›Careful with That Axe, Eugene‹ – ein schönes Bild erzeugen.«[3]

Storm Thorgerson sagt, daß er und die Band das *Atom Heart Mother*-Cover, »so unpsychedelisch wie möglich« haben wollten, »völlig Floyd-untypisch und total normal«. Nachdem er mit einigen »wirklich banalen« Bildern herumexperimentiert hatte, wo jemand ins Wasser sprang (später für *Wish You Were Here* adaptiert) oder aus einer Tür trat, hörte Storm von seinem Freund John Blake, daß dieser Andy Warhols berühmte Kuhtapete für das Nonplusultra an Banalität hielt. Dieses Gespräch inspirierte ihn, durch Essex zu fahren und die erstbeste Kuh zu fotografieren, die ihm über den Weg lief, und zwar im Stil der Tierfotos aus seinen alten Schulbüchern. Das Ergebnis war laut Thorgerson »das ultimative Bild einer Kuh; es ist einfach Kuh *pur.*«

Das Kuhmotiv sollte sogar die ganze Platte durchziehen. Die Floyd nannten einzelne Sätze ihrer Suite »Breast Milky« und »Funky Dung« und erhitzten, wie Mason, die Fantasie der Musikkritiker mit Bemerkungen wie: »Die Kuh und der Titel schlagen eine Brücke zur Mutter Erde, dem Herzen der Erde.« Der stolze Besitzer der reinrassigen Holsteinkuh, Arthur Clarke, griff ebenfalls ins Geschehen ein und molk den frischgewonnenen Ruhm seiner Lulubelle III nach besten Kräften – obwohl seine Behauptung, daß sie für ihre Dienste tausend Pfund bekam, von Storm bestritten wird, der sich kaum vorstellen kann, »einen Bauern für seine verdammte Kuh zu bezahlen«.

Der neue Boß von Harvest Records, Dave Croker, arrangierte einen Fototermin auf der frühmorgendlichen Mall, im Herzen Londons, und ließ von der Polizei den Verkehr umleiten, um Platz für eine Herde Kühe zu schaffen. In einer längst überfälligen Kampagne, um Pink Floyd zum Durchbruch in Amerika zu verhelfen, ließ Capitol Records die großen Reklametafeln an den Freeways mit Bildern der berühmten Lulubelle bekleben und bombardierte die führenden Rockkritiker und Diskjockeys der Nation mit aufblasbaren Plastikeutern.

Nur die Geesins waren über das Cover von *Atom Heart Mother* nicht besonders glücklich. »Meine Frau Frankie war ziemlich wütend darüber, daß mein Name nicht im Mitarbeiterverzeichnis stand«, berichtet Ron. »Ich sagte mir: ›Ist doch egal, ob ich auf einer Plattenhülle verewigt werde oder nicht; wichtig ist, daß ich gute Arbeit geleistet habe.‹ Aber ich hätte mich trotzdem gefreut, wenn sie meine Mitarbeit gewürdigt hätten. Ich glaube, es war ihnen etwas peinlich, daß sie die Platte nicht allein hinbekommen haben, und wollten deshalb nicht ins Detail gehen. Doch das ist nur eine Kleinigkeit im Vergleich zu dem, was sonst in diesem Geschäft getrieben wird. Und ich bekomme immerhin ein Fünftel der Tantiemen.«

Auf der zweiten Seite der LP befand sich je ein Song von Waters, Wright und Gilmour. Alle drei waren lyrisch und melodisch – auch wenn die eher schwache Umsetzung den *Rolling Stone* dazu brachte, sie als »englischen Folk der miesesten Sorte« abzutun. Waters hielt genug von seinem »If« – wo er seinem schwierigen und widersprüchlichen Charakter einen poetischen Spiegel vorhält –, um es bei seinen 1980er Soloauftritten zu bringen. »If«, behauptet Greesin, »verrät mehr über den wahren Roger als die großen politischen Töne, die er sonst spuckt. Es ist viel bedeutender als die großartigen Astralwanderungen der Floyd. Die Zeile ›Wenn ich ein guter Mensch wäre, würde ich verstehen, was Freunde trennt‹ – das ist der Kern seines Menschseins.«

Dave wiederum klang auf »Fat Old Sun« haargenau wie der sympathisch fistelnde Ray Davies – nennt es aber einen puren Zufall, daß die Kinks kurz zuvor ein verblüffend ähnliches Stück namens »Lazy Old Sun« veröffentlicht und in ihr »Big Black Smoke« die gleichen lärmenden Kirchenglocken eingebaut hatten, mit denen Gilmours Song beginnt und endet. »Vielleicht habe ich unbewußt abgekupfert. Wer weiß? Sie haben mich nie verklagt. Manchmal hat man eben das Gefühl, daß man etwas schon einmal irgendwo gehört hat, ohne daß man weiß, wo und wann.

Es kommt noch hinzu, daß es nur ein paar Tonarchive gab: das EMI-Archiv in der Abbey Road und ein oder zwei andere, die meistens dieselben Soundeffekte hatten. Es kann atmosphärisch einen magischen Unterschied ausmachen, wenn man einen Track mit echten Geräuschen wie beispielsweise Kirchenglocken unterlegt. Normalerweise geht man ins Archiv und holt sich die Glocken, und es gibt nur ein Band, das von allen benutzt werden kann. Auf einer Reihe Platten aus dieser Zeit hört man beispielsweise dasselbe Vogelzwitschern.« Gilmour sagt, daß das pastorale »Fat Old Sun« in Wirklichkeit von Waters' »Grantchester Meadows« inspiriert wurde und eine nostalgische Huldigung des Viertels darstellt, in dem er aufwuchs.

Das »Kuhalbum« endete mit einer langen Sequenz Küchengeräusche wie dem Brutzeln einer Bratpfanne. »Ich war schon immer der Meinung, daß die Unterscheidung zwischen Soundeffekten und Musik großer Quatsch ist«, sagte Waters.

»Es ist völlig unerheblich, ob man nun mit einer Gitarre oder mit einem Wasserhahn Klänge produziert.«[4]

Apropos Wasserhahn – in die ersten britischen Pressungen von *Atom Heart Mother* tropfte einer in die Auslaufrille, so daß Plattenspieler ohne automatische Endabschaltung den Sound bis in alle Ewigkeit wiederholten. »Alan's Psychedelic Breakfast« – mit dem Titel wurde der Roadie Alan Stiles geehrt – diente sogar bei zahlreichen Floyd-Konzerten als Eröffnungsnummer, wobei manche Fans in der ersten Reihe tatsächlich glaubten, Alans Eier mit Speck *riechen* zu können. Aber Wright verriet *NME*, daß »es überhaupt nicht funktionierte und wir es streichen mußten... Um ehrlich zu sein, es ist eine schlechte Nummer.« Gilmour nannte es später »das zusammengewürfeltste Stück, das wir je gemacht haben«.

Obwohl auch der Rest der Platte gleichermaßen halbgar wirkte, so waren zumindest die meisten Zutaten des erfolgreichen Pink-Rezeptes auf dem Tisch. Sie mußten nur noch ihre Songschreiberfähigkeiten verbessern, die Soundeffekte harmonischer in die Musik einbauen und lernen, ihre großartigen Einfälle zu echten *Songs* zu entwickeln, und Pink Floyd würden richtig im Geschäft sein.

Um Waldhörner, Posaunen, Trompeten, Tuba und Alldis' Chor verstärkt, präsentierten Pink Floyd die verbesserte *Atom Heart Mother*-Version auf dem Bath Festival am 27. Juni 1970 zum ersten Mal auf der Bühne. Drei Wochen später spielten sie im Londoner Hyde Park auf einem gigantischen Free Concert, das ihre Ex-Manager Jenner und King organisierten – wo sich Co-Komponist Geesin (offenbar weit weniger beeindruckt als der damals jugendliche Autor dieses Buches) dadurch hervortat, indem er das Konzert vorzeitig verließ. »Dieses Ding mit den klassischen Bläsern kam mir in gewisser Hinsicht ziemlich theatralisch vor«, erinnert sich Geesin. »Ich bin nicht aus Bosheit gegangen – ich dachte, es würde keiner merken! Es war ein kalter Tag, und die Instrumente waren alle verstimmt und der Sound war schrecklich – total schwammig. Ich dachte nur: ›Geh besser nach Hause und hör dir deine alten Jazzplatten an.‹«

Unter den zwanzigtausend anderen Konzertbesuchern befand sich John Hoyland, dessen Essay »Pink Floyd: Unquiet Desperation« einen »jener Geniestreiche« beschreibt, »die ihre Live-Auftritte immer ausgezeichnet haben. Während die Menge andächtig einem von Rick Wrights ätherischen Orgelsoli lauschte, begann plötzlich ein kleines Mädchen zu lachen, und alle reckten die Köpfe nach ihr. Es dauerte eine Weile, bis die Leute merkten, daß das Lachen vom Band kam und die Floyd es als Teil ihres Acts einsetzten.«[5]

Während der Amerikatournee in diesem Herbst besuchte Leonard Bernstein einen vergleichbaren Gig im Fillmore East; die Floyd revanchierten sich mit dem Besuch eines Konzerts der New Yorker Philharmoniker unter seiner Leitung. Vor allem Wright machte aus einer überschwenglichen Bewunderung keinen Hehl und drückte die Hoffnung aus, eines Tages mit ihm zusammenarbeiten zu dürfen. Bernstein wiederum erklärte, daß *Atom Heart Mother* das Stück im Programm der Floyd war, das ihm nicht besonders gefiel. Nichtsdestotrotz sollte »Atom Heart« Pink Floyd die Ehre verschaffen, als erste Rockband überhaupt auf dem Festival der klassischen Musik in Montreux aufzutreten.

Ihr Flirt mit dem kulturellen Establishment fand seinen Höhepunkt im Winter 1970 mit dem Plan des französischen Choreographen Roland Petit, ein Ballett nach Marcel Prousts *Auf der Suche nach der verlorenen Zeit* mit Rudolf Nurejew und fünfzig weiteren Tänzern zu Pink-Floyd-Kompositionen zu inszenieren, die die Band gemeinsam mit einem 108köpfigen Orchester aufführen sollte. »Wirklich erstaunlich!« schwärmte Gilmour gegenüber dem *Melody Maker*. »So etwas hat es in unserer Branche noch nie gegeben...« »Freakiger und freakiger«, meldete *Rolling Stone*. »Pink Floyd machen jetzt in Ballett.«

Vor ihrem für den 4. Dezember anberaumten Pariser Arbeitsessen mit Petit, Nurejew und Roman Polanski (der hoffte, bei einer Verfilmung des Balletts Regie zu führen) versuchten die Floyd pflichtbewußt, sich mit Prousts vielbändigem Klassiker vertraut zu machen. Alle fanden ihn äußerst zäh – vor allem Dave, der schon nach achtzehn Seiten aufgab. Nur Roger schaffte es, sich durch den ersten Band zu kämpfen.

Aber als Waters, Mason und Steve O'Rourke in Paris eintrafen, hatte Petit Proust bereits den Laufpaß gegeben und sich den *Arabischen Nächten* zugewandt. »Alle saßen nur herum und tranken Wein und wurden immer betrunkener«, erinnerte sich Roger, »und die Stimmung wurde immer ausgelassener, bis jemand *Frankenstein* vorschlug und Nurejew anfing, ein besorgtes Gesicht zu machen... Ich habe nur dagesessen, das Essen und die Vibes genossen und nichts gesagt...

Und als Polanski richtig betrunken war, schlug er vor, den endgültigen Pornofilm zu drehen, und dann ertrank die Sache in Kaffee und Cognac und wir sprangen ins Auto und verschwanden. Gott allein weiß, was nach unserem Abgang noch alles passiert ist!«[6]

Über zwei Jahre später choreographierte Roland Petit dann doch ein Pink-Floyd-Ballett. Obwohl Nurejew, Polanski und das 108köpfige Orchester durch Abwesenheit glänzten, traten die Floyd in Marseille und Paris auf und spielten »Careful with That Axe, Eugene« und drei neuere Werke, mit denen die Floyd ohne Syd endlich ihre Bestimmung gefunden hatten: »Echoes«, »One of These Days« und »Obscured by Clouds«. Der Höhepunkt des Balletts war ein typischer Floyd-Gag: vor der Bühne explodierten zehn Ölkannen wie Feuerbälle.

14

Return of the Son of Nothing

Mich langweilt das meiste Zeug, das wir gemacht haben. Mich langweilt das meiste Zeug, das wir spielen… Viel Neues gibt es nicht, oder?

Roger Waters, 1970[1]

Trotz all ihrer Multimedia-Experimente und ihrer ständig wachsenden Popularität ging Pink Floyds kreativem Motor allmählich der Sprit aus. Ihr ganze schöpferische Kraft steckten sie in die Perfektionierung ihrer Bühnenspektakel, denen die Gruppe den zweiten Platz in der 1971er Leserumfrage des *Melody Maker* zu verdanken hatte (hinter Emerson, Lake und Palmer, aber vor Led Zeppelin, den Rolling Stones und den Who). In Amerika, wohin die Floyd nun den Großteil ihrer Live-Feuerkraft richteten (und von den verdutzten Promotern forderten, ihnen die Bühne für den ganzen Abend zur Verfügung zu stellen, ohne Vorgruppe), erreichte jedes neue Album eine höhere Chartposition als sein Vorgänger. Zum ersten Mal in der Geschichte der Band machten die Floyd richtig Geld – nur um festzustellen, wie Nick Mason zugibt, daß sie »in Gefahr [waren], an akuter Langeweile zu sterben«.

Pink Floyd hatten die Rettung der ersten ihrer beiden 1970er Marathontourneen durch die USA dem Federal Bureau of Investigation zu verdanken. Nachdem ihnen in New Orleans Ausrüstung im Wert von vierzigtausend Dollar gestohlen worden war (darunter vier Gitarren, Masons Drums, Wrights elektrische Orgel und die viertausend Watt starke Lautsprecheranlage der Floyd), »saßen wir«, wie Waters im *Melody Maker* berichtete, »in unserem Hotel und dachten, tja, das war's dann wohl – es ist aus. Wir schütteten einem Mädchen, das im Hotel arbeitete, unser Herz aus, und sie sagte, ihr Vater wäre beim FBI. Die Polizei hatte uns nicht helfen können, aber das FBI machte sich an die Arbeit – und hatte vier Stunden später Erfolg.«

»Wir wären alle lieber zu Hause geblieben, statt durch Amerika zu touren«, stöhnte Mason. »Wir sind alle viel zu häuslich und zu alt für so was!« In der Tat waren er und Rick Wright Vater geworden; und jetzt, wo die Floyd endlich richtiges Geld verdienten, begannen sie Häuser in verschiedenen Teilen Londons zu kaufen. David Gilmour, der letzte Junggeselle der Band, verließ die Stadt ganz und zog nach Essex, wo er einen abgeschiedenen, aus dem neunzehnten Jahrhundert stammenden Bauernhof mit einer Armee von Katzen und Pferden und einer Unmenge Antiquitäten und Musikinstrumente teilte.

Im Gegensatz dazu errichtete Waters sein Shangri-la an einer fast demonstrativ proletarischen Hauptverkehrsstraße in Islington, einem Bezirk im Nordosten Londons. Sehr zum Erstaunen der Journalisten, die nicht verstehen konnten, warum sich ein Rockstar in einer derart freudlosen Gegend niederließ – obwohl das Innere des Hauses mit seinen skandinavischen Möbeln und den blankpolierten Parkettböden, über die seine Birmakatzen unangefochten herrschten, vom unaufdringlich guten Geschmack des Besitzers kündete. (Davon abgesehen, daß alle aus Cambridge stammten, hatten Barrett, Gilmour und Waters eine gemeinsame Vorliebe für Katzen.) Ein umgebauter Geräteschuppen im Garten diente sowohl als Rogers privates Tonstudio wie auch als Arbeitsplatz für seine Frau Judy Trim, die eine hervorragende Töpferin war.

Sie war außerdem der einzige Mensch, der ihn herumkommandieren konnte. »Einerseits«, stellt Peter Jenner fest, »war Roger extrem selbstbewußt und willensstark und hielt die Band nach Syds Ausscheiden zusammen. Gleichzeitig war er schwach – er ließ sich immer sehr von seinen Frauen beeinflussen. Seine erste Frau Judy war eine extreme Linke, eine Trotzkistin. Als er mit ihr zusammen war, wurden mit dem Pink-

Floyd-Geld ganze Häuserzeilen gekauft, um sie gegen eine bescheidene Miete den notleidenden Armen zu überlassen, in der besten Wohltätigkeitstradition der oberen englischen Mittelschicht.« Während dieser Zeit war der idealistische Waters nicht einmal in der Lage (wie er im *Melody Maker* gestand), seine »sozialistischen Prinzipien und solidarischen Gefühle zu den weniger Begüterten« mit dem Besitz eines Jaguars vom Typ E in Einklang zu bringen – den er folglich gegen einen Mini eintauschte. Zumindest in dieser Hinsicht lehnten Nick, Rick und Dave es strikt ab, seinem Beispiel zu folgen.

Jedenfalls wurden die »Jungs«, wie Waters fünfzehn Jahre später erklärte, erwachsen und gingen ihre eigenen Wege. »In der ersten Zeit waren wir immer zusammen. Es hat einen gewissen Reiz, als *Gruppe auf Tournee* zu sein. Aber das läßt bald nach. Und Dinge wie die Familie sorgen dafür, daß diese Periode irgendwann endet.«[2] Auf Tournee entspannten sich die vornehmen Floyd bei Fußball, Stadtrundfahrten, Monopoly und Backgammon oder verbrachten die langen Nachmittage mit einem guten Buch am Pool. Mit Groupies und Drogen gingen sie wesentlich vorsichtiger um als die meisten Superstarkollegen der siebziger Jahre, von denen sie sich (mit Ausnahme Dave Gilmours) weitgehend fernhielten.

Die Who gehörten zu den wenigen Gruppen, mit denen Pink Floyd Umgang pflegten, wenn sich ihre Tourwege kreuzten. Den verstorbenen Keith Moon fanden sie »unglaublich witzig«, auch wenn er dazu neigte, die Einrichtung seiner Hotelzimmer zu zertrümmern. »Er war darin sehr begabt«, meinte Waters. »Er hat es zu einer richtigen Kunst entwickelt.« Mason schätzte an seinem Drummerkollegen, daß man »sehr gut mit ihm reden und trinken konnte. Viele Leute [aus der Rockszene] sind einfach besoffene Irre, die herumtorkeln und einen langweilen.«[3] Who-Sänger Roger Daltrey jedoch machte sich bei derartigen Zusammenkünften rar, nachdem er den Fauxpas begangen und Rick Wright für Eric Clapton gehalten hatte.

Zumindest für Waters war einer der Hauptgründe, sich durch die Knochenmühle der Rockkonzerte drehen zu lassen, die Aussicht, das Medium noch radikaler zu verändern, als es die Floyd ohnehin schon getan hatten. Bereits 1970 erklärte er »eine komplette Theatershow in einem Londoner Theater« zum Endziel der Band. In der Zwischenzeit hatte Roger keine Hemmungen, Pink Floyd weiter in diese Richtung zu steuern.

»Es hat in der Band immer eine erbitterte Auseinandersetzung zwischen ›den Architekten‹ und ›den Musikern‹ gegeben«, spottete er 1985. »Nicky Mason und ich wurden in die Architektenecke gestellt und von Dave und Rick, die die [lacht] Musiker waren, schief angesehen. Es gab eine Menge Widerstand ›der Musiker‹ gegen alles Theatralische. Man könnte sagen, daß wir nur dank meiner Starrköpfigkeit diese Shows dann doch gemacht haben.«[4]

Zu den denkwürdigeren Floyd-Shows des Jahres 1971 gehörte eine »Gartenparty« am 15. Mai im Londoner Crystal Palace, wo sie ein neues Werk vorstellten, das ihre kreative Irrfahrt endlich beendete. Es sollte nicht nur das Herzstück ihrer nächsten Platte werden, sondern war auch genauso lang und ambitioniert wie die *Atom Heart Mother*-Suite – nur daß die vier Floyd diesmal alle Sounds mit ihren eigenen Instrumenten erzeugten. Zu dieser Zeit trug das Stück noch den Titel »Return of the Son of Nothing«.

Die Aufführung gipfelte in dem Auftauchen eines fünfzehn Meter großen aufblasbaren, in Trockeneisnebel gehüllten Tintenfischs aus dem kleinen Teich zwischen den Zuschauern und der Bühne, während am Himmel Feuerwerksraketen explodierten. Unglücklicherweise war die Musik so laut, daß die echten Fische im Teich an diesem Trauma verschieden.

Merkwürdigerweise hatten die Post-Syd-Floyd bis zu diesem Zeitpunkt nicht einmal den Versuch gemacht, ein wahrhaft repräsentatives Album einzuspielen. Barrett war auf dem Übergangswerk *Saucerful* noch teilweise gegenwärtig. *More* war ein Filmsoundtrack; *Ummagumma* vereinte Live-Oldies mit Soloexperimenten; *Atom Heart Mother* war im wesentlichen in Zusammenarbeit mit Ron Geesin und den Sessionmusikern entstanden. *Meddle*, im November 1971 veröffentlicht, war die Platte, mit der Pink Floyd endlich ihren Stil fanden.

Dies war hauptsächlich David Gilmour zu verdanken. Dave, der versierteste Musiker der Floyd und der einzige, der sich noch die Mühe machte, die aktuellen Poptrends zu verfolgen, begann sich allmählich bei den Floyd heimisch zu fühlen. »Er hatte die eine Band, Jokers Wild, die viel konventioneller war«, sagt sein alter Freund (und Drummer) Clive Welham, »gegen eine völlig andersartige eingetauscht, die musikalisch gesehen geradezu revolutionär war. Ich bin sicher, daß er anfänglich große Schwierigkeiten hatte.

Wenn man versucht, experimentelle Musik zu machen, kommt nicht immer etwas heraus dabei. Die frühen Pink Floyd waren amateurhaft, und ich denke, das wird auch Dave Gilmour zugeben. Man könnte es wahrscheinlich mit dem modernen alternativen Humor vergleichen, der heute sehr gut ankommt, aber in seiner Anfangsphase ziemlich schwerfällig war. Wenn jemand versucht, Komiker zu werden, sind nicht alle seine Witze treffsicher. Man muß durch diese Phase hindurch, bis etwas Vernünftiges, Stimmiges entsteht.

Dave hat viel zur melodischen Entwicklung von Pink Floyd beigetragen. Als er zu ihnen stieß, war ihr Stil nicht ganz nach seinem Geschmack. Ich glaube, daß es Dave war, der ihre Musik geformt und sie in stilistischer Hinsicht zu einer erwachsenen Band gemacht hat.«

Dennoch hätte die Hauptattraktion des neuen Albums – »Return of the Son of Nothing«, anläßlich der Live-Ausstrahlung in John Peels Show in »Echoes« umgetauft – schwerlich experimentelleren Ursprungs sein können. Mason bezeichnete es damals als »einen spezifischen Versuch, mit einer etwas anderen Methode zum Ziel zu kommen«. Ohne etwas fertigkomponiert zu haben, buchten die Floyd die Abbey Road Studios für den ganzen Januar 1971; und »jedesmal, wenn jemand eine Idee hatte, nahmen wir sie auf«. Die Inspiration ließ nicht lange auf sich warten und bald kamen »sechsunddreißig Fragmente [dabei heraus], die manchmal zusammenpaßten und manchmal nicht. Daraus entstand ›Echoes‹.«

Ein besonderer Glücksfall gab bei dem gesamten Projekt buchstäblich den Ton an, als der Rest der Band im Kontrollraum herumhing und Wright auf einem Klavier klimperte, das per Mikro mit einem Leslie-Verstärker gekoppelt war. Jedesmal, wenn Rick eine bestimmte Note anschlug, entstand, wie Gilmour es ausdrückte, »eine seltsame Resonanz... eine Art Feedback... *Ping!* Es war purer Zufall. Wir sagten: ›Das klingt großartig!‹ Und benutzten es als Intro für das Stück.«[5]

Wenngleich viele der musikalischen Ideen von Dave und Rick stammten (die außerdem die Vocalparts übernahmen), so waren es doch »die Architekten«, die die Myriaden Bruchstücke zu einem mehr oder weniger geschlossenen Ganzen strukturierten. Wie es der zum Kritiker gewandelte Punkrocker Lenny Kaye ausdrückte: »Alle Segmente waren Teil eines nahtlos verzahnten, sich ständig verändernden Kontinuums von Motiven und Themen. Manchmal trat ein Song an die Oberfläche, nur um von den Gezeiten erfaßt und wieder fortgetragen zu werden.«[6] In klassischer Floyd-Manier ist »Echoes« reichlich mit 4/4-Tempi versehen, die sich langsam zu dramatischen Crescendi aufbauen und dann in überraschende Richtungen weiterentwickeln – und demonstrieren, daß die Band »die Kunst der Gliederung«, um es mit Kayes Worten zu sagen, zunehmend beherrschte.

Bei den ersten Live-Aufführungen schienen die Texte fast darauf angelegt, das Science-Fiction-Image der Floyd zu pflegen – bis Roger auf den Gedanken kam, seine Einfälle nicht mehr im Weltraum, sondern unter Wasser zu suchen. (Aus der Anfangszeile »Planeten stehen sich gegenüber« wurde »Am Himmel der Albatros«.) Außerdem gab es unter der Oberfläche von »Echoes« aquatischen Traumlandschaften erste Hinweise auf das »Entfremdungsthema« in Waters' späterem Werk.

Das »epische Soundgedicht« (wie Roger es damals nannte) wurde im Juli zusammen mit dem Material für die Rückseite des Albums in den AIR Studios aufgenommen, wo den Floyd zum ersten Mal sechzehn Spuren zur Verfügung standen. (Alle früheren LPs hatten sich mit vier, *Atom Heart* mit acht Spuren begnügen müssen.) Trotz der unorthodoxen Kompositionsweise erwies sich »Echoes« laut Rick »als leicht zu spielende Live-Nummer... Zwischen ›Echoes‹ auf der Platte und auf der Bühne gibt es keinen Unterschied.«

Wie *Atom Heart Mother* präsentierte auch die Rückseite von »Echoes« eigenständige Songs. Der populärste erblickte das Licht der Welt, als Roger einen monotonen Baßriff durch den Binson-Echohall filterte, den die Floyd aus der Syd-Barrett-Ära geerbt hatten. »Man entwickelt im Wechselspiel zwischen sich und dem Echo einen Rhythmus«, erklärte Gilmour. »Ursprünglich gab es nur diesen Sound; als wir das Stück aufgenommen hatten, erschien er uns zu schwach, um allein die ganze Nummer zu tragen, und wir versuchten es mit etwas anderem... einem schweren Vibrato – das ganze Mittelstück, das wir dann hineinschnitten. Und dann legten wir den ganzen anderen Klimbim rüber, die Orgel und die schnellen Gitarren« – vom heulenden Wind ganz zu schweigen.

Dieses unheilschwangere Werk wurde – in bester »Careful with That Axe«-Manier – »One of These Days (I'm Going to Cut You into Little Pieces)« getauft. Auch dieser Song ist bis auf die kurze gesprochene Titelpassage, die Nick Masons einzige »Gesangseinlage« im gesamten Floyd-Opus darstellt, ein reines Instrumental.

Bei den restlichen Songs stach vor allem das eindringlich melodische »Fearless« hervor (Text von Roger, Musik und Gesang von Dave), das auf fantasievolle Weise eine Horde »Du wirst nie allein sein« grölende Liverpooler Fußballfans mit Zeilen wie »Furchtlos trat der Idiot vor die Menge« verband, die bewußt auf das Barrett-Dilemma anspielten. Am Ende dieser Sessions wurde Waters zu einem weiteren Song inspiriert,

»The Dark Side of the Moon«, der sich noch deutlicher auf Syd bezog. Allerdings entschied er, ihn für ein neues Projekt zu reservieren, das sich gerade erst in seinem Unterbewußtsein herauszuschälen begann. (Der Song selbst sollte später in »Brain Damage« umbenannt werden.)

Meddle ist nicht ohne Füller; der Cocktailstundenjazz von »San Tropez« und – ein ewiger Anwärter auf den Titel des schlechtesten Floyd-Songs aller Zeiten in Fanzine-Umfragen – der »Blues« namens »Seamus«, bei dem der Gesang buchstäblich an Hundegeheul erinnert. »Ich schätze, für alle anderen war es nicht so lustig wie für uns«, gab Gilmour zu. (Aber auch dieses gescheiterte Experiment sollte von den Floyd später, auf dem *Animals*-Album, in erfolgreicherer Form wiederholt werden.)

Die äußere Aufmachung von *Meddle* ist zudem weit weniger eindrucksvoll als die seiner Vorgänger; dem Cover mangelt es an der Sorgfalt und dem Einfallsreichtum von *Dark Side of the Moon* und *Wish You Were Here*. Viele Fans wissen immer noch nicht, daß Bob Dowlings Coverfoto, das auf den ersten Blick wie der Schnappschuß einer psychedelischen Lightshow aussieht, in Wirklichkeit ein Ohr zeigt, das Tonschwingungen hört, die hier als Wasserwellen dargestellt sind. *Meddle* ist für Storm Thorgerson das schlechteste aller Floyd-Coverdesigns von Hipgnosis, obwohl er zu bedenken gibt, daß das Konzept von der Band vorgeschrieben wurde. Sein ursprünglicher Vorschlag, von höchster Stelle leider abgelehnt, war eine Großaufnahme vom Anus eines Pavians.

»Die ganze Sache ist unter sehr komischen Umständen entstanden«, sagt Gilmour, »denn wir waren damals in Japan auf Tournee. Die Idee für das Cover wurde per Telefon von Japan nach England durchgegeben und das Bild des überfluteten Ohrs war nicht so gut, wie wir uns das vorgestellt hatten. Ob du's nun glaubst oder nicht, da ist wirklich ein Ohr drauf! Wir hatten nicht mehr die Energie, nach dem Ende der Aufnahmearbeiten am Coverdesign und dem übrigen Kleinkram mitzumachen. Es gehört nicht zu meinen Lieblingscovern.« Der eher schwache Titelgag – ein Wortspiel zwischen »Medal« (Orden) und »Meddle« im Sinne von »interferieren« – materialisierte dementsprechend beim Brainstorming der Floyd um Mitternacht in einem japanischen Hotelzimmer.

Meddle löste bei den Kritikern ein unterschiedliches Echo aus. *Rolling Stone* nannte es einen »Floyd-Killer vom Anfang bis zum Ende«, *Record Mirror* fand es »fantastisch« und *NME* hielt es für »ein außerordentlich gutes Album« und sah vor allem in »Echoes« den »Zenit, nach dem die Floyd immer gestrebt haben«. Michael Watts vom *Melody Maker* tat die Platte allerdings als »Soundtrack eines nicht existierenden Filmes« ab und meinte im übrigen (frei nach Shakespeare), daß Pink Floyd allgemein »viel Lärm um Nichts« machen würden. »Als Antwort« schickte ihm der Scherzbold Mason ein Geschenkpaket, in dem sich ein auf einer Sprungfelder montierter Boxhandschuh befand. Waters wiederum sollte bald sein Äußerstes geben, damit kein Kritiker mehr die Floyd mit derartigen Ausdrücken herabwürdigen konnte.

Kurz nach *Meddle* folgte Pink Floyds zweiter Soundtrack zu einem Film ihres Freundes Barbet (*More*) Schroeder – diesmal über französische Hippies, die in Neu-Guinea »wie die Eingeborenen« leben wollen und nach einem verborgenen Tal und dem Sinn des Lebens suchen. Obwohl der Film *La Vallée* hieß, wurde das Album *Obscured by Clouds* betitelt – nach dem pulsierenden Instrumentalstück, das sich sowohl bei den Floyd-Konzerten als auch auf Platte und im Film als unwiderstehlicher atmosphärischer Auftakt erwies.

Man merkt *Obscured by Clouds* kaum an, daß es in etwas mehr als einer Woche zusammengebastelt wurde – im Château d'Herouville vor den Toren von Paris, Elton-John-Fans besser als Honky Chateau bekannt. Tatsächlich enthüllt der fehlende Studioschliff bei einigen Nummern eine selten gehörte Seite von Pink Floyd: die urwüchsigen Rock'n'Roller, die sich einfach hinstellen und *spielen*. »Für mich war es eine sensationelle LP«, gestand Nick Mason Jahre später.

Das dominierende Instrument auf diesen relativ einfachen und funkigen Nummern ist David Gilmours Leadgitarre, dessen Gesang beträchtlich an Qualität gewonnen hat. Bis zum heutigen Tag ist sein Lieblingssong das stampfende »Childhood's End« (benannt nach Arthur C. Clarkes SF-Klassiker, dt. *Die letzte Generation*), obwohl bei der Aufnahme immer noch die letzte Strophe des Textes fehlte. Von da an sollte Roger Dave von der Verantwortung als Texter ablösen.

Rogers wichtigster Text auf *Obscured by Clouds* war zweifellos »Free Four«, der schwerlich weniger mit der Erforschung des Weltraums oder gar Neu-Guinea zu tun hätte haben können. Der Titel wurde einem scherzhaften Abzählreim entlehnt und die Melodie ist so unwiderstehlich fröhlich, wie sie in Verbindung mit dem Text auf absurdeste Weise unpassend ist. Denn »Free Four« – ein Meilenstein auf dem Weg zu *The Wall* und *The Final Cut* – erweist sich als das Räsonieren eines senilen Mannes, der sich auf seinem Totenbett über ein Leben beklagt, das »im Handumdrehen« vorbei war, ehe er sich seinem »langen kalten Schlaf« ergibt. Das einzige SF-Element ist, daß es sich bei dem alten Knacker zweifellos um G. Roger Waters handelt, der über das noch kürzere Leben seines eigenen, »im Schützengraben begrabenen« Vaters nachgrübelt. In diesem Song der Floyd taucht zum ersten Mal der Ausdruck »auf der Flucht« auf – wobei »Flucht« in Waters' Sprache ein Synonym für »Paranoia« ist.

Im makabren Licht von »Free Four« wirken die Aspekte der Existenz des achtundzwanzigjährigen Roger (z. b. »alle an Bord für die Amerikatour... vielleicht schafft ihr's bis zur Spitze«) plötzlich recht fadenscheinig. Selten hat ein dreiminütiger Popsong eine Weltanschauung von einem derart atemberaubenden Zynismus gesehen. Das Bild, das dieses eingängige kleine Stück heraufbeschwört, ist das eines Mannes, der freundlich lächelt, während er ein Todesurteil überbringt – wobei es sich in diesem Fall um sein eigenes handelt.

Amerikas Radiostationen reagierten auf das flotte Tempo von »Free Four«, indem sie es öfter spielten als jede frühere Pink-Floyd-Platte. Vielleicht war es die ultimative Ironie von »Free Four«, daß die hastig aufgenommene Filmmusik, von der es ein Teil war, als erstes Floyd-Album in die Top Fifty der amerikanischen *Billboard*-Charts kam.

Kurz nach der musikalischen Untermalung von *La Vallée* traten unsere Helden in einem eigenen Film auf. *Pink Floyd in Pompeji* war ein Live-Konzert, dessen Publikum ausschließlich aus Geistern bestand – den zweitausend Jahre alten Gesichtern der Fresken und Statuen des antiken Amphitheaters. Dementsprechend wurden während der Aufführung von »Echoes«, »One of These Days«, »Set the Controls«, »Careful with That Axe« und »Saucerful of Secrets« die üblichen Requisiten und Feuerwerke der Band durch römische Ruinen und den Vulkan Vesuv ersetzt.

In einer derart gespenstischen Umgebung schienen die unheimlichen Stimmungsbilder der Floyd erst richtig zur Geltung zu kommen, emporzusteigen aus, um es mit Mr. Poe zu sagen, »einem wilden wüsten Reich [. . .] jenseits von RAUM – jenseits der ZEIT«. Ursprünglich für das europäische Fernsehen gedreht, wurde diese kosmische Tour de Force mit beträchtlichem Erfolg beim Edinburgher Arts Festival im September 1972 gezeigt. Allerdings sollten Rechtsstreitigkeiten die weitere Aufführung um zwei Jahre verzögern.

Die Auftritte vor historischem Hintergrund sollten zu einer Spezialität der Floyd werden und am 15. Juli 1989 in einem Gratiskonzert auf einer schwimmenden Bühne in Venedig gipfeln, vor zweihunderttausend lebendigen Nachfahren des römischen Imperiums. Etwa ein Jahr zuvor, während jener unendlichen *Momentary Lapse of Reason/Delicate Sound of Thunder*-Tournee, nur wenige Momente vor dem Beginn eines Konzerts in Pittsburgh, saß der Autor dieses Buches in einer überfüllten Garderobe mit einem sich ständig verändernden Zirkel floydianischer Beleuchter, Bodyguards, Chorsängerinnen und Musiker an einem Tisch. Schließlich, für ein oder zwei Minuten, setzten sich keine geringeren Persönlichkeiten als die Herren Gilmour, Mason und Wright zu mir – wobei sich das Gespräch *Pink Floyd in Pompeji* und seiner kürzlichen Veröffentlichung auf Video zuwandte.

»Es ist die Art Film« sagte Dave, »die eigentlich nur im Nachtprogramm des Fernsehens gezeigt werden sollte. Ich glaube nicht, daß er sich als Video durchsetzt.« »Im Gegenteil, es ist ein sehr interessanter Film«, konterte Nick. Rick hatte dann das letzte Wort: »Das einzige Problem war der Regisseur!« Woraufhin die drei Floyd auf die Bühne gerufen wurden und die ersten Takte von »Shine On You Crazy Diamond« dieses Kolosseum des zwanzigsten Jahrhunderts namens Three Rivers Stadion füllten.

Anfang 1973, während quälender Debatten über das Schicksal seines Films, machte besagter Regisseur – Adrian Maben – zusätzliche Aufnahmen von Pink Floyd, die sie bei der Arbeit im Tonstudio, beim Essen und bei einer Diskussion über den weitverbreiteten Irrglauben zeigten, daß ihre Musik von Maschinen erzeugt wurde.

DAVID GILMOUR: Es entsteht alles zunächst im Kopf. Es muß im Kopf existieren, ehe man es umsetzen kann. Die Technik weiß nicht, was sie tun muß. Sie kann sich nicht selbst kontrollieren... Es wäre interessant zu erleben, was vier Leute, die keine Ahnung haben, damit anfangen würden – man stellt ihnen die Technik zur Verfügung und sagt ihnen, nun macht mal schön. Es wäre ein interessantes Experiment. Ich schätze [*breites Grinsen*], wir würden dabei besser wegkommen.

ROGER WATERS: Genausogut könnte man sagen: »Gib einem Mann eine Les-Paul-Gitarre, und er wird ein zweiter Eric Clapton.« Aber das stimmt nicht. Und wenn man einem Mann einen Verstärker und einen Synthesizer gibt, wird er kein zweiter Floyd.

Die Stücke, die bei den Dreharbeiten im Studio geprobt wurden, sind »On the Run«, »Us and Them« und »Eclipse« – wobei das letzte auch der Arbeitstitel des Albums war, das Millionen als The *Dark Side of the Moon* kennen und lieben sollten.

15

Eclipse

»I've been mad for fucking years...«

So murmelt der Irre zum regelmäßigen Schlag des menschlichen Herzens: *Ba-bump, ba-bump, ba-bump*... Der Herzschlag geht in das unerbittliche Ticken einer Uhr und das Klimpern zweier rhythmisch synchronisierter Registrierkassen über – Vorboten von »Time« und »Money«, die Songs über die beiden Mächte, die einen Menschen an den Rand des Wahnsinns treiben können. »I've always been mad, *I know* I've been mad...« Irres Gelächter, unmenschliche Schreie, und dann weicht die Spannung der Erlösung in der vertrauten Form von Rick Wrights sphärischen Akkorden und David Gilmours hallender Slidegitarre, die den Hörer zur dunklen Seite des Mondes tragen.

Damit beginnt das Meisterwerk, das Album, mit dem Pink Floyd es schaffen *wollten*: jene hypnotische Beschwörung der Entfremdung, der Paranoia, des Wahnsinns und des Todes, die mehrere Generationen von Hörern verzaubert und sich in den Annalen der Plattengeschichte einen Namen als das Werk gemacht hat, das um Jahre länger in den Charts war als seine schärfsten Konkurrenten.

»Ich glaube«, sagt Wright, »jedes Album war in gewisser Hinsicht ein Schritt in Richtung *Dark Side of the Moon*. Wir haben die ganze Zeit dazugelernt, die Aufnahmetechniken und unsere Kompositionen verbessert.« In seiner meisterhaften Mischung aus Soundeffekten und Sprachfragmenten, musikalischer Atmosphäre und Studiotechnologie stellt *Dark Side* die Apotheose von fünf Jahren teils erfolgreicher, teils gescheiterter Experimente dar – und von fünf Jahren der Auseinandersetzung mit dem Wahnsinn des Mannes, der Pink Floyd zu ihrem Namen und ihrem Ruhm verholfen hatte. (Der Titel selbst hatte keine astronomische Bedeutung, sondern war, wie Gilmour es ausdrückt, »eine Anspielung auf den Irrsinn«.) Für Peter Jenner, der sich oft als anspruchsvollster Kritiker seiner Ex-Klienten erwiesen hat, ist *Dark Side of the Moon* »zweifellos eine der großen Rockplatten. Obwohl sie hauptsächlich von ihm handelte, war sie die Platte, mit der sie sich von Syd lösten.«

Auch wenn *Dark Side* die musikalische und persönliche Geschichte der Floyd aufarbeitete, stellte das Album einen bewußten Bruch mit der Vergangenheit dar. Bereits 1971 hatte Roger Waters öffentlich seine Entschlossenheit bekräftigt, »auf den Teppich zu kommen, die fantastischen Elemente zu reduzieren und uns mehr mit den Dingen zu beschäftigen, mit denen wir es in der Realität zu tun haben.« Außerdem konnte dieser verkannte Architekt nur schwerlich der Versuchung widerstehen, die Struktur von »Atom Heart« und »Echoes« auf ein ganzes Album zu übertragen, so daß es sowohl vom Text als auch von der Musik her ein in sich geschlossenes Konzept darstellt. »Wir dachten«, erklärte er dem Autor Michael Wale, »wir könnten eine ganze LP über die Zwänge machen, die einen Menschen in den Wahnsinn treiben können ... der Zwang, einen Haufen Geld zu verdienen; die Sache mit der Zeit, die Zeit, die einem davonläuft; organisierte Machtstrukturen wie die Kirche oder die Politik; Gewalt; Aggression.«[1]

Die Floyd hatten bereits diverse Stücke in der Schublade, die zu einem derartigen Konzept zu passen schienen: eine völlig überarbeitete Version von »Breathe«, ursprünglich für *The Body* geschrieben: »Us and Them«, das sie inoffiziell »The Violence Sequence« nannten, in Anlehnung an die *Zabriskie Point*-Szene, für die es ursprünglich konzipiert worden war; der Song, den Roger während der *Meddle*-Sesions geschrieben hatte, »Brain Damage« mit seinem zentralen Verspaar ».... wenn die Band, in der du bist, anders spielt als du/Sehe ich dich auf der dunklen Seite des Mondes.« Gilmour und Wright hatten zudem einige neue, geniale musikalische Ideen ausgebrütet.

Nach langen Nächten des Brainstormings mit Nick Mason über seine »Liste« der Zwänge zwang sich Waters schließlich selbst dazu, »sich mit Kugelschreiber und Papier hinzusetzen und diese verfluchten Texte zu schreiben«. Gilmour berichtete später, daß »Roger bewußt versucht hat, die Texte ganz einfach, schlicht und leicht erfaßbar zu schreiben – leicht verständlich. Teilweise, weil... die Leute Dinge aus anderen Texten herausgehört haben, die es gar nicht gab.«[2] Und diesmal war es klar, daß kein anderer Floyd eine Zeile beisteuern würde.

Dark Side of the Moon war somit das Album, auf dem Waters bewußt Pink Floyd nicht nur als Vehikel für seine konzeptionellen Ambitionen, sondern auch als Sprachrohr für seine persönliche Weltsicht benutzte. (Wobei jene eine Mischung aus vernichtendem Zynismus und rechtschaffenem Zorn auf »das System« war, gepaart mit einem leidenschaftlichen Eintreten für die menschlichen Werte, die es den Menschen schlußendlich ermöglichen, ihr eigenes Potential zu erkennen, statt sich in die Entfremdung zurückzuziehen oder ganz zusammenzubrechen.) Demzufolge enthielt der *Dark Side*-Zyklus nicht nur Anspielungen auf Rogers, sondern auch auf Syds Lebensgeschichte (womit die Fusion beider Biographen zu dem Charakter des »Pink« begann, dem Star von *The Wall*). »Us and Them« beispielsweise verhöhnt Generäle, die ihr Kriegsspiel betreiben, ohne sich bewußt zu sein, daß »die Linien auf der Karte«, die sie verschieben, für ihre Mitmenschen stehen – wie Rogers verstorbener Vater.

Dennoch war *Dark Side* auch die Platte, durch die David Gilmour zu einem vollwertigen Floyd wurde und mit seiner Musikalität Waters' Botschaft für die breite Masse konsumierbar machte. Als bester Vokalist der Band sang Gilmour nun sogar auf Songs wie »Money« und »Us and Them«, die er nicht komponiert hatte. (In späteren Jahren, als er sich erdreistete, die Floyd ohne Roger fortzuführen, sollte sich dies als Vorteil erweisen.)

Als Clive Welham, der ehemalige Drummer von Jokers Wild – kein großer Floyd-Fan –, seinen Freund David kurz vor der Veröffentlichung besuchte, erwartete er nicht viel, als der darauf bestand, ihm ein Mastertape ihres neuen Albums vorzuspielen. Doch dann war er überwältigt, und im Lauf der nächsten Tage und Monate hörte er sich fast zwanghaft das Vorausexemplar an, das ihm Gilmour aufgedrängt hatte. »Das war das erste Pink-Floyd-Album, das mir gefiel, das ich rundum fantastisch fand. Für mich war es Daves Werk, der in seinen vier Jahren bei den Floyd ihre Musik runder gemacht hatte, weniger esoterisch. Und die Texte waren wundervoll, perfekte Einzeiler, die voll ins Schwarze trafen.« Für Nick Griffiths, dem späteren Tontechniker der Band, läßt sich das Geheimnis der Pink-Floyd-Magie leicht erklären: »Dave sorgte dafür, daß es den Leuten gefiel, und Roger brachte sie zum Nachdenken. Die Kombination war ein voller Erfolg.«

Daß *Dark Side of the Moon* um so vieles brillanter klang als seine Vorgänger, lag nicht zum geringen Teil an der Entscheidung der Floyd, den Zyklus bei Live-Aufführungen zu perfektionieren, bevor sie ihn auf ein Vierundzwanzig-Spur-Band einspielten (mit dem die Abbey Road Studios endlich ausgerüstet worden waren). »Es war eine verdammt gute Methode, eine Platte zu entwickeln«, sagt Nick Mason. »Man wird richtig vertraut mit ihr; man stellt fest, welche Stücke man mag und welche nicht. Und für das Publikum ist es sehr interessant, die Entwicklung eines Stücks zu verfolgen; wenn jemand es bei vier Gelegenheiten hörte, klang es jedesmal anders.« (Zum Beispiel war »Time« ursprünglich viel langsamer, und Gilmour und Wright sangen gemeinsam in einer gekünstelten, tiefen Tonlage, auf der Endversion singt Dave den Hauptpart und Rick die Überleitung.)

Dark Side of the Moon hatte am 17. Februar 1972 Premiere – über ein Jahr vor der Veröffentlichung des Albums – beim ersten von vier begeistert aufgenommenen, ausverkauften

Konzerten im Londoner Rainbow Theatre. Derek Jewells Bericht in der *Stunday Times* vermittelte einen Eindruck von der Atmosphäre dieses historischen Ereignisses:

> Es ist ein höllischer Anblick. Das Bild wird von drei silbernen Türmen aus Licht beherrscht, die unheimliche rote, grüne und blaue Schatten über die Bühne werfen. Überall wabert der Rauch gleißender Fackeln, die aufglühen und verlöschen. Grelles weißes Licht bleicht die Gesichter der Musiker zu knöchernden Masken...
>
> Doch unter der Oberfläche dieses überwältigenden Multimedia-Spektakels verbirgt sich... ein unheimliches Gefühl für die Melancholie unserer Zeit... Eine eindrucksvolle Leistung der Floyd. Sie sind hervorragende Dramatiker...[3]

Trotz solcher Lobeshymnen spürte Roger, daß dem großen Wurf der Floyd noch ein entsprechend aufwühlendes Finale fehlte – und kehrte an sein Reißbrett zurück, um »Eclipse« zu komponieren. Kurz darauf wurde »Eclipse« zum Titel des gesamten Zyklus – nachdem die Floyd zu ihrem Verdruß erfahren mußten, daß die Band Medicine Head ein neues Album namens *Dark Side of the Moon* herausgebracht hatte. Erst als es sich als kommerzieller Flop erwies, kehrten sie zu ihrem Originaltitel zurück.

Die Aufnahmen in der Abbey Road begannen schließlich am 1. Juni 1972, erstreckten sich über fast den ganzen Monat, wurden für zwei Tourneen durch Amerika und Europa unterbrochen und in den Monaten Oktober bis Januar des folgenden Jahres fortgesetzt. Obwohl Roger es für das »erste völlig in sich geschlossene Album« des Rocks hält, machte *Dark Side of the Moon* nicht den Versuch, eine fortlaufende Geschichte wie das 1979er *The Wall* zu erzählen (oder gar wie die 1969er »Rockoper« der Who, *Tommy*). Jeder Song – wie »Time«, »Money« und »Brain Damage«, um die plakativsten Titel zu nennen – behandelt vielmehr ein jeweils anderes Thema, das Waters für das Leitmotiv eines dem Wahnsinn verfallenden jungen Mannes für relevant hielt.

Einige dieser Themen werden ohne Hilfe von Rogers Texten abgehandelt. Der Flughafenaufruf an die Passagiere eines unmittelbar bevorstehenden Fluges (unterlegt von Schritten, die zwischen den Lautsprechern hin und her hetzen) genügt als Rahmen für die Synthesizerstudio über die Paranoia, »On the Run.« Und das Gespenst des Todes wird auf Ricks wortlosem »Great Gig in the Sky« mit Gastsängerin Clare Torry eloquent heraufbeschworen. Bei den Sessions reagierte die Gospelsängerin zunächst verdutzt, als ihr die Floyd die Konzepte hinter dem Album und dem Song erklärten – und ihr mitteilten, daß sie keinen Text zu singen hatte. Aber sie zeigte sich der Herausforderung mit einer Leistung gewachsen, die Wright »Schauer über den Rücken jagte... Keine Worte, nur ihr Klagen – aber es hatte etwas sehr Verführerisches an sich.«[4]

Clare Torry ist nicht die einzige weibliche Stimme auf *Dark Side of the Moon*, dem ersten von mehreren Floyd-Alben, auf denen ihre Vocals durch Soulsängerinnen »versüßt« werden – eine Methode, die schließlich auch von anderen großen britischen Bands wie den Stones und den Who auf ihren 1989er Reunion-Tourneen übernommen werden sollte. Und da keiner der Floyd ein Jagger oder ein Daltrey war, trug die diskrete Gegenwart der Mädchen nicht unerheblich zum runderen, die breite Masse ansprechenden Erscheinungsbild von *Dark Side* bei. Ebenso Dick Parrys Saxophon, mit dem einmal ein anderes Leadinstrument den typischen Keyboard- und Gitarrensound der Floyd auffrischte. (Gewiß waren auf *Atom Heart Mother* eine *Menge* Frauenstimmen und Bläser zu hören – aber sie waren eher Beiwerk als Bestandteil der Band.)

Als weitere Konzession an die Kommerzialität beauftragten die Floyd den erfahrenen Produzenten Chris Thomas mit der Überwachung des Endmixes – vor allem wegen seiner erfolgreichen Arbeit mit anderen Art-Rock-Bands von Procol Harum bis Roxy Music. Wie spätere Floyd-Produzenten stellte Thomas fest, daß seine Rolle hauptsächlich darin bestand, die bereits sichtbar werdenden Differenzen zwischen Waters (für den das lyrische Konzept an erster Stelle stand) und Gilmour (der mehr an der Musik an sich interessiert war) auszugleichen.

Aber am meisten trug zum überragenden Sound von *Dark Side of the Moon* der langjährige Techniker der Floyd bei, Alan Parsons – dessen Leistung mit der Verleihung eines Grammys für das bestarrangierte Album des Jahres 1973 gewürdigt wurde (einer der wenigen Preise, die Pink Floyd selbst indirekt erhalten haben). Wie Norman Smith vor ihm, war Parsons nicht nur zu den Floyd gestoßen, nachdem er bei den Beatles den letzten Schliff bekommen hatte (denen er bei *Abbey Road* als Hilfstechniker diente), sondern er sollte auch aus eigener Kraft den ungewöhnlichen Sprung vom Studiotechniker zum Plattenstar schaffen. (All diese Jahre mit Pink Floyd mußten sowohl Smith als auch Parsons davon überzeugt haben, daß man kein geborener Entertainer oder eine glamouröse Persönlichkeit sein mußte, um Plattenhits zu landen.)

Immer wieder findet man auf *Dark Side of the Moon* die Handschrift der Beatles (vor allem der Abbey-Road-Ära): der mehrstimmige Gesang von »Sun King« hat seine Entsprechung auf »Us and Them«; die Gitarrenriffs von »Dear Prudence« und »I Want You (She's So Heavy)« tauchen auf »Brain Damage« beziehungsweise »Eclipse« wieder auf. Gilmour sagt, daß es sich dabei um keinen »bewußten Tribut« gehandelt hat, obwohl er allgemein den Beatles großen Einfluß zugesteht, vor allem bei den Aufnahmetechniken, die die Floyd und ihr genialer Techniker in den Abbey Road Studios übernommen haben.

»Niemand hat je darüber nachgedacht«, erinnert sich der Gitarrist. »Man hat's einfach so gemacht, wahrscheinlich, weil die Beatles damit angefangen haben. Wenn man sich die Platten aus jener Zeit anhört, stößt man auf einen bestimmten, modischen Stil bei den Sounds, die mit den begrenzten technischen Mitteln von damals möglich waren. Für diese Gitarrensounds auf ›Dear Prudence‹ hat man einen Oszillator an eine Bandmaschine angeschlossen und die Klänge verzerrt. Um diese dünnen, knackenden Telefonstimmen hinzubekommen, wurden zwei phasenverschobene Mikrofone nebeneinandergestellt.«

Von der Beatles-Connection abgesehen, war Parsons' größtes Kunststück auf *Dark Side of Moon* die einwandfreie Reproduktion der Myriaden Soundeffekte des Albums – die Herzschläge und Schritte, die Flugzeuge und Explosionen, die regelmäßig wiederkehrenden Uhren und Registrierkassen – und ihre nahtlose Integration in die Musik. Die mit Waters' selbstproduzierten numismatischen Soundeffekten unterlegte sarkastische Lobrede Rogers auf »Money« – der Song wurde von Capitol in Amerika als Single veröffentlicht, was Pink Floyd den ersten Top-Forty-Hit einbrachte – war dank der geschickten Synchronisierung auf das ungewöhnliche 7/8-Metrum der Renner.

Parsons war außerdem für die Uhren am Anfang von »Time« direkt verantwortlich. Diese waren ursprünglich in einem Antiquitätengeschäft für ein Demoband aufgenommen worden, das die Möglichkeiten des quadraphonischen Sounds illustrieren sollte, der – zum Teil dank der Bemühungen der Floyd – den Konsumenten als logischer Nachfolger des Stereotons verkauft wurde. (*Atom Heart Mother* war bereits in einer »Quadro«-Version erschienen; *Dark Side of the Moon* und später *Wish You Were Here* sollten folgen.)

Unabhängig von Waters' und Parsons' Beiträgen war die Zusammenstellung der floydianischen Soundeffekte im Laufe der Jahre allmählich zu Nick Masons Spezialgebiet geworden, der, selten genug, als alleiniger Urheber von »Speak to Me« ausgewiesen wurde – die »farbige Soundmontage«, wie er es nennt, die das Album mit dem menschlichen Herzschlag eröffnet. Damals sagte Gilmour, daß »der Herzschlag auf das Leid der Menschen anspielt und die atmosphärische Vorgabe für die Musik liefert, die die Gefühle eines Menschenlebens beschreibt«.[5] Einige Kritiker haben Pink Floyd vorgeworfen, derartige Effekte zu plump und zu berechnend einzusetzen – im Gegensatz zu der genialen Willkür, die Barrett auf »Bike« vom ersten Floyd-Album bewiesen hat. (Der Unterschied war natürlich der Unterschied zwischen einer bewußten Erforschung des Wahnsinns durch Beobachter, die im wesentlichen normal waren, und dem visionären Delirium eines Künstlers, der dem Wahnsinn verfiel.)

Weit fantasievoller sind die gesprochenen Passagen, die *Dark Side of the Moon* durchziehen, oft kaum hörbar oder verständlich, sich vor einem Mikrofon über so relevante Themen wie Wahnsinn, Gewalt und Tod zu verbreiten. Einer der Interviewten, dessen Bemerkungen nicht verwendet wurden, war Paul McCartney, dessen vorsichtige Philosophiererei gegen die inspirierte Spontanität des Abbey-Road-Pförtners Jerry Driscoll und des verstorbenen Floyd-Roadies Pete Watts verblaßte – selbst sein eigener Wings-Gitarrist Henry McCulloch lieferte besseres Material.

Diesen Subjekten wurden eine Reihe von Leselernkarten gezeigt, auf denen Fragen wie »Wann bist du zum letztenmal gewalttätig gewesen?« oder »Was hältst du vom Tod?« standen. Ein Interview mit »Roger the Hat«, dem ausgeflippten Roadmanager einer konkurrierenden Band, versorgte die Floyd mit besonders reichhaltigem Material, wobei sein irres Gelächter ebenso Anklang fand wie seine aberwitzigen Kommentare. Die Originalaufnahme des Gesprächs präsentiert einen ausgesprochen gönnerhaft wirkenden Roger Waters, der seinen Namensvetter über eine Gewalttat befragt, die der nur drei Tage zuvor an einem anderen Autofahrer verübt hatte, der so unvorsichtig gewesen war, den Roadie »einen langhaarigen Affen« zu nennen.

WATERS: Und du meinst, das war gerechtfertigt? Daß du ihm eine verpaßt hast?
HAT: Eindeutig. Denn die Sache is', Alter, wenne auf der

Straße unterwegs bis', weißte, und dir einer so dumm kommt, also, der bringt dich doch glatt um, also verpaßte ihm 'nen knallharten Schock und die Sache is' gelaufen, kapiert? Weißte, ich hätt' ihm auch 's Lebenslicht ausblasen können, weißte, aber ich hab' ihm nur eine gescheuert *ha ha ha ha ha ha ha ha ha ha ha ha*...

WATERS: Gut, nun zu einer anderen Sache, die uns interessiert, denn auf dem Album ist noch ein Track, auf dem es ums Abkratzen geht...

HAT: Tod? Wow!... Is' mir völlig wurscht. Heute is' heute, morgen is' morgen, so denk ich...

Aber es ist Pförtners Driscoll, der das verstörende letzte Wort auf dem Album hat, während eine Neuauflage des Herzschlags in der Auslaufrille verklingt: »Eigentlich gibt es keine dunkle Seite des Mondes; in Wirklichkeit ist es überall dunkel.« *Ba-bump, Ba-bump, Ba-bump*...

Wie viele Rock-»Klassiker« – man denkt sofort an *Sgt. Pepper* – rühmt sich *Dark Side of the Moon* einer Ausstattung, die so passend ist, daß man sich heutzutage das Album ohne sie gar nicht mehr vorstellen kann. Nachdem der ursprüngliche Plan der Floyd, die Platte zusammen mit einem Sortiment von Postern und Stickern in einer Box herauszubringen, aus Kostengründen fallengelassen worden war, legten Hipgnosis der Band sieben verschiedene Coverentwürfe zur Entscheidung vor. Laut Storm Thorgerson hat Rick Wright mit seiner Bitte um etwas »Einfaches, Klinisches und Präzises«, das gleichzeitig zur Lightshow der Floyd passen sollte, sie schlußendlich zur Wahl eines pyramidenförmigen Prismas inspiriert, das einen weißen Lichtstrahl in einen Regenbogen zerlegt.

Roger Waters steuerte später die Idee bei, das Spektrum über die Innenseite des Covers fortzusetzen, bis es auf der Rückseite durch ein umgedrehtes Prisma wieder in den ursprünglichen Lichtstrahl verwandelt wird und so eine mandalaähnliche Wirkung erzeugt. (Was natürlich auch auf die Musik zutrifft, die mit Herzschlägen beginnt und endet.)

Um das Pyramidenmotiv möglichst realistisch zu gestalten, fuhr Thorgerson persönlich nach Gizeh in Ägypten und machte dort Fotos für das beiliegende Poster. »Es war ziemlich gespenstisch«, erzählt er. »Mitten in einer Vollmondnacht zu den Pyramiden hinauszufahren. *Sehr* unheimlich. Aber toll...«

Ein wohlmeinender Mitarbeiter von EMI kam auf die Idee, das neue Album auf einer Presseparty im Londoner Planetarium vorzustellen, wo die Band einst in ihrer kosmischen Inkarnation hatte spielen wollen. Aber das Image der Floyd hatte sich verändert; ihnen kam der Plan »so bescheuert« vor, sagte Waters, »daß wir alles versuchten, um ihn zu verhindern, und als sie ihn nicht aufgeben wollten, weigerten wir uns, hinzugehen... Der Empfang hätte nur einen Sinn gehabt, wenn man auf ihm einen wirklich erstklassigen quadraphonischen Mix präsentiert und so etwas Besonderes daraus gemacht hätte.«[7] Aber die »Quadro«-Version war noch nicht fertig; und EMI hatte sich zum zusätzlichen Verdruß der Floyd für ein minderwertiges Soundsystem entschieden. Als alle bis auf Rick Wright den Empfang boykottierten, wurden die Gäste statt dessen von einem Quartett lebensgroßer Pink-Pappkameraden begrüßt.

Es spielte keine Rolle: die Floyd ernteten mit *Dark Side of the Moon* die besten Pressekritiken ihrer Karriere. Steve Peacocks Resümee in *Sounds* fiel da nur leicht aus dem Rahmen: »Selbst wenn Sie noch keine einzige Note von Pink Floyd gehört haben, würde ich Ihnen *Dark Side of the Moon* uneingeschränkt empfehlen... Es ist in jeder Hinsicht große Musik.«[8]

Es überraschte niemand, daß *Dark Side of the Moon* in England und in ganz Westeuropa sofort zur Nummer Eins wurde. Aber es war der Aufstieg zur Spitzenposition in den amerikanischen Charts – am 28. März 1973 im Kielwasser einer ausgedehnten Amerikatournee –, der Pink Floyd endgültig zu einer globalen Attraktion machte, zu einer Megaband von der Klasse der Rolling Stones oder der Who.

Das Mitternachtskonzert der Floyd am 17. März in der New Yorker Radio City Music Hall war ein Erfolg, wie er zuvor und auch hinterher keiner Gotham-Show der Gruppe vergönnt gewesen war. *Alle* waren da, angefangen von den zottelhaarigen East-Village-Überlebenden des Sommers der Liebe über die neuen Rockglitterati bis zu Andy Warhol persönlich. Alle sprangen auf, als um 1 Uhr 30 endlich die Saallichter ausgingen und aus Öffnungen in der Bühne pinkfarbene Dampfwolken quollen – während zu den ersten Klängen von »Obscured by Clouds« vier statuengleiche Floyd auf einer Hebebühne langsam aus dem Boden wuchsen. Drei Beleuchtungstürme, der mittlere mit einem Parabolreflektor an der Spitze, tauchten die Band in rotes Licht, als die Hebebühne ihren höchsten Punkt erreicht hatte und dann in Richtung der tobenden Menge schwenkte.

An dieser Stelle muß der Lichtdesigner der Gruppe in den frühen siebziger Jahren erwähnt werden. Arthur Max, der sich selbst zum »fünften Floyd« stilisierte, aber vom Publikum kaum als solcher anerkannt wurde. Auf »Set the Controls for the Heart of the Sun« schienen die Floyd in einem Feuersturm zu spielen, als Max' Scheinwerfer den aufsteigenden Rauch gelb und orangen färbten und Stroboskopeffekte über Nicks Schießbude flackerten. Ein in gleißend weißes Licht getauchter Roger legte seinen Baß zur Seite und warf sich gegen einen riesigen Gong – der auf dem Höhepunkt des Songs in Flammen explodierte.

Nach der Pause erloschen die Saallichter erneut, und die Scheinwerfer strahlten einen gigantischen, über der Bühne schwebenden Ballonmond an. *Ba-bump, Bu-bump*... hallte von der anderen Seite des Saals der verstärkte Schlag des menschlichen Herzens herüber. »I've been mad for fucking years...«

Zu den Highlights des Big-Apple-Debüts von *Dark Side of the Moon* gehörten ein Flugzeug, das am Ende von »On the Run« im Hintergrund der Radio City Music Hall startete und in einer Explosion aus orangenfarbenem Rauch auf die Bühne stürzte –

gefolgt von »Time« mit seinem überwältigendem Chor tickender Uhren. Dank der Unterstützung durch den Saxophonisten Dick Parry und ein weibliches Duo namens The Blackberries (die frisch von einem Gig mit Leon Russell kamen) konnte die Band den Sound des Albums fast perfekt auf der Bühne rekonstruieren. Als der Zyklus abgeschlossen war und die Floyd die letzten Zugaben gegeben hatten, färbte sich draußen der Himmel bereits rötlich. Für sechstausend New Yorker war es eine Nacht gewesen, die nur wenige je vergessen würden.

Nach diesem gigantischen Erfolg sorgte Steve O'Rourke dafür, daß Pink Floyd zwei Monate später wieder durch die USA tourten. Diesmal durch das große amerikanische Herzland, wo, wie sich Gilmour wunderte, »wir an jedem Abend Hallen mit zehn- oder fünfzehntausend Plätzen füllten – ganz plötzlich. In New York und Los Angeles sind wir immer gut angekommen, aber das waren Städte, in denen wir noch nie gewesen sind.«[9]

Doch die Superstarrolle ließ bis dato unbekannte Elemente in den floydianischen Tempel strömen – jene Sorte »Fans«, die in jeder leiseren Passage eine Gelegenheit sehen, sich über ihre Lieblingssendungen im Fernsehen zu unterhalten oder den Künstlern auf der Bühne die Titel ihrer größten Hits zuzubrüllen. Gilmour blieben vor allem »die unglaublichen Belästigungen während dieser Gigs« in Erinnerung. »Wir waren an diese ehrfürchtigen Fans gewöhnt, die so still waren, daß man eine Stecknadel fallen hören konnte. Wir versuchten ganz leise zu spielen, vor allem am Anfang von ›Echoes‹ oder ähnlich dezent beginnenden Songs, um eine wunderschöne Atmosphäre zu erzeugen, und all diese Kids brüllten ›Money!‹«[10] Und Roger gefiel es überhaupt nicht.

Durch die Popularität der Band zeigte der Pink-Floyd-Kult nun seine Schattenseiten.

Obwohl sie von Anfang an wußten, daß Dark Side of the Moon ihre erfolgreichste Platte werden würde, gaben sich die Floyd vom schieren Ausmaß dieses Erfolgs überwältigt. »Als sie fertig war«, erinnerte sich Nick Mason später, »hielten alle sie für die beste Platte, die wir je gemacht hatten, und alle waren total zufrieden. Aber niemand behauptete, daß sie fünfmal so gut wie *Meddle* oder achtmal so gut wie *Atom Heart Mother* war – ein Verhältnis, das den tatsächlichen Verkaufszahlen entsprach.«[11]

Daß *Dark Side of the Moon* die Nummer Eins in Amerika wurde, obwohl kein früheres Pink-Floyd-Album unter die Top Twenty gekommen war, erinnerte an den Erfolg anderer britischer Gruppen wie die Who, die sich dank ihrer Marathontourneen durch die Staaten als legendäre Konzertband etabliert und das große Los mit ihrem Hauptwerk *Tommy* gezogen hatten. Und daß *Dark Side of the Moon* auch noch ein, zwei Jahre nach seiner Veröffentlichung die *Billboard*-Charts anführte – wie Tommy und eine Handvoll Beatles-Alben –, schien seinen Status als echter populärer »Klassiker« nur zu bestätigen.

Aber im Gegensatz zu diesen Alben –, und zu allen anderen Alben, die vorher oder nachher erschienen sind – wollte *Dark Side of the Moon* einfach nicht aus den Charts verschwinden. Mit einer Hartnäckigkeit, die so gespenstisch wirkte wie das Album selbst und zweifellos ein einzigartiges Phänomen in der Geschichte der Plattenindustrie darstellt, verkaufte sich *Dark Side* Woche für Woche in so großer Zahl, daß es sich noch drei... sechs... zehn... *vierzehn* Jahre nach der Veröffentlichung in den Charts halten konnte. Damit usurpierte es den Platz in den Rekordlisten, der lange *Johnny Mathis's Greatest Hits* vorbehalten war, eine Generation früher in der Vor-Beatles-Ära veröffentlicht, als Alben noch keine Multi-Milliarden-Dollar-Industrie darstellten und ein Platz in den Charts über die Verkaufszahlen nicht so viel aussagte. Die Mathis-LP verschwand erst 1968, nach 490 Wochen, aus der *Billboard*-Hitparade; *Dark Side* überbot diesen Erfolg im Jahr 1983 und war fünf Jahre danach noch immer vertreten. (Allerdings flog es im Gegensatz zur Mathis-Scheibe hin und wieder für kurze Zeit heraus – nur um sofort wieder in die Charts zurückzukehren.)

Doch selbst das »klassischste« Album muß irgendwann sein

Käuferpotential ausschöpfen und aus den Charts verschwinden. Normalerweise kauft man kein Album, das man bereits hat – doch bei *Dark Side of the Moon* scheint dies tausendfach der Fall gewesen zu sein. Eine Erklärung dafür mag sein, daß *Dark Side* durch die perfekten Produktions- und Aufnahmetechniken zu *dem* Album wurde, mit dem sich am besten die Leistung der High-Tech-Stereoanlagen demonstrieren ließ, mit dem in den siebziger und achtziger Jahren die Haushalte der Babyboomer versorgt worden. Selbst nur leicht zerkratzte Exemplare waren für diesen Zweck ungeeignet.

Aber Audiophilie allein kann kein Album fünfzehn Jahre lang in den Hitparaden halten; die Texte und die Musik müssen selbst zum Dauerbrennereffekt beitragen. Neben dem relativ kommerziellen Sound hat *Dark Side of the Moon* noch den Vorzug, viel melodiöser zu sein als alle anderen Floyd-Alben seit *Piper*; trotz aller Konzept- und Elektronikbasteleien ist eine gute Melodie immer noch das beste Mittel, das Interesse der breiten Öffentlichkeit zu erregen.

Die Platte profitierte auch vom Aufstieg der AOR – der albumorientierten Radiosendungen –, deren Programmacher von *Dark Sides* brillanter *segue*-Technik so fasziniert waren (und sind), daß sie oft mehr als nur einen Track spielten. (Hier sei angemerkt, daß die *Billboard*-Charts sowohl die Zahl der Sendungen als auch der Plattenverkäufe widerspiegeln.) Im Lauf der Jahre scheint *Dark Side of the Moon* zudem die normalen demographischen Grenzen gesprengt zu haben. Jemand, der mit Pink Floyd aufgewachsen ist, kann sich immer noch in Rogers relativ erwachsenen Texten wiederfinden, auch wenn ihre morbid-depressive Sensibilität neue Generationen von angstgeplagten Jugendlichen fasziniert.

Aber all diese Faktoren erklären trotzdem *nicht* das Phänomen von über siebenhundert Chartwochen. Während ich die Floyd 1988 auf ihrer Tournee begleitete, fühlte ich mich verpflichtet, Rick, Dave und Nick nach *ihrer* Erklärung für die erstaunliche Langlebigkeit von *Dark Side of the Moon* zu fragen.

Jeder unterdrückte höflich ein Stöhnen, als sie zum x-ten Male über diese Frage nachdachten.

»Nicht die blasseste Ahnung«, meint Rick Wright schulterzuckend. »Als es fertig war und wir es zum erstenmal im Studio hörten, dachte ich: ›Das wird ein Hit. Das ist ein hervorragendes Album.‹ Warum es sich weiter und weiter verkauft, weiß ich nicht. Es hat damals einen Nerv berührt. Alle schienen nur darauf gewartet zu haben, daß *irgend jemand* dieses Album macht.«

»Es hat die Leute offenbar angesprochen«, stimmt David Gilmour zu. »Es klingt immer noch nicht veraltet, es klingt immer noch gut, wenn ich es mir anhöre. Aber ich kann wirklich nicht sagen, warum es sich im Vergleich zu den anderen großartigen Platten, die es gibt, so lange gehalten hat.

Wir wußten immer, daß es sich besser verkaufen würde als unsere anderen Sachen, weil es besser war als alles, was wir bis dato gemacht hatten – es war runder und perfekter. Das Cover war besser. Alles paßte zusammen.« (Nichtsdestotrotz meint Gilmour inzwischen, daß es noch verbesserungswürdig ist, vor allem im Hinblick auf die Drums.)

»Ich glaube nicht, daß es einen bestimmten Grund dafür gibt«, sagt Nick Mason. »Es spielen bestimmt viele Dinge eine Rolle, die sowohl die Aufmachung als auch den Inhalt der Platte betreffen. Außerdem war es die richtige Platte zur richtigen Zeit – und sie hat eine Eigendynamik entwickelt, denn weil sie so lange in den Charts war, dachten die Leute: ›Oh, das ist die, die schon die ganze Zeit dabei ist.‹

Uns macht es nichts aus, daß sie fälschlicherweise für unser bestes Album gehalten wird. Es ist ein gutes Album, und ich bin stolz darauf, aber andere Platten verdienen einen ähnlich langanhaltenden Erfolg – Dylan-Alben, *Sgt. Pepper*.

Es sind viele Dinge zusammengekommen, naturlich auch ein Quentchen Glück. Und die Botschaft, die wir rüberbringen wollten, ist immer noch aktuell – dieses einzigartige Sechziger-Jahre-Botschaft.«

Der Mann, der fast allein für diese Botschaft verantwortlich war, ist natürlich oft gebeten worden, seine Erklärung für das Phänomen *Dark Side* beizusteuern. Rogers Erklärungen gleichen weitestgehend denen seiner Ex-Kollegen – d. h.: »Es ist sehr ausgewogen und gut durchkonstruiert, dynamisch und musikalisch, und ich denke, der humane Ansatz macht viel von seinem Reiz aus.«[12] Aber einmal hat er sich vorgewagt und spekuliert, daß das Album »die Leute beruhigt, weil es ihnen das Gefühl gibt, daß es in Ordnung ist, verrückt zu werden«, und »weil es diese Binsenwahrheit ›Heute ist der erste Tag vom Rest meines Lebens‹ in musikalischer Form ausdrückt. Es erzählt davon, daß es dein Leben ist und daß es jetzt passiert und daß jeder Moment vergeht – genau das ist es. Es handelt von der Illusion, daß es ein Ziel gibt, auf das man hinarbeiten kann, das sich dann aber vielleicht als Trugbild erweist. Die darinliegende Philosophie spricht eine Menge Menschen an. Sie handelt von dem großen Bild.«[13]

Rockjournalist Chris Charlesworth, der während ihrer *Dark Side of the Moon*-Phase viel über Pink Floyd geschrieben hat, steuert eine eher nüchterne Erklärung für den einzigartigen Reiz des Albums bei. »Es ist eine *großartige* Platte zum Vögeln«, berichtet er – vor allem die erste Seite mit ihrem »Great Gig in The Sky« und Clare Torrys orgastischem Geschrei, Gestöhne und Gekeuche. In der Tat ist dieses Floyd-Opus laut einer inoffiziellen Untersuchung von *Sounds* der am häufigsten gespielte Soundtrack in den Live-Sexshows des Amsterdamer Rotlichtviertels gewesen. »Millionen von Menschen rund um dén Erdball«, behauptet Charlesworth, »haben zu *Dark Side of the Moon* gevögelt.«

Und zweifellos werden sie das auch weiter tun... Aber mit dem Aufkommen der unzerkratzbaren Compact Disk, deren perfekte Tonqualität sich als geradezu ideal für die legendäre Produktion der Floyd erwies, sahen sich die Fans von der Last befreit, ihre Exemplare immer wieder zu ersetzen. Nach einem neuerlichen Verkaufserfolg im neuen Format – abgesetzt wurden fast eine Million der glänzenden, rund dreizehn Zentimeter durchmessenden Scheiben, von denen viele in einem deutschen Werk hergestellt wurden, das nur *Dark Side of the Moon*-CDs produzierte – verschwand das viertbestverkaufte Album aller Zeiten* (24 Millionen weltweit, 11 Millionen in den USA allein) am 23. Juli 1983 nach 736 Wochen aus den *Billboard*-Charts – offenbar für immer.

---

* *Dark Side of the Moon* ist nach *Thriller* (Michael Jackson), dem *Saturday Night Fever*-Soundtrack und *Rumours* (Fleetwood Mac) das viertbestverkaufte Album.

16

Comfortably Numb

Nach *Dark Side of the Moon* hatte sich für Pink Floyd die Lage radikal verändert. Die Band befand sich gegenüber der Musikindustrie in einer Position der Stärke und verfügte außerdem über das nötige Kleingeld, um das Leben von Landadeligen zu führen. Und dennoch – zumindest für ein oder zwei Jahre – schienen die merkwürdigen neuen Superstars nicht zu wissen, wie es nun weitergehen sollte.

»Zu jener Zeit«, erinnerte sich Roger Waters 1976, »hatten wir alle unsere Ziele erreicht. Wenn man fünfzehn ist und denkt ›Okay, ich gründe eine Gruppe...‹ – wünscht man sich nur eins (abgesehen von den sehr vagen Träumen, eine nette kleine Junggesellenbude zu haben und erst um vier Uhr nachmittags aufstehen zu müssen)... und zwar das Große Album zu machen. Die Nummer Eins im *Billboard* zu sein. Und sobald man das geschafft hat, sind die meisten Ziele erreicht.«[1]

Aber ohne berufliche und materielle Ziele fiel es den Floyd schwer, weiterhin kreativ zu sein. Rogers Gefühle der Verbitterung und Entfremdung waren zudem nicht geringer geworden – wie sich überdeutlich zeigen sollte, als es ihm endlich gelang, seine Schreibblockade zu überwinden. »Ja, für einen Monat oder so ist es wundervoll«, fuhr er fort, »und dann dämmert es dir allmählich, daß es keinen Unterschied macht, daß sich deine Einstellung zu den Dingen nicht geändert hat. Es bedeutet nichts. Wenn man vorher ein glücklicher Mensch war, ist man es auch hinterher – und wenn man vorher nicht glücklich war, ist man's hinterher auch nicht. Es ändert nicht das geringste an deiner Einstellung zu den Dingen. Aber selbst wenn man das erkannt hat, braucht man noch viel Zeit, um es zu verarbeiten.«

Soweit es einige langjährige Freunde und Mitarbeiter der Band betraf, kosteten die neuen Sportwagen, Yachten und Herrenhäuser den Floyd ihren alten Enthusiasmus und Idealismus. »Als das Geld nur so hereinzuströmen begann und alles zum Geschäft wurde«, erinnert sich Ron Geesin, »schien sich die ganze Atmosphäre um die Floyd grundlegend zu verändern.«

Rick Wright sagte etwas Ähnliches 1974 in einem Interview: »Plötzlich war aus Pink Floyd ein Produkt geworden, und viel Zeit und Energie gingen für geschäftliche Dinge drauf. Das Spielen trat in den Hintergrund, was keine gute Sache ist...«[2]

Ein Millionen-Dollar-Vorschuß von Columbia Records, einem amerikanischen Ableger der CBS, bei dem die Band Anfang 1974 unterschrieb, spülte weiteres Geld in die Schatullen von Pink Floyd. (In England und Europa erschienen ihre Platten weiter auf EMIs Harvest-Label.) Der Einstieg der Floyd bei Capitol war bereits ein Jahr zuvor vom damaligen Columbia-Präsidenten Clive Davis eingefädelt worden, der hauptsächlich dafür verantwortlich war, daß sein einst sterbenslangweiliges Label den Sprung ins Rockzeitalter geschafft und Gruppen wie Donovan, Janis Joplin und Bruce Springsteen unter Vertrag genommen hatte. Zu Daves neuem Team hipper Talentsucher gehörte Kip Cohen, der Pink Floyd noch aus seiner Zeit als Manager des Fillmore East kannte. Als *Obscured by Clouds* erschien, berichtete Cohen seinem Boß von der überwältigenden Wirkung der Floyd auf das amerikanische Rockkonzertpublikum – und von ihrer Unzufriedenheit mit Capitols Unfähigkeit, für adäquate Plattenverkäufe zu sorgen.

Der extravagante Davis verlor keine Zeit und umwarb mit großem Eifer Steve O'Rourke – er lud den Floyd-Manager sogar zu einem seiner wöchentlichen »Single-Treffen« ein, zu denen sich die Abteilungsleiter und Talentsucher von Columbia versammelten, um neue Produkte zu hören und Verkaufsstrategien auszubrüten. Der Enthusiasmus und Professionalismus bei diesem New Yorker Kriegsrat stand in so scharfem Gegensatz zu den trägen Operationen in L. A. s Capitol Tower, daß O'Rourke bereit war, sich mit Davis zu einigen – ein Jahr, bevor die Verträge seiner Klienten mit Capitol ausliefen. Capitol wurde über die Pläne der Floyd im Dunkeln gelassen und erhielt nicht einmal die Chance zu einem Gegenangebot. (Doch als Pink Floyd offiziell zum Columbia-Stall stießen, wurde Davis – der den Deal gegen die Bedenken seiner konservativen Berater durchgedrückt hatte – wegen diverser Unregelmäßigkeiten gefeuert, unter anderem, weil er die Bar-Mitzwah-Feier seines Sohnes mit CBS-Geldern finanziert hatte.)

Natürlich erkannte Capitol mit *Dark Side of the Moon* endlich Pink Floyds Superstarpotential – nur um zu sehen, wie sich die goldene Gans nach Jahren der Vernachlässigung aus dem Staub machte. Der Firma blieb nur noch die Verwertung des bestehenden Floyd-Materials (ein äußerst lukratives Trostpflaster, da sich *Dark Side* jahrelang wie eine brandneue Platte verkaufte). Capitols erste Floyd-Neuauflage war das zum Sonderpreis herausgebrachte *A Nice Pair*, bestehend aus den (in Amerika) schwer erhältlichen *Piper*- und *Saucerful*-LPs* – und erreichte in den Staaten eine höhere Chartposition als jeder andere Floyd-Titel zuvor, sah man von *Dark Side of the Moon* ab.

Das *Nice Pair*-Cover wiederum wurde zum Gegenstand einer Posse, die in keinem Verhältnis zum eigentlichen Anlaß stand. Zunächst entwickelten Hipgnosis so viele Designentwürfe – von denen keiner sonderlich hervorstach –, daß Storm Thorgerson auf den genialen Einfall kam, sie *alle* (und schließlich einige) zu verwenden. Das Ergebnis war eine Galerie von achtzehn Miniatur-LP-Covern, von denen viele witzige bildliche Darstellungen von Redewendungen wie »Eine Straße, die

---

* Während diese US-Permutation des *Pipers* vom Inhalt her der britischen Originalausgabe entsprach, wurde die *Ummagumma*-Live-Aufnahme von »Astronomy Domine« aus irgendwelchen Gründen durch die Studioversion der Barrett-Ära ersetzt – ein Verwirrspiel, das in anderen Ländern, wo die Doppel-LP später erschien, beendet wurde.

sich gabelt«, »Ein Frosch im Hals«, »Er lacht sich ins Fäust-chen«, »Eine schöne Bescherung« und dem »Es ist ganz schön frisch heute« bedeutenden »A nip in the air« waren. (Wörtlich »Ein Japs in der Luft«, was durch einen schwebenden Japaner illustriert wurde.)

Storm plante außerdem einen ähnlichen Gag mit »Pink Floyd« – ein Foto von Floyd Patterson, auf dem der Boxstar pink eingefärbt war. »Ich hielt es für ein witziges Bild«, sagt Thorgerson. »Aber [Patterson] wollte fünftausend Dollar dafür – eine unverschämte Summe. Also haben wir ihm gesagt, er solle zum Teufel gehen.« Hastig ersetzte er es durch eine seltene Aufnahme der Pink-Floyd-Fußballmannschaft – beste-hend aus der Band, den Roadies, Steve O'Rourke (in der obe-ren rechten Ecke) und Storm selbst (zwischen Rick und Da-ve) –, die ihre 4:0-Niederlage gegen ein Kontingent Nord-londoner Marxisten beklagte.

Capitol wiederum nahm Anstoß an einem visualisierten Wortspiel mit dem Titel *A Nice Pair*. In Amerika wurde das »hübsche Paar« weiblicher Brüste dementsprechend durch »*a nice pear*« ersetzt, eine unverfängliche »hübsche Birne«. Dann, nach der Veröffentlichung des Albums in England, mußte auch das Foto einer Londoner Zahnarztpraxis mit dem Schild W.R. PHANG DENTAL SURGEON weichen (an seine Stelle trat zufälligerweise ein gurgelnder buddhistischer Mönch), da Dr. Phang einwandte, daß es als Werbung mißverstanden werden könnte – ein schwerer Verstoß gegen die Standesregeln der englischen Zahnärzteschaft.

All dies war lediglich ein Vorgeplänkel der eigentlichen Schlacht um die Produktion eines *neuen* Albums. Doch die Floyd hatten sich dermaßen mit *Dark Side of the Moon* veraus-gabt – von dem Streß, der mit einem derartigen Megahit ein-herging, ganz zu schweigen –, daß sie sich in einem Zustand der kreativen Lähmung befanden. »Ja, das war das größte Problem«, sagt Rick Wright. »»Was machen wir *danach*?«« Schließlich suchte die Band ihr Heil in einer radikalen, wenn nicht gar völlig verrückten Lösung, die jeden Vergleich mit *Dark Side of the Moon* von vornherein ausschloß; ein Album, auf dem mit allen möglichen Dingen, aber *nicht* mit Instrumenten musiziert wurde.

Die Floyd legten also ihre Instrumente beiseite und experimentierten im Herbst 1973 bei einer ganzen Reihe von Aufnahmesessions mit Dingen des täglichen Bedarfs – für ein Album mit dem Arbeitstitel *Household Objects*. »Wenn man auf die Öffnung einer Weinflasche klopft«, erklärte Dave Gilmour damals, »bekommt man einen drumähnlichen Sound, vorausgesetzt, man dreht den Aufnahmepegel hoch.« Zwischen zwei Tische gespannte Gummibänder, fügte er hinzu, ergaben »einen richtig satten Baßsound«. Und um einen Hauch von Melodie hineinzubringen, bedienten sich die Jungs einer Rolle Klebeband, die auf unterschiedliche Länge ausgerollt wurde – »mit der Länge ändert sich die Tonhöhe«.[3]

Die Floyd spielten sogar drei Tracks mit diesen und anderen Haushaltswaren ein – darunter befanden sich Spraydosen, Wassereimer und Gläser –, bevor sie einräumten, daß sich die meisten Sounds viel besser mit ihren Drums, Gitarren und Synthesizern realisieren ließen. Trotzdem bedauert man fast, daß *Household Objects* nicht fertig wurde – man stelle sich nur die Gesichter der CBS-Bosse vor, wenn sie die ersten Ergebnisse ihrer siebenstelligen Investition in Pink Floyd gehört hätten.

Statt sich lohnenderen Projekten zuzuwenden, verbrachten die Floyd den Großteil des Jahres 1974 mit Geldausgeben und privaten Dingen. »Nach *Dark Side* gab es eine Zeit«, gestand Nick Mason später, »in der der Fortbestand der Gruppe fraglich war... wir machten uns ziemliche Sorgen, wie es weitergehen sollte.« Abgesehen von einigen Gigs in Europa trat die Band nur am 4. November 1973 bei einem Benefizkonzert im Rainbow Theatre auf, bei dem zehntausend Pfund für Robert Wyatt gesammelt wurden, den Drummer der Floyd-Rivalen aus der UFO-Ära, Soft Machine, der aus einem Fenster gestürzt war und sich das Rückgrat gebrochen hatte.

Mason startete nebenbei eine Karriere als Plattenproduzent und half dem eisernen Wyatt bei einem neuen Soloalbum namens *Rock Bottom* (das Nick von allen Platten, an denen er je mitgearbeitet hat, am besten gefällt) und einem manierierten Remake des Monkees-Hits »I'm a Believer«. Er arbeitete außerdem mit Principal Edwards' Magic Theatre an der zweiten der beiden von ihm produzierten LPs dieses Folk-Rock-Theaterensembles.

Währenddessen sprang Dave bei mehreren Shows der Sutherland Brothers and Quiver ein (wie sich die Band nun nannte), als Tim Renwick erkrankte; trat auf Blackhill Enterprises' jährlichem Free Concert im Hyde Park zusammen mit Roy Harper auf; und produzierte einen Teil von *Blue Pine Trees* der Gruppe Unicorn, die er durch einen alten Freund aus Cambridge, Ricky Hopper, kennengelernt hatte.*

Hopper brachte Dave auch dazu, eine unbekannte fünfzehnjährige Sängerin Songwriterin namens Kate Bush unter seine Fittiche zu nehmen und sie sogar auf seinen Bauernhof einzuladen, um dort in seinem Heimstudio eine Reihe Demos aufzunehmen. (Eins davon, »Passing Through Air« – mit Gilmour an der Gitarre und Unicorn-Leuten an anderen Instrumenten – erschien später, nach Kates »Durchbruch«, auf der B-Seite ihrer 1980er Single »Army Dreamers«.)

Gilmour, Mason und Wright widmeten sich außerdem ihren privaten Hobbys – sie sammelten Vorkriegsgitarren beziehungsweise Autos und persische Teppiche. (Dave konnte bald seine über hundert Instrumente umfassende Sammlung mit der ersten überhaupt produzierten Fender Stratocaster krönen, die die Seriennummer 001 trug.) Alle drei verbrachten Mitte

---

* Gilmour sollte auch die anderen Alben der Band produzieren, *Too Many Crooks* und *One More Tomorrou*, und »There's No Way Out of Here« des Unicorn-Keyboarders Ken Baker auf seiner ersten Solo-LP verwenden.

der siebziger Jahre außerdem viel Zeit in ihren neuen Ferienhäusern an der Südküste Frankreichs (Mason) und auf der griechischen Insel Rhodos (Gilmour und Wright). Nick und Rick waren leidenschaftliche Segler und hatten beide zwei kleine Kinder, die Zeit und Zuwendung verlangten (Chloe und Hilly Mason und Gala und Jamie Wright). Musik stand für keinen mehr an erster Stelle.

Obwohl dies auf David Gilmour niemals zutraf, ging auch er eine feste Beziehung ein – mit einer temperamentvollen, blonden amerikanischen Rockliebhaberin und Malerin namens Ginger, die ihm nach ihrer Hochzeit im Jahr 1975 zunächst drei Töchter schenken sollte (Sara, Clare und Alice) und dann einen Sohn (Matthew). In der Zwischenzeit richtete das Paar Gilmours neues Stadthaus in Notting Hill ein. »Ich habe eine Zeitlang versucht, in London zu leben, und es gehaßt«, sagte Dave später. »Ich bin durch und durch ein Junge vom Land.«

Im Gegensatz dazu ließ sich Rick Wright, der lebenslange Londoner der Band, vor den Toren von Daves, Syds und Rogers Geburtsstadt Cambridge nieder. Dort sorgte er für eine der wenigen Floyd-Schlagzeilen der Post-*Dark Side*-Ära – mit einer Geburtstagsparty in seinem liebevoll restaurierten Herrenhaus, zu der Festzelte auf dem Rasen, ein Schönheitswettbewerb für Badenixen am Pool und der obligatorische Nachmittagstee gehörten, der vom örtlichen Frauenverein serviert wurde.

Trotz eines stattlichen Arsenals an Synthesizern und modernster Studiotechnik gestand Wright in einem Interview, daß er in jener Zeit am liebsten »auf meinen Rasenmäher sprang und durch den Garten düste«. Er fügte hinzu, daß er sich das Vergnügen, das ihm die materiellen Früchte des Erfolgs bereiteten, nicht von jemand in der Band verderben lassen würde, »der sich schuldig fühlt, einen Haufen Geld zu haben, während draußen Leute ohne einen Penny in der Tasche herumlaufen«.[5]

Man kann mit Sicherheit davon ausgehen, daß Rick damit

vor allem auf Roger Waters anspielte, der Außenseiter in dieser Welt vornehmer Zufriedenheit. In der Zeit nach *Dark Side of the Moon* wurde Waters' ständige Sorge um den beklagenswerten Zustand der Welt noch durch persönliche Probleme verstärkt. Nach wie vor in ihrem Fünfzigtausend-Pfund-Reihenhaus in Islington wohnend, war es ihm und Judy trotz aller Kinderwünsche nicht vergönnt gewesen, welche zu bekommen, nun zerbrach darüber ihre Ehe.

Die Umstände der Trennung, die 1975 in einer Scheidung im Zorn gipfelten, sollten Roger mit ein oder zwei weiteren Steinen für *The Wall* versorgen – wo »Pink« beispielsweise während einer Amerikatournee ein transatlantisches Telefonat mit seiner hartherzigen Frau anmeldet, nur um zu erleben, daß ein anderer Mann an den Apparat geht und einfach auflegt.

Aber mit dem Auftauchen einer weniger ideologisch gefestigten Freundin aus Kalifornien hörten die sozialistischen Prinzipien auf, Waters' am luxuriösen Lebensstil der anderen Floyd zu hindern; *seine* Sammelleidenschaft konzentrierte sich auf französische Impressionisten. Wie er selbst einmal spottete: »Man hat da diese Phase, in der man an all die guten Dinge denkt, die man [mit dem Geld] tun könnte. Aber zum Schluß behält man es doch!«

In der Zwischenzeit erprobte Roger seinen Kampfgeist im Sport – vor allem Golf hatte es ihm angetan. Manchen Pink-Floyd-Anhängern jener Zeit mochte Golf, dieser Lieblingssport der Rechtsanwälte und Börsenmakler (von Staatsmännern wie Vizepräsident Spiro Agnew ganz zu schweigen) als unpassende Freizeitbeschäftigung für den Autor von »Set the Controls of the Heart of the Sun« und »Us and Them« erscheinen. Trotz des Establishmentimages preist Ron Geesin, der lange Rogers Golfpartner war, ihre gemeinsame Obsession als »den komplexesten, vielfältigsten Mikrokosmos des Lebens, der das Spiel ja ist. Auf einer riesigen Rasenfläche muß man sich mit Menschen auseinandersetzen. Man muß sich mit ihrem Charakter auseinandersetzen, mit dem, was sie dir sagen und was sie dir verschweigen. Und man muß sich mit sich selbst auseinander-setzen, mit dem Erfolg und dem Versagen.

Natürlich würde der Durchschnittsmensch sagen, daß es nur ein Spiel ist – man befördert einen kleinen Ball mit einem Holz- oder Metallschläger von hier nach dort –, aber die Probleme sind genau die gleichen wie im wirklichen Leben. Mindestens einmal in jeder Runde sage ich, daß ich das Golfspielen aufgebe, genau wie im wirklichen Leben. Wenn ich zum Beispiel an einem Album arbeite oder über eine Idee nachgrüble, ohne daß etwas dabei herauskommt, habe ich das Gefühl, ich müßte aufgeben. Aber dann sagt etwas anderes in mir: ›Nein, du mußt weitermachen‹. Diesen winzigen Ball hundert-fünfzig Meter weit über diese schmale Bahn zu schlagen und zu hoffen, daß er am Ende auch auf der Bahn und nicht in irgend jemandes Garten landet – das verkörpert die einsame Reise des Menschen durch das Leben.«

Das Thema der einsamen Reise des Menschen durch eine kalte und brutale Welt sollte von nun an fast alle weiteren Floyd-Texte Rogers durchdringen. Die ersten wurden für drei lange, weitschweifige Stücke geschrieben, die die Floyd schließlich in einem Nordlondoner Probestudio für eine Minitournee durch Frankreich Mitte des Jahres 1974 einstudierten, als Ergänzung zu *Dark Side of the Moon* (sie sollten erst später in stark veränderter Form auf *Wish You Were Here* und *Animals* veröffentlicht werden). Das eine war eine düstere Meditation über Syd Barretts geistige Zerrüttung (»Shine On You Crazy Diamond«); die beiden anderen (damals hießen sie noch »Raving and Drooling« und »Gotta Be Crazy«) waren flammende Tiraden gegen eine Gesellschaft, die ihre Kinder »leer und zornig und wurzellos« machte.

Die zwiespältige Reaktion der Floyd auf ihren frischgewonnenen Status als Superstars läßt sich wahrscheinlich am besten durch ihre Zustimmung zu einem Vertrag illustrieren, der einer französischen Softdrinkfirma erlaubte, ihre Sechs-Städte-

Tournee zu sponsoren. Über ein Jahrzehnt, bevor Firmensponsoring im Rock'n'Roll zu einer Epidemie wurde, mußten viele französische Floyd-Freaks verdutzt feststellen, daß die astralen Vier in Hochglanzmagazinen schamlos für Gini Bitter Lemon warben. Laut Nick Mason hatten die Floyd naiverweise geglaubt, mit Gini ein Schnäppchen zu machen; die Fans würden schließlich weniger für die Karten bezahlen müssen und die Band einen zusätzlichen Profit machen. Keiner hatte auch nur daran gedacht, daß Pink Floyds Integrität Schaden nehmen könnte. »Am Anfang war es wie ein Lottogewinn«, meinte Roger zu Philippe Constantin, dem zuständigen Floyd-Mann in ihrer französischen Plattenfirma. »Sie wollten für ein Foto von uns fünfzigtausend Pfund zahlen. Großer Gott, fantastisch! Erst später fragte ich mich: Wer braucht das?«[6]

Das verspätete Schuldgefühl wegen der Bitter-Lemon-Episode brachte die Floyd dazu, das Werbehonorar für wohltätige Zwecke zu spenden. Waters fühlte sich außerdem inspiriert, »Bitter Love« (oder »How Do You Feel?«) zu schreiben, einen Song, der schildert, wie er seine Seele in der Wüste verkauft (eine Anspielung auf das Motiv der Gini-Anzeigen). Aber Gilmour hatte das letzte Wort zu diesem Thema: »Wir haben dieses beschissene Gesöff ohnehin nie probiert.« Obwohl »Bitter Love« nie veröffentlicht wurde, hielten Roger Waters und der Rest der Pink Floyd von nun an Distanz zu gewerblichen Sponsoren.

Die Gigs in Frankreich dienten als Probelauf für eine langerwartete, zwanzig Konzerte umfassende Tournee durch England am Ende des Jahres, die erste Floyd-Tournee seit der anderthalb Jahre zurückliegenden Veröffentlichung von *Dark Side of the Moon*. Den Großteil des Herbstes verbrachten sie mit den Dreharbeiten für Kurzfilme, die auf die neue kreisförmige Riesenleinwand der Band projiziert werden sollten; einer wurde so inszeniert, daß die Illusion entstand, prominente »verrückte« Politiker würden auf »Brain Damage« gemeinsam mit den Floyd singen, und für »Eclipse« gab es Aufnahmen von Protuberanzenausbrüchen auf der Sonnenoberfläche.

Es gab außerdem eine Zeichentricksequenz des ätzenden politischen Karikaturisten Gerald Scarfe. Sein erster Versuch in dem Genre – eine 1971er Parodie auf Amerikas konsumgeilen Lebensstil namens *Long Drawn-out Trip* – hatte Waters tief beeindruckt, der ihn seitdem heftig umwarb. Scarfes erster Floyd-Zeichentrickfilm über alptraumhafte Kreaturen, die durch eine verwüstete Fantasielandschaft trampeln, erwies sich kurz darauf als perfekt geeignet für das brandneue »Welcome to the Machine«.

Weitere Verbesserungen waren das technisch hochentwickkeltste Mischpult der Rock'n'Roll-Geschichte und eine riesige drehbare, verspiegelte Kugel, die während »Shine On You Crazy Diamond« bleistiftdünne Lichtkaskaden über das Publikum werfen sollte. Alles in allem beliefen sich die Tourneekosten auf hunderttausend Pfund, von denen ein Teil für die Gehälter der unerhörterweise fünfunddreißig Köpfe starken Crew draufging (zu der unter anderem ein Soundmixer, drei Lastwagenfahrer, vier Filmleute, fünf »Außendienstmitarbeiter« und dreizehn Roadies gehörten).

Mit einer weiteren Neuerung schleiften die Floyd – in einem Anflug von Humor, der ihrer Musik und ihren Live-Auftritten meistens abging – die Institution der nichtssagenden und überteuerten Hochglanzkonzertprogramme. Auf Nick Masons Vorschlag hin entwarfen Hipgnosis eine Comicheft-Persiflage, die auf Zeitungspapier gedruckt und für nur fünfzehn Pence verkauft wurde. Neben einem verrückten Floyd-Trivialquiz, Rogers neuen Texten und einem Scarfe-Cartoon enthielt das Heftchen vier Comicstripabenteuer der einzelnen Bandmitglieder in verwegenen Rollen, die ihre jeweiligen außermusikalischen Interessen parodierten. »Rog of the Rovers« war ein Fußballstar, »Dave Daring« ein rasender Motorradfahrer, »Captain Mason, R. N.« ein Marinekriegsheld und »Rich Right« ein globetrottender Playboy. (Es gab außerdem eine Ulkversion der alten *New Musical Express*-»Lebenslauf«-Rubrik, in der der noch immer verheiratete Waters die Frage nach dem ihm nahestehendsten Menschen galanterweise mit »Judy« beantwortete.)

Auch in anderer Hinsicht bewies die Band auf ihrer '74er Tournee, daß Pink Floyd von nun an ihren eigenen Weg gehen konnten und würden. Die Route wurde so geplant, daß sie mit den wichtigsten Fußballspielen übereinstimmte und den Floyd so ermöglichte, die Spiele am Nachmittag zu besuchen, ehe sie sich am Abend ihren eigenen Fans stellten. Waters sorgte außerdem dafür, daß ihre Hotels so nah wie möglich am nächsten Golfplatz lagen.

Noch wichtiger war, daß die Band eine neue Politik gegenüber den – oder besser: *gegen* die – Medien verfolgte. Seit den Tagen von Jenner und King hatten die Floyd (eine der wenigen Gruppen dieser Größenordnung, die nie einen PR-Mitarbeiter eingestellt hatten) immer Distanz zur Presse bewahrt; nun machten sie eisig klar, daß Reporter in ihrem Kreis *unwillkommen* waren. Von nun an wurden Bitten um Interviews routinemäßig abgelehnt – abgesehen von autorisierten Spezialprojekten wie der »Pink Floyd Story«-Serie von Capitol Radio zur Jahreswende 1976/77 – und Journalisten und Kritiker konnten sich glücklich schätzen, wenn sie überhaupt Karten für eine der Londoner Shows erhielten.

»Wir gelangten zu der Überzeugung«, erinnert sich Nick Mason, »daß es keinen Sinn hat, Interviews zu geben. Das kam draußen an als ›Also, wir geben keine Interviews mehr, weil wir immer fertiggemacht werden‹, und sie reagierten mit ›Also, wenn sie keine Interviews mehr geben, machen wir sie fertig‹.«

Die britischen Musikjournalisten nahmen die überhebliche Behandlung durch die Floyd natürlich nicht ungestraft hin. Die Londoner Popwelt war eine sehr kleine geschlossene Gesellschaft, in der die Schreiberlinge und Stars traditionellerweise in denselben Clubs und Pubs zusammensaßen und tranken – sich gegenseitig nährten, könnte man sagen. Von den Musikern wurde erwartet, daß sie die gelegentlichen Spitzen der Schreiberlinge als Teil des Spieles akzeptierten.

Aber es war ein Spiel, das die Floyd – vor allem ihr empfindlicher und nicht besonders umgänglicher Chefsongwriter – nie besonders gern gespielt hatten. »Sie waren Mittelschichtkids«, sagt Miles, »die mit den meisten Rockschreibern der frühen Siebziger nicht viel gemein hatten, von den meisten anderen Rockbands ganz zu schweigen. Der englische Rock'n'Roll war hauptsächlich ein Phänomen der Arbeiterklasse, und die Floyd kamen aus einem ganz anderen gesellschaftlichen Umfeld. Sie gehörten nicht dazu – sie *konnten* nicht dazu gehören.«

Vom Standpunkt der Floyd aus war einer der angenehmen Aspekte des Presseboykotts der Schutz vor den neugierigen Augen der Öffentlichkeit, was ihnen ein Ausmaß an Privatsphäre garantierte, wie es nur wenige andere Rocksuperstars genossen. »Wir wollen auf keinen Fall zum öffentlichen Eigentum werden«, sagte Gilmour in einem von einer ganzen Reihe Interviews des Jahres 1978, mit denen er sein erstes Soloalbum promotete. »Ich hasse es, auf die Straße zu gehen und dauernd von den Leuten angestarrt und belästigt zu werden. Es gibt viele Leute, die dafür gern ihre Privatsphäre hergeben – aber ich gehöre nicht dazu und die Gruppe als Ganzes auch nicht.«[7]

Dennoch wurde es allmählich klar, daß der Hauptverantwortliche für das fast totale öffentliche Schweigen der Floyd Roger Waters war, der die meisten Journalisten für fünftklassige Schmierfinken hielt und grimmig ihre dreisten Versuche zurückwies, in sein Leben einzudringen und sein Werk zu kritisieren. »Ich habe es langsam satt, mir diesen Mist anhören zu müssen«, vertraute Waters Philippe Constantin an. »Es verletzt mich, all das Schwarz auf Weiß geschrieben zu sehen. Ich mag das Gefühl nicht, angegriffen zu werden.

Viele Presseleute haben sich richtig auf uns eingeschossen, unsere Texte als grauenhaft bezeichnet. Ich denke, diese Leute können es selbst nicht besser machen. Sie vergessen häufig, daß die Leute, die Platten kaufen und sich mit Musik beschäftigen, nicht alle englische Literatur studiert haben...«[8]

Nichtsdestotrotz trafen Reporter, denen es gelang, inoffizielle Kontakte zu Dave, Rick oder Nick herzustellen, auf freundliche und manchmal sogar auskunftsfreudige Gesprächspartner. »Man mußte nur lange genug mit ihnen herumhängen und durfte nicht zu aufdringlich sein«, sagt Autor Chris Charleworth, »dann konnte man vielleicht ihr Vertrauen gewinnen und sie zum Reden bringen.«

Charlesworth testete diese Strategie im Auftrag des *Melody Maker* zu Beginn der 1974er Englandtournee. Er nahm ein Zimmer im Nobelhotel der Floyd in Edinburgh und behielt die Band diskret im Auge, bis er endlich am Morgen nach der britischen Premiere der Show Rick Wright in Plauderstimmung antraf. »Allein die Tatsache, daß ich da war, löste in ihm genug Interesse aus, um mir ein Interview zu geben. Ich hätte auch Roger liebend gern interviewt, aber er ging Golfspielen.«

Unter den wenigen Autoren, denen es gelang, Rogers Vertrauen und Respekt zu gewinnen, war Charlesworth' Kollege vom *Melody Maker*, Karl Dallas. Ihm half, daß er fast eine Generation älter als die Floyd und die meisten Kritiker war und daß sich seine Beziehung zur Gruppe ganz zwanglos ergeben hatte: Während Syd Barretts Glanzzeit war das UFO Dallas' Stammlokal gewesen, obwohl er damals nicht besonders viel von der Musik der Band gehalten hatte. Sie gefiel ihm wesentlich mehr nach Barretts Ausscheiden – nach seiner wenig populären Meinung »das Beste, was den Floyd je passiert ist« – und er war, ungewöhnlich für einen Journalisten, sowohl Gilmours als auch Waters' Freund und Vertrauter (zumindest, bis er ein Buch über ihre Musik schrieb).

Obwohl eine handverlesene Gruppe von Kommentatoren wie Dallas Rogers Ansichten regelmäßig der Öffentlichkeit kundtaten, nahm die Zahl dieser Bulletins »aus berufenem Mund« (so Waters) zunehmend ab. Doch jetzt, wo die Popularität der Floyd groß genug war, daß sie auf zusätzliche Presse-

berichte verzichten konnten, verstärkte ihre bewußte Zurück-
haltung paradoxerweise noch den Nimbus des Geheimnisvollen, den sie in der plattenkaufenden Öffentlichkeit hatten.
(Jahre später scherzte Dave, daß es den Floyd nur darum ging,
ihr astrales Image vor Schaden zu bewahren, indem sie »den
Fans [vorenthielten], daß wir zu Hause herumsitzen, fernsehen und Bier trinken«.)[9]

Trotz ihrer privaten Abschottung gab es immer liebedie-
nernde Autoren wie Derek Jewell von der *Sunday Times*, der
Pink Floyd zu »den symphonischen Ober-Lords der heutigen
Pop-Hierarchie« erklärte, nachdem er im November 1974 das
erste von ihren vier Konzerten im Londoner Wembley-Stadion
besucht hatten. Jewell bezeichnete es als »eine Vorstellung von
derart hinreißender musikalischer Qualität und voller überra-
schender visueller Einfälle, daß ausnahmsweise einmal der
stürmische Beifall vollauf gerechtfertigt war«.

Aber die Jungtürken der Rockpresse waren da ganz anderer
Meinung. Eine Anti-Floyd-Stimmung war vor allem auf den
Seiten des zunehmend bilderstürmenden und aufrührerischen
New Musical Express spürbar, der von Underground-London
einst als geistlose Fanpostille geschmäht worden war. In einer
fünftausend Worte starken *NME*-Breitseite verdammten Nick
Kent und Pete Erskine das, was der wortgewaltige Jewell so
überschwenglich gepriesen hatte, als »absolut verdrießlich«,
»unglaublich ermüdend« und ausgesprochen »orwellianisch«.
Erskine nannte es »Automatenrock: anteilslose, gedankenleere
Musik, die vom Publikum nur verlangt, sich hinzusetzen und
alles über sich ergehen zu lassen«.

Das neue Material, klagte wiederum Kent, war »überflüssi-
ger musikalischer Ballast«, dessen »pathetische« gesellschafts-
kritische Botschaft ihm im Licht des »hoffnungslos bourgeoi-
sen« Privatlebens der Floyd höchst zweifelhaft erschien. Besonders »abstoßend« fand er die Zeile »Muß dafür sorgen, daß
alle diesen Scheiß kaufen«, die ihm in Anbetracht des gelang-
weilten und verächtlichen Gehabes des Interpreten nur zu

realistisch anmutete – von der erbärmlichen Qualität der Musik ganz zu schweigen. Laut Kent waren Waters und Mason die »langweiligste« Rhythmusband der Rockgeschichte und Wright und Gilmour lediglich »passabel.« Seine Kritik verschonte nicht einmal Daves »ungepflegte« Haare, »die dank einer Überdosis Körperfett am Schädel klebten und sich in Schulterhöhe zu einem spektakulären Gespinst gespaltener Spitzen verdünnten« – ein weiterer Beweis für die »seelenlose, oberflächliche« Einstellung der Floyd zu ihrem Auftritt und ihren Fans:

Man kann sich leicht ein zukünftiges Floyd-Konzert vorstellen, bei dem Band nur die Bühne betritt, um ihre Tonbänder anzuwerfen und die Instrumente auf Fernsteuerung zu schalten, und dann hinter den Verstärkern verschwindet, um über Fußball zu reden oder Billard zu spielen.

Ich würde das sogar fast vorziehen. Zumindest wäre es ehrlicher.

Trotzdem können sich die Floyd einen Punkt gutschreiben. Sie sind definitiv der Inbegriff der englischen Band. Keine andere Gruppe verkörpert das derzeit in diesem Land wildwuchernde Gefühl hoffnungsloser Mittelmäßigkeit so sehr wie sie... Und daran ist nun wirklich nichts »Kosmisches«, nicht wahr?[10]

Der normalerweise friedfertige Gilmour fühlte sich so getroffen, daß er zum Gegenangriff überging, Erskines und Kents Artikel Punkt für Punkt widerlegte und so ein weiteres *NME*-Epos schuf: »Ich halte diese Sache mit den Tonbändern für völlig übertrieben«, beharrte Dave; er nahm das Gitarrespielen sehr ernst – »und dafür brauche ich mir nicht die Haare zu waschen.« Doch selbst er gab zu, daß das neue Material noch verbessert werden mußte und er in Wembley »ziemlich frustriert« gewesen war, weil einige der Bühnenrequisiten nicht funktioniert hatten. »Es ist sehr deprimierend, sich mit Unberechenbarkeiten wie technischen Versagern herumschlagen zu müssen. Man verliert schnell die Lust an allem.«[11] Was *NME*s Behauptung, daß diese ganze High-Tech-Maschinerie dem Rock'n'Roll die Seele raubte, nur zu bestätigen schien.

Immerhin lenkten die *NME*-Inquisitoren die Aufmerksamkeit auf die Tatsache, daß Pink Floyds Ansehen bei den trendigen Meinungsmachern der Rockgemeinde im umgekehrten Verhältnis zur weltweit steigenden Popularität der Band stand. Ebenso offenkundig war es, daß beide Entwicklungen die Floyd völlig unvorbereitet trafen und daß sich die Gruppe erst noch auf diese radikal veränderten Umstände einstellen mußte.

Nick Mason (links) und Rick Wright und Dave Gilmour (Mitte) 1970 während der Arbeit an dem ersten Floyd-„Konzept" für eine ganze LP-Seite, Atom Heart Mother, sowie Ron Geesin (unten), der eine „abgedrehte" Partitur beisteuert.

RICHARD STANLEY, © RON GEESIN

RICHARD STANLEY, © RON GEESIN

RICHARD STANLEY, © RON GEESIN

Links: Pink Floyds erster – und einziger – Ausflug in die Werbung für einen französischen Softdrink im Jahr 1972. Roger erklärte hinterher, sich nie wieder „verkaufen" zu wollen.

Gegenüberliegende Seite: Die Floyds (und ihre Konzert- und Platteneinnahmen) heben mit Dark Side of the Moon Richtung Stratosphäre ab.

GINI...PINK FLOYD...GINI
Un goût... une musique étranges venus d'ailleurs.

Bitter lemon tonic
a boire glace

MIT FREUNDLICHER GENEHMIGUNG VON MILES

Unten: Der „Playboydrummer" und seine kosmischen Drums.

LONDON FEATURES INTERNATIONAL

BARRIE WENTZELL, STAR FILE

BARRIE WENTZELL, STAR FILE

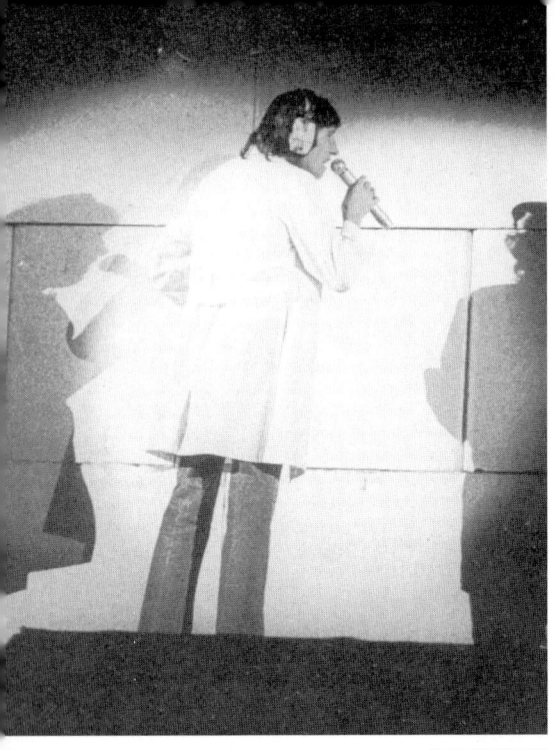

Links: „Comfortably Numb" oder angenehm taub: „Doktor" Waters beherrscht die Bühne in seinem Monsteropus The Wall.

Unten: Dave Gilmour und Roger Waters proben für die Londoner Premiere von The Wall im August 1980.

DENNIS ZENTEK

H. KNOTT, SAMMLUNG HULTON-DEUTSCH

H. KNOTT, SAMMLUNG HULTON-DEUTSCH

The Hero's Return

In der ersten Woche des Jahres 1975 kehrten Pink Floyd endlich in die Abbey Road Studios zurück, um das Problem ihrer nächsten Platte zu lösen. Zumindest verfügte die Band jetzt über drei umfangreiche Kompositionen, mit denen sie arbeiten konnte, von denen eine – »Shine On You Crazy Diamond« – nach allgemeiner Überzeugung eine Zierde für jedes neue Floyd-Album sein würde.

»Shine On«, eine hauptsächlich instrumentale, über zwanzig Minuten lange Suite in der Tradition von *Atom Heart Mother* und »Echoes«, war rund ein Jahr zuvor aus jener vier Noten umfassenden Gilmour-Gitarrenphrase entstanden, die die fertige Platte so prägnant einleitete. Für Roger Waters waren diese Noten Ausdruck einer tiefempfundenen Melancholie, die unweigerlich das Gespenst Syd Barretts heraufbeschwor. Und als Roger den Text schrieb, schienen all seine verdrängten Partner hineinzufließen. Das Resultat, musikalisch eine Gemeinschaftsproduktion von Rick Wright und David Gilmour, war Pink Floyds epischer Tribut an jenen »Piper« und Propheten, Fremden und Mythos, von dem Waters sagte: »Ohne ihn wäre all das nicht möglich gewesen, aber andererseits hätte es mit *ihm* auch nicht weitergehen können.«

Nachdem sie ihr Können mit *Dark Side* so überzeugend unter Beweis gestellt hatte, war die Band endlich in der Lage, sich Barretts Schatten zu stellen. Roger gab sich besondere Mühe und wog jedes einzelne Wort ab, »weil ich meine Gefühle so klar wie möglich ausdrücken wollte... jene unendliche, unvermeidliche Melancholie über Syds Verschwinden. Denn er ist fort, so weit von uns entfernt, daß er, soweit es uns betrifft, nicht mehr existiert.«[1] Man könnte ohne weiteres sagen, daß »Shine On You Crazy Diamond« sowohl musikalisch als auch lyrisch die beste Single der Floyd war, seit sich der Protagonist des Songs ihr Wohlwollen verscherzt hatte.

Dennoch, so Rick Wright, »dauerte es sehr lange, bis wir uns wirklich an die Arbeit machten und das Album einspielten. Wir haben lange herumgetrödelt. Ich glaube, wir waren alle außerdem nur mit halbem Herzen bei der Sache. Es war eine schwierige Zeit nach *Dark Side of the Moon.*«

Laut Waters waren diese frühen Sessions »sehr mühsam und quälend, und die Sache schien alle sehr zu langweilen. Trotz des allgemeinen Überdrusses zwangen wir uns ein paar Wochen lang, weiterzumachen, und dann nahmen die Dinge allmählich Formen an.« Bei einem stürmischen Gruppentreffen erklärte er, »daß es nur eine Möglichkeit für mich gab, das Interesse an dem Projekt nicht zu verlieren – das Album mußte von dem handeln, was damals bei uns vor sich ging, von der Tatsache, daß im Grunde keiner dem anderen offen ins Auge sah und alles sehr mechanisch ablief...«[2]

Mit anderen Worten, Roger begann, in Pink Floyds Dilemma die ersten Anzeichen eines weiteren Konzeptalbums zu erkennen. Aber Dave wollte einfach weitermachen – das bestehende Material zurechtfeilen. »Shine On« auf die erste Seite und »Gotta Be Crazy« und »Raving and Drooling« auf die zweite Seite pressen – und es dabei belassen. Soweit es Gilmour betraf, war das wahre Hindernis die maßlose Unprofessionalität seiner Kollegen.

Der Großteil von Daves Ungeduld galt Nick Mason – selbst in seiner besten Zeit kein Virtuose –, dessen Ehe nun den Weg von Rogers ging und dessen »alarmierende Niedergeschlagenheit« nach seiner eigenen Einschätzung »sich in einer totalen, na ja, Leichenstarre manifestierte... Ich mußte nicht gerade herumgetragen werden, aber ich war nicht interessiert. Ich war einfach nicht in der Lage, die Drums hinzubekommen, und... das brachte die anderen natürlich nur noch mehr auf.«[3]

»Ich hatte manchmal das Gefühl«, sagte Waters, »daß die

Gruppe nur körperlich anwesend war. Unsere Körper waren da, aber unsere Gedanken und Gefühle waren irgendwo anders. Und wir waren nur da, weil wir von der Musik leben und gut leben konnten oder weil es zur Gewohnheit geworden war, bei Pink Floyd zu sein und unter diesem Namen zu arbeiten.« Deshalb wollte er »darüber schreiben, ›Shine On You‹ in zwei Teile zerlegen und meine Gefühle über unsere Situation in neuen Songs verarbeiten«.[4] Und zum Schluß bekam Roger natürlich seinen Willen.

Das Ergebnis waren drei neue Nummern, die zwischen die Hälften des Hauptstücks gezwängt wurden. Auf einer Ebene reagierten Pink Floyd mit »Welcome to the Machine« und »Have a Cigar« auf den Druck der Plattenindustrie, mehr Hitprodukte im Stil von *Dark Side of the Moon* zu fabrizieren – auch wenn »Machine« auf die mechanische Natur der Sessions anspielte und »Wish You Were Here« auf die mangelnde Begeisterung der Band. (»Es hätte genausogut ›Wish We Were Here‹ heißen können«, scherzte Waters.)

Auf einer anderen Ebene paßten die neuen Texte perfekt zu »Shine On You Grazy Diamond«, insofern, als sich alle drei ebenfalls auf Syds Aufstieg und Fall übertragen ließen. Und Barretts Misere wiederum erschien Waters nicht nur als Symbol für den »zerrütteten« Zustand der späteren Floyd, sondern auch für die Entfremdung des zwanzigsten Jahrhunderts im allgemeinen, für »all die Extreme der Abwesenheit, denen sich manche Leute ausliefern müssen, weil dies ihre einzige Möglichkeit ist, um mit dem beschissenen, traurigen modernen Leben fertigzuwerden – der totale Rückzug«. Und so entwickelte sich *Wish You Were Here*, wie es schließlich genannt wurde, zu einem Konzeptalbum, das nicht weniger geschlossen, jedoch weitaus subtiler war als *Dark Side of the Moon*. (Wie sein Vorgänger benutzte auch *Wish You Were Here* den Titel eines bereits zuvor von einer etwas weniger erfolgreichen Band veröffentlichten Albums – in diesem Fall von Badfinger.)

Allerdings war zur damaligen Zeit niemand mit der Struktur

von *Wish You Were Here* besonders glücklich. Rick Wright gestand, daß »ich Rogers Besessenheit mit Dingen wie dem Wahnsinn und dem Geschäft nicht unbedingt teile«[5]; Waters wiederum sorgte sich, daß seine Botschaft von »den sehr langatmigen Ouvertüren [verwässert wurde], die sich endlos und endlos hinziehen... Ich glaube, wir haben den grundsätzlichen Fehler gemacht, manche Ideen lyrisch umzusetzen, ehe sie musikalisch entwickelt waren.«[6]

Solche Bemerkungen deuten darauf hin, daß die Floyd schon damals, ob es ihnen nun bewußt war oder nicht, künstlerisch aneinander vorbeiarbeiteten. Gilmour und Wright waren damit zufrieden, wenn Pink Floyds Musik die Hörer auch weiter in einen Zustand der erweiterten REM versetzte. Waters war fest entschlossen, sie aufzuwecken.

Dennoch erwies sich *Wish You Were Here* vor allem deswegen als besonders wirkungsvoll, weil es unbeabsichtigt diese Balance zwischen Rogers zunehmenden konzeptionellen Obsessionen und Daves und Ricks Festhalten an der klassischen Floyd-Atmosphäre aufrechterhielt, die in erster Linie die meisten Hörer der Gruppe anzog; alles in allem vereinte das Album das Beste beider Welten. »Ich mag diese Platte besonders«, sagt Wright heute. »Ich glaube, von allen Floyd-Alben gefällt sie mir am besten. Ich mag das Feeling, das von der Platte ausgeht – und in ihr steckt. Es ist die Art Musik – genau wie *Dark Side* –, die entstand, als wir alle drei schrieben, manchmal zusammen. Ich glaube, das beste Floyd-Material entstand, als wir zu zweit oder zu dritt an einem Stück arbeiteten. Danach ging uns das verloren, es gab nicht mehr diesen Ideenaustausch in der Band.«

Selbst als es seine neue Form angenommen hatte, war *Wish You Were Here* keine leichte Geburt. Die Aufnahmesessions wurden zweimal (im April und Juni 1975) von dreiwöchigen Amerikatourneen unterbrochen, nach denen, so Roger, »ich nicht ein

Gramm Kreativität mehr übrig hatte«.* Und als die Floyd das instrumentale Arrangement von »Shine On You Crazy Diamond« endlich perfekt hatten, wurde der Take von einem unerfahrenen Techniker verdorben, der einige der Tracks unabsichtlich mit zuviel Hall überlud. Die Band hatte keine andere Wahl, als noch einmal von vorn anzufangen.

Die Musik für »Welcome to the Machine« – und damit kamen Pink Floyd ihrem Stereotyp als »elektronische Zauberer« so nah wie nie – wurde im Studio aus dem unerbittlichen Wummern eines VC3-Synthesizers aufgebaut, der mit einem Echohall gekoppelt war. (Die Band war einfallsreich genug, die Kanten später mit Daves schimmernder akustischer Gitarre und einigen hübschen Timpanischnörkeln von Nick Mason zu glätten.) Diese gepfefferte Abrechnung mit dem Musikgeschäft beginnt mit dem Öffnen einer Tür – was Waters als ein ironisches Symbol für jene Freude an musikalischen Entdeckungen und Fortschritten bezeichnet hat, die schlußendlich dem Verrat einer »Rockmaschine« zum Opfer fällt, die nicht von künstlerischen Erwägungen, sondern vielmehr von Gier und leeren Träumen vom »Erfolg« angetrieben wird.

Am Ende des Songs weicht das industrielle Wummern den (mehr oder weniger) menschlichen Geräuschen einer Party. »Die haben wir hineingemischt«, erklärt Roger, »um die totale Leere zu zeigen, die sich hinter dieser Art des Beisammenseins verbirgt – Feierlichkeiten, Zusammenkünfte von Leuten, die trinken und miteinander reden. Für mich versinnbildlicht dies den Mangel an Kontakt und echten Gefühlen zwischen den Menschen.«[7] Mit anderen Worten, der Protagonist verläßt die entmenschlichende Rockmaschine, nur um festzustellen, daß

---

* Capitol Records versuchte, Kapital aus diesen Besuchen zu schlagen und den Verkauf alter Floyd-Platten anzukurbeln, indem sie den Radiostationen *Pink Floyd Tour '75* zuschickte; ein Sammelalbum mit den Songs »The Gold It's in the...« »Wot's... Uh the Deal«, »Free Four«, »Fat Old Sun«, »One of These Days«, »Astronomy Domine« und »Careful with That Axe, Eugene« – von denen die Floyd auf den '75er Tourneen keinen einzigen spielte.

auch »die Leute dort draußen alle Zombies sind«. Für einen sensiblen Rockstar, so scheint es, gibt es kein Entkommen.

»Have a Cigar« macht Rogers wütende Verachtung für die Industrie, die ihn erst kürzlich zum Millionär gemacht hatte, noch deutlicher. Der Text verarbeitet auf boshafte Weise fast jedes noch so abgedroschene Klischee, das sich ein vielversprechender neuer Star wohl von einem fetten Plattenboß anhören muß, der ganz besoffen ist von den »kaum noch zu zählenden« Verkaufsziffern. Eine persönliche Note liefert der berühmteste Satz des Songs – »Nebenbei, wer von denen ist Pink?« –, der bei zumindest einer Gelegenheit tatsächlich an die Floyd gerichtet wurde.

Musikalisch ist »Cigar« für *Wish You Were Here* das, was das ähnlich sarkastische »Money« für *Dark Side of the Moon* war, die Eröffnungsnummer der zweiten Seite mit einem Schuß Rhythm & Blues und einer Dosis Gilmour-Gitarrenriffs.

Aber als »Have a Cigar« aufgenommen werden sollte, war Rogers zugegebenermaßen mäßige Stimme noch von seinem anstrengenden Leadvocaleinsatz auf »Shine On You Crazy Diamond« angegriffen. Die Aufnahmen dazu, gestand er, waren »unglaublich schwierig und unvorstellbar ermüdend, weil ich jede Zeile immer und immer wieder singen mußte, nur damit es einigermaßen passabel klang«.[8] Nachdem es Gilmour abgelehnt hatte, derart »anklagende« Texte zu singen, lud Waters den Floyd-Freund und langjährigen Harvest-Labelkollegen Roy Harper ein, das Mikro auf »Cigar« zu übernehmen. Harper, ein engagierter Sänger, Songwriter und Jenner-King-Klient, dessen Hippie-Präferenzen (und gen Null tendierende Verkaufszahlen) von der Rockmaschine niemals ganz korrumpiert worden waren, nahm in einem anderen Studio der Abbey Road gerade sein eigenes Album auf. *H.Q.* – zu dem Dave bereits einige Gitarrenlicks beigesteuert hatte.

Waters »hoffte, daß alle sagen würden: ›Oh, nein, Rog – mach *du's*.‹ Aber so war's nicht. Alle sagten: ›Oh, klar, das ist eine gute Idee.‹ [Roy] machte es, und alle meinten: ›Oh, wunderbar!‹, und das war es dann. Heute meine ich, daß es eine schlechte Idee war. Ich denke, ich hätte es tun sollen. Nicht, daß er es schlecht gemacht hat – ich glaube, er hat es wirklich gut gebracht –, aber es klingt nicht nach *uns*.«[9]

Als einziger Song Pink Floyds entstand das Titelstück aus einem Gedicht von Roger Waters, zu dem Gilmour (der ebenfalls darauf singt) dann die Musik schrieb. (Normalerweise materialisierte die Musik vor dem Text.) Als eine der wenigen echten klassischen Pink-Melodien ist »Wish You Were Here« außerdem fast die einzige Floyd-Nummer, die von Straßenmusikern an Orten wie dem New Yorker Washington Square Park gespielt wird.

Obwohl sich der Text sowohl auf Syd als auch auf die Floyd des Jahres 1975 bezieht, hat Roger erklärt, daß es in ihm um die »widerstreitenden Elemente« seines zwiespältigen Charakters geht: den mitfühlenden Idealisten und »den gierigen, habsüchtigen, egoistischen kleinen Jungen, der nach den Bonbons grapscht und alle haben will. Der Song pendelt zwischen beiden Persönlichkeiten hin und her«[10], wobei der ehrgeizige, arrogante Roger sein angenehmeres alter ego bittet, seine Stellung zu behaupten. Der Perspektivenwechsel wird durch einen Produktionstrick bei den Anfangstakten illustriert, die klingen, als würden sie aus einem billigen kleinen Radio dringen – was zu jenen Dingen gehört, die »Floydophobiker« stets als »gekünstelt« bezeichneten.

Auch auf »Wish You Were Here« ist ein Gaststar vertreten – in gewisser Hinsicht. Als sie erfuhren, daß die Meistergeiger Stéphane Grappelli und Yehudi Menuhin ein paar Türen weiter in der Abbey Road ein Duett aufnahmen, entschlossen sich die Floyd, Gilmours spontane Idee aufzugreifen und seine Folknummer mit dem Sound einer Fiedel abzuschließen. Gegen ein entsprechendes Honorar wurde Grappelli beauftragt, ein Geigensolo einzuspielen – das sich letztlich in einer weitaus typischeren Floyd-Coda eines heulenden Windes verlor. »Wir entschieden uns, ihn nicht in den Credits zu erwähnen, weil wir dachten, es würde ihn vielleicht kränken«, sagte Waters. »Immerhin hat er seine dreihundert Pfund bekommen.« (Aber auch Nick Masons Name tauchte erneut nirgendwo auf dem Album auf.)

Am 5. Juni materialisierte ohne Vorankündigung ein weiterer legendärer Gast in den Abbey Road Studios. Es war sowohl der Hochzeitstag von Dave und Ginger als auch der Vorabend der zweiten 1975er USA-Tournee der Band, und die Floyd arbeiteten fieberhaft am Endmix von »Shine You Crazy Diamond«. Während die Stimmen von Roger und Dave aus den Studiolautsprechern drangen und den Geist Syd Barretts heraufbeschworen, tauchte plötzlich ein feister Mann mit kahlgeschorenem Kopf und rasierten Augenbrauen auf, der einen weißen Trenchcoat und weiße Schuhe trug und eine weiße Plastiktüte in der Hand hielt. Gilmour war der erste, der ihn zwischen den Instrumenten der Floyd herumschnüffeln sah; aber mit anderen Dingen beschäftigt, glaubte er, daß es sich bei dem sonderbaren Burschen um einen EMI-Günstling handelte.

»Er kam ins Studio«, erinnert sich Rick Wright, »und niemand erkannte ihn. Ich weiß noch, wie ich hineinging und Roger bereits im Studio arbeitete. Ich ging also hinein und setzte mich zu Roger. Nach zehn Minuten sagte Roger zu mir: ›Kennst du diesen Typen da?‹ Ich sagte: ›Kenn ich nicht. Ich dachte, er wäre ein Freund von dir.‹ Er sagte: ›Denk nach, denk nach.‹ Und ich sah ihn genauer an – und plötzlich wurde mir klar, daß es Syd war!« Waters war nach eigenem Eingeständnis »zum Heulen zumute«, als er »diesen großen, fetten, kahlen, verrückten Burschen« erkannte.

Ein anderer Besucher aus der Vergangenheit, Andrew King, meinte, daß Barrett wie der Koch einer mittelamerikanischen Hamburger-Bude aussah. King versuchte das Eis zu brechen, indem er seinen früheren Starklienten fragte, warum er so zugenommen hatte. »Ich hab' einen riesengroßen Kühlschrank in der Küche stehen«, erklärte Syd, »und ich esse jede Menge

Schweinekoteletts.« Dann tat Barrett kund, daß er jetzt bereit war, den Floyd wieder seine Dienste zur Verfügung zu stellen.

Während sich seine Ex-Kollegen mit dem schwierigen Mix von »Shine On You Grazy Diamond« abmühten und das Band immer wieder abliefen ließen, versank Syd in Schweigen und gab keinerlei Anzeichen, daß er erkannte, der Held dieses aufwühlenden Tributs zu sein. Schließlich, als sie zum x-ten Mal verlangten, das Band abzuspielen, warf er ein: »Warum denn? Ihr habt es doch schon gehört.«

Später gesellte sich Barrett zu den anderen in der EMI-Kantine, wo die Hochzeit der Hochzeit gefeiert wurde. Nachdem er die arglosen Gäste mit seinem irren Gelächter und durchbohrenden Blicken genervt hatte – manche hielten ihn für einen Hare-Krishna-Fanatiker –, verschwand Syd ohne ein Abschiedswort in die Nacht.

Am nächsten Tag brachen die Floyd ohne ihn nach Amerika auf. Seitdem hat ihn keiner von ihnen mehr gesehen.

Noch nie war eine Pink-Floyd-LP so sorgfältig und anspruchsvoll ausgestattet wie *Wish You Were Here*, keine war von der künstlerischen Gestaltung her bis ins Detail so auf die Musik und die Texte abgestimmt. Storm Thorgerson wählte sogar den Titel des Albums aus.

Thorgerson hatte es nie an Ideen gemangelt, wenn es darum ging, die Platten der Floyd optisch zu ergänzen. »Meiner Meinung nach«, sagt er, »waren die Floyd im atmosphärischen Bereich besser als alle anderen. Ich sage das nicht, weil ich für sie gearbeitet habe; ich bin wirklich davon überzeugt, daß sie Meister darin sind, ein Publikum mit nur zwei Noten in eine bestimmte Stimmung zu versetzen. Er ist sehr stimmungsvoll und atmosphärisch und vermittelt das Gefühl weiter, offener Räume der Seele oder irgendeiner unbekannten Region. Die meisten meiner Bilder reflektieren das.«

Dennoch hat sich Storm nie damit zufriedengegeben, nur den »dekorativen Rahmen« für ein Album zu liefern. Er hat immer versucht, eine »Bedeutung« aus den Songs herauszulesen, die ihm »als Sprungbrett zu einem Bild« dienen konnte. »Denn wie ich das sehe, ist es mein Job, ein Bild zu entwerfen, das zur Musik paßt.«

Thorgerson studierte Rogers neue Texte, während er Pink Floyd auf ihrer USA-Tournee im April begleitete. »Sie schienen mir eher von unerfüllter Präsenz im allgemeinen als von Syds spezieller zu handeln – und er hatte gewiß seine eigenen Vorstellungen davon. Das Prinzip der zurückgehaltenen Anwesenheit, die Art und Weise, wie die Leute vorgeben, anwesend zu sein, obwohl ihre Gedanken ganz woanders sind, und die Methoden und Motivationen, die die Leute psychologisch entwickeln, um die volle Wirkung ihrer Anwesenheit zu unterdrücken, all das auf einen Nenner gebracht – Abwesenheit: die Abwesenheit einer Person, die Abwesenheit von Gefühlen.«[11]

Im Anschluß an die Tournee verbrachte Thorgerson lange Nächte mit den Floyd »auf der Suche nach einer überzeugenden Metapher für das Symbol der Abwesenheit. Wir waren vor allem an dem Aspekt der Abwesenheit interessiert, der mit Heuchelei einhergeht, etwas, das sich als wahr ausgibt, aber in Wirklichkeit so verlogen ist wie ein Nixon-Dementi.«[12] Die Anti-Musikbiz-Thematik von »Welcome to the Machine« und »Have a Cigar« legte schließlich einen Händedruck nahe: eine körperlich gegenwärtige und augenscheinlich freundliche Geste, die oft nicht mehr als ein hohles und sinnentleertes Ritual darstellt (ähnlich wie das gesellige Treiben am Ende von »Machine«).

In Amerika hatte Storm bemerkt, daß in den dortigen Plattenläden die letzte LP von Roxy Music, *Country Life*, in undurchsichtiges grünes Cellophan verpackt war, um die Augen unschuldiger Betrachter vor dem Anblick der beiden barbusigen Mädchen auf dem Cover zu schützen. Dies inspirierte ihn dazu, das *Wish*-Bildmaterial in einer vergleichbaren schwarzen oder blauen Plastikhülle einzuschweißen, so daß das Cover »abwesend« war. Dadurch würde es im Endeffekt zwei Cover geben: eins für die Pink-Floyd-Anhänger und eins für den Handel. Auf dem letzteren sollten der Titel und die Künstler nur durch einen vom Hipgnosis-Grafikdesigner Georgie Hardie entworfenen Sticker kenntlich gemacht werden, der außerdem das bedrohliche Albumlogo mit dem Händedruck der beiden mechanischen Hände vor dem Hintergrund der vier Elemente Feuer, Luft, Wasser und Erde zeigte. (In einem Anflug von Mystizismus, der trotz aller Anstrengungen Rogers immer noch mit Pink Floyds Musik assoziiert wurde, repräsentierten sie die Sonnenzeichen der vier astrologisch ausgewogenen Bandmitglieder: Feuer für den Löwen Wright; Luft für den Wassermann Mason; Wasser für den Fisch Gilmour; und Erde für die Jungfrau Waters.)

Nachdem damit die äußere Aufmachung unabhängig vom Erscheinungsbild des eigentlichen Covers festgelegt worden war, fühlte sich Thorgerson frei, »zum erstenmal Kunst und Kommerz deutlich zu trennen – die Hülle ohne jegliche kommerziellen Erwägungen (keinen Text, keine Namen etc.) zu gestalten, denn man konnte sie nicht sehen... Dieses ›persönliche‹ Design konnte aus sehr künstlerischen Werken bestehen, zwar mit Bezug zur Platte, aber so dunkelsinnig, wie wir wollten – also eine Studie über die Abwesenheit.«[13]

Das Foto auf der Vorderseite wurde von Storms simpler Beobachtung inspiriert, daß die Menschen sich aus Furcht, »sich die Finger zu verbrennen«, von anderen Menschen zurückziehen, ihre wahren Gefühle verbergen. Mit dem Händedruckmotiv im Hinterkopf entwickelte Georgie Hardie die Idee eines Geschäftsmanns, der seinem Doppelgänger unbeirrt die Hand schüttelt, während er in Flammen aufgeht. Es war kein Zufall, daß »abgebrannt« ein im Musikbiz geläufiger Begriff war – vor allem unter Künstlern, die man um ihre Tantiemen gebracht hatte.

Die gleichermaßen surrealistische Coverrückseite – deren Motiv an das Thema von Rogers unveröffentlichtem Song »Bitter Love« erinnert – zeigt einen gesichtslosen »Floyd-Verkäufer«, der laut Thorgerson »seine Seele« in der Wüste verkauft. (Man beachte die Sticker auf der Aktentasche, die von *Obscured by Clouds* über *Dark Side of the Moon* bis hin zu, natürlich, *Wish You Were Here* reichen.) Daß es diesem aalglatten Krämer an echter Anwesenheit mangelt, wird durch die Abwesenheit von Hand- und Fußgelenken deutlich gemacht: alles in allem ist er nicht mehr als ein leerer Anzug.

Zwei weitere »Studien über die Abwesenheit« schmücken die Innenseiten. Eine zeigt einen Vorhang in einem windigen Norfolkhain; die andere einen Taucher, der sich ohne einen Spritzer in sein Element stürzt. Als Storms Lieblingsbild taucht es auch auf der beiliegenden Postkarte auf, passenderweise mit dem Schriftzug *Wish You Were Here.*

Als alles fertig war, meldeten beide Plattenfirmen der Floyd ernste Bedenken gegen die dunkle Plastikhülle an – und das nicht nur, weil sie weit teurer war als das normale transparente Cellophan. In Amerika konnte sich CBS – glücklicherweise völlig ahnungslos, was die Anti-Musikbiz-Symbolik des Covers betraf – beim besten Willen nicht vorstellen, warum die Band »solch großartige« Grafiken verstecken wollte. EMI andererseits sorgte sich, daß der Name Pink Floyd auf den Papphüllen nicht erkennbar war, die die britischen Händler für ihre Schaufensterauslagen verwendeten.

Doch da sie mehrere Millionen »Exemplare« ihres letzten »Produkts umgesetzt« hatten, konnten die Floyd ihren Willen durchsetzen. Und als Thorgerson & Co. der Gruppe feierlich ein Modell des *Wish You Were Here*-Covers präsentierten, komplett mit schwarzer Plastikhülle, bedachten es die vier Floyd mit spontanem Applaus.

Die britische Live-Premiere von *Wish You Were Here* fand am 5. Juli 1975 auf einem großen Open-Air-Popfestival in Knebworth statt. Für Waters war die denkwürdigste Episode ein Wutanfall Roy Harpers, als der kurz vor seinem eigenen Auftritt entdeckte, daß sein Bühnenkostüm verschwunden war.

Harper demolierte daraufhin jedes Fenster und zog sich dabei ernste Schnittwunden zu. Diese Szene sollte später die Grundlage für einen weiteren Stein in *The Wall* bilden (wo »Pink« sein Hotelzimmer verwüstet).

Sie führte außerdem zu einer unglücklichen Verzögerung beim Aufbau und Check des legendären Floyd-Soundsystems. Bei jedem anderen Gig hätte die Band gewartet, bis alles fertig war; aber es liefen bereits die Vorbereitungen für eine besondere Einlage. Gleichzeitig mit dem Auftritt der Floyd sollten zwei Spitfires aus dem Zweiten Weltkrieg im Tiefflug über die Knebworth-Menge hinwegdonnern – der Auftakt einer ganzen Serie spektakulärer Effekte, die in einem Crescendo aus Feuerwerksraketen gipfelten. Aber als Rick Wright die ersten Takte von »Shine On« anschlug, mußte er feststellen, daß seine Keyboards hoffnungslos verstimmt waren, weil der überlastete Stromgenerator der Floyd die Tongeneratoren gestört hatte. Heftig schwitzend, die Hände bebend, verlor Rick den Faden – und mit ihm die Band.

Nach der Pause hatten sich die Floyd mehr oder weniger gefangen, um *Dark Side of the Moon* zu spielen. Die Fans jubelten, aber die Kritiker – von denen nur wenige ihre Verbannung aus dem Garderobenbereich mit Gleichmut hinnahmen – hatten bereits genug Munition, um eine der schärfsten Presseattacken in der Geschichte der Band zu starten. Pink Floyd sollten bis 1977 keine weiteren Konzerte in England – oder auch anderswo – mehr geben.

Nicht, daß *Wish You Were Here* auf Live-Promotion angewiesen war, als es knapp zwei Monate nach dem Knebworth-Fiasko erschien. In Amerika wurde das Album bereits in der zweiten Woche die Nummer Eins in den *Billboard*-Charts; in England – wo es mit einer Viertelmillion verkaufter Exemplare sofort an die Spitze stieg – war EMI nicht in der Lage, die unerwartete Nachfrage zu befriedigen. Selbst als die Preßwerke Überstunden machten, mußte die Firma ihre Händler informieren, daß sie die Bestellungen nur zu 50 Prozent bedienen konnte.

Während ihr Album weltweit die Charts stürmte und zu ihrem sich am schnellsten verkaufenden wurde, blieben Pink Floyd »Studien über die Abwesenheit« und zogen sich in ihre Kokons der Anonymität zurück. Für den Rest des Jahres, in dem sich die britische Musikszene fast bis zur Unkenntlichkeit veränderte, war von ihnen kaum etwas zu hören.

Pigs on the Wing

Wenn das Jahr 1967 London einen Sommer der Liebe beschert hatte, dann ließ sich vom Jahr 1976 fast sagen, daß es der Stadt einen Sommer des Hasses brachte. Während streikende Gewerkschaften und zweistellige Inflations- und Arbeitslosenziffern Englands kränkelnde Wirtschaft erschütterten, wurde in diesem Juni die Rekordzahl von hunderttausend Teenagern von den Schulen in ein untätiges und zielloses Leben auf Stütze entlassen. Selbst das Wetter schien sich gegen England verschworen zu haben, das unter einer seltenen und anhaltenden Hitzewelle stöhnte und drei Monate ohne einen einzigen Regenschauer auskommen mußte. Im August hatte sich das trockene, sonnige Klima – ursprünglich als vom Himmel geschicktes Heilmittel für die Wunden des Landes begrüßt – in die lange Liste der nationalen Krisen wie Mißernten, Wasserrationierung und Dürre eingereiht, zu deren Bekämpfung eigens ein Sonderminister ernannt worden war.

Außerdem explodierte in diesem Monat der jährliche Notting-Hill-Karneval – zehn Jahre zuvor von Pink Floyds Free-School-Sponsoren initiiert – in Rassenunruhen. Für die britischen Fernsehzuschauer gab es ein böses Erwachen, als sie feststellen mußten, daß die Bilder von steinewerfenden schwarzen Jugendlichen, die Polizisten durch hitzeflimmernde Straßen jagten, nicht aus so fernen Städten wie Johannesburg oder Detroit, sondern aus London stammten. Die wachsende Schicht der Einwanderer, in den alten Empiretagen ins Land geholt und von ihrer neuen Heimat sträflich vernachlässigt, machte ihrer Empörung Luft, während arbeitslose Weiße aus der Unterschicht ihre Wut – die sich in ihrer extremsten Form im volksverhetzenden faschistischen Bewegung wie die National Front manifestierte, später von Pink Floyd in *The Wall* karikiert – auf die »Pakis« und »Nignogs« richteten, weil die ihnen angeblich die Jobs wegnahmen.

Aus diesem Hexenkessel aus Haß, Spannung und Enttäuschung entstand im Sommer '76 eine neue Jugendbewegung – und eine musikalische Revolution. »Sie tragen zerrissene und zerlumpte, mit Sicherheitsnadeln zusammengehaltene Kleidung«, warnte eine Londoner Gazette. »Sie sind rüpelhaft, ungezogen, mundfaul, schmutzig, widerwärtig und arrogant. Ihnen gefällt es, wenn man sie verabscheut. Sie legen sich Namen wie Johnny Rotten, Steve Havoc, Sic Vicious, Rat Scabies zu...« Die Punks waren da.

Punkrock begann (bevor er seine musikalische Basis verbreiterte und unter dem weniger bedrohlich klingenden Label »New Wave« populär wurde) als nihilistischer Aufschrei nicht nur gegen die aktuellen gesellschaftspolitischen Bedingungen, sondern gegen die Selbstzufriedenheit und Nostalgie, in denen sich die Rockmusik – und die sie beherrschenden »öden alten Fürze« – Mitte der Siebziger zu suhlen schien. Mit dem Versprechen, die Musik zurück in die Straßen zu tragen, zu den Kids und zur Spontaneität, befreiten die Punks die Musik von allen Feinheiten, Subtilitäten und Schnörkeln: sie kehrten zurück zu den drei Grundakkorden des Rock'n'Roll und drehten die Lautstärke- und Höhenregler ihrer klapperigen Verstärker bis zur Schmerzgrenze auf. Jeder konnte Punkrock spielen und jeder tat es. Fast über Nacht entstanden Tausende von Bands und feuerten ganze Maschinengewehrgarben dieser drei magischen Akkorde ab, die die Superstars von ihren ruhmreichen Sockeln zu stürzen drohten, den Rock wieder zu einer Macht der Subversion und Anarchie erhoben und die Herzen der ehrbaren Bürger mit Furcht und Abscheu erfüllten.

Von allen Megaplatinlegenden der Siebziger stellten Pink Floyd – mit ihrem bewußten Mangel an Spontaneität, ihrer Aura der Entrücktheit und ihrer Vorliebe für Bombast und Trägheit – für die stachelhaarige Sicherheitsnadelbrigade ein besonders verlockendes Ziel dar. »In stummer Verzweiflung« abzuwarten war ganz gewiß nicht die punkige Lebensart. Das psychedelische Erbe und Image der Floyd war den Punks, die das Speed dem Pot oder Acid vorzogen und das Wort »Hippie« mit äußerster Verachtung aussprachen, zudem ein Greuel.

Allerdings spielten die Floyd unwissentlich eine Rolle bei der Entdeckung des berüchtigten Johnny Rotten durch Malcolm McLaren, Besitzer einer Punk-Boutique aus Chelsea. McLaren rekrutierte das »minderjährige Amphetaminmonster mit den grünen Haaren und dem dazu passenden verrotteten Gebiß« als Leadsänger der Sex Pistols hauptsächlich wegen des starken Eindrucks, den Rottens »sadistisch verstümmeltes Pink-Floyd-T-Shirt« auf ihn machte, wobei er »mit vor rasendem Abscheu zitterndem Kugelschreiber über den Schriftzug der Dumpfmeister die Worte ›Ich hasse‹ gekritzelt hatte«.[1] (Dave Gilmour scherzte, daß die Floyd zumindest ein »lohnendes Ziel« darstellten, und wies darauf hin, daß Johnny Rotten mit einem »Ich hasse Yes«-T-Shirt niemals so weit gekommen wäre.)

In Anbetracht ihrer eigenen »Untergrund«-Anfänge – und ihrem anfänglichen Hang zur Zerstörung traditioneller Popstrukturen – war es eine gewisse Ironie, daß die Floyd einer derartigen Schändung zum Opfer fielen. McLaren äußerte immerhin seine Hochachtung für Syd Barrett, den die Pistols daraufhin im Chelsea Cloisters auszuräuchern versuchten. Doch der »Madcap« blieb stur in seinem verschlossenen Zimmer.

Nick Mason betont, da er die Anti-Floyd-Sprüche nie persönlich genommen und die Wiederbelebung des Rocks durch den Punk begrüßt hat. Die Floyd, sagt Mason, hatten »eine wundervolle Jugend in den Sechzigern genossen, als wir die Lieblinge des Underground waren und in den Magazinen als die außergewöhnliche Underground-Band gefeiert wurden und so weiter. Und das hörte dann sehr schnell auf; wir wurden in der Rockpresse kritisiert und fertiggemacht. Wir mußten uns daran gewöhnen, daß uns nicht jeder liebte; man lernt damit zu leben. Es gibt immer Leute, die einen mögen, und Leute, die einen nicht mögen.

Die Sache mit dem Punk war – und ist – meiner Meinung nach eine unverzichtbare und heilsame Erneuerung für das ganze Rock'n'Roll-Geschäft gewesen, denn der Rock hatte sich zu einem totalen Techno-Overkill entwickelt, geschäftlich wie musikalisch. Am schlimmsten war, daß die Plattenfirmen immer größer und größer und in Aktiengesellschaften umgewandelt wurden; ihnen ging es hauptsächlich ums Geld. Sie wollten keine Risiken mehr eingehen, und die Bands wurden, was die Promotion und die laufenden Kosten betraf, immer teurer. Sie boten lieber eine Million Dollar oder mehr für die Rolling Stones, als in neue Bands zu investieren. Das ist völlig verständlich – zahlt man eine Million Dollar für einen etablierten Act, ist die Wahrscheinlichkeit groß, daß man seinen Einsatz zurückbekommt. Investiert man jeweils 100 000 Dollar in acht neue Bands, kann man alles verlieren.

Die Branche hat sich verändert. In den frühen Sechzigern schienen die Plattenfirmen alles, was lange Haare hatte, unter Vertrag zu nehmen; sie hätten selbst einen Schäferhund genommen. Aber dann wurden daraus Emerson, Lake and Palmer und Pink Floyd und Yes, und das war das Problem – riesige, mächtige Dinosaurier, die über die Erde stampfen. Die Punks haben gesagt, wir können wieder Platten für zwanzig Mäuse machen; es ging ihnen um Energie und die Lust am Spielen, nicht darum, wer der größte Musiker der Welt ist. Es war absolut notwendig.« (»Natürlich«, fügt Nick trocken hinzu, »möchte niemand, daß die Welt *nur* von Dinosauriern bewohnt wird; aber es ist verdammt gut, *ein paar* von ihnen am Leben zu halten.«)

Mason ging sogar soweit, das zweite Album der Damned zu produzieren – die ursprünglich die Dienste ihres Jugendhelden Syd Barrett in Anspruch nehmen wollten, sich aber mit seinem ehemaligen Drummer als zweitbeste Wahl zufriedengaben.

(Wobei es keine Rolle spielte, daß Mason von allen Pink Floyd den geringsten Kontakt zu Barrett gehabt hatte.) »Es war eine derart abseitige Idee, daß es entweder absolut brillant oder total diabolisch werden mußte«, erinnerte sich Damned-Drummer Rat Scabies ein Jahrzehnt später. »Ich vermute, es war mehr das letztere.«[2]

Als eine der ersten Produktionen der Floyd-eigenen Britannia Row Studios war *Music for Pleasure* auch der Beginn der Zusammenarbeit mit Haus-Tontechniker Nick Griffiths. »Das Studio war damals absolut schrecklich«, gesteht er, »und ich glaube nicht, daß das Album so gut wurde, wie wir gehofft hatten.« Mason allerdings besteht darauf, daß »es Spaß gemacht hat« und »sehr erhellend war, mitzuerleben, wie die Leute die Wurzeln des Rock'n'Roll wiederentdeckten« – auch wenn er und Griffiths sich düpiert fühlten, als die Punkrowdys es fast zu einer Prinzipienfrage machten, aufs Overdubben zu verzichten.

Das rauhe Quartett kam rasch zu der Überzeugung, daß ihr Produzent, um es mit dem Gitarristen Brian James zu sagen, »in einer anderen Welt lebte als wir«. Darüberhinaus von persönlichen Konflikten in der Band sabotiert, wurde das Ergebnis dieser Pink-Punk-Begegnung sowohl von den Kritikern als auch vom kaufenden Publikum und den Damned selbst aufs Tiefste verabscheut.

Pink Floyd hatten die umgebaute Kapelle in der Britannia Row – eine kleine Seitenstraße in Islington – ursprünglich gekauft, um dort ihre Sound- und Lichtausrüstung zwischen den Tourneen zu lagern. Die Gruppe richtete dort außerdem ihre Büroräume und, sicherheitshalber, ein eigenes Demo- und Probenstudio ein. 1976, als ein neues Album auf dem Programm der Floyd stand, begann die Band das Britannia Row Studio auf einen höheren professionellen Standard umzurüsten, um nach Gutdünken aufnehmen zu können, ohne sich dem engen Terminkalender der Abbey Road unterwerfen zu müssen.

Das Studio wurde anfänglich von Brian Humphries geleitet, der *Wish You Were Here* arrangiert hatte. Nick Griffiths, damals ein Nachwuchstechniker Anfang Zwanzig, wurde als sein Assistent eingestellt – nur um plötzlich den Laden allein schmeißen zu müssen, als Humphries und der Rest des Stabes im Januar 1977 mit den Floyd auf eine sechsmonatige Welttournee gingen. Zu diesem Zeitpunkt war das Studio mit überalterten MCI-Bandmaschinen ausgerüstet; auch die Akustik ließ sehr zu wünschen übrig. Zu Griffiths' Aufgaben gehörte es, die Britannia Row mit maßgefertigten, modernen Geräten auszustatten.

Die Floyd planten im Prinzip, die enormen Kosten zu reduzieren, indem sie das Studio stundenweise an andere Künstler vermieteten. Allerdings minderte ihr Wunsch, die Britannia Row nutzen zu können, wann immer sie wollten, den Wert des Studios als kommerzielles Unternehmen. Hinzu kam, sagt Griffiths, »daß die Geschäftsführung nicht die Beste war. Die laufenden Kosten verschlangen fünf Riesen pro Tag. Es war ein bißchen wie die Apple-Situation bei den Beatles.«

Nicht daß es die Floyd viel zu kümmern schien – noch nicht. Schließlich kam das Geld noch immer fast schneller herein, als es Steve O'Rourke zählen konnte.

Wie um zu signalisieren, daß Pink Floyd aus den äußeren (oder inneren) Regionen zurückgekehrt waren, um sich mit dem Hier und Jetzt zu beschäftigen, zeigte das von Waters entworfene Cover ihrer ersten Britannia-Row-Produktion, *Animals*, ein äußerst erdverbundenes Motiv, und zwar den rußigen Komplex des Londoner Battersea-Kraftwerks. »Ich mag die vier phallischen Türme«, gestand Roger. »Und Energie finde ich auf sonderbare Weise anziehend.«

Das Bild wurde allerdings durch einen typisch surrealistischen Floyd/Hipgnosis-Schnörkel komplettiert: durch die Rauchfahnen schwebte ein zwölf Meter großes aufblasbares Schwein, das von nun an zum Inventar der Floyd-Shows gehörte. Bei den Fotosessions geriet das Schwein außer Kontrolle und wurde – zur Überraschung und Bestürzung der Fluglotsen – vom Wind über den Flughafen Heathrow getrieben, bevor es rund dreißig Kilometer südöstlich der Hauptstadt abstürzte.

Waters' anthropomorphe Sichtweise der menschlichen Rasse schien der Band eine neue Richtung zu weisen und den Pink-Floyd-Dinosaurier aus seinem bequemen Trott aufzuschrecken. Schlußendlich sollte Rogers Besessenheit mit dem beklagenswerten Zustand der nationalen und weltpolitischen Verhältnisse (von dem seiner eigenen Psyche ganz zu schweigen) Pink Floyds Musik bis zur Unkenntlichkeit verändern – bis zu dem Punkt (bei Teilen von *The Wall* und dem ganzen *The Final-Cut*-Album), wo sich die alten Floyd-Freaks fragten, ob dies überhaupt noch Musik von Pink Floyd war. Verdächtig war vor allem, daß die getragene, sphärische Hintergrundorgel und der ätherische mehrstimmige Gesang, die lange Zeit den Pink-Floyd-Sound sozusagen definiert hatten, auf *Animals* (und seinen Nachfolgern) fast völlig fehlten.

»Das war das erste Album, für das ich nichts geschrieben habe«, sagte Rick Wright, dessen jazzbeeinflußtes Geklimpere neben den aggressiven Rockklängen von *Animals* fast fehl am Platze wirkte. »Und es war das erste Album, auf dem die Gruppe ihre Einheit verlor. Damals fing Roger an, alles in die Hand zu nehmen. Einige Musikpassagen gefallen mir sehr, aber es ist nicht mein Lieblingsalbum der Floyd.«

Dennoch war die Arbeit an *Animals* kaum von den künstlerischen Konflikten überschattet, die die *Wish You Were Here*-Sessions so erschwert hatten. Daß bis zur Fertigstellung trotzdem zehn Monate vergingen, lag hauptsächlich daran, daß die Floyd Probleme hatten, ihren bewährten Soundstandard mit den relativ bescheidenen Mitteln ihres eigenen Studios zu erreichen.

Leicht an George Orwells Klassiker *Farm der Tiere* erinnernd, teilt Rogers allegorischer Songzyklus die menschliche Rasse in drei Kategorien ein, von denen jeder Pate für eines der Hauptstücke des Albums war. Die Schweine sind Moralisten, selbstgerecht und tyrannisch, im Endeffekt aber mitleiderregend; die Hunde sind skrupellose Pragmatiker, darauf aus, sich mit allen Mitteln den Weg zur Spitze freizukämpfen; die Schafe bilden die dumme und unkritische Masse (Rogers Vorstellung vom Pink-Floyd-Publikum?), dumpfe Träumer, deren einziger Lebenszweck darin besteht, von den Hunden und Schweinen benutzt und mißbraucht zu werden. Ein Bild, das wahrhaft weit entfernt ist von der schnurrigen anthropomorphen Fauna in Barretts geliebtem *Wind in den Weiden* (wenngleich auch Ähnlichkeiten mit den räuberischen Figuren in Syds Post-Floyd-»Rats« bestehen).

Doch im Gegensatz zu David Bowies früher erschienenem *Diamond Dogs*-Album, das direkt von *1984* inspiriert war, handelte es sich bei Pink Floyds Tiertrilogie nicht um eine bewußte Adaption von Orwells Buch. Einerseits war die Sowjetunion das Modell für Orwells Allegorie gewesen, während Roger das rücksichtslose kapitalistische System seiner eigenen Gesellschaft aufs Korn genommen hatte. Und während die Farm der Tiere zum Schluß unter die totale Kontrolle der Schweine geriet, gipfelt das Opus der Floyd in einem Aufstand rachsüchtiger Schafe, die endlich ihre selbstzufriedene Apathie abschütteln. (Vielleicht hatten sie sich Waters' neue Songs statt *Ummagumma* angehört.)

Nicht daß sich Roger aus dieser misanthropischen Beschreibung selbst ausklammerte. In »Pigs on the Wings«, einer empfindsamen, zweiteiligen akustischen Beichte in der »If«-Tradition, die das Album eröffnet und abschließt* – und ohne die, spekuliert er, *Animals* »nur eine Art zorniger *Aufschrei* gewesen wäre«–, gesteht Waters, daß auch er etwas von einem »Hund« an sich hat. (Er gestand außerdem – zum ersten- und letzten-

* Ein Hinweis für die Sammler: In dem damals populären Acht-Spur-Tonbandformat wurden die beiden Teile von »Pigs on the Wing« durch ein ansonsten nirgendwo veröffentlichtes Gitarrensolo verknüpft.

mal in seiner Karriere als Floyd-Songwriter –, daß er verliebt war. Roger hatte endlich in der blaublütigen Carolyne Christie, der Nichte des Marquis von Shetland, einen dauerhaften Ersatz für seine Rote Judy gefunden.)

Obwohl keine von Waters' Tierkarikaturen in einem besonders schmeichelhaften Licht erscheint – positive Rollenmodelle möge der Hörer bitte woanders suchen –, erzeugt »Pigs (Three Different Ones)« seine bemerkenswerte Wirkung durch pure, hemmungslose Verachtung. Das Stück verhöhnt inbesondere Mary Whitehouse, die selbsternannte Wächterin über die Moral in der britischen Popmusik; die unterlegten schweren Atemzüge deuten auf ein unterschwelliges, schlüpfriges Interesse an dem »Schmutz« hin, den sie so lautstark verdammt – und so verzweifelt fürchtet. Diese nur aus »verkniffenen Lippen und kalten Füßen« bestehende grimmige Kreuzzüglerin hatte bereits 1967 die Floyd wegen ihrer sündhaften Verbindungen zu den Advokaten des LSD öffentlich verdammt.

Von David Gilmour komponiert (»nicht gerade mein Lieblingsstück«, sagt er heute), legt sich »Dogs« mit dem von keinerlei Selbstkritik getrübten, materialistischen Erfolgstypen an – dem »Yuppie« des nächsten Jahrzehnts: »Wer wurde mit Halsband und Kette versehen / Wer wurde freundlich gestreichelt...« (Das überaus wirksame Stilmittel, jede ungereimte Verszeile mit dem Wort »Wer« zu beginnen, ist Allen Ginsberg berühmtem Gedicht *Howl* entlehnt.) Schlußendlich ist es das Schicksal des »Hundes«, einsam an Krebs zu sterben, ein Opfer seines Eigendünkels. »Nun ertrinke denn fein«, intoniert Dave. Nach dieser fröhlichen Aufforderung ertönt das lang nachhallende Wort »Stein« und wird elektronisch derart verzerrt, daß es schließlich wie ein Schrei aus dem Urschleim klingt – während parallel dazu das Bellen der Hunde auf unheimliche Weise durch einen Vocoder gefiltert wird und allmählich eine musikalische und sogar »menschliche« Qualität annimmt.

Ein ähnlich bedrohlicher Effekt taucht auf »Sheep« auf. Während die Farm der Tiere ihre Sieben Gebote hatte (darunter das berühmte »Alle Tiere sind gleich, aber einige Tiere sind gleicher als die anderen«), lauschen Waters' Schafe einer Parodie des Psalms Dreiundzwanzig, wieder durch den Vocoder verzerrt: »Der Herr ist mein Hirte... Er erlöset meine Seele mit blanker Klinge.« »Sheep«, meint Gilmour trocken (der sich ein Gutteil des musikalischen Endergebnisses zuschreibt), »war sehr witzig.«

Man könnte in Versuchung geraten, in *Animals* angsterfüllter Atmosphäre und beißenden sozialpolitischen Kommentaren – sowie in seinen relativ dürren Arrangements, der schlichten Produktion, der fetzigen Musik und den nervenzerfetzenden Powerakkorden auf dem Höhepunkt von »Sheep« – Pink Floyds Antwort auf die Wiederbelebung des Rocks durch den Punk zu sehen... hätte es sich bei »Dogs« und »Sheep« nicht im Grunde um jene 1974er Konzert-Schlachtrösser »Gotta Be Crazy« und »Raving and Drooling« gehandelt. Die Band hatte bereits begonnen, sie zusammen mit den neu komponierten »Pigs« in der Britannia Row zu überarbeiten, als Waters die Hunde- und Schafsimplikationen dieser frühen Texte und – mehr Glück als Verstand! – in ihnen das Potential für ein weiteres Konzeptalbum erkannte.

Aber weil das Konzert erst kurz vor zwölf aus größtenteils vorhandenem Material zusammengebastelt wurde, ist *Animals* (wie Roger später selbst zugab) nicht ganz überzeugend. Die drei Hauptstücke stützen nicht immer ihre jeweiligen Metaphern; viele Passagen scheinen kaum zum Gesamtkontext zu passen. Und selbst wenn, gibt sich Waters oft mit groben Platitüden zufrieden, die nicht durch den sardonischen Witz eines Ray Davies oder die poetische Sprache eines Bob Dylan aufgelockert werden.

Nichtsdestotrotz ist *Animals* in mancher Hinsicht eines der überzeugendsten Floyd-Alben. Lyrisch liefert es Waters' soziopolitische Bosheiten in hochprozentiger Form – auch wenn es die letzte Gelegenheit war, bei der Waters, Gilmour, Mason und Wright als Viererteam zusammenarbeiteten, ohne jede

Unterstützung von anderen Musikern (obwohl wie bei den Bewohnern der Farm der Tiere die einen Floyds bereits gleicher waren als anderen). Musikalisch haben Pink Floyd – weder vorher noch hinterher, egal in welcher Formation – noch nie so kompromißlos und mit größerer Überzeugungskraft abgerockt.

Animals war auch von der Struktur her kompromißlos, beinahe mutig. Natürlich waren Pink Floyd schon immer für ihre langen und verwickelten Kompositionen bekannt (z. B. »Atom Heart«, »Echoes«, »Shine On«); *Animals* bestand fast nur aus einem Stück. Dies ließ selbst »progressiven« Radioprogramm-Machern nur wenig Spielraum: es gab keine leicht auskoppelbaren Fünf-Minuten-»Happen« wie »One of These Days«, »Welcome to the Machine« oder die einzelnen Tracks von *Dark Side of the Moon*. Als Konsequenz war die Wahrscheinlichkeit gering, daß sich die phänomenalen Verkaufzahlen des letzteren auch nur ansatzweise erreichen ließen...

Vor allem, nachdem Waters und Co. bei *Animals* weitgehend auf die üppigen und einschläfernden Passagen verzichtet hatten, die seine Vorgänger auszeichneten, und so den Floyd-Freaks das Vergnügen nahmen, sich über Rogers misanthrope Tiraden hinwegzuträumen. Auch dies konnte man als ein Zeichen von Mut verstehen; aber es nahm bereits jene Zeit vorweg, in der Waters seine zunehmend schrille Botschaft auf Kosten von Pink Floyds unverwechselbarer Musik zu verkünden begann.

Waters hat erklärt, daß er versuchte, »die Band stärker auf bestimmte Inhalte zu konzentrieren, direkter zu werden. Ich wollte weg von dem abgehobenen Zeug... [um] der Interpretation nicht mehr so großen Raum zu geben.«[4] Aber ebenso konnte man sagen, daß die Anziehungskraft von Pink Floyds Kompositionen und Bühnenshows stets vor allem auf der Tatsache beruhte, daß sie der Fantasie des Hörers großen Spielraum ließen. Beginnend mit *Animals*, schien Roger Waters immer mehr daran interessiert zu sein, dem Publikum zu sagen, was es zu denken hatte.

Diese dünkelhafte Ader manifestierte sich auch, als in der

zweiten Woche des Jahres 1977 Journalisten zur Präsentation des Albums in das Battersea-Kraftwerk geladen wurden – und man ihnen dann untersagte, sich Notizen zu machen. Nichtsdestotrotz rettete *Animals* Pink Floyds Ruf bei den Kritikern, die sich der Punkrevolution angeschlossen hatten. In *NME* – nun eine gestandene New-Wave-Gazette – erklärte Angus Mackinnon, »noch immer tief bewegt von dem Gehörten«, *Animals* nicht nur zum besten Floyd-Album aller Zeiten, sondern auch »zu einem der extremsten, gnadenlosesten, erschütterndsten und revolutionärsten Musikstücke, die diesseits der Sonne jemals veröffentlicht wurden.«[5]

Obwohl die Verkaufszahlen bei weitem nicht an die seiner beiden Vorgänger heranreichten, verschaffte *Animals* Pink Floyd einen weiteren Nummer-Eins-Hit in England. In Amerika kam das Album »nur« auf Platz drei.

Am Tag seiner Veröffentlichung – am 23. Januar 1977 – gingen Pink Floyd mit *Animals* auf eine sechsmonatige Marathontournee durch neun Länder beiderseits des Atlantiks. In zumindest einer Hinsicht entfernte diese Tournee die Band noch weiter von ihren Fans und von den neuen Punkrockidealen: zum erstenmal traten die Floyd in *Stadien* auf.

Pink Floyd: In the Flesh (wie die Tour genannt wurde) ist vor allem wegen ihrer gigantischen aufblasbaren Requisiten in Erinnerung – insbesondere dem fliegenden Schwein, das Waters damals als »ein Symbol der Hoffnung« bezeichnete. Ein Jahrzehnt später erinnerte er sich, daß die anderen Floyd »dachten, ich wäre wie Syd verrückt geworden, als ich sagte, daß wir eine große aufblasbare Familie [bestehend aus den ›Dogs‹-Figuren] und eine Menge aufblasbarer Tiere brauchten«.[6]

Die Vorbereitungen und die Logistik, die eine Show dieser Größenordnung erforderte, waren atemberaubend. Die technischen und organisatorischen Einzelheiten wurden in den Verträgen der Veranstalter genau festgelegt, mit detaillierten Anweisungen für Bühne, Beleuchtung und Stromversorgung, die aus Dutzenden von Klauseln wie den folgenden bestanden:

(c) Benötigt werden drei Gerüsttürme mit den Maßen... 2 Meter hoch mal 4 Meter lang mal 2 Meter breit, mit 3 Metern Abstand bis zur Decke. Der Raum unmittelbar unter diesen Türmen ist für wertvolle Ausrüstung vorgesehen, so daß jeder Turm mit einem 1 Meter 20 hohen Sicherheitszaun zu umgeben ist.

(d) Im Zentrum der Halle, d. h. gleich weit von der Bühnenseite und der Rückseite der Halle entfernt, ist eine Fläche von mindestens 6 Metern Länge und 5 Metern Breite für die Ton- und Lichttechniker zu reservieren. Auf dieser Fläche ist eine Plattform von 5,50 m Länge, 1,50 m Breite und 75 cm Höhe zu errichten. Diese Plattform muß ein Gewicht von 500 kg tragen können. Hinter dieser Plattform sind für Pink Floyds Techniker, die während der Dauer des Konzerts die Ton- und Lichtanlagen steuern, Sitzgelegenheiten zur Verfügung zu stellen. Die gesamte Fläche ist unbedingt mit einem Sicherheitszaun (1,20 m hoch) zu umgeben...

Die Floyd wiederum liefen ständig Gefahr, Ärger mit den gleichermaßen peniblen Bürokraten zu bekommen, die auf der Einhaltung der örtlichen Energie- und Sicherheitsbestimmungen bestanden.

Gewöhnliche Sterbliche (und Floyd-Musiker) wären vielleicht unter dem Druck derartiger Detailversessenheit zusammengebrochen, aber Roger schien jede Einzelheit zu genießen. Vor einer der Shows hörte sein Freund vom *Melody Maker*, Karl Dallas, wie er hinter der Bühne der Crew Anweisungen gab: »Ich möchte, daß bei der Stelle ›All tight lips and cold feet‹ der Rauch kommt... und ich will soviel Rauch, wie ihr mir geben könnt. Ich möchte, daß das Publikum das Schwein erst sieht, wenn nach diesem Vers Daves lautes Solo einsetzt...«[7]

Waters widmete sich mit der gleichen Intensität den Filmaufnahmen, die bei den Konzerten gemacht wurden. »Roger hat sie montiert und überwacht und sichergestellt, daß alles stimmte«, sagt Nick Griffiths. »Er kann in einen Schneideraum gehen, sich neben den Cutter setzen und die ganze Prozedur mit viel Sachverstand überwachen. Er kennt die Technik und braucht niemand, der ihm irgendwelche Vorschläge macht. Er hat seine eigenen Vorstellungen. Schwierig wird es nur, wenn ihm jemand widerspricht.«

Trotz des quadrophonischen Einsatzes von Geblöke, Gebell und Gegrunze wirkte das musikalische Programm von *In the Flesh* nicht besonders einfallsreich: die erste Hälfte wurde mit dem gesamten *Animals*-Album und die zweite Hälfte mit *Wish You Were Here* bestritten (obwohl die Reihenfolge der Songs nicht beibehalten wurde); als Zugabe dienten »Us and Them« und/oder »Money« (und bei genau einer Gelegenheit »Careful with That Axe, Eugene«). Von der Vorhersagbarkeit dieser statistischen Reihenfolge abgesehen, schien »Sheep« schwerlich die beste Wahl zu sein, um damit die bisher größte Show Pink Floyds zu eröffnen.

Es gab noch andere Probleme, oft infolge des ungeheuer komplexen Ablaufs der Produktion. Bei fast jedem Gig ging *irgend etwas* schief, was die Band (für diese Tournee durch den zweiten Gitarristen Snowy White und den bekannte Saxophonisten und Keyboarder Dick Parry verstärkt) jedesmal aus dem Konzept brachte. Um mit den vorprogrammierten Begleitfilmen Schritt zu halten, fühlte sich Waters verpflichtet, bei jedem Auftritt Kopfhörer zu tragen – was ihn nur noch mehr von seinem Publikum isolierte.

In Frankfurt war der Rauch so dicht, daß wütende Fans, die die Show nicht mehr verfolgen konnten, die Bühne mit Flaschen bewarfen. Im darauffolgenden März wurden die Wembley-Auftritte der Floyd von Kritikern wie Tim Lott von *Sounds* eisig kommentiert:

Enttäuschend. Es hat mich kalt gelassen. Sie haben sich wie Maschinen verhalten. Kein Eingehen auf die Zuschauer. Minimale Begeisterung. Stümperhafte musikalische Leistungen... die Floyd sind nie Virtuosen gewesen, aber sie haben immer *Wirkung* erzielt. Diesmal nicht...

Ihr zerstörerischstes, ruinösestes, hoffnungslosestes, vermeidbarstes, entnervendstes Manko ist noch immer Waters' erbärmlicher Gesang. Eigentlich liegt es auf der Hand, Gilmours relativ starker Stimme die Leadvocals zu überlassen und Waters dann und wann ein paar Einlagen zu gönnen... vielleicht ist ihm noch gar nicht aufgefallen, was für ein schlechter Sänger er ist.[8]

Derek Jewell von der *Sunday Times* zeigte traditionellerweise mehr Verständnis und nannte die Show »ein brillant inszeniertes Theater der Verzweiflung« und ein »durch und durch fesselndes (oder durch und durch erschreckendes) musikalisches und visuelles Erlebnis«.[9] Im *Melody Maker* allerdings meinte Michael Oldfield abfällig, »der nächste logische Schritt dürfte sein, daß sie ein paar Puppen mit Floyd-Masken auf die Bühne stellen«.[10] Zufälligerweise begann Roger in ähnlichen Kategorien zu denken.

Im weiteren Verlauf der Tournee zeigte Waters zunehmend Anzeichen von, wie manche Mitarbeiter es unterschiedlich sahen, Paranoia oder Größenwahn. Er hielt sich meistens abseits, mied die festlichen Essen und Empfänge der Floyd vor und nach den Konzerten. Peter Jenner erinnert sich mißbilligend, daß Roger in einem Hubschrauber zu den Gigs einflog, während sich die anderen mit einer Limousine begnügen mußten.

Die Fans wiederum rätselten über seine Angewohnheit, mitten in »Pigs« eine Zahl zu rufen (z. B. »Einundzwanzig!« oder »Sechsundvierzig!« oder »Vierundfünfzig!«) – bis jemand feststellte, daß sie im allgemeinen mit der Zahl der bis dahin absolvierten *In the Flesh*-Auftritte übereinstimmte. Es war, als könnte Waters das Ende der Quälerei kaum noch erwarten. Der Großteil dieser Entfremdung beruhte (was zu seinen Gunsten gesagt werden muß) auf seinem mittlerweile tiefen Bedauern seiner Entscheidung für die unmenschlichen Arenen, in denen die Floyd spielten, und seiner Unfähigkeit, unter solchen Umständen eine Beziehung zu seinen Fans zu entwickeln – »von denen die meisten«, wie er später behauptete, »ohnehin nur wegen dem Bier gekommen sind«. Und, fügte er hinzu, »es ist sehr schwierig zu spielen, während die Leute pfeifen und brüllen und schreien und mit Sachen werfen und sich prügeln und herumtoben... aber gleichzeitig spürte ich, daß wir die Situation selbst geschaffen hatten, aus purer Gier heraus.«[11] von Rogers Standpunkt aus war die Band nun nicht mehr nur ein Opfer der Rockmaschine, sondern ein aktiver Kollaborateur.

Waters entsetzte die Erkenntnis, daß sich etwas so Persönliches wie seine eigenen Songs nach und nach in »einen Zirkus und ein sinnentleertes Ritual« verwandelt hatten. Wie er dem Autor Timothy White anvertraute: »Rock'n'Roll ist zur Gier geworden, die sich als Unterhaltung tarnt, genau wie der Krieg zur Gier geworden ist, die sich als Politik tarnt.«[12]

Aber diese Gewissensbisse konnten nicht verhindern, daß Roger sein Publikum – dreißig-, vierzig-, manchmal *neunzig*-tausend Köpfe stark – als ein monolithisches, gefühlloses, brüllendes, tobendes *Ungeheuer* empfand. Bei der allerletzten Show – am 6. Juli im Olympiastadion in Montreal – rastete er schließlich aus.

Im Lauf des Abends hatten sich Rogers böse Blicke immer mehr auf die Fans in der ersten Reihe konzentriert, die sich im Licht der Bühnenscheinwerfer produzierten, insbesondere auf einen jungen Burschen, dessen Aussehen ihm nicht gefiel – ein kleiner Wurm, der sich auf dem Bauch des Ungeheuers wand. Waters begann seine ganze Vorstellung auf den unglückseligen Jungen auszurichten, lockte ihn immer näher, während der Teenager in Verkennung jedes Blicks und jeder Geste seines von Verachtung erfüllten Idols neue Höhen wilder Ekstase erreichte. Schließlich beugte sich Roger nach vorn – und spuckte dem Fan einen großen Klumpen Speichel ins Gesicht.

Vom donnernden Applaus für die übliche Zugabe wieder auf die Bühne geholt, erklärte ein wütend klingender Roger: »Wir können keinen von unsern alten Songs mehr spielen, deshalb machen wir jetzt Musik einfach zum Nachhausegehen.« Niemand bemerkte, daß Dave Gilmour nicht mehr auf der Bühne war; der erschöpfte Stargitarrist hatte sich unerkannt unters Publikum gemischt und überließ es den anderen Floyd und Snowy White, einen langsamen, traurigen Blues zu improvisieren.

Nach der Rückkehr nach England wurde Waters immer mehr von der größten aller Ideen besessen, die ihn während seiner gesamten Karriere begleitet und über die er jahrelang müßig fantasiert hatte. In Anbetracht »dieser riesigen Barriere zwischen *ihnen* und dem, was ich zu tun versuchte, und die zu überwinden für mich fast unmöglich geworden ist«[13], gelobte Roger, wenn Pink Floyd jemals wieder ein Konzert geben sollten, dann buchstäblich... hinter einer Mauer.

19

Another Brick in the Wall (Part 1)

Mit *Animals* im Rücken gingen Pink Floyd wieder auseinander. Von September 1977 an zog sich Roger Waters aufs Land zurück, um an *The Wall* zu arbeiten – ob es nun ein Gruppen- oder Soloprojekt werden würde, konnte niemand mit Sicherheit sagen. Sich selbst überlassen, suchten die beiden anderen Songwriter der Floyd Zuflucht bei ihren Solodebüts, die im Mai 1978 veröffentlicht wurden: *David Gilmour* und Richard Wrights *Wet Dream*.

Für das erstere formierte sich wieder Gilmours Trio aus dem Sommer der Liebe, Bullitt: Bassist Rick Wills (seit kurzem bei Foreigner) und Drummer Willie Wilson waren es auch – zusammen mit Ginger Gilmour –, die Dave zu diesem Projekt überredet hatten. Ein anderer langjähriger Kollege, Roy Harper, schrieb am herausragenden Track der Platte mit, »Short and Sweet« (den das Paar zusammen mit einigen anderen Gemeinschaftswerken für Harpers nächste LP überarbeiten sollte).

Im italienischen Radio sagte Gilmour, daß er sein Album als ein Gegenmittel zu Pink Floyds Politik der »totalen Perfektion« sah: »Zu Hause nehme ich mir manchmal eine akustische Gitarre und spiele einfach drauflos. Meine Platte entstand aus dem verrückten Wunsch, mich auszudrücken und dabei so natürlich wie möglich zu sein.«[1]

Das inspirierteste Werk dieses Projekts entstand zu spät, um noch verwendet werden zu können. Während Gilmour dem Album im neuen Lieblingsstudio der Floyd – Super Bear im südfranzösischen Miravel – den letzten Schliff gab, kam ihm die Idee zu dem Song, den die Welt als »Comfortably Numb« kennen und lieben sollte. Aber da Wills und Wilson in England geblieben waren, gab sich Dave mit einem groben Demo zufrieden, das er sich für ein späteres Projekt aufsparte.*

Auf Wrights LP, die ebenfalls im Super Bear Studio aufgenommen wurde, nahm Floyds zweiter *In the Flesh*-Gitarrist Snowy White Gilmours Platz ein. Das Material, zu dem auch Juliette Wright einen Text beigesteuert hatte, war in Ricks Villa bei Lindos auf Rhodos komponiert worden, wo er nun als erster Floyd-Steuerflüchtling ständig lebte. Im Gegensatz zum harten Rock von *David Gilmour* bot *Wet Dream* leichten, jazzbeeinflußten Mainstream-Pop. Die beiden Platten hatten aber auch außer ihren großartigen Hipgnosis-Covern viel gemeinsam. Beide waren reich an Instrumentals und arm an Originalität – geschmackvoll und professionell, aber ohne Schwung, so daß man sie getrost vergessen kann. Es schien fast (und das nicht zum letzten Mal), als wären die einzelnen Floyd außerhalb des magischen Pink-Zirkels dazu verdammt, ihre besondere Kraft zu verlieren. Daß auch die Namen der Floyd-Boys keine Zugnummern waren, zeigte sich, als sich *David Gilmour* nur bescheiden und *Wet Dream* so gut wie gar nicht verkaufte.

Dabei hätten sie zu diesem Zeitpunkt das Geld gut gebrauchen können. Im September 1978 mußten die Floyd feststellen, daß sie einem Millionen-Pfund-Betrug zum Opfer gefallen waren.

Verantwortlich dafür war ein gepflegter junger Buchhalter namens Andrew Oscar Warburg. Im Alter von neunundzwanzig Jahren, ungefähr zu der Zeit, als *Dark Side of the Moon* erschien, hatte er zusammen mit sechs Kollegen die Versicherungsmakler Scott Warburg and Partners verlassen, um in London eine Anlageberatungsfirma namens Norton Warburg

* 1978 wurde auch *The Kick Inside* veröffentlicht, die Debüt-LP von Kate Bush, die hauptsächlich dank Gilmours selbstlosem Einsatz von EMI unter Vertrag genommen worden war. Dazu gehörte auch die Finanzierung und das Arrangement einer 1975er Bush-Aufnahmesession, von der zwei Tracks später auf dem Album erschienen. Die poetische Popzauberin erklärte, daß Dave »mehr für mich getan hat, als jeder andere in meinem Leben«.

Group zu gründen. Warburgs persönliche Ausstrahlung half ihm, Sport- und Showbizstars wie den Cricketchamp Colin Cowdrey und Barry Gibb von den Bee Gees als Klienten zu gewinnen – und Pink Floyd. 1976 bekam NWG von den Floyd Generalvollmacht und regelte gegen ein Jahreshonorar von rund dreihunderttausend Pfund alle verwaltungs-, finanz- und versicherungstechnischen Angelegenheiten der Band.

Warburg investierte daraufhin zwischen 1,6 Millionen Pfund (seine Schätzung) und 3,3 Millionen Pfund (die Schätzung der Floyd) aus dem Einkommen der Gruppe in hochriskanten Spekulationsgeschäften mit der Begründung, daß das Geld ansonsten an das Finanzamt geflossen wäre. Zu den so finanzierten vielversprechenden neuen Geschäften gehörten unter anderem Willow Canal, eine Kette schwimmender Restaurants (an der die Floyd für 180000 Pfund einen Anteil von 60 Prozent erwarben) und Benjyboards, eine auf den Import und Vertrieb von Skateboards spezialisierte Firma (ihr Anteil von 55 Prozent kostete die Floyd 215000 Pfund). Das größte Risikogeschäft der Band war Cossack Securities, eine Schöpfung der Norton Warburg Group, die ganz Pink Floyd gehörte – ein Privileg, das sie rund 1,5 Millionen Pfund kostete. Die Band erwarb außerdem eine indirekte Beteiligung an einer Reihe anderer neuer Risikounternehmungen, als sie weitere 450000 Pfund für einen 20-Prozent-Anteil an einer eigenständigen Gesellschaft namens Norton Warburg Investments blechte.

Eine erfolgreiche NWI-Investition war die Londoner Pizzakette My Kinda Town; auch die Beteiligungen der Floyd an einem Hersteller für Kohlenstoffaser-Boote und einem Grundstücksgeschäft in Cadogan Gardens in London warfen hübsche Profite ab. Doch Mitte 1978 begann es den Floyd und Steve O'Rourke (der ebenfalls in Andrew Warburgs Projekten investiert hatte) zu dämmern, daß sie immer mehr in die roten Zahlen rutschten; binnen eines Jahres meldeten die schwimmenden Restaurants und die Skateboardfirma Konkurs an, gefolgt von vielen anderen, darunter auch Cossack Securities.

»Es war nicht nur so, daß sie Geld verloren«, erinnert sich Nick Mason. »Indem sie Geld verloren, gingen außerdem die Steuerplanungen in die Hose, so daß wir Gefahr liefen, nicht nur das Geld versteuern zu müssen, das wir verloren, sondern auch Geld, das wir nie bekamen.«[2] Und in diesen Prä-Thatcher-Tagen belegte das Finanzamt Steuerzahler in der Einkommensklasse der Floyd mit 83 Prozent Abgaben.

In seinem Geschäftsbericht vom September 1978 blieb Warburg dennoch optimistisch und bemerkte beispielsweise, daß zwar »der Skateboardmarkt in England die Erwartungen nicht erfüllt hat... aber Aussicht besteht, die nichtprofitablen Anteile binnen eines Monats in arabische Länder zu verkaufen«. Doch ehe der Monat herum war, entschlossen sich die Floyd, die Sache zu beenden, ehe der Schaden noch größer wurde, kündigten ihre Verträge mit der Norton Warburg Group und verlangten die Rückzahlung aller nicht investierten Gelder, die sich auf eine Summe von 860 000 Pfund beliefen (von denen sie 740 000 Pfund zurückbekamen). Daraufhin verklagten sie NWG auf 1 Million Pfund und erstatteten Anzeige wegen Betrugs und Fahrlässigkeit.

Als das Unternehmen 1981 schließlich zusammenbrach, floh Andrew Warburg nach Spanien und ließ Hunderte von weniger berühmten Klienten zurück (darunter viele Rentner), die sich um ihre Ersparnisse gebracht sahen. Norton Warburg Investments, an dem die Floyd ihre Anteile behielten, legte sich einen neuen Namen (Waterbrock) und einen neuen Geschäftsführer zu, der die meisten Beteiligungen mit Verlusten zwischen 60 und 92 Prozent verkaufte. Und im Juni 1987 wurde Andrew Warburg, nachdem er aus dem Exil zurückgekehrt war und sich des Betrugs und der Bilanzfälschung für schuldig bekannt hatte, zu drei Jahren Gefängnis verurteilt.

Diese unerfreulichen Umstände halfen alle davon zu überzeugen, daß Rogers *Wall* tatsächlich Pink Floyds nächstes Album werden mußte. Rekordvorschüsse von CBS und EMI – die sich insgesamt auf 4,5 Millionen Pfund beliefen – erleichterten zweifellos die Entscheidung.

Ende 1978 meldeten die Londoner Musikzeitschriften, daß die Floyd ihr Britannia Row Studio für volle sechs Monate gebucht hatten; und Rick Wright verriet einem kanadischen Deejay, daß seine Band ein »großes Projekt« plante. »Wir werden ein Jahr brauchen, um das Album einzuspielen, die Show auszuarbeiten, die ganzen Theatereffekte. Und wir machen auch einen Film – einen Begleitfilm, der auf der Musik des Albums basiert.«[3] *The Wall* versprach das ehrgeizigste und vielseitigste Epos seit Pete Townshends *Tommy* zu werden, das ein Doppelalbum, eine fantastische Bühnenshow und einen Ken-Russel-Film hervorgebracht hatte.

In diesem Juli war Waters aus seinem selbstgewählten Exil in seinem Landhaus sogar mit *zwei* Sonderzyklen zurückgekehrt: *The Wall* und *The Pros and Cons of Hitch Hiking*. »Er stellte sie der Band vor«, erinnert sich Britannia Rows Nick Griffiths, »und sagte: ›Welchen sollen die Floyd nehmen?‹ Sie entschieden sich für *The Wall*«.

Jahre später, nach dem Bruch mit seinem Partner, behauptete Gilmour, daß die Entscheidung keineswegs so leicht gewesen war, da beide selbstgemachten Waters-Demos »von der Tonqualität her miserabel« waren und »völlig identisch klangen«.[4] Griffiths sieht es jedoch differenzierter: »Ich habe die *Wall*-Demos gehört. Sie waren von schlechter Qualität, aber die Songs waren da.«

Jedenfalls einigte man sich, *Pros and Cons* für ein späteres Floyd-Album aufzusparen; laut Dave hat die Band »einen Haufen Arbeit hineingesteckt«. Aber der Gitarrist konnte sich nie dafür erwärmen und schloß sich endlich Nick Masons Meinung an, daß es »für ein Pink-Floyd-Album zu persönlich war. *The Wall* hatte etwas Universelles. Aber *Hitch Hiking*...«[5]

Von Anfang an war *The Wall* ein echtes Multimedia-Projekt, bei dem Waters gleichzeitig die Ideen für das Album, das Konzert und den Film entwickelte. Alles, sagte er, entsprang

jenem letzten *In the Flesh*-Stadionkonzert in Montreal, als die
»Idee, meine Abscheu durch eine vor der Bühne errichtete
Mauer auszudrücken, wie ein Blitz bei mir einschlug und mich
in ihrer theatralischen Art elektrisierte«. Das Konzept der Mau-
er führte dann »zu der Idee, daß jeder Baustein ein Stück des
Lebens darstellte, und zu den ganzen autobiographischen
Nummern, die sich daraus entwickelten«.[6]

»Es war, als würde er sich fragen: ›Wie weit kann ich gehen?‹« meint Griffiths amüsiert. »Er kann sehr pervers sein.
Allein die Vorstellung, diesen Vorschlag zu machen – ›Im Lauf
des Konzerts kommen ständig Leute auf die Bühne, um eine
Mauer zu bauen, hinter der die Band völlig verschwindet!‹ Es
ist eine ziemlich extreme Idee.«

Aber extreme Ideen gehörten während der ganzen Konstruktion von *The Wall* zu Rogers Handwerkszeug. »Ich wollte
eine Parallele zwischen Rock'n'Roll-Konzerten und dem Krieg
ziehen«, gestand er. »Bei den Großveranstaltungen scheinen
die Menschen richtiggehend die schlechte Behandlung zu wollen, alles ist so laut und verzerrt, daß es weh tut.« Sein Origi-
naldrehbuch für den Film sah sogar »ein Rock'n'Roll-Publikum
[vor], das bombardiert wird – und während die Leute zerfetzt
werden, applaudieren sie und genießen jeden Moment. Als
Idee klingt es sehr schön. Aber die Umsetzung hätte bestimmt
ziemlich lächerlich gewirkt...«[7]

Ein weiteres Element des Krieges in *The Wall* ist natürlich,
daß der Popstar-Protagonist als Kind seinen Vater im Zweiten
Weltkrieg verloren hat – eine Tragödie, die nicht nur das Leben
von Roger Waters, sondern auch das Leben vieler anderer
junger Engländer seiner Generation überschattete. (*Tommy* begann mit den Worten »Captain Walker kam nicht nach Hause,
sein ungeborenes Kind wird ihn nie kennenlernen«.) Dieses
fundamentale Trauma wird dann verschlimmert durch die er-
stickende Liebe der Mutter; ein unmenschliches Bildungssy-
stem; die Heirat mit einer treulosen Schlampe; und schließlich
den Zwang zum »Erfolg« im Rockbiz – dessen negative Seiten

in *Wish You Were Here* bereits so wortgewandt beschrieben wurden.

»Auf der einfachsten Ebene«, erklärt Waters später seinem neuen Freund, dem »Outlaw«-DJ Jim Ladd von KMET, »isoliert er sich nach jeder schlechten Erfahrung ein Stück mehr – d. h. symbolisch fügt er seiner Mauer einen weiteren Stein hinzu, um sich zu schützen.«[8] Die meisten früheren »Steine« entstammen Rogers eigener Autobiographie; aber dann – in einer Umsetzung der Lektion aus *Dark Side of the Moon*, daß der einzige Weg aus dem Labyrinth der Wahnsinn ist – ähnelt sein Charakter »Pink Floyd« immer mehr Syd Barrett.

Wenn die erste Hälfte mit »Goodbye Cruel World« endet (das zufälligerweise auf einem Riff von »See Emily Play« basiert), ist Pink (metaphorisch) völlig eingemauert – genau wie (in Wirklichkeit) die Floyd auf dem Höhepunkt des ersten Aktes ihrer Bühnenshow. »Dann«, sagt Waters, »wird er zu einer leichten Beute für die Würmer. Die Würmer sind Symbole für die negativen Kräfte in uns, [den] Verfall. Die Würmer können uns nur etwas anhaben, weil es in unserem Leben kein Licht gibt.«[9]

Das ganze Material ist in Form von Rückblenden strukturiert, die von der Eröffnungsnummer ausgehen. »In the Flesh?« (nach der 1977er Tournee der Floyd benannt) – eine aufgeblasene »Dinosaurierrock«-Parodie, die die extreme und entfremdete Persönlichkeit eines völlig »eingemauerten« Pink illustrieren sollte. (Und wenn einigen leichtfertigen Floyd-Fans das Stück als solches gefiel, so bestätigte dies nur Rogers Ansicht über den Mangel an Kommunikation zwischen seiner Band und ihrem Post-*Dark Side*-Publikum.)

In der zweiten Hälfte, die Pinks Zusammenbruch schildert, scheinen die Rückblenden immer weiter in die Vergangenheit zu führen – die Anspielungen auf die Sechziger (und Syd Barrett) in dem von Randy Newman inspirierten »Nobody Home« weichen der Zweiten-Weltkrieg-Metaphorik von »Vera«. Dann folgt, was Waters »den zentralen Song des ganzen Albums« nannte – »Bring the Boys Back Home«, das sich sowohl auf Soldaten an der Front als auch auf Rock'n'Roller auf Tournee bezieht.

An dieser Stelle wird der halluzinierende Star, der sogar sein Groupie vertrieben hat, von einem Arzt per Spritze wieder zum Leben erweckt, taucht (in der Show) hinter der Mauer auf und marschiert zu einer Neuauflage von »In the Flesh« (diesmal ohne Fragezeichen) im Stechschritt über die Bühne – wobei der alte Text durch eine rassistische und menschenfeindliche Schmährede ersetzt wird. Das Konzert selbst verwandelt sich in ein »Rock-Nürnberg« und die »Pink Floyd! Pink Floyd!«-Rufe der Menge (aus dem – man beachte! – linken Stereokanal) verwandeln sich in »Hammer! Hammer!«-Parolen (aus dem rechten). »Die Idee dahinter war«, sagte Waters, »daß wir uns aus den sympathischen alten Pink Floyd, die wir alle kennen und lieben, in unser böses Alter ego verwandelt haben.«[10]

Ursprünglich, verriet er Karl Dallas, »wollten wir einfach die Mauer bauen und sie stehen lassen. Aber das wäre zu hart gewesen... ein reines ›Leckt uns‹.«[11] Statt dessen explodieren die überlasteten Abwehrmechanismen des Rock'n'Roll-Demagogen – und seine Mauer stürzt in sich zusammen und er ist zum Schluß wieder ein verwundbarer und fühlender Mensch.

The Wall umfaßte am Ende vier Vinyl-LP-Seiten und sechsundzwanzig lyrikgeladene *Songs* – mehr einzelne Tracks als auf allen Pink-Floyd-Alben der letzten sieben Jahre zusammen. In Anbetracht der Komplexität und Größe des Projekts und seiner eigenen Neigung, sich mit Gilmour über die Musikpolitik der Floyd zu streiten, entschied sich Waters, einen Außenstehenden als Mitarbeiter und Co-Produzenten hinzuzuziehen. Dies ermöglichte es ihm außerdem, die Abende mit seiner neuen Lebensgefährtin Carolyne und ihren kleinen Söhnen Harry und India zu verbringen; Roger war entschlossen, seinen Kindern das »Abwesender-Vater«-Syndrom zu ersparen, das er zu seinem Schlüsselthema von *The Wall* gemacht hatte. Seine Wahl fiel auf Carolynes Kandidaten Bob Ezrin, für den sie früher als Sekretärin gearbeitet hatte.

Bekannt als Produzent von Höllenrockern wie Alice Cooper und Kiss, hatte Ezrin als Geburtshelfer von Lou Reeds 1973er Meisterwerk *Berlin* gedient, dessen Ruf als humorlosestes und erschütterndstes Konzeptalbum der Rockgeschichte nur noch von *The Wall* selbst übertroffen werden sollte. Zu Ezrins Qualifikationen gehörte, daß er Roger und Carolyne bei ihrem traumatischen letzten Konzert in Montreal begleitet hatte und Augenzeuge der berüchtigten Spuckszene gewesen war.

Das neunundzwanzig Jahre alte kanadische Energiebündel sollte eine Überraschung erleben, als er in London eintraf, um den Job bei seinen neuen Starklienten anzutreten. »Ihr Lebensstil«, beobachtete er, »ist kaum von dem eines Bankdirektors zu unterscheiden; er hat nicht die geringste Ähnlichkeit mit dem Rock'n'Roll-Wahnsinn. Wenn man Roger mit seinen Kids an einem Sonntagnachmittag auf der Straße begegnet... würde man glauben, daß dieser Typ ein erfolgreicher Geschäftsmann ist, der mit seiner Familie in den Park geht.«[12]

Pink Floyd, stimmt Griffiths zu, waren »eine völlig andere Band als die Who oder die Rolling Stones – eine ganz eigene Spezies. Sie führen kein Rock'n'Roll-Leben. Roger führt das Leben eines vornehmen Grundbesitzers, der froh ist, die Arbeit gegen Bezahlung anderen Leuten zu überlassen, und der ihnen auf die Finger schaut.«

»Du kannst schreiben, was du willst«, versicherte Waters Ezrin zu Beginn ihrer Partnerschaft. »Aber erwarte nicht, daß dein Name erwähnt wird.« Der zum Autor transformierte Rock'n'Roller – Bob schrieb für den *Atlantic Monthly* – sah in dem gebildeten Waters dennoch eine erfrischende Abwechslung zu all diesen »Idioten, die nicht mal vier Worte zu einem passablen Satz zusammenfügen können«.

In der Britannia Row unterzogen Ezrin und Gilmour Waters' Demo einer intensiven Analyse. »Wir sind es durchgegangen«, erinnert sich Dave, »und begannen mit den Tracks, die uns am besten gefielen, diskutierten lange über die nicht so guten Sachen und warfen eine Menge raus. Roger und Bob verbrachten viel Zeit damit, die Handlung zu straffen, geradliniger zu machen. Ezrin ist jemand, der ständig versucht, die Handlung übersichtlicher zu gestalten.«[13]

»In einer einzigen Nachtsitzung«, sagt Ezrin, »habe ich die Platte überarbeitet. Ich habe alle Elemente Rogers verwendet, sie aber neu geordnet und ihnen eine andere Form gegeben. Ich schrieb *The Wall* auf vierzig Seiten nieder, wie ein Buch... Ich verhielt mich, als wäre ich Rogers Lektor, und glaube mir, seine Texte sind so gut, daß an ihnen nicht viel zu verbessern war.« Zu den Opfern von Bobs Rotstift gehörten »Daten in den Texten, aus denen hervorging, daß er sechsunddreißig war. Die Kids interessieren sich nicht für alte *[sic!]* Rockstars. Ich bestand darauf, die Platte zugänglicher, universeller zu machen.«[14] Zum Schluß gelang es ihm sogar, die Floyd zum Überdenken ihrer Keine-Single-Politik zu bewegen und auf mindestens einen *Wall*-Hit zu programmieren.

Die Floyd, versicherte Ezrin Michael Watts, hatten sich niemals auf Kriegsfuß mit den Hitparadensendungen im Radio befunden. »Sie waren sich einfach nicht über die Anforderungen und Beschränkungen der Radiomacher im klaren. Bei allem, was sie taten, gaben sie immer ihr Bestes, was sie in eine ganz eigene Kategorie einreiht. Aber was das beste Tempo für eine Single war oder wie man ein Intro und Outro hinbekam, wußten sie nicht – ich kannte mich mit diesen Dingen aus, und sie waren bereit, es auszuprobieren.«[15]

Laut Gilmour wurde Waters »losgeschickt, neue Songs zu schreiben... Ich glaube, die besten Sachen entstanden, als wir ihm sagten: ›Das ist nicht gut genug – mach was anders!‹«[16] Trotz Rogers Weigerung, Co-Autoren auf der Hülle zu erwähnen, arbeitete Dave schließlich doch an Pinks »Zugabe« »Run Like Hell« mit – sowie an einer Rückblende, die Waters ursprünglich als eine Sequenz entworfen hatte, in der »jemand von Pornokinos und Sexbuchläden herumhängt... sehr an Sex interessiert ist, aber Angst hat, sich darauf einzulassen«.[17] Unter Gilmours Händen wurde »Young Lust« statt dessen ein angeberisches »Schwanzrock«-Machwerk, vergleichbar mit »The Nile Song« von *More*.

Daves große Leistung jedoch – die Beschreibung von Pinks narkotischer Trance nach der Injektion von seinem Arzt – war »Comfortably Numb«, das sich von einer *David Gilmour*-LP-Auskoppelung zum charakteristischen »floydianischen« (und allgemein bewunderten) Track entwickelte. Und obwohl Gilmour später »Is There Anybody Out There« als Beispiel für eine Ezrin-Komposition anführen sollte, die Waters als seine eigene ausgab, sollte Bob am Ende auch um seine Urheberrechte an »The Trial« gebracht werden – das an Gilbert und Sullivan erinnernde Finale mit Roger plus Orchester, das Ezrin hauptsächlich mit dem Ziel geschrieben hatte, alle Hauptfiguren der *Wall*-Story zusammenzubringen.

»Ezrin hat bei *The Wall* hervorragende Arbeit geleistet«, sagt Nick Griffiths, »weil er es geschafft hat, die ganze Sache zusammenzuhalten. Er ist ein sehr energischer Mensch. Es hat um den Sound eine Menge Auseinandersetzungen zwischen Roger und Dave gegeben, und er hat die Kluft zwischen ihnen überbrückt – auch wenn beide hinterher ein paar recht häßliche Dinge über ihn gesagt haben.«

Nach dem Warburg-Debakel waren den Floyd nur noch ihre Häuser, Autos und Kunstsammlungen geblieben – und natürlich ihr Büro-und-Studio-Komplex im Wert von drei Millionen Pfund. Einer der Teilhaber erinnert sich, wie Steve O'Rourke in eine Britannia-Row-Session platzte und erklärte: »Okay, Jungs, wir müssen das in Übersee machen.« Das Album sollte in den Super Bear Studios und in den USA fertiggestellt werden, um die Steuerlast zu verringern. Britannia Row sollte im Impressum von· *The Wall* nicht erscheinen. Und alle Floyd waren gezwungen, Hals über Kopf ihre Sachen zu packen und als Steuerflüchtlinge ins Ausland zu gehen, wobei sich Waters offiziell in der Schweiz niederließ und die anderen in ihren Ferienhäusern in Südfrankreich (Mason) und auf den griechischen Inseln (Gilmour und Wright). Im Gegensatz zu Landsleuten wie Ringo Starr, Rod Stewart und David Bowie hatten die durch und durch britischen Floyd immer der Versuchung widerstanden, ihr Heimatland für eine geringere Steuerlast zu verraten; jetzt blieb ihnen keine andere Wahl.

In Anbetracht ihres ungeheuren »Mangels an Rock'n'Roll-Energie« hatte Bob Ezrin das sichere Gefühl, daß es der Band nur guttat, aus ihrem bequemen Londoner Leben und dem Bürotrott in der Britannia Row gerissen zu werden – vor allem, als sie ihre Tätigkeit von Frankreich nach Los Angeles verlegten, wo *The Wall* im Producers Workshop fertiggestellt wurde und Roger (der Carolyne, die Kids und ein Kindermädchen in einer angemieteten Beverly-Hills-Villa unterbrachte) sich mit den Beach Boys und Jim Ladd anfreundete.

Es gab sogar Pläne, daß die Beach Boys gemeinsam mit den Floyd auf »The Show Must Go On« und »Waiting for the Worms« singen sollten – wofür die beiden legendären Gruppen Studiozeit in Dallas buchten. Aber dann sagte Waters am Tag der Session ab; am Ende gab er sich mit einem einzigen Beach Boy, Bruce Johnston, sowie Toni Tennille zufrieden. Johnston (der bereits auf einigen anderen Tracks gesungen hatte) genoß die Ironie, daß die Beach Boys als »saccharinsüß« und Captain and Tennille als »kuschelig« galten – und dennoch, »da waren wir und sangen Songs über Würmer«.[18] Johnston fand es nicht minder ironisch, daß sich der Autor dieser Songs als »normal« und »ultrazivilisiert« erwies; Waters lud ihn sogar zu einem Tennismatch ein.

Für die Orchesterarrangements von *The Wall* engagierten die Floyd Michael Kamen, den ehemaligen Leader des New York Rock Ensemble, zu dessen musikalischem Werk eine Broadway-Show und ein Ballett in der Mailänder Scala gehörten. (Offenbar hatte Waters vergessen, daß er 1970 in der »Blind

Date«-Rubrik des *Melody Maker* eine Platte des Rock Ensembles als »ausgesprochen blutarm« und»etwas, das Pete Townshend geschrieben haben könnte – mit vier« kritisiert hatte.) Kamen nahm die Parts mit einem fünfundfünfzigköpfigen Orchester in den New Yorker Studios der CBS auf, einen Ozean von seinen geheimnistuerischen neuen Bossen entfernt – die zu diesem Zeitpunkt immer noch in Frankreich waren und die er erst traf, als seine Arbeit abgeschlossen und für gut befunden worden war.

Eine weitere wichtige Komponente auf *The Wall* – sogar noch wichtiger als auf anderen Floyd-Alben – waren die Soundeffekte: sie reichten von Bombenflugzeugen über Hubschrauber bis hin zu Babygeschrei und Schulhoflärm; Telefonklingeln und Wählgeräuschen; und unterschwelligen Gesprächsfetzen. Die rhythmische Wiederholung einiger dieser Tonschnipsel lieferte praktisch die musikalischen Leitmotive. Wie alles andere auf *The Wall* war ihre Klangqualität perfekt.

Während der erfahrenere James Guthrie die Sessions in Übersee organisierte, oblag Nick Griffiths daheim in der Britannia Row die Zusammenstellung der Soundeffekte. »Ich bekam eine Liste«, sagt er, »mit den benötigten Effekten, zu denen auch eine mächtige Explosion gehörte. Also fuhr ich im Land herum und nahm die Sprengung von Fabriken auf, was großen Spaß gemacht hat. Und wir haben eine Menge Geschirr ins Studio geschleppt, Mikrofone aufgestellt, die Vierundzwanzig-Spur-Maschine laufenlassen und alles gegen die Wand geworfen und zerschlagen – was schließlich nur im Film verwendet wurde, aber nicht auf der Platte.«

Sein bemerkenswerter Beitrag zu *The Wall* war allerdings eine Gruppe Schulkinder. »Another Brick in the Wall (Part 2)« begann als einstrophiges Chorthema in der Art von Parts 1 und 3; in Anbetracht der Textzeilen über »Sarkasmus im Klassenzimmer« und »Gedankenkontrolle« in der Grundschule entschieden Roger und Dave, daß es ein netter Gag wäre, zusammen mit ein paar richtigen Schülern zu singen. Griffiths' Auftrag lautete ursprünglich, »den Song von ein paar Kids singen zu lassen. Aber ich ging in die nächste Schule unweit der Britannia Row und fragte den Musiklehrer, ob vielleicht die ganze Klasse Lust hätte, ins Studio zu kommen und dort zu singen. Er war total begeistert. Wir vereinbarten als Gegenleistung, daß ihr Schulorchester bei uns Aufnahmen machen konnte und wir für alles sorgen würden.«

Begleitet von ihrem Lehrer Alan Redshaw – der von kostenlosen professionellen Studioaufnahmen seines *Requiem for a Sinking Block of Flats* träumte–, fanden sich bald darauf dreiundzwanzig Viertklässler der Islington Green School vor den Mikrofonen der abwesenden Floyd ein. Mr. Redshaw erbleichte zunächst bei Rogers »Wir brauchen keine Bildung«-Text, aber, sagt Griffiths, »ich tat alles, um die Kids in die richtige Stimmung zu bringen, und alle hatten eine großartige Zeit. Ich hatte mir vorher keine großen Gedanken darüber gemacht; oft entstehen so die besten Sachen. Es dauerte alles nur eine halbe Stunde; dann habe ich die Stimmen auf ein Dutzend Spuren überspielt.«

Als die Floyd das Band in L. A. erhielten, waren sie so begeistert, daß sie sich entschlossen, die Stimmen der Schüler in den Vordergrund zu rücken. »Aber wir wollten auf unsere Stimmen nicht verzichten«, sagte Gilmour. »Deshalb haben wir das Band kopiert und doppelt abgemischt – einmal mit Rogers und meinem Gesang und einmal mit dem der Kids; die Begleitung blieb unverändert.«[19]

Zur Begleitung gehörte übrigens auch ein aktueller Tanzrhythmus aus *Saturday Night Fever*, und Dave rundete die ganze Sache mit einem rasanten Solo auf seiner 1959er Gibson Gold-Top ab. Der Hochglanz-Discosound verschmolz auf derart zauberhafte Weise mit dem effektvollen Novum des Schülerchors, das daraus einer jener bereits bei Erscheinen klassischen Nummer-Eins-Hits wurde, wie es sie nur alle paar Jahre gibt.

Allein in England führte »Another Brick in the Wall (Part 2)«

eine Woche nach der Veröffentlichung am 16. November 1979 die Charts an und hatte bereits über 340000 Exemplare verkauft; im Januar überstieg der Absatz die Millionengrenze – was bedeutete, daß jeder fünfzigste britische Bürger die Platte gekauft hatte (ein Phänomen, das sich bei dem teuren Doppelalbum wiederholen sollte). In den Vereinigten Staaten blieb die Single vier Wochen hintereinander die Nummer Eins (trotz eines totalen Boykotts der Top-Forty-Sender im Großraum Los Angeles, nachdem CBS-Vizepräsident Dick Asher mit dem Argument, daß die Platte keine zusätzliche Promotion benötigte, dem notorisch korrupten »Network« der unabhängigen Promoter die üblichen fünfstelligen Schmiergelder vorenthalten hatte). Fast über Nacht hatte die Band, die »keine Singles machte«, den größten Singlehit der Jahre 1979 *und* 1980 gelandet.

Und einen der umstrittensten. In Südafrika wurde »Another Brick in the Wall (Part 2)« sogar von der schwarzen Widerstandsbewegung zur Hymne ihres landesweiten Schulboykotts erkoren. Die staatliche Zensurbehörde reagierte daraufhin mit einem Verkaufs- und Sendeverbot für die Singles *und* das Album im Land der Apartheid.

Währenddessen witterten in London die rechtsgerichteten Gazetten *News of the World* und *The Daily Mail* eine wundervolle Gelegenheit, nicht nur der hinter dem subversiven Hit stehenden Band eins auszuwischen, sondern auch der jungen Direktorin der Islington Green School, die die *Mail* kurz zuvor als Ex-Kommunistin entlarvt hatte. Die multimillionenschweren Rockstars wurden beschuldigt, die armen Schulkinder ausgebeutet zu haben, denen man ihre Dienste nicht einmal mit Belegexemplaren der Platte, geschweige denn mit Geld gedankt hatte. »Womit«, sagt Griffiths, »es dann an mir lag, diese Sache zwischen dem Studio und der Schule zu klären. Kurz darauf mußte ich hinten aus dem Fenster klettern, um den Reportern zu entgehen, die vor dem Eingang der Britannia Row lauerten.

Alles in allem bekam die Schule einen Riesenhaufen Geld. Natürlich haben die einzelnen Kids keinen Penny davon gesehen.« Allerdings sorgte Roger Waters dafür, daß jedes Kind ein kostenloses Exemplar von *The Wall* erhielt.

Bereits 1982 erklärte Gilmour, daß er dem lyrischen Inhalt von *The Wall* mit gemischten Gefühlen gegenüberstand; zwar hielt er es für »ein sehr starkes Konzept«, befand es aber als »irrelevant«, soweit es ihn betraf: »Ich habe nicht das Gefühl, daß zwischen mir und meinem Publikum eine Mauer steht; ich glaube nicht, daß es irgend etwas gibt, was die Leute nicht erreicht. Ich glaube nicht, daß viele von den Dingen, die ich in früheren Jahren erlebt habe und von denen einige nicht besonders schön waren, *mein* Leben in dem Maß beeinflussen wie Roger glaubt, daß diese Dinge sein Leben beeinflussen.«[20] Aber (wie er bei einer späteren Gelegenheit sagte) er konnte es »als Fiktion akzeptieren«.[21]

Schon zu diesem Zeitpunkt gab es Hinweise, daß *The Wall* nicht im Geiste perfekter floydianischer Harmonie entstanden war. Verschiedene Zeitungsberichte deuteten an, daß Dave, Nick und Rick unter Rogers Dominanz litten; in einem anderen Zusammenhang verglich Ezrin im *Melody Maker* Masons Hang, »sich die Seele aus dem Leib zu tanzen«, mit Waters' Abscheu vor derartigen Aktivitäten. Gilmour machte in dieser Hinsicht auf Bob ebenfalls einen reservierten Eindruck, brachte aber zumindest aktuelle Tanzhits mit ins Studio und spielte sie den anderen vor. »Die meisten der Jungs sind recht wählerisch in ihrem Geschmack«, beobachtete Erzrin. »Aber Rogers Geschmack ist problematisch – er haßt alles.«

Doch selbst der redselige Kanadier konnte damals noch nicht behaupten, was er Jahre später aussprechen sollte, daß »hinter diesem englisch-linkischen Konkurrenzgehabe mit den lächelnden Gesichtern und den leisen Stimmen... ein unvorstellbarer Krieg zwischen den beiden [Waters und Gilmour] tobte«.[22]

»Aus dem Konflikt«, gibt Nick Griffiths zu Bedenken, »entstanden ein paar gute Sachen. Roger blüht im Konflikt auf; das gilt auch für Bob Ezrin, Roger ist ein sehr vom Konkurrenzdenken geprägter Mensch und liebt eine gute Auseinandersetzung – keine Frage. Und die Chance ist groß, daß er gewinnt, denn er beherrscht die englische Sprache ausgezeichnet. Es kann sehr schwierig sein, mit ihm zu arbeiten, aber er ist wahrscheinlich integrer als jeder andere, den ich kenne. Wenn er von etwas überzeugt ist, handelt er danach und läßt sich durch nichts beirren. Bei seinen Platten ist er unerbittlich. Wenn die Leute meinen ›Das kannst du nicht sagen‹, dann antwortet er: ›Das ist das, was ich fühle, und deshalb bleibt es dabei.‹

Dave Gilmour war wahrscheinlich frustriert, weil er sich so anstrengen mußte, um seine Vorstellungen durchzusetzen. Es war für ihn wie harte Arbeit; deshalb sagte er nichts und ließ alles laufen. Und so staute sich eine Menge in ihm auf, denn David ist zwar ein sehr umgänglicher Mensch, aber er weiß auch, was er will und was er nicht will. Es wurde für ihn und Roger sehr schwierig, überhaupt im selben Studio zu sein, weil sich beide meistens wie richtige Dickschädel benahmen.

Dave kam immer mehr zu der Überzeugung, daß es zur Wahrung ihres Scheinfriedens vernünftig sei, mit Roger nur mehr zum Arbeiten im selben Raum zu sein. In ihrer Freizeit gingen sie sich von nun an aus dem Weg.« In dieser Hinsicht war es auch nicht gerade hilfreich, daß die elegante »Lady« Carolyne wenig mit der praktisch veranlagten Amerikanerin Ginger gemein hatte. »Mit den Floyd ist genau das passiert«, meint ein Freund, »was mit den Beatles passiert ist. Als die Band nur aus vier Individuen bestand, waren alle Probleme lösbar. Aber als sie heirateten, waren zwangsläufig auch die Frauen immer mit dabei. Und Ginger Gilmour und Carolyne Waters waren total gegensätzliche Charaktere mit völlig unterschiedlichen Ansichten. Es gab jede Menge Reibereien zwischen ihnen – wie zwischen Linda McCartney und Yoko Ono.«

Die Spannungen in der Gruppe hatten jedoch wenig mit

dem radikalen stilistischen Bruch von *The Wall* mit dem klassischen Pink-Floyd-Sound zu tun. Gilmour hat erklärt, daß er Waters' Ziel teilte, »deutlich zu *sagen*, was wir sagen wollten, die Dinge auf den Punkt zu bringen und keine Zeit zu verschwenden. Das war unsere Einstellung, und Bob Ezrin war dabei mit Sicherheit sehr hilfreich.«[23] Ein Jahrzehnt später bleibt Nick Mason dabei, »daß jede Band das Recht hat, den Weg zu gehen, den sie gehen will. Am schlimmsten ist, das Gefühl zu haben, ›wie Floyd‹ klingen zu müssen.«

Und Dave – dessen kräftige Leadvocals sich deutlich von Rogers nasaler Theatralik auf den angeblichen Waters-Songs »The Thin Ice«, »Mother«, »Goodbye Blue Sky« und »Hey You« abheben – macht kein Hehl aus seinen musikalischen Beiträgen zu *The Wall*. »Egal, was die Leute sagen, ich war dabei«, behauptete er. »Ich habe an dieser Platte mitgearbeitet, tonnenweise Material beigesteuert. Ich und Ezrin. Ich kenne viele Leute, die sie für Roger Waters' erstes Soloalbum halten, aber das ist nicht wahr. Allein hätte Roger es nicht geschafft – niemals. Er hat sich dreimal an Soloplatten versucht, und jeder kann für sich selbst den Unterschied feststellen.«

Wie dem auch sein mag, feststeht, daß *The Wall* allein Rogers Idee war – und, soweit es ihn betraf, immer *sein* Baby bleiben würde.

Als hätte er mit seinem Kleinkrieg gegen Gilmour nicht schon genug zu tun, machte sich Waters daran, Richard Wright ganz aus Pink Floyd hinauszudrängen. Der Bruch kam, als sich Rick entschloß, im Herbst 1979 in Griechenland zu bleiben, statt an den letzten Sessions teilzunehmen. Roger überzeugte Dave und Nick, die Entlassung des Schwänzers abzusegnen. Obwohl es offiziell nicht bekanntgegeben wurde, zahlten sie Wright aus der Floyd-Partnerschaft aus und vereinbarten weitere Honorare, die von der Fertigstellung der diversen *Wall*-Projekte abhingen.

»Roger und ich kamen nicht mehr miteinander zurecht«,

kommentiert Rick. »Es war eine persönliche Angelegenheit. Egal, was ich machte, er war dagegen. Es war für mich unmöglich, mit ihm zu arbeiten.

Wir mußten das Land für ein Jahr verlassen und hoffen, daß *The Wall* genug einbrachte, um unsere Steuern zu bezahlen. Er sagte: ›Entweder gehst du, wenn das Album fertig ist, oder ich lasse die ganze Sache platzen.‹

Ich befand mich in einer unmöglichen Situation. Es konnte ein Bluff sein, aber ich kannte Roger gut genug, um zu wissen, daß er seine Drohung möglicherweise wahr machen würde, was bedeutet hätte, daß ich keine Tantiemen für das Album bekam. Also mußte ich ja sagen. Und in gewisser Weise war ich richtig froh, draußen zu sein, weil ich die ganze Atmosphäre einfach satt hatte.«

Ezrin hat die Umstände ähnlich geschildert und Wright als »Opfer von Rogers fast teutonischer Grausamkeit« bezeichnet. »Egal, was Rick machte, für Roger war es nicht gut genug. Für mich war klar, daß Roger an einer weiteren Zusammenarbeit nicht interessiert war.«[24] Und Peter Jenner hat beunruhigende Parallelen zwischen der Behandlung des Keyboarders und der eines bestimmten anderen wehrlosen Floyd-Mitglieds ein Jahrzehnt zuvor gezogen.

Allerdings meinte Nick Griffiths, daß »Nick zum Zeitpunkt von *The Wall* das Interesse an den Floyd verloren hatte. Er war mehr an seinem Vergnügen interessiert – an seinen Segeltörns um die griechischen Inseln und dem Leben eines reichen Rock'n'Roll-Stars. Konsequenterweise meinte Roger, wenn er keine Beiträge mehr leistete, müsse er gehen.«

Waters behauptete, daß Wright »zu ausgebrannt« zum Spielen war und Ezrin und einem Sessionmann namens Peter Wood die meisten Keyboard-Parts auf *The Wall* überlassen hatte. Es gibt sogar die Vermutung, daß die Passage auf »Nobody Home« (laut Waters ein Song »über viele Leute, die ich kenne«), wo es heißt, »Ich habe ein Klavier, auf dem ich mich aufbahren lasse«, nicht auf Roger oder Syd, sondern auf Rick anspielte. Andere Beobachter sehen durchaus ein paar Körnchen Wahrheit in den weitverbreiteten Gerüchten, daß, wie einer es ausdrückt, »Rick ausgebootet wurde, weil er zuviel Koks nahm und *fertig* war«.

Heute – im Licht seines späteren Bruchs mit Waters und seiner Versöhnung mit Wright – wirkt es wie eine Ironie, daß Dave zumindest in diesem Punkt damals voll mit Roger übereinstimmte. Rick »hat nicht die Arbeit gemacht, für die er bezahlt wurde«, sagte Gilmour dem *Circus*. Und zu Karl Dallas meinte er ganz offen: »Er wurde vor die Tür gesetzt, weil er überhaupt nichts beigesteuert hat. Ich streite mich zwar mit Roger über die Einzelheiten, aber im großen und ganzen möchte ich weiter mitarbeiten.«[25]

Zu jener Zeit schien es Dave nicht unangenehm zu sein, daß er endlich zumindest die *zweite* Geige in der Floyd-Hierarchie spielte. Obwohl Rogers künstlerische und persönliche Dominanz eine nicht zu ändernde Tatsache zu sein schien, hatte Gilmour den Trost, daß kein anderer Waters' Ideen so gut umsetzen konnte wie er. Die Aufrechterhaltung einer funktionierenden Beziehung zu seinem kratzbürstigen Partner hatte demzufolge Vorrang vor allen anderen Dingen.

»Roger traf für die Floyd alle Entscheidungen«, beobachtet Griffiths, »und sowohl Dave als auch Nick waren dankbar dafür. Nach einer Reihe Nummer-Eins-Alben schienen sie die richtigen Entscheidungen zu sein – bis Roger zu schwierig und zu pervers wurde.«

Insofern, als Gilmour akzeptierte, daß sein Job hauptsächlich darin bestand, Waters' Kreationen mit soviel musikalischer Substanz und kommerziellem Reiz wie möglich auszustatten, hätte der Gitarrist schwerlich mit Musikern arbeiten können, die seinen hohen professionellen Ansprüchen sowenig entsprachen wie der in Ungnade gefallene Wright – oder auch der »Playboydrummer«. Waters hat später behauptet, daß Gilmour Wrights Hinauswurf mit den Worten unterstützte: »Dann laß uns auch Nick Mason loswerden!«[26] Wenngleich Roger noch nicht bereit war, so weit zu gehen, mußten ihn Dave und Nick davon abbringen, Manager Steve O'Rourke zu feuern (dem der Bassist Mitschuld am Norton-Warburg-Fiasko gab).

Obwohl Mason zugibt, »weit weniger Beiträge geliefert zu haben als auf anderen Alben«, hatte er das Gefühl, dank Ezrins Hilfe »meine Drummerfähigkeiten und meine Drumsounds stark verbessert« zu haben. (Bob brachte ihm sogar bei, einfache Drum-Partituren zu lesen.) Waters zeigte dennoch seine Ungeduld mit Nick, indem er den Namen des Drummers – zusammen mit Ricks – aus dem fast biblisch langen Impressum von *The Wall* strich.

»Sie waren im Grunde faul«, vertraute Roger Jahre später dem *Toronto Star* an. »Ich will nicht behaupten, daß ich alles allein gemacht habe. Dave hat als Arrangeur und gelegentlich als Berater gute Arbeit geleistet. Er ist ein hervorragender Musiker, und ich will seine Leistung nicht schmälern. Aber die anderen haben nichts dazu beigetragen.«[27]

In einem Punkt aber sollte Rick Wright doch zuletzt lachen. Dank seiner Bezahlung auf Honorarbasis war er das einzige Mitglied von Pink Floyd, das an den späteren Live-Aufführungen von *The Wall* Geld verdiente; die Kosten der Show waren (wie alles andere) so spektakulär, daß Roger, Dave und Nick ein Vermögen verloren.

Jedenfalls war der Ruf der Floyd als Geheimniskrämer nie so sehr gerechtfertigt gewesen wie in der mysteriösen Rick-Wright-Affäre. Viele Fans der Gruppe bekamen erst *vier Jahre* nach dem Vorfall mit, daß eins der Gründungsmitglieder die Band »verlassen« hatte, und zwar, als auf der Hülle eines Nachfolgealbums von *The Wall* nur noch drei Namen unter den Worten »Pink Floyd« standen.

Wright war nicht die einzige langjährige Floyd-Säule, die zu diesem Zeitpunkt bei Roger in Ungnade fiel. Storm Thorgerson, der elf Jahre lang die weithin bewunderten Cover der Band entworfen hatte, mußte plötzlich irritiert feststellen, daß sein langjähriger Freund sich nicht mehr dazu herabließ, mit ihm zu sprechen, geschweige denn, ihn am Coverdesign von *The Wall* zu beteiligen. In Storms Fall intervenierte Dave und beauftragte ihn zum Trost mit der Gestaltung einer 1981 bei CBS veröffentlichen Sammlung ihrer »größten Hits«, die die Floyd sardonisch *A Collection of Great Dance Songs* nannten (und für die Gilmour übrigens eine neue Version von »Money« produzierte, um Capitol Records zu umgehen).

»Roger war an diesem Album nicht interessiert«, erinnert sich Thorgerson, »deswegen ließ er mich machen. Es war ein witziges Cover, dieses Paar, das ›tanzte, ohne zu tanzen‹; ich mochte es sehr. Roger mochte es nicht, aber ich glaube nicht, daß ihm überhaupt etwas von mir gefallen hätte – was so töricht erscheint, denn seine Cover waren einfach beschissen. Es gibt viele Leute, die gute Cover machen; warum er sie nicht für sich arbeiten ließ, ist mit völlig schleierhaft.«

Obwohl kaum von Hipgnosis-Qualität, war Waters' Wahl eines skizzenhaften Musters schlichter weißer Steine für das *Wall*-Cover in seiner krassen Einfachheit zumindest auffällig – ähnlich wie das weiße Doppelalbum der Beatles. Jedenfalls konnte die farblose Hülle nicht verhindern, daß innerhalb eines Monats nach seiner Veröffentlichung am 30. November 1979 (ein Termin, auf den die Floyd im Interesse ihres Vorschusses in Höhe von über 4 Millionen Pfund mit Hochdruck hingearbeitet hatten)* allein in England mehr als eine halbe Million Menschen *The Wall* kauften. In Amerika führte es fünfzehn Wochen lang die *Billboard*-LP-Charts an.

The Wall sollte schließlich Pink Floyds bestverkauftes Album nach *Dark Side of the Moon* werden; da es ein Doppelalbum war,

---

* Selbst als die LP-Hüllen schon gedruckt waren, änderte Waters noch die Reihenfolge der Songs: »Hey You« wanderte vom Ende der Seite Drei an den Anfang; »What Shall We Do Now« wurde im Interesse der Soundqualität ganz von der überlangen Seite Zwei verbannt und durch »Empty Spaces« ersetzt, das musikalisch fast identisch und ursprünglich als anschließende Reprise geplant war. Deshalb die Diskrepanz zwischen der LP-Hülle und der Platte.

verkaufte es insgesamt sogar mehr Platten-Stückzahlen. Zweifellos hatte es seinen Erfolg zum Teil dem Glücksfall »Another Brick in the Wall (Part 2)« zu verdanken; *The Wall* selbst war, wie Kurt Loder in seiner Kritik im *Rolling Stone* befand, »starker Tobak und schwerlich ein typisches Hitalbum«. Dennoch lobte er es als »erschütternde Synthese von Waters' inzwischen bekannten thematischen Obsessionen«, erfüllt »von einem unerbittlichen lyrischen Zorn, der wahrhaft einzigartig ist und mit seiner rücksichtslosen Konsequenz ultimatives Entsetzen auslöst«.[28]

Viele Hörer fanden *The Wall* schwer verdaulich, und das nicht nur, weil es so deprimierend war. Einige fühlten sich von seiner unerbittlichen Dünkelhaftigkeit, der Ichbesessenheit und dem Selbstmitleid abgestoßen; andere lehnten es als zu gekünstelt ab. Trotz seines genialen Symbolismus und der ausgeklügelten Struktur – die letzten Worte auf der zweiten Platte beispielsweise stellen den Beginn eines Satzes dar, der am Anfang der ersten beendet wird – wurde dem Hauptarchitekten vorgeworfen, einfach zu clever zu sein. Seine Texte auf *The Wall*, so ehrgeizig und literarisch sie auch sein mögen, sind eher prosaisch als poetisch und haben wenig von der unverwechselbaren Originalität etwa eines Syd Barrett, die für manche der Beweis wahrer Genialität ist.

Sogar Allan Jones, um '66 der erste Floyd-Propagandist im *Melody Maker*, schrieb nun, daß »Waters vielleicht seine Seele mutig entblößt, aber oft steht er dann völlig nackt da, und was bleibt, sind Platitüden« – und nannte *The Wall* »alles in allem eher ermüdend als bewegend«.[29] Doch selbst unter den Rockschreibern gab es einige, die tatsächlich tief bewegt waren. »Mir war, als würde Roger seine Schädeldecke öffnen«, sagt Timothy White, »und die Welt einladen, einen Blick in den Maschinenraum seines Unbewußten zu werfen. Es ist der angreifbare, mutige und sehr notwendige Akt eines ernsthaften Künstlers, der Nähe und Trost sucht, indem er die Essenz seiner spirituellen Hoffnungen und Sehnsüchte mit seinen Hörern teilt.«

Ob man es nun liebte oder haßte, alle waren sich einig, daß man *The Wall* unmöglich ignorieren konnte. »Ich bin mir nicht sicher, ob es schrecklich oder brillant ist«, schrieb Chris Brazier, Kritiker der Punkgeneration, im *Melody Maker*, »aber ich finde es einfach unwiderstehlich.«[30] Was Roger Waters betraf, so sollte *The Wall* für ihn in den nächsten drei Jahren zu einer alles beherrschenden fixen Idee werden.

Another Brick in the Wall (Parts 2 and 3)

Bei dem Versuch, *The Wall* auf die Bühne und auf die Leinwand zu bringen, fand Roger Waters einen idealen Mitstreiter in Gerald Scarfe, dessen Zeichnungen und Skulpturen fast das visuelle Äquivalent der Post-*Animals*-Musik der Floyd darstellten. Wie Waters war Scarfe ein unverbesserlicher Zyniker, dessen alptraumhafte Sicht der Welt nichtsdestotrotz von einem leidenschaftlichen sozialen Gewissen befeuert wurde. Viele seiner Ängste stimmten mit Rogers überein. Bereits 1964 hatte einer seiner berühmten Cartoons *The Wall* mit einer beißenden Kritik am englischen Schulsystem vorweggenommen; der Künstler wurde zudem von Erinnerungen an seine Londoner Kindheit während des Krieges gequält, etwa an die von der Regierung verteilten Gasmasken, die die Gesichter der »Verängstigten« in seinem »Goodbye Blue Sky«-Zeichentrickfilm verhüllen sollten. Und beide Männer waren »Megalomaniacs« (so Scarfe); und lediglich die simple Tatsache, daß sich Waters »ausschließlich mit der Musik und den Texten und ich mich ausschließlich mit den Bildern«[1] befaßte, verhinderte, daß ihre Egos aufeinanderprallten.

Scarfe richtete sich extra für die Arbeit an seinen *The Wall*-Animationen, die von Mike Stuart, Jill Brooks und rund vierzig weiteren Zeichnern ausgeführt wurden und ein Jahr dauerten, ein Studio in den Fulham Road ein. Scarfe sah sich außerdem gezwungen, seinen Stil zu ändern, »weg vom *Sunday Times*-Gekritzel, hin zu etwas, das von anderen Künstlern kopiert werden konnte.« Der Künstler liefert selbst eine gute Beschreibung des Ergebnisses:

Schreiende Wände und Blumen, die sich in Stacheldraht verwandeln. Die Friedenstaube explodiert, und aus ihren Eingeweiden entsteht ein schreckenerregender Adler. Diese bösartige Kreatur reißt mit ihren gewaltigen Klauen große Stücke aus der Landschaft und zerstört ganze Städte. Im Sturzflug gebiert sie den Kriegsherrn, eine riesige Gestalt, die sich in Metall verwandelt und aus den Achselhöhlen Bomber ausstößt. Während die Verängstigten in die Bunker fliehen, verwandeln sich die Bomber in Kreuze. Die Geister von Soldaten fallen und stehen immer wieder auf, während sich auf einem Leichenberg ein Union Jack in ein blutiges Kreuz verwandelt. Blut läuft am Kreuz herunter und zwischen den Leichen und versickert sinnlos im Abfluß. Kirchen werden zertrümmert und formen sich wieder zu glitzernden Göttern, und riesige Hämmer marschieren und zerschmettern alles auf ihrem Weg.[2]

Waters riet Scarfe, sich zunächst auf die Inszenierung der *Wall*-Konzerte zu konzentrieren und sie dann als Sprungbrett für den Film zu benutzen. Ursprünglich war geplant, daß die Floyd mit ihrer maßgefertigter transportablen Konzerthalle auf Tournee gehen sollten, die sie »die Schnecke« nannten – ein aufblasbares, wurmförmiges Segeltuchzelt von rund 108 Metern Länge und 25 Metern Höhe, mit einer Gesamtfläche von rund 3700 Quadratmetern und einem Fassungsvermögen von bis zu 5000 Personen. »Die Hallen in England«, erklärte Steve O'Rourke in einer der seltenen Pressemitteilungen, »fassen einfach nicht die 45 Tonnen Ausrüstung der Band und die 45 000 Watt starke Lautsprecheranlage. Wenn wir beispielsweise in Glasgow auftreten wollen, müssen wir unsere eigene Halle mitbringen. Es dauert in jeder Stadt etwa einen Tag, um das Zelt aufzubauen, aber das dürfte es wert sein.«[3]

Das Problem war, daß die Vorbereitungen für die eigentliche *Wall*-Show länger zu dauern versprachen als der Aufbau des Zeltes; und die Pläne für die Schnecke blieben in den Aktenschränken der Britannia Row. Die Floyd gaben sich schließlich mit jeweils mehreren Vorstellungen in einer Handvoll existierender Spielstätten zufrieden: der Los Angeles Sports Arena und dem Greater New York Nassau Coliseum (beide im Februar 1980); dem Londoner Earl's Court (August 1980 und wieder im Juni 1981); und der Dortmunder Westfalenhalle (Februar 1981). Alle vier waren Arenen und nicht Stadien wie bei der *In the Flesh*-Tour – was, wie Waters Karl Dallas anvertraute, »einen Riesenunterschied macht. Mit der vorhandenen Technik kann man 15 000 Leute bedienen, wenn man die Sache ernst genug nimmt und mit den richtigen Leuten arbeitet und genug Geld ausgibt...«[4] Die Floyd sollten am Ende über 50 000 Dollar allein für Requisiten und Ausrüstung ausgeben.

Außer Scarfe gehörten zu den »richtigen Leuten« die Bühnenbildner Mark Fisher (der das eigentliche Design überwachte) und Jonathan Park (der für die Technik verantwortlich war); beide hatten bereits auf der *In the Flesh*-Tour mit den Floyd gearbeitet. Die größte logistische Herausforderung für die beiden war die große weiße Mauer selbst, die rund 50 Meter breit und fast 11 Meter hoch war und Stein für Pappstein (insgesamt 340 Stück) in der ersten Hälfte des Konzerts von einer Armee von Roadies errichtet werden mußte. Diese Operation erforderte, neben anderen Dingen, hinter der wachsenden Mauer die Installation hydraulischer Hebebühnen, von denen aus die Crew die sperrigen Steine an ihren Platz hieven konnte. Fisher und Park mußten außerdem festlegen, wie die Mauer am Ende von »The Trial« einstürzen sollte – und Auffangnetze anbringen, damit den Floyd kein Schaden drohte.

Die üblichen Floyd-Totems wie Flugzeug und Schwein wurden in der *Wall*-Show durch riesige groteske Scarfe-Puppen ergänzt, die die Beschwörer des Stücks darstellten – der Lehrer, die Mutter und die junge Mrs. Pink. Die berühmte runde Leinwand wurde nur in der ersten Hälfte des Programms benötigt; anschließend konnten Scarfes Zeichentrickfilme im Triptychon direkt auf die Mauer projiziert werden.

Sobald all diese Komponenten zur Verfügung standen, probten die Floyd ihre Show nicht weniger als zehnmal auf einer Kino- und Musikbühne in Culver City und verbrachten mehrere Wochen mit den Vorbereitungen in der L. A. Sports Arena. »Wir arbeiteten alle wie besessen bis zum ersten Abend«, erzählte Roger später. »Und das erste Mal, daß wir die Mauer stehen hatten und einen Film darauf projizierten, war vier Tage vor der ersten Show. Ich ging bis zu den hintersten Sitzen in der Arena – und mein Herz raste und mir liefen Schauer über den Rücken. Und ich fand es einfach fantastisch, daß die Leute, egal, auf welchem Platz sie saßen, alles sehen und hören konnten.«[5] Am Tag vor der Premiere am 7. Februar gab es allerdings noch Probleme mit den Lichteffekten, was die Floyd zwang, einen außenstehenden Experten hinzuzuziehen. »Vierundzwanzig Stunden vor der Premiere bekam ich einen Anruf«, erinnert sich Marc Brickmann. »Es war das größte Theaterprojekt, das ich je in meinem Leben gesehen habe – und sie sagten: ›Wir müssen es bis morgen abend geregelt haben.‹ Friß oder stirb!« Gilmour war so beeindruckt, daß er sieben Jahre später Brickman für das Lichtshowdesign seiner Floyd-»Comeback«-Tour engagierte.

Als die spektakulärste aller Pink-Floyd-Shows mit den bombastischen Klängen von »In the Flesh?« begann, waren die Floyd noch hinter der Bühne. Ihren Platz hatte eine »Ersatzband« eingenommen, bestehend aus dem Bassisten Andy Bown, dem Gitarristen Snowy White, dem Drummer Willie Wilson und dem Keyboarder Peter Wood – die ihre Rollen mit Masken der jeweiligen Floyd perfektioniert hatten.

»Sie sollten das darstellen, zu dem wir *wurden*«, sagte Waters, »das heißt zu dem Zeitpunkt, wo Pink zu einer Marionette wurde und die ganze Band sich in diese Art Nazi-Erscheinung verwandelte. Es war eine Art theatralische Schocktaktik, weil die Leute bis dahin glauben, daß wir es waren... und plötzlich erkannten, daß sie sich irrten.«[6] (Ein Teil der Zuschauer erkannte es nie – ebensowenig ließen sie sich ihr Vergnügen an dem Song von der Erkenntnis trüben, daß »In the Flesh?« eine derbe Selbstparodie war.) Während des Rests der Show verstärkten die vier »Doppelgänger« den Floyd-Sound, wobei Bowns Baß Waters die Möglichkeit gab, sich auf seinen Gesang und die Darstellung des Pink zu konzentrieren. (Roger sollte später behaupten, daß Wilson außerdem gebraucht wurde, weil Nick Mason nicht in der Lage war, den Takt zu halten.)

Der Premierenabend in L. A.s Sports Arena erlebte auch eine weitere, unbeabsichtigte Ironie, als die bei »In the Flesh?« gestarteten Feuerwerksraketen Vorhänge in Brand setzten und brennende Stoffetzen auf die echten Floyd und die Fans in den ersten Reihen niederregneten. In einer Szene, die an Rogers verworfene Idee mit dem »bombardierten Publikum« erinnerte, hielt die begeisterte Menge den Feuerregen für einen Bestandteil der Show, bis Waters das Programm unterbrach und die Feuerwehr anrückte.

Zu den geplanten Höhepunkten gehörte »Goodbye Cruel World«, bei dem Roger hinter der letzten verbliebenen Lücke in der Mauer verschwand und persönlich den letzten Stein einsetzte. Dann, nach der Pause, öffnete sich bei »Nobody Home« eine Falltür in der Mauer und enthüllte ihn einsam in einem neonerleuchteten Hotelzimmer sitzend, komplett mit flackerndem Fernseher und der echten Leuchtreklame des Tropicana Motor Hotels, L. A.s Ersatzheimat für viele durchreisende Top-Rockbands, die Floyd eingeschlossen. Bei »Comfortably Numb« schwebte ein von hinten angestrahlter Dave Gilmour per Hebebühne zur Spitze der Mauer hinauf, so daß sein gigantischer Schatten die verzückten Gesichter des Publikums verdunkelte, während er ein atemberaubendes Solo hinlegte.

Die acht Musiker wurden durch vier zusätzliche Begleitsänger verstärkt – und den vorgefertigten Orchesteraufnahmen Michael Kamens, der von ihrer Verwendung nicht einmal informier worden war. Produzent Chris Thomas, dessen letztes Floyd-Projekt *Dark Side of the Moon* gewesen war und der nun auch von Steve O'Rourke gemanagt wurde, unterstützte James Guthrie bei der Überwachung des US-Livesounds. Roger hatte Bob Ezrin aus dem Floyd-Lager verbannt, weil der das Verbrechen begangen und der Presse gegenüber nicht den Mund gehalten hatte – »und seitdem [hat er] nicht mehr mit mir geredet«, beklagte sich Bob bei Michael Watts vom *Melody Maker*, womit er seine Untat nur noch verschlimmerte. »Ehrlich, er ist so empfindlich. Und dabei hatten wir ein so gutes Verhältnis, nachdem wir ein Jahr lang Seite an Seite gearbeitet haben.« Ezrin wurde auch nicht gebeten, am Soundtrack des *Wall*-Films mitzuarbeiten.

Zu der Zeit der amerikanischen Konzerte schien die Mauer zwischen den Floyd und den Medien höher und undurchdringlicher zu sein als je zuvor. Selbst Gerald Scarfe wurde angewiesen, ohne ausdrückliche Erlaubnis mit keinem Reporter über seine Animationen zu sprechen. Ein »sehr eisiger« Waters erwies Michael Watts »die Ehre, mir persönlich eine Absage zu erteilen, damit mir klar ist, daß dies aus berufenem Munde und nicht von irgendeinem Untergebenen kommt«. Fotografen wurden unterdessen routinemäßig die Filme aus den Kameras gerissen; Steve O'Rourke persönlich nahm Jill Furmanovsky die Tasche ab. Es war fast so, als ob die faschistischen Impulse, die sie in *The Wall* angeblich beklagten, nun bei ihnen selbst durchschlugen.

Denn auch diese Rockstar-wird-zum-Faschisten-Übung (die einige Kritiker als besonders absurd verdammten, obwohl Barrett Jünger David Bowie kürzlich eine solche Phase durchgemacht hatte) war mehr oder weniger eine Projektion der dunklen Seite von Rogers eigener Persönlichkeit – »ein negativer Teil von mir, den ich verabscheue«, verriet er Karl Dallas. Man könnte in Pinks manischem Totalitarismus den Gegenpart zu dem Bombast sehen, den Waters bei der Schöpfung von *The Wall* an den Tag gelegt hatte. (Peter Jenner war von der ganzen

Show abgestoßen, die er als »den ultimativen Roger-Waters-Egotrip« brandmarkte.)

Doch bei mindestens einer Gelegenheit erwies sich Rogers Unnachgiebigkeit auch als eine Folge seiner Prinzipien. Als es klar wurde, daß die zwölf sofort ausverkauften amerikanischen Konzerte der Floyd nur einen Bruchteil der Fans abschöpften, die sich verzweifelt wünschten, die Show zu sehen, tat Promoter Larry Maggid in New York an die Gruppe heran und bot ihnen eine Garantiesumme von zwei Millionen Dollar für zwei Vorstellungen im RFK Stadion von Philadelphia. Alle waren nur zu gern bereit, das Angebot anzunehmen – bis auf Waters, der seine Kollegen kühl daran erinnerte, daß *The Wall* ursprünglich als Protest *gegen* den Stadion-Rock konzipiert worden war. Unwillig, auf zwei Millionen Dollar zu verzichten, entwickelten Gilmour, Mason und O'Rourke sogar den Plan, die Shows ohne Waters zu machen und seine Parts von Andy Bown singen zu lassen. Aber (um es mit Rogers Worten zu sagen) »sie hatten nicht genug Mumm, es durchzusetzen« – zumindest noch nicht.[7]

Gilmours Rolle in den *Wall*-Shows war nichtsdestotrotz äußerst wichtig. Angekündigt als »musikalischer Leiter«, fungierte er gleichzeitig als Gitarrist und Dirigent, der allen, angefangen von den Musikern bis hin zu den Bühnenarbeitern, das Einsatzzeichen bei den Konzerten gab, die er »brillant und sehr effektiv [fand] und die grundsätzlich Spaß gemacht haben. Aber als die fünfunddreißig *Wall*-Shows hinter uns lagen, hatten wir sie gründlich satt. Es war eine so choreographierte, so theatralische Produktion, und ich bin in erster Linie Musiker. Es war einfach zuviel, ständig auf die Einsätze und per Kopfhörer auf all die Kleinigkeiten zu achten – groß aufzuspielen und im richtigen Moment abrupt abzubrechen.

Die ersten zehn Shows waren entsetzlich; dann gab es zehn oder zwanzig, die fantastisch waren; aber nach einer Weile wurde dann alles mechanisch. Ich wußte, was ich wann zu tun hatte, und ich tat es, aber es gab nur noch wenige Momente, wo es einem einfach Spaß machte, zu singen und zu spielen.«

Während der *Wall*-Konzerte stellte sich Roger den Film noch immer als Fortsetzung der Show vor, als eine Kombination von Floyd-Live-Aufnahmen und Scarfes Zeichentricksequenzen sowie zusätzlichen Szenen und einer fortlaufenden Handlung. Er sah sich außerdem als Star des Films.

Doch trotz des ungeheuren Erfolgs des Albums schreckten EMIs Filmleute vor dem Projekt zurück und ließen Waters abblitzen. Aber dann stellte Alan Parker – der britische Regisseur von *Midnight Express* und *Fame* und langjähriger Floyd-Fan – bei einem Telefongespräch mit EMI, bei dem es um seine eigenen Geschäfte ging, beiläufig die Frage, ob jemand einen Film über *The Wall* plante. EMI-Boß Bob Mercer gab ihm Rogers Nummer. Obwohl Parker ursprünglich nur geplant hatte, Rat und Ermunterung anzubieten, dauerte es nicht lange, bis ihm Waters offerierte, die Regie zu führen. Doch Parker war damals mit den Dreharbeiten zu *Shoot the Moon* ausgelastet und lehnte ab, erbot sich aber statt dessen, den Film mit Roger zu *produzieren* und die Regie seinem Kameramann Michael Seresin sowie Gerald Scarfe zu überlassen.

Im Februar 1981 flogen Parker und Seresin nach Deutschland, um sich die Dortmunder Aufführungen von *The Wall* anzusehen. Parker war fasziniert von der »unheimlichen psychopathischen Qualität« von Scarfes kopulierenden Blumen und marschierenden Hämmern – und, wie er Karl Dallas anvertraute, von »Rogers Urschrei, den Ängsten vor Wahnsinn, Unterdrückung und Entfremdung, die das gigantische Stück durchziehen. Man mußte einfach überwältigt sein von dem schieren Umfang des Unternehmens und den enormen technischen Problemen, die dafür gelöst werden mußten.« Parker war gleichermaßen beeindruckt von der Atmosphäre, die hinter der Bühne herrschte – »ultracool und professionell«, wenn auch »ein wenig nervös« – und von »Rogers fast dämonischer Kontrolle über das Geschehen«.[8]

Waters wiederum versuchte, sich der Filmwelt anzunähern, indem er Ratgeber für Drehbuchautoren studierte. Er und

Scarfe schlossen sich dann wochenlang in dessen Cheyne Walk Studio ein und schrieben und zeichneten die Szenen für ein neununddreißig Seiten umfassendes Skript und Storyboard. Das letzte wiederum bildete die Basis für ein verschwenderisch ausgestattetes, großformatiges farbiges Buch, das sie in begrenzter Auflage als Prospekt für potentielle Investoren drukken ließen. Jeder Songtext wurde mit einer oder mehreren Scarfe-Zeichnungen illustriert und durch eine detaillierte Handlungsbeschreibung der jeweiligen Szene ergänzt. Eine der kürzesten, die zu »Another Brick in the Wall (Part 2)« lautete: »Die Lehrerpuppe befindet sich jetzt dicht bei Roger, der die erste Strophe von ›The Happiest Day‹ singt. Nach der Zeile ›sie quälten die Kinder auf jede denkbare Art‹ zeigen wir im Zeichentrick, wie der Lehrer die Kinder durch einen Fleischwolf dreht, der wie eine Schule aussieht. Die Kinder kommen als Würmer heraus.«

Überall im Buch stand »Pink«, wenn es um die geplanten Zeichentrickszenen ging, aber »Roger«, wenn der Protagonist sozusagen in Fleisch und Blut auftauchte. Somit gab es keinen Zweifel, wer diese Rolle für sich beanspruchen würde. Scarfes »Fleisch und Blut«-Illustration von *The Walls* größenwahnsinnigem Megastar trug erkennbar die Züge von Roger Waters. (An anderer Stelle tauchten Steve O'Rourke und Rockkonzertpromoter Harvey Goldsmith in den von ihnen gewünschten Miniaturrollen als Roadies auf.)

Ein Problem bei diesem ganzen Szenario war, daß Waters, wie die Probeaufnahmen bald nur zu deutlich erweisen sollten, kein Schauspieler war. Zu den ersten Herausforderungen Parkers gehörte es, ihm die Rolle auszureden und einen passenden charismatischen Darsteller für Rogers Story zu finden. Bei der Durchsicht einiger Videos der irischen New-Wave-Band The Boomtown Rats – deren Popularität zum Zeitpunkt von *The Walls* eigenem Charttriumph mit den britischen Nummer-Eins-Hits »Rat Trap« und »I Don't Like Mondays« ihren Höhepunkt erreicht hatte – war Parker fasziniert von der »ge-

fährlichen Qualität und der physischen Unberechenbarkeit«
des Leadsängers Bob Geldof.

Der Manager der Boomtown Rats war von Parkers anschlie-
ßendem Angebot und der Aussicht, Geldofs beginnenden Kar-
riereknick durch eine Hauptrolle in einem Film abzuwenden,
überaus entzückt. Aber der widerborstige Sänger – der zur
New-Wave-Kritik an den Floyd die Bemerkungen »aufgebla-
sen« und »alte Hüte« beisteuerte und Roger neuere Texte als
»linke Schaumschlägereien eines vom sozialen Gewissen ge-
plagten Millionärs« verachtete – war anfänglich nicht geneigt,
die Rolle des Pink zu übernehmen. Vor allem die »Idee vom
Popstar als Protofaschisten« war seiner Meinung nach »einen
Scheißdreck« wert.[9] Geldof sagte dann schließlich doch zu,
weil er die Arbeit an einem Film *an sich* als Herausforderung
empfand; außerdem mochte er Parker und bewunderte sein
Werk – und »die Bezahlung war gut«.

In der Zwischenzeit hatten die Floyd im Juni 1981 *The Wall*
wieder im Earl's Court aufgeführt, um die Aufnahmen der fünf
Shows für den Film zu verwenden. Aber die Dreharbeiten
waren laut Parker »ein totales Desaster... fünf Chancen, alle
vertan«. Nicht daß dies am Ende eine große Rolle spielte.
Nachdem die Entscheidung gefallen war, daß ein anderer die
dramatische Rolle des Pink übernahm, mußte Waters außerdem widerwillig Parkers Meinung akzeptieren, daß es viel zu
verwirrend sein würde, *The Wall* als Scarfe-Cartoon und als
Floyd-Konzertfilm zu inszenieren. Die Bandmitglieder wurden
daraufhin ganz aus dem Film verbannt – wenn auch natürlich
nicht vom Soundtrack, der zu rund einem Viertel aus speziell
für den Film eingespielten Aufnahmen bestand.* Zu den wei-

---

* Neben der Album-Auskoppelung »What Shall We Do Now?« und dem
brandneuen »When the Tigers Broke Free« präsentiert der Film orchestrierte
Remakes von »Mother«, »Bring the Boys Back Home« (mit einem Waliser
Chor), »In the Flesh« (gesungen von Geldof) und »Outside the Wall«. Die
Floyd komponierten außerdem eine »Overture« im *Tommy*-Stil, die – genau

teren Opfern zählten Scarfes Puppen – aber zuvor wurden noch Tausende von Pfund für einen riesigen, elektronisch gesteuerten Lehrer-Roboter verpulvert.

Parker, der durch die wachsenden Schwierigkeiten des Projekts – was nicht zuletzt an der schlechten Chemie zwischen seinem Protegé Michael Seresin und Gerald Scarfe lag – zum erstenmal in seinem Leben zum Kettenraucher wurde, entschloß sich schließlich doch, die Regie bei *The Wall* zu übernehmen. »Ich warf Michael den Ball zu und nahm an, daß er das Spiel machen würde«, beklagte er sich später bei Freunden, »aber statt dessen mäkelte er an der Verarbeitung des Balls herum.« Parker war ohnehin zu der Überzeugung gelangt, daß er »nicht dafür geschaffen war, im Hintergrund zu stehen und meine Marlboros zu rauchen, während andere Leute die Arbeit machten«, und daß »ich mich besser fühlen würde, wenn ich das tat, was man von mir erwartete: Regie führen.«[10] Scarfe wurde zum neuen »Designer« von *The Wall* ernannt; Alan Marshall übernahm den Part des Produzenten; und Seresin war ganz aus dem Spiel.

Die britische Filmszene zeigte sich aber auch weiterhin uninteressiert. Als Parker den Filmmogulen *The Wall* als »fragmentarisches Stück ohne konventionelle Dialoge und mit der Musik als Hauptmotor der Handlung« beschrieb, »starrten sie mich fassungslos an«.[11] Die EMI-Leute schienen völlig vergessen zu haben, daß sie allein in England über eine Million *Wall*-Exemplare abgesetzt hatten, und blieben bei ihrer Entscheidung, daß »ein Film im Moment nicht zur Debatte steht«. Trotz seines Wunsches nach einem rein englischen Projekt streckte Parker schließlich seine Fühler nach Hollywood aus. Am Ende übernahm MGM den Vertrieb und die Floyd den Großteil des Budgets von rund 12 Millionen Dollar.

In Anbetracht der enormen kreativen, emotionalen und fi-

wie »Hey You« und »The Show Must Go On« vom Album – nicht für den Soundtrack verwendet wurde.

nanziellen Risiken von *The Wall* erhob Waters extreme Besitzansprüche an den Film. Der Regisseur stellte bald fest, daß die Zusammenarbeit mit ihm »eine sehr unangenehme Erfahrung« war, obwohl »die Tatsache, daß Roger und ich nicht gut miteinander auskamen, nicht unbedingt bedeutete, daß wir keine gute Arbeit leisteten«.[12]

Für Waters wiederum waren die Dreharberiten zu *The Wall* »die nervenaufreibendste, neurotischste Zeit in meinem Leben, von meiner Scheidung im Jahr 1975 vielleicht abgesehen. Parker ist daran gewöhnt, an der Spitze seiner Pyramide zu stehen und ich bin daran gewöhnt, an der Spitze meiner zu stehen. Jeder hat versucht, seinen Kopf durchzusetzen.«[13] Vor dem Beginn der eigentlichen Dreharbeiten am 7. September 1981 preßte Parker Waters eine weitere Konzession ab, vielleicht die härteste: er mußte während der Dreharbeiten einen sechswöchigen »Urlaub« nehmen und den Regisseur ungestört arbeiten lassen.

Die ersten Szenen sollten in der Residenz eines pensionierten Admirals gedreht werden, die das Elternhaus des jungen Pink darstellte. Während Parker mit seinen Schauspielern im Haus arbeitete, erledigte eine andere Crew die Außenaufnahmen, die in Scarfes »Goodbye Blue Sky«-Zeichentricksequenz übergingen, in der eine »Friedenstaube« einer räuberischen Katze entwischt und davonfliegt. Siebzig Tauben gingen drauf, bis sie ein paar brauchbare Aufnahmen im Kasten hatten.

Die übrigen Dreharbeiten fanden zum größten Teil in den Pinewood Studios vor den Toren Londons statt. Das Motelzimmer wude komplett mit Penthouse-Swimmingpool und computerisierter L. A.-Skyline nachgebaut; es gab außerdem eine Mammutmauer, die später von einer ursprünglich für einen James-Bond-Film entwickelten Luftkanone in Stücke geschossen wurde. Laut Geldof war die Atmosphäre am Drehort wie »ein Minenfeld aus explodierenden Egos«. Entschlossen, all die »kindischen gegenseitigen Beschuldigungen« zwischen dem Regisseur und Produzenten auf der einen Seite und Waters und Scarfe auf der anderen zu ignorieren, legte der Boomtown Rat sein »Schicksal in Parkers Hände, von dem ich annahm, daß er wußte, was er tat«.[14]

Manchmal kamen ihm dann doch Zweifel, wie bei der Szene, in der sich das Wasser des Pools um einen schwimmenden Pink in Blut verwandelte. Geldof hatte nicht nur »eine Blutphobie«, Parker war auch fälschlicherweise davon ausgegangen, daß sein Hauptdarsteller schwimmen konnte. Der Regisseur löste das Problem schließlich, indem er die transparente Körperform benutzte, in der *Superman* Christopher Reeve bei seinen »Flug«-Szenen gesteckt hatte, während die vorbeihuschende Landschaft hinter ihn auf eine Leinwand projiziert worden war; aber zu Geldofs zusätzlichem Verdruß war er zu schmächtig für Supermanns Form und mußte sich mit der von Supergirl begnügen.

Echtes Bluß floß, als sich Bob während der von Roy Harper inspirierten Verwüstung des Hotelzimmers für »One of My Turns« die Hand an einer Jalousie verletzte. Zum Erstaunen der Crew weigerte sich der blutende Star, in seiner Zerstörungsorgie innezuhalten, bis Parker die Szene im Kasten hatte.

Im Lauf der Dreharbeiten begann sich Geldof mehr mit Roger Waters' Epos zu identifizieren, als er je für möglich – oder wünschenswert – gehalten hatte. Nach seinen eigenen Worten verschaffte ihm »die düstere Atmosphäre von *The Wall* Einblicke in Bereiche, die normalerweise im Unterbewußtsein vergraben sind«. Der spätere »heilige Bob« stellte sogar fest, daß er sich in »einen bösartigen Megalomaniac«[15] verwandelte.

Geldofs neugewonnene Identifikation mit dem Thema ermöglichte es ihm, Pink um so überzeugender darzustellen – wie zum Beispiel in den von Syd inspirierten Episoden im dritten Viertel des Films. Obwohl Geldof Barrett nie begegnet war, bestätigt June Bolan (die ihn gut kannte) die Authentizität von Bobs Darstellung: »Ich war wie vom Donner gerührt; er war Syd so ähnlich, daß ich es nicht ertragen konnte. Als er vor diesem Badezimmerspiegel stand und sich rasierte, hatte ich Tränen in den Augen und war wie gelähmt, weil mir alles so bekannt vorkam; er war Syd durch und durch.«

Geldof, der später Barretts »Arnold Layne« ins Live-Repertoire der Boomtown Rats aufnehmen sollte, hatte noch immer Hemmungen, einen von Rogers Songs in *The Wall* zu singen. Gegen ein entsprechendes Honorar erklärte er sich dann doch bereit, die Vocals für »In the Flesh« im Vierundzwanzig-Spur-Heimstudio von Musikdirektor Gilmour einzuspielen (das in einem aus dem siebzehnten Jahrhundert stammende Henleyer Herrenhaus untergebracht war, das Dave vom Gitarristen Alvin Lee gekauft hatte und später für 850 000 Pfund weiterverkaufte). Zuerst radebrechte Geldof tückischerweise Pinks Neonazi-Manifest in einem schweren irischen Akzent »wie ein besoffener Bauer auf einer Landwirtschaftsausstellung in Kerry«. Der Sänger genoß »die entsetzten Gesichter« von Gilmour und Toningenieur James Guthrie, aber nachdem er sie mit mehreren Takes gequält hatte, sang er schließlich richtig. Kaum war er fertig, dröhnte Daves Stimme aus dem Studiolautsprechern: »Du Bastard!«[16]

Im Film singt Geldof »In the Flesh« in der Londoner New Horticultural Hall vor einer Bande Skinheads, begleitet von einem Chor, einer Bläsertruppe von der Größenordnung von *Atom Heart Mother* – und einer vierundzwanzigköpfigen »Hammer Guard«, die aus hartgesottenen Tilbury Skins aus dem Südosten Londons bestand. Ihre von Scarfe entworfenen Uniformen (komplett mit den Insignien der gekreuzten Hämmer) waren so realistisch, daß die Betreiber eines nahen Pubs sichtlich erbleichten, als eines Mittags die Knobelbechertruppe hereinmarschierte, um sich ein paar Bierchen zu genehmigen. Den Tilbury Skins oblag es außerdem, für eine Szene zu »Run Like Hell« ein »Paki«-Café zu demolieren – eine Aufgabe, der sie sich mit beunruhigendem Genuß widmeten.

In derartigen Momenten wurde Parker mit dem Paradoxon konfrontiert, daß bei diesem Projekt *gegen* Bigotterie und Gewalt nicht nur manche Nebendarsteller ihre Rolle zu wörtlich nahmen, sondern auch die Gefahr bestand, daß ein Teil der Filmzuschauer ähnlich reagierte. (Auch Scarfe hatte »Alpträume, in denen ich auf der Straße Leuten im Hammer-Look begegnete«.[17]) Bei den Dreharbeiten zu einer Gewaltszene in einem aufgelassenen Gaswerk in Becton – später im Film als Schule benutzt und auf dem Höhepunkt von »Another Brick in the Wall (Part 2)« zerstört – schienen die Skins nicht begreifen zu können, daß ihre Widersacher lediglich Schauspieler waren, die sich als Polizisten *verkleidet* hatten; die Kämpfe, sagte Parker, »gingen weiter, selbst nachdem ich ›Schnitt‹ gerufen hatte«.[18] Eine Punkbande inszenierte das Lynchen eines schwarzen Romeos und die Massenvergewaltigung seiner weißen Freundin so überzeugend, daß sich der Regisseur am Ende gezwungen sah, den Großteil der Szene aus der »Run Like Hell«-Sequenz zu streichen.

Der Regisseur mußte auch noch auf vieles andere verzichten; die sechzig Drehtage erbrachten sechzig Stunden Film, die unter der Aufsicht des brillanten Cutters Gerry Hambling auf neunundneunzig Minuten zusammengeschnitten wurden. In dieser Phase wurde auch Roger wieder aktiv – und die Spannungen kehrten mit aller Macht zurück. »Dieser Film war zu meinem Film geworden«, erinnerte sich Parker. »Und dann tauchte Roger wieder auf, und ich mußte mich mit der schwerverdaulichen Tatsache abfinden, daß er in Wirklichkeit eine Gemeinschaftsproduktion war.«[19]

In seiner TV-Dokumentation *Scarfe on Scarfe* zeichnete Rogers engster Verbündeter von *The Wall* das Bild von »drei Megalomaniacs, die zusammen in einem Raum eingesperrt sind und von denen jeder versucht, seinen Willen durchzusetzen. Die Arbeit an dem Film geriet dadurch an den Rand der Hysterie.«

Aufgrund seiner eigenen Erfahrungen mit Waters war Dave Gilmour nicht bereit, Parker allein die Schuld daran zu geben. Ein Freund erinnert sich, wie er »zu Roger sagte: ›Mann, gib doch dem Burschen nach und entschuldige dich‹. Aber Roger ließ sich von niemandem etwas sagen.« Waters hatte zumindest (in Zusammenarbeit mit Gilmour und James Guthrie) freie Hand beim Soundtrack, für den er die Original-Mastertapes der Floyd benutzte, um optimalste Klangqualität zu garantieren.

Nach seinem Start sahen viele Filmkritiker in *The Wall* einen Selbstzweck, obwohl er alle Kassenrekorde brach und sich auch lange Zeit als Videocassette hervorragend verkaufte, was den Floyd all das Geld wieder hereinbrachte, das sie bei den Konzerten verloren hatten (und ihnen einen zusätzlichen Profit bescherte). Als abendfüllendes Musikvideo im MTV-Stil war der Film seiner Zeit sicherlich um Jahre voraus und zweifellos in vieler Hinsicht von perverser Grandeur, aber wie die meisten Musikvideos schadete er seinem Soundtrack, indem er die Hörer ihrer Fantasie beraubte. Im Fall von *The Wall* scheinen die dubiosen Aspekte des Albums – z. B. Pinks widerliches Selbstmitleid, sein grotesker Eigendünkel – durch die filmische Umsetzung noch verstärkt zu werden. Der schwerfällige Symbolismus wird erdrückend: all diese Würmer, die Eingeweide, der Stacheldraht, die Vampirvaginas – und Blut, Blut und noch mehr Blut.

Fünf Jahre nach dem Erscheinen gab Waters selbst ein bemerkenswert einsichtiges und leidenschaftsloses Urteil ab:

> Als er endlich fertig war, sah ich mir den Film an, obwohl ich davor drei Wochen lang Rolle für Rolle synchronisiert hatte. Jede Rolle für sich fand ich sehr interessant, aber als ich alle dreizehn Rollen hintereinander sah, hatte ich das Gefühl, daß dem Film echte Dynamik fehlte. Er schien einen von Anfang an zu überfahren und hörte bis zum Ende nicht damit auf; es gab keine Verschnaufpause.
>
> Aber meine wichtigste Kritik war – obwohl Bob Geldof meiner Meinung nach sehr gut gespielt und Alan Parker mit großem handwerklichem Können Regie geführt hat –, daß

ich mir hinterher dachte, wen kümmert's? Ich war an dieser Figur Pink nicht interessiert; ich habe nicht das geringste für ihn empfunden... Und wenn Pink einen gleichgültig läßt, dann tut es auch seine Warnung vor der totalitären Natur des Rock'n'Roll... [oder] sogar die Sache mit dem im Krieg umgekommenen Vater... Und wenn ich ins Kino gehe und die Figuren mich gleichgültig lassen, ist es ein schlechter Film.[20]

Die Weltpremiere von *The Wall* – am 14. Juli 1982 im Empire Theater am Londoner Leicester Square – war eine Galaveranstaltung mit Eintrittspreisen von zwischen dreißig und fünfzig Pfund pro Karte (der Reingewinn wurde dem Nordoff-Robins Music Therapy Centre für behinderte Kinder gespendet). Anwesend waren Geldof, Parker und Scarfe; Rockstars wie Pete Townshend und Sting; und drei Pink Floyd, die mit stehenden Ovationen begrüßt wurden. Floyd-Fanatiker Andy Mabbett, der in einem Preisausschreiben der *Sun* eine Eintrittskarte gewonnen hatte, beobachtete, daß die Kleidung der einzelnen Musiker ihr jeweiliges Engagement für die Gruppe zu reflektieren schien: Roger war in formeller Abendgarderobe gekommen, Dave trug ein Jackett, aber keine Krawatte, Nick Jeans und ein T-Shirt – und Rick war nirgendwo zu sehen. (Nick sollte ein paar Tage später bei der Premiere im New Yorker Ziegfeld Theatre ebenfalls fehlen – er war zwar in der Stadt, spielte aber mit Scarfe Poolbillard, weil er »den Film ein zweites Mal nicht mehr ertragen konnte«.)

Bei einem Gespräch mit Andy an der Bar des Empire Theaters verbreitete der T-Shirt-tragende Drummer, daß Rick »im Urlaub« wäre – eine Ausrede, auf die Dave in seinen späteren Promotioninterviews für den Film verzichtete. Wright leckte sich vielmehr in seinem Rhodos-Exil die Wunden, die ihm eine weitere Floyd-Scheidung im Zorn geschlagen hatte – die von Juliette, mit der er fast fünfzehn Jahre verheiratet gewesen war. (»Das hat ihm dann den Rest gegeben«, sagt ein alter

Freund.) Rick zog sich daraufhin in den »Vorruhestand« zurück und versuchte, wieder mit sich ins reine zu kommen; es gab schließlich, meint er, »noch andere Dinge im Leben als die Musik«. In den nächsten Jahren sollte er sich nur selten in England blicken lassen – von der Welt des Rock'n'Roll ganz zu schweigen.

Masons Einsatz an der Floyd-Front war in der letzten Zeit nicht viel größer gewesen als Wrights. »Zumindest« scherzte er, »bin ich kein frustrierter Floyd-Komponist.« Um sich die Zeit zu vertreiben, versuchte er sich dann doch, wenn auch als letzter in der Gruppe, an einem Soloprojekt, einer experimentellen Jazz/Pop-Fusion, die zwar unter dem Titel *Nick Mason's Fictitious Sports* erschien, aber den unverwechselbaren Stempel der Komponistin und Pianistin Carla Bley trug. Mason, der als Co-Produzent auftrat und die Drums – und die Kosten – übernahm, war der Überzeugung, daß die Musik seines Schützlings größere Verbreitung finden würde, wenn man sie unter seinem Namen vermarktete; Pink Floyds CBS- und EMI-Verträge garantierten darüberhinaus einen beträchtlichen Vorschuß für *jedes* Floyd-Soloalbum. Weitere prominente Mitstreiter auf der 1981 veröffentlichten Platte waren Nicks einstiger Rivale (und langjähriges Vorbild) von Soft Machine, Leadsänger Robert Wyatt; der Gitarrist Chris Spedding; und Carlas Mann, der Trompeter Mike Mantler.

Mason hatte zuvor schon mit Bley und Mantler gespielt (sowie mit Wyatt, der ihn mit dem jazzigen amerikanischen Paar bekannt gemacht hatte), und zwar auf Mikes 1976er LP *The Hapless Child and Other Stories* nach den schnurrig-makaberen Gedichten von Edward Gorey; Nick übernahm anschließend auf zwei weiteren Alben des Mike Mantler Projects die Drums. Außerdem produzierte er neben den aufbrausenden Damned die wesentlich verträglicheren »progressiven« Gong (gegründet von einem anderen ehemalige Soft-»Machinisten«, Daevid Allen) und den Sologitarristen dieser Band, Steve Hillage, dessen Revival des Beatles-Songs »Getting Better« wohlwollend aufgenommen wurde.

»Seine Stärke als Produzent ist sein Organisationstalent«, sagte Nick Griffiths. »Es macht Spaß, mit Nick zusammenzuarbeiten, weil er dafür sorgt, daß die Zeitpläne eingehalten werden. Wenn ein Künstler weiß, was er musikalisch will, wird das Album rechtzeitig und zu den geplanten Kosten fertig – in guter Soundqualität. Aber er geht nicht von einem musikalischen Standpunkt an die Dinge heran. Er diskutiert nicht über die Noten und die Arrangements. Nick Mason geht es nicht darum, musikalische Kunstwerke zu schaffen. Er schätzt sich überglücklich, daß er zur rechten Zeit am rechten Ort war. Seine *Autos* sind Kunstwerke. Er kennt sich beim Autokauf und Autorennen aus und hat die Garage voller wundervoller Wagen. Wahrscheinlich versteht er mehr davon als von der Musik und den Drums.«

1979 wurde Nicks Sammlung von über zwanzig Rennwagen und Oldtimern auf 500 000 Pfund geschätzt – ein Bruchteil des Wertes, den sie ein Jahrzehnt später hatte, als allein sein 1962er Ferrari GTO über eine Million Pfund wert war. Er legte sich außerdem eine Flotte Motorräder zu. Um Gewinn aus seinen Investitionen zu ziehen, gründete Mason eine Firma namens Ten Tenths, die seine Ferraris und Bugattis in Zeitschriften, Büchern, Filmen und TV-Werbespots vermarktete – in einigen war Nick persönlich hinter dem Lenkrad zu sehen. Außerdem beteiligte er sich am größten englischen Ferrarihändler, Modena Engineering; und 1980 gewann er mit seinem 1927er Modell das erste Bugattirennen in Donnington, 1982 hatte er sieben weitere Rennen gewonnen und den Donningtoner Streckenrekord für Oldtimerautos aufgestellt. Als überzeugter Amateur widerstand Mason der Versuchung, professioneller Rennfahrer zu werden. Dennoch war er froh, daß seine geringer werdenden Floyd-Verpflichtungen ihm mehr Zeit für seine zeitaufwendige »zweite Leidenschaft« ließen.

Obwohl er ihn herunterspielte, sorgte sein Floyd-Status natürlich auch dafür, daß sich die Medien für seine Rennen interessierten. Als Nick und der gleichermaßen rennbegeisterte Steve O'Rourke 1983 an Le Mans teilnahmen, berichtete das britische Fernsehen darüber; ein Jahr später wurde das andere Ich des Drummers Gegenstand eines *Penthouse*-Porträts, in dem der nüchterne Mason über sein erstes Le-Mans-Rennen im Jahr 1979 fast ins Schwärmen geriet:

> Die Strecke bei Nacht war ein fast magisches Erlebnis – die schiere Geschwindigkeit, die Lichter des Festplatzes, als der Wagen unter der Dunlopbrücke fast abhob und dann die Esses hinunterdonnerte. Der Geruch der Bremsbeläge und dann die unglaubliche Mulsanne-Gerade.
> Der Teamgeist in den Boxen war einfach unbeschreiblich. Man beendete seine Runde und übergab den Wagen, und mit jeder verstrichenen Stunde wuchs die Erregung in unserer Box. Dann legte man sich hinten in der Box aufs Ohr und hörte den französischen Kommentator und das Brüllen der Motoren – und roch die gebratenen Zwiebeln von Hunderten von Barbecues…[21]

Währenddessen löste *The Wall* einen Prozeß aus, nachdem im Jahr 1984 eine Highschoollehrerin aus Kentucky namens Jacqueline Fowler entlassen worden war, weil sie ihre Schüler dem verderblichen Einfluß des für Jugendliche nicht geeigneten Films ausgesetzt hatte. Ein Bundesgericht urteilte, daß Fowlers Rechte nach dem Ersten Verfassungszusatz verletzt worden waren, und ordnete ihre Wiedereinstellung an (sowie die Zahlung eines Schmerzensgeldes in Höhe von $ 10 000); doch die Entscheidung wurde von einer Berufungskammer des 6. US-Bezirksgerichts wieder aufgehoben. 1987 entschieden die Richter des Obersten Gerichtshofes der Vereinigten Staaten, in ihrer endgültigen Weisheit, daß das zweite Urteil – und Ms. Fowlers Entlassung – rechtmäßig war.

Terminal Frost

Am 2. April 1982 versuchte ein aufgeblasener argentinischer Militärdiktator namens Leopoldo Galtieri seine Untertanen von den katastrophalen Folgen der Junta-Mißwirtschaft abzulenken, indem er von seiner Marine die Falkland-Inseln angreifen und besetzen ließ. Die öden, windumtosten Falklands, eine britische Kronkolonie rund fünfhundert Kilometer vor der südargentinischen Küste, waren die Heimat von über einer Million Schafen, aber weniger als zweitausend Menschen (und kaum eines Baumes). Im Gegensatz zu Galtieris Annahme, daß England zu weit entfernt, zu mutlos und zu dekadent zum Gegenschlag war, setzte die damalige Premierministerin Thatcher eine moderne britische Armada in Marsch und verhängte eine totale Luft- und Seeblockade um die unwirtlichen südatlantischen Inseln.

Nach sechs Wochen erbitterter Kämpfe kapitulierten die Argentinier schließlich am 14. Juni – und überließen die umstrittenen Felsen dem permanenten Schutz der britischen Truppen, deren Zahl die der Einwohner weit übertraf, denen sie über Tausende von Kilometern hinweg zu Hilfe geeilt waren. In der Heimat peitschten die »Argie«-feindlichen Medien die Massen in eine Orgie aus fahnenschwenkendem Nationalismus und feierten Maggie Thatcher dafür, Britannien wieder zu »Großbritannien« gemacht zu haben (was ihr die politische Unterstützung bei ihrem Kampf gegen die sozialistischen Überbleibsel aus der Zeit nach dem Zweiten Weltkrieg sicherte). Der besiegte Galtieri erklärte unterdessen seinen Rücktritt und beendete damit die internationale Krise, die dem bedeutenden argentinischen Schriftsteller Jorge Luis Borges wie »der Streit zweier kahlköpfiger Männer um einen Kamm« vorkam.

Es hätte einen guten Stoff für einen komischen Operettenkrieg abgegeben – so köstlich lächerlich wie *Die Maus, die brüllte* –, wäre da nicht eine Kleinigkeit gewesen: die Auseinandersetzung zwischen dem dünkelhaften General Galtieri und der patriotischen »Eisernen Lady« wurde auf Kosten des Lebens von über eintausend jungen Engländern und Argentiniern ausgetragen. Wie Roger Waters einen Chor auf seinem nächsten (und letzten) Pink-Floyd-Album singen lassen sollte: »Oh, Maggie, Maggie, was haben wir getan?«

Es fällt einem leicht, sich Waters' tiefe Betroffenheit über den Falkland-Krieg vorzustellen. Seit nunmehr fast fünf Jahren wurde sein Leben von *The Wall* beherrscht, diesem Monument der Entfremdung, für das der Kriegstod seines Vaters den ersten, fundamentalen »Stein« gelegt hatte. Die Filmversion von *The Wall* (die gerade, als die Falklands explodierten, zur Veröffentlichung vorbereitet wurde) konzentrierte sich weit unerschrockener auf dieses zentrale Trauma als das Originalalbum oder die Bühnenshow; ihr einziger neuer Song, »When the Tiger Broke Free«, beschrieb exakt die Umstände von Eric Fletcher Waters' vorzeitigem Tod.

Diese mitreißende (und tiefpersönliche) Elegie wurde im Juli 1982 sinnigerweise zusammen mit einer längeren Version von *The Walls* »Bring the Boys Back Home« als Single veröffentlicht. Ursprünglich hatten die Floyd geplant, den Soundtrack in voller Länge als Album herauszubringen (im Nachspann des Films wurde sogar darauf hingewiesen, daß er bereits als »CBS-LP und Cassette erhältlich« war) oder zumindest ein Album mit dem Material, das speziell für den Film geschrieben oder neu arrangiert worden war, unter dem Titel *Spare Bricks* zu veröffentlichen.

Aber auf dem Weg zum Studio gab es einen Zwischenfall – jenen glorreichen kleinen südatlantischen Krieg, für den junge Männer wie einst Eric Fletcher Waters mit ihrem Leben bezahlten. Die überzähligen Steine entwickelten ein Eigenleben und

wurden zu *The Final Cut*. (Der Titel wurde Shakespeare ent-
lehnt, eine Anspielung auf die Erdolchung Julius Cäsars durch
Brutus: »Dies war der allerschlimmste Schlag.« [Im Original:
»This was the most unkindest cut of all.«])

»Ich setzte mich hin und schrieb dieses Stück über meinen
Vater«, erinnert sich Roger. »Es war wie ein Rausch. Ich wollte
diese Platte machen. Und Dave gefiel es nicht. Und er sagte es
auch.«[1]

Gilmour zufolge bezog sich sein Widerstand weniger darauf,
daß »er es für falsch hielt, die Operation der konservativen
Regierung im Südatlantik zu kritisieren« (wie Waters 1986 in
einem Artikel der Londoner *Sunday Times* behauptete), sondern vielmehr auf die Tatsache, daß ihm einige Stücke von
Rogers neuem Songzyklus (d. h. »Your Possible Pasts« und
»The Hero's Return«) nur zu bekannt vorkamen: »Songs, die
wir aus *The Wall* gestrichen hatten, tauchten auf *The Final Cut*
wieder auf – dieselben Songs. Damals waren sie keinem gut
genug gewesen; warum sollten sie jetzt plötzlich gut sein?
Aber ich wette, er glaubte, ich würde mich einfach nur quer-
stellen.« Dave wollte sich einen Monat Zeit nehmen, um ein
paar eigene musikalische Ideen zu entwickeln, aber Roger bestand darauf, daß die Floyd mit dem weitermachten, was er
bereits geschrieben hatte.

Wenn Waters seine Werke noch unerbittlicher durchzusetzen versuchte als je zuvor, dann zum Teil deswegen, weil ihm
sein »Requiem für den Nachkriegstraum« (wie der Untertitel
des Albums lauten sollte) so sehr am Herzen lag – in ihm
drückte sich sowohl sein Schmerz über die Opferung seines
Vaters als auch seine Wut auf die Generäle und Politiker aus,
die *noch immer* die jungen Männer in den Tod schickten. Und
zu diesem Zeitpunkt gab es keinen Bob Ezrin mehr, der zwischen ihm und Gilmour vermitteln oder Rogers Kompositionen überarbeiten und ihm beibringen konnte, daß die Songs
noch einiges zu wünschen übrig ließen.

»Ich glaube, Roger wurde einfach zu autokratisch; er mußte

alles kontrollieren«, meint Daves alter Freund und Drummer Clive Welham. »Aber Gilmour ist kein Typ, der sich so etwas lange gefallen läßt. Irgendwann gab er nicht mehr nach. David und Roger sind beide Menschen, die das Sagen haben wollen.« Das Resultat, sagt Welham, »war ein Showdown zwischen Roger und Dave«.

Bei *The Final Cut* sah dieser Showdown so aus, daß Waters seine Rick-Wright-Taktik wiederholte und drohte, das Projekt platzen zu lassen, wenn Gilmour nicht als Co-Produzent zurücktrat. Dave erklärte sich schließlich bereit, auf den Posten zu verzichten – aber nicht auf seinen Anteil an den Produzententantiemen. Und Waters war nun, wie er selbst sagte, »mehr oder weniger allein auf mich gestellt, mit Michael Kamen als Mitarbeiter«[2] – der ihm nun als Co-Produzent und Pianist und auch als Arrangeur und Dirigent von Rogers Gaststars vom National Philharmonic Orchestra diente. Waters entwarf sogar das LP-Cover, die Fotos stammten vom Bruder seiner Frau Carolyne, dem *Vogue*-Fotografen Willie Christie.

Die beiden anderen Floyd sahen sich indessen auf die Rolle von bloßen Hilfskräften reduziert, ein Schicksal, das sie mit dem hervorragenden Sessionschlagzeuger Ray Cooper und dem Ersatzbassisten von *The Wall* und jetzigen Organisten, Andy Bown, teilten. Laut Gilmour »war es soweit gekommen, daß ich nur noch sagte: ›Wenn du einen Gitarristen brauchst, ruf mich an und ich komme vorbei und erledige den Job.‹« Als Vokalist wurden Daves Dienste, der einst Floyds dominierender Sänger gewesen war, auch immer weniger gebraucht. Abgesehen von dem »Money«-esken »Not Now John« (das CBS als Single vormerkte, ohne den Plan je zu realisieren) ist Gilmours Stimme auf *The Final Cut* verdächtig abwesend.

Nick Mason, der viele von Rogers politischen Ansichten teilte, steuerte mit seinem Vorschlag, die diversen Reprisen des Eröffnungstracks »The Post War Dream« ohne den Text des »Maggie«-Chors zu wiederholen, um ihnen mehr Klangfülle und Vielseitigkeit zu verleihen, einen wertvollen Beitrag

bei. Aber auf dem düsteren Finale »Two Suns in the Sunset« –
eine »Warnung« vor der Vernichtung der Welt in einem nuklearen Holocaust – wurde Mason durch den Topstudiodrummer
Andy Newmark von Roxy Music ersetzt, da sich Roger mit Nicks
Leistungen nicht zufriedengeben wollte. Ob nun aus reiner
Egomanie oder aus der stillschweigenden Erkenntnis heraus,
daß The Final Cut in Wirklichkeit ein Soloalbum war – am Ende
stand auf dem Cover: »Von Roger Waters, gespielt von Pink
Floyd.«

Obwohl Waters und Mason seit Jahren enge Freunde waren
(erst kürzlich hatte Roger Nick zum Patenonkel eines seiner
Söhne gemacht), entwickelte der Drummer aus persönlichen
und aus künstlerischen Gründen immer mehr Verständnis für
Gilmours Position. »Ich glaube, The Wall und mehr noch The Final
Cut«, sagt Mason, »zeigen sehr deutlich Rogers zunehmendes
Interesse am Inhalt, über den er auch zunehmend Kontrolle
bekam. Ich habe nicht die geringsten Zweifel, daß das Schreiben
immer seine stärkste Seite war. Er arbeitet sehr hart an ihnen und
kümmert sich meiner Meinung nach weniger um die Musik.

Roger kann problemlos eine Melodie viermal verwenden, mit
verschiedenen Texten, um das auszudrücken, was ihm wichtig
erscheint. Ganz nach dem Motto ›Das muß gesagt werden, aber
laßt es uns einfach an eine Reprise von dem hängen, statt uns den
Kopf über die Musik zu zerbrechen‹. Während Dave sich eher
vier verschiedene Melodien ausdenkt – und denselben Text
verwendet!«

Doch da Gilmours Beitrag nun nicht mehr erwünscht war, bot
The Final Cut eine schlechtere musikalische Qualität als alles, was
Pink Floyd seit den ersten Kompositionen von Waters und Co.
aufgenommen hatten; nur daß die Monotonie nun nicht mehr
aus sphärischer Berieselungsmusik, sondern aus dröhnenden
Antikriegs-Breitseiten bestand. Der pathetische Tonfall des Sän-
gers wurde durch den Zwist und Ärger mit seinem Gitarristen
auch nicht gerade besser. Selbst Roger mußte zugeben, daß seine
Vocals einiges zu wünschen übrig ließen – »Die extremen Span-

ROLF OSSENBERG

PHOTOSEGOR

ROLF OSSENBERG

Oben links: Dave und Roger singen fast zum letzten Mal gemeinsam für ihr Publikum.

Oben rechts: Roger macht solo weiter, unterstützt vom alten Cambridger Schulfreund der Floyds Tim Renwick.

Rechts: Gerald Scarfs riesige Lehrerpuppe läßt die Band während „Another Brick in the Wall" wie Zwerge erscheinen.

ANDREAS KRASKA

Oben: Die berühmte Floyd-Sau nach „ihrer" post-Waters-Ge-schlechtsumwandlung.

Unten: Das rogerlose Momentary Lapse of Reason-„Come-back" der Floyds startet mit einem Bettflug über die Themse.

NILS JORGENSEN, RDR PRODUCTIONS

Links: Die Floyd-Besetzung Ende der 1980er (von links Mason, Gilmour und Wright) auf dem Roten Platz nach ihrem Konzert, dem größten, das es je in der Sowjetunion gegeben hat.

Unten rechts: Floyd-Veteran Nick Mason im Jahr 1988: „Niemand möchte, daß die Welt nur von Dinosauriern bewohnt wird, aber es ist verdammt gut, ein paar am Leben zu halten."

STEVE LEWIS, RDR PRODUCTIONS

EDDI BOLDIZSAR, RDR PRODUCTIONS

ANDREAS KRASKA

Unten links: „General" Waters bei seinem triumphalen Remake von The Wall in Berlin, Kunst als Realität als Kunst ...

BOB SEYMORE, © 1990

Sid Barret auf den Straßen von Cambridge, 1990

nungen sind überall spürbar« – und daß die Arbeit an *The Final Cut* »eine einzige Qual« und »eine schreckliche Zeit« war.[3]

Nichtsdestotrotz ist er außerordentlich stolz auf das Album, das in den letzten sechs Monaten des Jahres 1982 in *acht* verschiedenen englischen Studios aufgenommen wurde. (Die Britannia Row gehörte nicht dazu – wie Wright hatte Waters seinen Anteil an Gilmour und Mason verkauft; am Ende gehörte es Nick allein.) In gewisser Hinsicht stellt *The Final Cut* Rogers Äquivalent zu John Lennons hochgelobter »Urschrei«-LP dar, die nach dem Auseinanderbrechen der Beatles im Jahr 1970 veröffentlicht wurde. Waters hat »Isolation« von jenem Album als einen seiner Lieblingssongs bezeichnet und hinzugefügt, »wenn ich fünfzig Songs nennen müßte, die ich gerne geschrieben hätte, dann wären nur sehr wenige davon nicht von Dylan oder Lennon«.[4]

Auch *John Lennon/Plastic Ono Band* war das Vehikel für einen bitteren, qualvollen, politisch geladenen Exorzismus der ganz privaten Dämonen des Autors gewesen – die sich in John Lennons Fall auf den gewaltsamen Tod seiner *Mutter* zurückführen ließen – und hatte ganz gewiß keine leichte Hörerkost dargestellt. Auf *The Final Cut* war Waters nicht weniger entschlossen, seine (wie er es auf dem Titeltrack ausdrückte) »nackten Gefühle zu entblößen« und »den Vorhang herunterzureißen«. Auf »The Gunners Dream« läßt Roger sogar einen eigenen Urschrei los – der auf magische Weise mit einem klagenden Tenorsaxophonsolo von Raphael Ravenscroft verschmilzt (dem Mann, der die berühmten Saxophonlinien auf Gerry Raffertys »Baker Street« gespielt hatte).

Plastic Ono Band hatte sich jedoch nicht – trotz Ringo Starrs Auftritt als Drummer – als Beatles-Album maskiert. Waters hat behauptet, daß er bereit gewesen wäre, den Gruppennamen von *The Final Cut* zu streichen, aber Gilmour und Mason »wollten es nicht, weil sie wissen, daß Songs nicht auf den Bäumen wachsen. Sie wollten es als Floyd-Platte veröffentlicht sehen.«[5]

Im Gegensatz zu Lennons grellem und minimalistischem

Statement spiegelte der Produktionsstandard von *The Final Cut* zudem das technisch Machbare wieder. Um seinen unvermeidlichen Soundeffekten größeres Gewicht zu verleihen, verwendete Waters sogar eine experimentelle neue Technik – die »Holophonie«, erfunden von dem argentinischen Physiologen Hugo Zuccarelli (und kurz zuvor auf einem Album der Band Psychik TV eingesetzt) –, mit der sich quadrophonischer Sound auf Stereogeräten simulieren ließ, indem man bei der Aufnahmeprozedur einen Kunstkopf mit Mikrofonohren verwendete. Die Rakete beispielsweise, mit der »Get Your Filthy Hands Off My Desert« beginnt, sollte direkt vor dem Hörer starten, über ihn hinwegfliegen und hinter ihm explodieren. Zumindest per Kopfhörer wirken diese Effekte äußerst realistisch.

Von Gilmours diversen kurzen Soli abgesehen, sind es die Soundeffekte, mit denen das Album am deutlichsten an die früheren sonischen Glanzzeiten der Floyd anschließt. Der Wind von *Meddle*, die Schritte und Uhren und das wahnsinnige Gelächter von *Dark Side of the Moon*, das Radiogeplapper und Partygeschwätz von *Wish You Were Here*, die heulenden Hunde von *Animals* und die alptraumhaften Schreie und martialischen Megafonstimmen von *The Wall* – alles wird auf *The Final Cut* wiederaufbereitet. Doch jetzt dienen sie nicht einer surrealen Atmosphäre, sondern einem brutalen und klaustrophobischen Realismus.

Der Großteil von *The Final Cut* wird (im theatralischen Gesangsstil, den Waters auf den am wenigsten »floydianischen« Passagen von *The Wall* eingeführt hatte) aus der Perspektive eines Soldaten erzählt, der, im Gegensatz zu Rogers Vater, die Schrecken des Zweiten Weltkrieges überlebt hat. Älter geworden und vom Alkohol gezeichnet, arbeitet er als Lehrer, der vergeblich versucht, die Schüler einer integrierten Schule zu erziehen und die Erinnerungen an den Krieg zu unterdrücken. (Dieses komplexe und mitfühlende Porträt ist sicherlich eine kleine Wiedergutmachung für den Schaden, der dem Berufsstand mit der übertriebenen bösartigen Darstellung des Lehrers auf *The Wall* zugefügt wurde.) In der Nacht aber, wenn seine Frau friedlich an seiner Seite schläft, versagt die »kugelsichere Maske« und liefert den Veteranen seinen alptraumhaften Kriegserinnerungen aus.

Auf *The Final Cut* werden sie mit Szenen gewürzt, die die weltpolitische Lage Mitte der vierziger Jahre (als England, die USA, die UdSSR und alle anderen »treuherzig versprachen / die Opfermesser in den Scheiden zu lassen«) und Anfang der achtziger Jahre illustrieren (als mindestens drei Kriege gleichzeitig von eben diesen Mächten oder mit ihrem Segen geführt wurden). Waters entwickelt daraus seine These, daß nicht nur sein toter Vater, sondern auch der »Nachkriegstraum« der Überlebenden verraten worden war. (Man beachte auf der Rückseite Christies Foto, das einen Soldaten aus dem Zweiten Weltkrieg mit einer Filmrolle unter dem Arm und einem Messer im Rücken zeigt – und von manchen für eine Anspielung auf Rogers eigenen »Verrat« durch einen bestimmten Filmregisseur gehalten wird.)

In einem Interview im Jahr 1984 bezeichnete Waters die Paranoia der »Machtlosigkeit« als ein weiteres Grundthema von *The Final Cut*: »Plötzlich öffnet sich die Tür, und man befindet sich in einem Land wie Südamerika oder Algerien oder dem Frankreich der Besatzungszeit und steht Typen in Schaftstiefeln gegenüber... Man schreit: ›Nein, das könnt ihr mit mir nicht machen, ich rufe die Polizei.‹ Und sie antworten: ›Wir *sind* die Polizei.‹ Das Leben verwandelt sich in einen Alptraum. Das Kostbarste auf dieser Welt ist, daß das Leben nicht von anderen kontrolliert wird.«[6]

Das Album wird mit jedem Song immer persönlicher. Auf »The Fletcher Memorial Home« träumt Waters davon, solch »koloniale Zerstörer von Leib und Leben« wie Rußlands Leonid Breschnew und Israels Menachem Begin (die kurz zuvor ihre eigenen blutigen und sinnlosen Angriffe auf Afghanistan und den Libanon gestartet hatten) und, natürlich, die Eiserne Lady und diverse »lateinamerikanische Schlächter« in einem Raum zusammenzutreiben – und das Gas aufzudrehen. Auf *The Final Cut* selbst enthüllt Roger ganz offen seine tiefsten Ängste und Verletzbarkeiten.

Am Ende konfrontiert uns Roger mit der ultimativen Furcht aller Menschen – und mit der ultimativen Konsequenz, die die Politik der Insassen seines »Fletcher Memorial Home« haben könnte. »Two Suns in the Sunset« entstand, als er sich eines Abends auf der Heimfahrt auszumalen versuchte, wie es wäre, wenn irgendein Verrückter auf den Knopf drücken und seine Windschutzscheibe schmelzen, seine Tränen verdampfen und alles um ihn herum verkohlen würde:

> *Asche und Diamanten, Freund und Feind*
> *am Ende waren wir alle gleich.*

Alles in allem ganz schön starker Tobak – nicht gerade das übliche Top-Forty-Teenybop-Süßholzgeraspel oder die richtige Begleitmusik für einen Acidtrip. Es entsprach wohl kaum dem Geschmack des durchschnittlichen Floyd-Fans – oder David Gilmours, der nie ein Hehl aus seiner Abneigung gegen *The Final Cut* gemacht hat. Ein knappes Jahr nach der Veröffentlichung tat er die meisten Songs als »die Sorte billige Füller« ab, »die wir schon seit Jahren von den Pink-Floyd-Alben verbannt haben«.[7]

In den folgenden Jahren ist seine Abneigung gegen das Album nicht geringer geworden. Als ich während der 1988er-Tournee *Animals* irrtümlich als die einzige Post-*Dark Side*-LP bezeichnete, die aus dem Repertoire der Roger-losen Floyd gestrichen worden war, widersprach er: »Und *The Final Cut*.«

»Oh ja – die habe ich ganz vergessen.«

»*Wir* würden sie auch gern vergessen«, gab Dave bissig zurück.

Unmittelbar darauf gestand er allerdings ein, daß drei Tracks – »The Gunners Dream«, »The Fletcher Memorial Home« und »The Final Cut« selbst (zu jedem hat er zufälligerweise ein bemerkenswertes, fetziges Gitarrensolo beigesteuert) – »einfach großartig« waren. »Ich würde derart gute Sachen niemals ablehnen, egal von wem sie stammen. Und ich habe damals auch nie etwas aufgrund persönlicher Differenzen abgelehnt.

Es hätte ein großartiges Album werden können, aber es ist unausgewogen. Es gibt zuviele Füller, zuviel breitgetretenen Unsinn unter den Songs.«

Obwohl die Verkaufszahlen nach floydianischen Maßstäben nicht besonders spektakulär waren, hielten manche Leute *The Final Cut* für ein hervorragendes Album. (Vom literarischen Standpunkt aus gesehen stellt es zumindest Rogers reifstes Werk dar.) *Rolling Stone* gab ihm die Höchstzahl von fünf Sternen, und Hauskritiker Kurt Loder nannte es »eine überragende Leistung« und das »krönende Meisterwerk der Rockkunst«. »Seit Bob Dylans zwanzig Jahre zurückliegendem ›Masters of War‹«, erklärt der Rezensent, »hat kein populärer Künstler seine moralische Abscheu vor der politischen Weltordnung mit ähnlicher Überzeugungskraft dargestellt oder seinen von der Liebe zum Leben genährten Haß so anregend und brillant inszeniert.« (Man fragt sich dann, warum das Magazin am Ende des Jahrzehnts dieses »krönende Meisterwerk« nicht unter die »Hundert besten Alben der achtziger Jahre« einreihte.) Die Herausgeber des Floyd-Fanzines *Amazing Pudding* haben *The Final Cut* zum besten Floyd-Album aller Zeiten erkoren – auch wenn ihre Leser es zum schlechtesten aller Zeiten wählten.

Waters selbst reagierte auf die Kritik gern mit der Geschichte von einer elegant gekleideten Frau Mitte Vierzig, die in einem Gemüseladen auf ihn zutrat und ihm erzählte, daß *The Final Cut* sie zu Tränen gerührt hatte und für sie »die bewegendste Platte war, die sie gehört hatte. Sie sagte, ihr Vater sei ebenfalls im Zweiten Weltkrieg gefallen. Und ich stieg mit meinen drei Pfund Kartoffeln ins Auto und fuhr nach Hause und dachte: ›Wenigstens etwas.‹«[8]

Bisher hatte jedes Floyd-Album auch den Startschuß für eine neue Bühnenshow gegeben, und zunächst sollte auch *The Final*

Cut diesem Muster folgen; die ersten Konzerte waren bereits für den November 1983 geplant. Ironischerweise waren die unterbeschäftigten Gilmour und Mason aber weit begeisterter von der Idee als Waters, der abrupt die Pläne platzen – und seine Kollegen hängen – ließ, was sie nur noch mehr verbitterte.

Roger produzierte statt dessen eine relativ einfache (und billige) »Video-EP«. Unter der Regie seines Schwagers Willie Christie präsentierte sie die filmische Umsetzung von »The Gunners Dream«, »The Final Cut«, »Not Now John« und »The Fletcher Memorial Home«. Waters trat in der Rolle des Patienten eines skrupellosen Psychiaters namens A. Parker-Marshall auf (eine weitere subtile Spitze gegen den Regisseur und Produzenten von *The Wall*), und sein Vater wurde von Alex McAvoy gespielt, der den teuflischen Lehrer im Parker-Marshall-Film dargestellt hatte. Daves Beteiligung war weder erwünscht noch erbeten. Zu diesem Zeitpunkt war die Entfremdung zwischen den beiden Männern bereits so groß, daß sich kaum jemand aus dem Pink-Floyd-Umfeld eine weitere Zusammenarbeit vorstellen konnte.

Bevor *The Final Cut* überhaupt in den Handel kam, arbeiteten Gilmour bereits auf der einen Seite des Ärmelkanals und Waters auf der anderen wieder an eigenen Projekten. Als Dave seine blockierten musikalischen Talente in sein neues Soloalbum einfließen ließ, muß er sich ähnlich wie der gebeutelte George Harrison gefühlt haben, der nach dem Ende der Beatles die Welt mit einem Ausbruch unterdrückter Kreativität überrascht hatte. »Es war sehr angenehm«, sagte Gilmour damals, »arbeiten zu können, ohne sich mit jemand herumstreiten zu müssen (um sich am Schluß dann doch nicht durchzusetzen).«[9] Roger stürzte sich indessen, unterstützt von den meisten anderen *Final Cut*-Musikern, kopfüber in *The Pros and Cons of Hitch Hiking* – jenen Songzyklus, den als ungeeignet für Pink Floyd abzulehnen sich Gilmour und Mason erdreistet hatten.

Soweit es Waters betraf, kam er ohne die Floyd und besonders ohne ihren mittelmäßigen Gitarristen hervorragend zurecht. Schon der Name »Pink Floyd« war ein Anachronismus, und zwar ein sehr irreführender; seit den Tagen von *Animals* oder gar *Wish You Were Here* gab es die Gruppe als solche im Grunde gar nicht mehr. Die drei Männer hatten nichts mehr gemein – weder musikalisch noch philosophisch, politisch oder persönlich –, und für Roger Waters war die Zeit gekommen, eine Solokarriere zu starten, und zwar unter seinem eigenen Namen. Schließlich wußte jeder, daß er Pink Floyd war, und daran würde sich vermutlich auch nichts ändern, wenn er sich von diesem störenden Decknamen befreite.

Aber auch für die Öffentlichkeit waren die Zeichen an der Wand nicht zu übersehen – wie 1982 der *Rolling Stone* in einer Titelstory über den *Wall*-Film bewies. »In den siebziger Jahren haben wir so getan, als wären wir eine Gruppe«, hatte Waters erklärt. »Mich störte das immer mehr, weil ich mehr arbeitete als die anderen und wir trotzdem so taten, als wäre alles von *uns*.

Nun, das ist jetzt vorbei. Ich könnte problemlos mit einem anderen Drummer und Keyboarder arbeiten, und es ist sehr wahrscheinlich, daß ich das irgendwann auch tun werde.« Die Zukunft von Pink Floyd, fügte er hinzu, »hängt zum größten Teil von mir ab«.[10]

David Gilmour jedoch sah die Dinge anders. Trotz all seiner Differenzen mit Waters – und seiner Weigerung, sich mit der Rolle von Roger bedingungslosem Gefolgsmann zufrieden zu geben – hatte er dem Pink-Dinosaurier nie das Gnadenbrot geben wollen. Dave besteht heute darauf, »es Roger gegenüber absolut klar« gemacht zu haben, daß er gerne ein Floyd war und auch die feste Absicht hatte, einer zu bleiben. »Ich habe ihm lange vor seinem Abgang erklärt: ›Wenn du gehst, Mann, machen wir weiter. Täusch dich da bloß nicht, *wir werden weitermachen.*‹«

Waters lachte nur. »Ihr werdet es verdammt noch mal nie schaffen.«

Teil Drei

Cold Comfort for Change

Apples and Oranges

In der ersten Hälfte des Jahres 1984 arbeiteten die zerstrittenen Floyd mit aller Gewalt an ihren Solokarrieren. Im März erschien David Gilmours *About Face*-Album und im Mai Roger Waters' *The Pros and Cons of Hitch Hiking* – die beide auf internationalen Tourneen vorgestellt werden sollten. Und zwischen diesen beiden Veröffentlichungen, wenn auch von weit weniger Wirbel begleitet, tauchte Richard Wright wieder auf als die eine Hälfte eines neuen Plattenduos namens Zee.

Wrights Kollaborateur war Dave »Dee« Harris, früher bei der »futuristischen« Birminghamer Band Fashion. Die beiden wurden von einer gemeinsamen Faszination für den Fairlight zusammengeführt – jenem computerisierten Keyboardwunder, das ihre *Identity*-LP mit Klängen dominiert, die in Ricks Heimstudio in seiner Zweitwohnung in Bayswater von Wright und Harris programmiert wurden. Aber es war der letztere, der den Löwenanteil an der Produktion beanspruchte (inklusive Text, Leadvocals und Gitarre), und Zees leichtgewichtiger Elektrofunk hatte wenig Ähnlichkeit mit dem Stil von Ricks alter Gruppe. Wright kritisiert *Identity* heute als »Experiment, das nicht funktioniert hat«.

Im Gegensatz dazu präsentierte das geschliffene *About Face* Gilmours geballte musikalische Feuerkraft. Für jeden, der diese vertraut klingende Stimme und Gitarre hörte – und die betörenden Melodien, in die sie eingebettet waren –, stand fest, daß Roger Waters doch nicht Pink Floyds einzige treibende Kraft gewesen war. Tracks wie das fast mental-angehauchte »Until We Sleep« und die ausgeflippte Symphonieparodie »Let's Get Metaphysical« klangen sogar weitaus floydianischer als alles auf *The Final Cut*. Mitten in den Sessions im Pathé

Marconi in Paris holte Dave sogar Bob Ezrin als Co-Produzenten hinzu.

Andere Mitstreiter waren Pino Palladino am Baß und Ian Kewley an den Keyboards (beide von Paul Youngs Band); Gilmours »Lieblingsdrummer« Jeff Porcaro von Toto; und seine legendären Kollegen Steve Winwood und Pete Townshend, die zu jeweils zwei Songs die Keyboards beziehungsweise die Texte beisteuerten. Dave führt die Beteiligung des Who-Bosses auf ihre achtzehn Monate zurückliegende Begegnung in Townshends Eel Pie Studios zurück, wo die Floyd an *The Final Cut* gearbeitet hatten: »Er nahm mich auf dem Korridor beiseite, um mir zu sagen, daß ihm mein erstes Soloalbum sehr gefallen hatte – ich fand das sehr nett von ihm –, und außerdem meinte er noch, ich sollte ihn anrufen, wenn ich einmal Hilfe brauchen würde.

Bei diesem zweiten Soloalbum hatte ich wie üblich Probleme mit den Texten. Ich erzählte Bob von Pete, und er sagte: ›Los, ruf ihn an – was hast du schon zu verlieren?‹ Also rief ich ihn an und sagte: ›Hast du Lust, ein paar Texte zu schreiben?‹ Er sagte: ›Klar, liebend gern, schick mir das Band zu.‹ Am nächsten Tag schickte er den ersten Text zurück; er hatte die ganze Nacht daran gearbeitet. Das war ›Love on the Air‹.«

Pete schrieb außerdem den Text zu »All Lovers Are Deranged« und ein drittes Stück, das Dave nicht verwendete, weil er keinen persönlichen Bezug zu dem Text entwickeln konnte. »White City Fighting« sollte statt dessen ein Highlight des von Chris Thomas produzierten nächsten Townshend-Albums werden – das wiederum das nächste Kapitel in der Zusammenarbeit der beiden Gitarrengötter aufschlug. (Roy Harper wurde ebenfalls gebeten, einen Text für diese Melodie zu schreiben. Als Gilmour auch den ablehnte, brachte Harper seine Version, »Hope«, auf seiner eigenen LP *Whatever Happened to Jugula?* heraus.)

Dave schrieb schließlich alle anderen *About Face*-Texte selbst; auch auf diesem Gebiet schien er beweisen zu wollen, daß er kein Leichtgewicht war. Mehrere Songs behandelten die Unausweichlichkeit des Alterns und des Todes; »Murder« war an den Mörder John Lennons gerichtet und drückte Gilmours Trauer und Zorn über den gewaltsamen Tod des Ex-Beatles aus, dem er allerdings nie begegnet war (nicht einmal in der Abbey Road). Und in der besten Tradition interner Megastar-Polemiken – wie z. B. John Lennons Anti-McCartney-Tirade »How Do You Sleep?« oder Keith Richards' Jagger-Abrechnung »You Don't Move Me Any More« – beinhaltete *About Face* außerdem einen klagevollen offenen Brief an Waters mit dem Titel »You Know I'm Right«.

Dave ruinierte sogar seinen apolitischen Ruf mit zwei melodischen Anti-Atomwaffen-Balladen: »Cruise«, einem sarkastischen Kommentar zu der von der Reagan-Regierung verfügten Stationierung von »Cruise«-Missiles auf britischem Boden; und »Out of the Blue«, dessen Weltuntergangsbotschaft an Rogers noch plastischeres »Two Suns in the Sunset« vom verschmähten *Final Cut* erinnerte. »Es ist nicht mein wichtigstes Ziel, Songs mit einer Botschaft zu schreiben«, erklärt Gilmour, »aber ich sehe ebensowenig einen Grund, darauf zu verzichten. Wenn man es bewußt versucht, ist das Ergebnis oft sehr gekünstelt und moralisierend. Ich mag das nicht bei anderen Leuten, also versuche ich, es bei mir ebenfalls zu vermeiden. Aber Songs wie ›Cruise‹ und ›Out of the Blue‹ haben zweifellos einen Bezug zur politischen Realität.«

Trotz all dieser ehrgeizigen Bemühungen waren Daves *About Face*-Texte schwerlich die Stärke des Albums; der stets hellsichtige Peter Jenner ging sogar soweit, sie in »die unterste Schublade banaler Rocktexte« einzuordnen. Im Gespräch äußerst wortgewandt, hatte Gilmour wenig Talent (wie er damals Freunden gegenüber klagte), ein plakatives Bild oder einen originellen Gedanken in Verse zu fassen – ganz abgesehen von dem »Biß«, den Roger zu Daves Floyd-Kompositionen beisteuerte.

Um sein Album und die anschließende Tournee zu promoten, führte Gilmour einen absolut unfloydianischen PR-Blitzkrieg und deckte die gesamte Medienlandschaft mit seinen Interviews ein, angefangen von den Musikzeitschriften über das *People*-Magazin bis hin zum *Wall Street Journal*. Er umwarb vor allem MTV und versorgte Amerikas bahnbrechenden Musikkanal mit einem Interview und zwei Videos unter der Regie von Storm Thorgerson – dessen künstlerischer Schwerpunkt sich in der letzten Zeit unter dem Namen Greenback Films vom Grafikdesign aufs Filmemachen verlagert hatte. MTV machte die irritierend funkige *About Face*-Auskoppelung »Blue Light« (die sogar als Disco-Mix auf den Markt kam und von den Lesern des *Amazing Pudding* zur schlechtesten Floyd-Solonummer aller Zeiten gewählt wurde) auch prompt zu einem Dauerbrenner im Programm. In einer weiteren Promotionaktion erschien die zweite Single, »Love on the Air«, in begrenzter Auflage als Picturedisk in Form eines Röhrenradios. (Zufällig waren die beiden A-Seiten genau die Tracks, auf denen Winwood mitspielte.)

Aber da Waters so überzeugend den Eindruck verbreitet hatte, daß er Pink war, zeigten die meisten Rockkritiker an *About Face* kaum mehr Interesse als an, beispielsweise, einer Solo-LP von Bill Wyman von den Stones oder John Entwistle von den Who. *Rolling Stone* gönnte Gilmour nur einen kurzen Artikel (und eine mittelmäßige Wertung von drei Sternen), in dem Kurt Loder resümierte: »Nicht schlecht, aber – wenn man nicht gerade ein Pink-Floyd-Fanatiker ist – auch nicht weiter von Bedeutung.«

In der Hoffnung, den Durchbruch auf andere Weise zu erzielen, startete Gilmour am 31. März in Dublin eine fünfzehnwöchige Tournee durch zehn Länder – die erste Solotour eines Floyd überhaupt. Dave mußte dafür eine Begleitband formieren, die unter anderem aus dem Bassisten Micky Feat, Gregg Dechert an den Keyboards, dem Drummer Chris Slade (früher bei Manfred Mann, später bei Firm) und Jodi Linscott an den Percussions bestand. Zu den überraschenderen Namen der Formation zählten Raphael Ravenscroft, dessen Saxophon eben noch Rogers Soloalbum verziert hatte; und der zweite Gitarrist (und Gilmours Nachbar) Mick Ralphs, der halblegendäre ehemalige Leadgitarrist von Mott the Hoople und Bad Company, dessen wichtigste Aufgabe in *dieser* Company war, zu Daves Soli dezente Leadharmonien zu improvisieren. »Eigentlich ist er nur dabei«, sagte Gilmour, »weil er mich gefragt hat, ob er mitkommen kann.«

Das Programm bestand aus allen Songs von *About Face*, dem halben *David Gilmour*-Album und nur zwei Pink-Klassikern: »Run Like Hell« und »Comfortably Numb« von *The Wall* (mit neuen Roger-losen Gesangsarrangements, die sich als sehr nützlich erweisen sollten, als sich Dave daran machte, die Floyd ohne Roger zu formieren). Zur Show gehörte außerdem ein bescheidenes Repertoire an Stroboskopen, Dias und Trokkeneis – Pink Floyd für Arme, könnte man fast sagen. Aber das Schwergewicht lag jetzt auf Gilmour, auf seiner Musik und seiner schlagkräftigen Band – die immerhin an einem guten Abend eine Halle auf eine Weise zum Kochen bringen konnte, die den eher durchgeistigten Floyd abging.

Am 30. April waren Rick Wright und Nick Mason beim letzten von Daves drei ausverkauften Konzerten im Londoner Hammersmith Odeon anwesend, und Nick übernahm auf »Comfortably Numb« die Drums. Diese triumphale Heimkehr (zu der auch ein Gastauftritt Roy Harpers als Sänger auf »Short and Sweet« gehörte) wurde von MTV – ein Filmteam hatte Gilmour durch Frankreich begleitet und eine Tourdokumentation gedreht – als »Saturday Night Special« gesendet und parallel dazu in Stereoqualität von Radiostationen überall in den USA übertragen. (Die beiden MTV-Filme wurden außerdem in den Staaten als CBS/Fox-Videocassette *David Gilmour* vermarktet.)

Doch am nächsten Abend kamen nur zweihundert Zuschauer zu Gilmours Gig im Odeon in Birmingham, wo seine neuen

Schützlinge Dream Academy als Vorgruppe auftraten. »Es war deprimierend für mich«, vertraute Dave Andy Mabbett an, »nach Birmingham zu kommen und nicht einmal ein kleines Kino zu füllen. Ähnlich war es überall in Europa... in Brüssel verkauften wir achthundert Karten. Es ist okay... wenn die Leute nicht wollen – ich werde meine Zeit auch nicht weiter damit verschwenden.«

Die Gilmour-Roadshow reiste dann weiter nach Nordamerika, wo die enttäuschenden Vorverkäufe zur Streichung einiger geplanter Konzerte in Kanada führten. Doch alles in allem zeigten die MTV-präparierten Yanks – für die Dave ein drittes Floyd-Stück ins Programm nahm, »Money« – mehr Interesse als ihre NATO-Partner und sorgten dafür, daß die Tournee mit einem kleinen Gewinn abschloß. Die *About Face*-Tour endete mit einem Konzert auf der New Yorker Open-Air-Bühne Pier 84 am 16. Juli 1984 – zufällig genau an dem Tag, an dem Roger Waters seine Tournee in Stockholm startete.

Auf den ersten Blick bestand das *Pros and Cons of Hitch Hiking*-Album aus denselben Zutaten wie jenes »Pink Floyd«-Opus *The Final Cut*. Es gab Andy Bown an der Orgel, Ray Cooper an den Percussions und Raff Ravenscoft an den Hörnern. Auch diesmal bediente Co-Produzent Michael Kamen nicht nur die Tasten, sondern dirigierte und arrangierte auch das National Philharmonic (ein Dienst, den er auch Daves »Let's Get Metaphysical« erwies). Selbst die Holophonie kam wieder zum Einsatz.

Wer fehlte, das waren Nick Mason – dessen Platz von jenem Andy Newmark eingenommen wurde, der ihn bereits auf *The Final Cut* ersetzt hatte – und David Gilmour. In einem atemberaubenden Coup, der sicherstellen sollte, daß niemand Dave vermißte, wurde für *Pros and Cons* der größte elektrische Gitarrist von Großbritannien engagiert, der Mann, den die Pink Floyd bereits in seiner Cream-Zeit verehrt hatten – Eric Clapton.

Claptons Beteiligung entstand aus einer innigen Freundschaft Carolyne Waters mit Erics Frau Pattie Boyd Harrison Clapton. Laut einem Clapton-Vertrauten sagte der Gitarrist nach einer durchzechten Nacht mit Roger impulsiv zu, beim *Pros and Cons*-Album *und* der Tour mitzumachen. Erics wenig begeisterte Manager, Kollegen und Freunde gaben zu bedenken, daß es für einen Superstar wie Clapton weder vom musikalischen Standpunkt noch unter dem Aspekt seiner Karriere Sinn machte, in einem gekünstelten theatralischen Konzept, das Lichtjahre von seinen Blueswurzeln entfernt war, den Part eines Begleitmusikers zu übernehmen. Aber »Slowhand«, der so starrsinnig wie loyal war – und der lange davon geträumt hatte, seinem eigenen Mythos zu entfliehen und anonym in einer fremden Band zu spielen (man erinnere sich an sein kurzes Zwischenspiel bei Delaney and Bonnie nach dem Ende von Blind Faith) –, bestand darauf, seine Zusage gegenüber Waters einzuhalten.

Roger fand die Kombination keineswegs so unpassend. Schließlich war der Blues seine erste musikalische Liebe gewesen; in den letzten Jahren hatte er aus purer Liebhaberei eine beeindruckende Sammlung von alten Bluesscheiben zusammengetragen und hörte in seiner Freizeit kaum etwas anderes. Auf der *Pros and Cons*-Platte versuchte er bewußt, Pink Floyds lilienweißes Erbe mit schwarzen Musikformen und -stilen zu beflecken. (Ob er nun über genug von jenem schwer definierbaren »Soul« verfügte, um sie überzeugend herüberzubringen, war wieder eine ganz andere Frage.)

Jedenfalls wurde Claptons Virtuosität nicht voll genutzt, denn Roger entschied, die Haupttracks aller Songs bis auf die des Titelstücks einzuspielen, ehe er Erics Gitarre und Dobro darüberlegte. Und da *Pros und Cons* zu den wortreichsten Alben in der Geschichte des Rock'n'Roll zählte, blieb den Begleitmusikern wenig mehr, als in den kurzen Atempausen von Waters' Monologen ein paar musikalische Schnörkel hinzuzufügen.

Die Texte bestanden aus Traumsequenzen innerhalb von Träumen, die den schlafenden Erzähler im Lauf einer Zeitspanne von rund zweiundvierzig Minuten befielen, was der Länge des Albums entsprach – sie begannen um »4.30 am« (so hieß auch der erste Song oder Traum, der den Untertitel »Apparently They Were Travelling Abroad« trug) und endeten um »5.11 am« (mit »The Moment of Clarity«.) Im ersten Traum – auf dem Cover plastisch durch die Rückansicht einer nackten Negerin illustriert, die den Daumen ausstreckt – nimmt unser lockerer Held seine »hungrige« Anhalterin mit. Um »4.33 am« »lechzt die junge Dame bereits danach«, wie der Erzähler berichtet, »die Kraft meines Kolbens zu spüren«. Doch um »4.37 am« werden ihre Intimitäten brutal unterbrochen, als am Fußende des Bettes terroristische arabische Kastrationsfreaks auftauchen. (Vorsicht mit dem Krummschwert, Abdul!)

Unser Held und sein »Kolben« überstehen aber auch die übrigen Alpträume und feuchten Träume unversehrt – zu denen ein Besuch in einer Zurück-zur-Natur-Kommune in Wyoming und eine von wechselseitiger Feindseligkeit geprägte Begegnung mit Yoko Ono zählen (»Die Schlampe sagte etwas Rätselhaftes – ›Herro‹«). »Im Kontext dieser Träume«, erklärte Waters später, »wägt das Unterbewußtsein das Für und Wider des Zusammenlebens mit einer Frau im Rahmen einer Familie ab... gegen den Ruf der Wildnis, um es einmal so auszudrükken.«[1] Am Ende bleiben Liebe und Ehestand siegreich: Der Träumer schreckt aus seinen Träumen hoch und stellt erleichtert fest, daß er zu Hause neben seiner schlummernden Angetrauten im Bett liegt. Die letzte der 370 Verszeilen des Albums lautet: »Ich hätte es nicht ertragen können, noch einen Moment länger allein zu sein.«

Diese außergewöhnliche, lawinenartige Wortflut ist gepaart mit einem ähnlich verblüffenden Mangel an Wohlklang. Nur gegen Ende, auf dem spritzigen »5.01 am (The Pros and Cons of Hitch Hiking)« und dem gefühlvollen »5.06 am (Every Stranger's Eyes)«, spürt man den Hauch einer Melodie.

Selbst die eingefleischtesten Floyd-Fanatiker wußten nicht, was sie davon halten sollten. War *The Pros and Cons of Hitch Hiking* ein Werk von obskurer Genialität, zu anspruchsvoll, um sofort geschätzt werden zu können? Oder hatte ungehemmte Selbstüberschätzung dem Schöpfer das Gespür für den Unterschied zwischen großer Kunst und seinen privaten Neurosen und infantilen Mätzchen genommen? Oder würde es seine wahren Qualitäten erst bei der Live-Aufführung enthüllen? Schließlich hatte auch Lennon sein *Some Time in New York City* und Bob Dylan sein *Self-Portrait* gehabt...

Einige Hörer waren zudem von dem unverblümten Sexismus und Frauenhaß abgestoßen. Feministische Gruppen rissen sogar überall in London die *Pros and Cons*-Plakate ab, weil ihrer Meinung nach das Bild der nackten Anhalterin eine offene Aufforderung zur Vergewaltigung darstellte.

Die Kritiken waren im großen und ganzen nicht weniger feindselig. Selbst Kurt Loder vom *Rolling Stone*, der *The Final Cut* über den grünen Klee gelobt hatte, schrieb, daß *Pros and Cons* »Waters alte Galligkeit« auf »musikalischen Mumpitz« reduzierte und daß das Album nur »postanalytische Pink-Floyd-Fetischisten und andere hochgradige Neurotiker« interessieren konnte. »Ich kann mir nicht vorstellen, daß sonst jemand bereit ist, sich durch diese seltsam statische, abscheuliche Platte zu quälen.« Nach einer Attacke auf Rogers »elenden Gesang« stellte Loder fest, daß sich »die Melodien an den Fingern von Micky Maus abzählen« ließen – und schlußfolgerte daraus, daß der »musikalisch bedeutendste« Floyd doch Dave Gilmour gewesen sein mußte (»dessen letztes Soloalbum in Anbetracht dieses Blindgängers in einem ganz neuen Glanz erstrahlt«). Die Redaktion des *Rolling Stone* unterstrich Loders Urteil mit der Verleihung eines einzigen armseligen Sterns.

Für die Tourneeband verstärkte Waters den *Pros and Cons*-Kern aus Clapton, Newmark und Kamen (und den Begleitsängerinnen Doreen Chanter und Katie Kissoon) um den Keyboarder

Chris Stainton, den Ex-King-Crimson-Saxophonisten Mel Collins und Rogers ehemaligen Klassenkameraden von der Cambridge County High School, Tim Renwick. Der frühere Quiver-Gitarrist, der von allen Floyd mit Dave am engsten befreundet war, übernahm den Job nach eigenen Aussagen mit einigen »Gewissensbissen«, wußte er doch um die Reibungen zwischen Gilmour und Waters.

Tim fand Roger bei den Tourproben nichtsdestotrotz »ausgesprochen liebenswürdig« und war ihm bei der Durchsicht des Pink-Floyd-Repertoires und der Auswahl der für die Show geeigneten Nummern behilflich. (Das Programm reichte schließlich von »Set the Controls for the Heart of the Sun« über »If« bis hin zu »Pigs on the Wing« und »The Gunners Dream« sowie jeweils einem Song von *Dark Side*, *Wish You Were Here* und *The Wall*.) Als die eigentliche Tournee aber begann, schien Roger eine »totale Persönlichkeitsveränderung« durchzumachen und metamorphierte abrupt von einem jovialen Jekyll zu einem herrschsüchtigen Mr. Hyde.

»Er gehört zu den Leuten«, sagt Renwick, »die über jede Kleinigkeit Kontrolle haben müssen. Bei den Proben kam ich sehr gut mit ihm aus, aber in dem Moment, wo wir auf Tournee gingen, wurde er zu einem anderen Menschen. Es war ziemlich anstrengend, für ihn zu arbeiten. Es hat jede Menge Spannungen gegeben. Aber ich schätze, Roger blüht auf, wenn er die Leute einschüchtern kann.«

Eric Clapton hatte natürlich größere Freiräume als die anderen Musiker. »Als großer Improvisator spielte er jeden Abend andere Sachen, spielte so, wie ihm gerade zumute war, und die Arbeit mit ihm hat riesigen Spaß gemacht«, sagt Renwick. Ohne den umgänglichen Clapton »wäre es wahrscheinlich noch härter geworden. Er hat die Atmosphäre entspannt.« (Außerdem stahl er nach Ansicht des *Rolling Stone*-Kritikers David Fricke »beinahe den Spezialeffekten die Show«.)

Eric fühlte sich dennoch von der starren Choreographie, dem Mangel an Kameraderie unter den Musikern und der relativ steifen Atmosphäre rund um die Tournee laut eigener Aussage immer mehr »erstickt«. Bei einem offiziellen Essen nach dem allerersten Konzert in Stockholm verlor ein hungriger Clapton angesichts des Schneckentempos der Bedienung die Geduld und schickte seinen persönlichen Assistenten los, ihm einen Big Mac und Fritten zu holen. Diese schlang er dann genüßlich hinunter, während Waters entgeistert dreinschaute.

Die meisten Beobachter fanden *Pros and Cons* im Konzert immerhin wesentlich effektiver als auf Vinyl, obwohl Fricke nach wie vor die Show als »ein trotziges Echo, ein durchsichtiger Versuch, zu beweisen, daß Roger Waters Pink Floyd war«, schmähte. Als Pink-Retrospektive angelegt, wie das Floyd-Markenzeichen, die runde Leinwand und die vielen Originalfilme bewiesen, bestand Mark Fishers und Jonathan Parks Bühnenbild aus einem überdimensionalen Schlafzimmer, komplett mit einem Fenster und einem zwölf Meter großen »funktionierenden« Fernseher. »Ich verwende drei Fünfunddreißig-Millimeter-Filmprojektoren hinter den Bühnenleinwänden«, erklärte Waters, »um die Illusion zu schaffen, daß das Publikum der Held ist, daheim im Bett liegt und die Träume und Alpträume selbst erlebt.«[2] Zu dem Material gehörten Beiträge des Regisseurs von *Der Mann, der vom Himmel fiel*, Nicolas Roeg, und Zeichentrickfilme von Scarfe, in denen Rogers lyrische Traumen mit comichafter Übertreibung von einem sinistren Snoopy-ähnlichen Hund namens Reg ausagiert wurden.

Die Konzerte waren selten ausverkauft; und selbst wenn (wie in der Brendan Byrne Arena in New Jersey), dann nur, weil übereifrige Schwarzhändler die Nachfrage überschätzt hatten und sich am Ende gezwungen sahen, ihre Karten zum halben Preis oder weniger an die Besucher zu verkaufen. Waters reagierte mit philosophischem Gleichmut auf die leeren Sitze und gelegentlichen Absagen – und die Konsequenzen für sein Bankkonto. »Ich bin derjenige, der das Geld verliert; ich bin derjenige, der für alles geradesteht«, gab er zu. »Aber ich habe das Gefühl, daß es etwas war, was ich tun *wollte* und nicht tun *mußte*... Ich habe mit dem Rock'n'Roll eine Menge Geld verdient, was macht es schon, wenn ich damit jetzt etwas verliere.« (Nach seiner eigenen Schätzung verlor er insgesamt 400000 Pfund.)

Diese Worte fielen übrigens in einem Londoner Interview für MTV – Waters hatte sich zähneknirschend damit abgefunden, daß eine post-Floyd-Karriere von ihm verlangte, wie jeder andere Rockstar seine Produkte in den Massenmedien anzupreisen. (»Wenn ich es nicht für notwendig halten würde, wäre ich nicht hier«, informierte er steif den Moderator einer Show. »Ich bin nicht wegen der Aussicht hier.«[3]) In der Hoffnung, die Videos zu seinen beiden *Pros and Cons*-Singles (!) im Programm unterzubringen – das Titelstück und »5.06 am (Every Stranger's Eyes)« –, lud Roger eine MTV-Crew zu einem enthüllenden Interview über seine neue Show ein, nur wenige Stunden vor ihrem Earl's-Court-Debüt.

Aber seine Besucher wollten auch auf das Pink-Thema zu sprechen kommen. Roger weigerte sich, darauf einzugehen, und antwortete mit einem barschen »Nein!« auf die Frage, ob er die anderen Floyd vermißte. Als die Interviewer weiter in Sachen *The Wall* bohrten, fauchte er: »Das ist ein Thema, zu dem ich nichts sagen möchte.« Das Interview nahm so ein rasches, unerfreuliches Ende und wurde von MTV nie gesendet – ebensowenig wie Rogers Videos. Im Lauf der nächsten Jahre nutzte Waters wiederum jede Gelegenheit, sich über die seiner Meinung nach schlechte Qualität von MTV öffentlich zu verbreiten.

Auch in dieser Hinsicht unterschied er sich von Gilmour, dessen enges Verhältnis zu MTV in den Floyd-Kriegen Ende der achtziger Jahre zu seinem Trumpf werden sollte. Der Musikkanal, der sich bis dahin zu einer der mächtigsten Institutionen des Rockbiz entwickelt hatte, räumte Gilmours Pink Floyd breite Sendezeit ein, während Waters buchstäblich von der Bildfläche verschwand. Die bittere Ironie war, daß nur wenige der 1970er Rockmusikpersönlichkeiten mehr für die 1980er MTV-Videorevolution getan hatten als Roger Waters.

»Dave erreicht mehr als Roger«, stimmt einer der überzeugtesten Anhänger des letzteren zu, »weil er gute Umgangsformen hat. Roger hat keine Umgangsformen – er sagt, was er denkt.« Waters verfügte auch nicht, um es milde auszudrükken, über Gilmours Talent, sich in der wundervollen Welt des Rock'n'Roll Freunde zu schaffen und einflußreiche Leute kennenzulernen.

Die Werbeanstrengungen einmal beiseite gelassen, so sind frühere Aussagen von sowohl Gilmour als auch Waters über ihre langfristigen Pläne mit Pink Floyd zumindest durch die Art und Weise, mit der sie ihre jeweiligen Solokarrieren 1984 verfolgt haben, Lügen gestraft worden. Im Gegensatz zur 1978er *David Gilmour*-LP klingt *About Face* – am allerwenigsten in seinen unverfrorensten »floydianischen« Momenten – schwerlich wie das Werk eines Mannes, der sich nur einen vorübergehenden Urlaub von seiner Gruppe gönnte. Gilmour erklärte sogar zum Zeitpunkt der Veröffentlichung, daß »es drei Leute gibt, die zu dem gehören, was lachhafterweise Pink Floyd genannt wird, und keiner von uns hat im Moment irgendwelche Pläne für ein gemeinsames Projekt«.[4] Seine Tourneedokumentation erschien sogar unter dem Titel *After the Floyd* auf Video und enthielt eine Szene, in der ein Mitglied seiner Roadcrew Dave als den »Exgitarristen von Pink Floyd« bezeichnete. Niemand machte sich die Mühe, das »Ex« herauszuredigieren.

Kurz und gut, Gilmour gab für seine post-Floyd-Solokarriere sein Bestes; aber das reichte nicht, um *About Face* über die Nummer 33 in den *Billboard*-Charts hinauszupushen oder relativ kleine Konzerthallen zu füllen. »Ich habe diese Platte und diese Tour gemacht«, erklärte er, »um herauszufinden, ob ich auch ohne Pink Floyd weiterkomme.«[5] Wäre das Ergebnis ermutigender gewesen, hätte Dave vermutlich weniger bereitwillig die Pink-Karte gespielt.

Rogers Mißerfolg andererseits beruhte nicht allein auf seinem mutigen Verzicht auf das Floyd-Label, der ihn mit widrigen »Marktkräften« und dem Nachteil eines weniger bekannten Namens konfrontierte. Gesichtslos, wie Pink Floyd waren, war Roger immer noch das bei weitem bekannteste Bandmitglied; und wer dies nicht begriffen hatte, dem wurde von der Werbung auf die Sprünge geholfen, die lautstark verkündete, daß zu seiner Show jede Menge »altes Floyd-Material« gehörte (was bei Gilmour nicht der Fall war). Obendrein hätte allein die Mitwirkung Eric Claptons ausreichen müssen, um ausverkaufte Hallen auf beiden Seiten des Atlantiks zu garantieren.

»Ich dachte«, gestand Waters, »daß mich die Leute draußen im ›Plattenland‹ mit vielen Werken der Floyd identifizieren würden... [Aber] die Kerle denken nicht daran, Tickets für meine Show zu kaufen. Was mich sehr überrascht.«[6] Man konnte von ihm kaum das Eingeständnis erwarten, daß das Publikum hauptsächlich deshalb ausblieb, weil The Pros and Cons of Hitch Hiking (das in den Billboard-Charts nur auf Platz 31 kam) – um es offen zu sagen – ein monumentaler Blindgänger war.

Im März 1985, nach einer sechsmonatigen Ruhepause, startete Roger eine zweite Nordamerikatournee. Diesmal waren die Spielstätten, etwa die New Yorker Radio City Music Hall, von der Größenordnung her realistischer gewählt; Waters nahm außerdem »Another Brick in the Wall« ins Programm – etwas, das er zuvor stets weit von sich gewiesen hatte. Allerding stieg Eric Clapton aus und nahm Tim Renwick mit. (Hinterher sah Renwick die Pros and Cons-Tour als eine »wundervolle Wende«, die ihn geradewegs in Erics Band katapultiert hatte. Michael Kamen kollaborierte später ebenfalls mit Clapton bei der Musik zu Film- und Fernsehproduktionen und 1990 bei einem Concerto für Gitarre und Orchester.) Roger ersetzte die beiden Ausfälle durch den vom Singer/Songwriter zum Gitarristen mutierten Andy Fairweather-Low (den Eric wegen seiner starken Leistung auf ihrer gemeinsamen, von Ronnie Lane inspirierten ARMS-Benefiztour zugunsten der Multiple-Sklerose-Forschung selbst empfohlen hatte) und durch Jay Stapley.

Zu diesem Zeitpunkt war die Clapton/Waters-Beziehung durch einen in den Medien breitgetretenen Flirt von Pattie Clapton mit Carolyne Waters' Bruder Willie Christie (dem Fotografen und Videoregisseur von *The Final Cut*) zusätzlich kompliziert worden. Aber die Trübung war nur kurzlebig; 1986 fanden Eric und »Layla« wieder zusammen und machten sogar gemeinsam mit Roger und Lady Carolyne Urlaub in Südfrankreich.

Eine längere Trübung erlebte Rogers Beziehung zur Plattenfirma, die sich weigerte, seine Rückkehr nach Amerika zu unterstützen, weil es 1985 kein Album zu promoten gab. Um das Maß vollzumachen, ließ CBS ihn zudem wissen, daß sie in erster Linie an einem neuen *Pink-Floyd*-Produkt interessiert waren. Waters blieb sich treu und verdammte die Firma öffentlich als »Maschine ohne jedes Interesse an der Musik«.

Als Nick Mason eine von Rogers Londoner Shows besuchte, wurde er nicht nur nicht gebeten, auf einem der Floyd-Oldies die Drums zu übernehmen, sondern es gefiel ihm auch nicht, »daß unsere Musik von anderen Leuten gespielt wurde. Ich hätte es lieber selbst getan... schon das Zusehen machte mich ganz krank.«[7] Bezeichnenderweise – es war jetzt Herbst 1985 – erklärte Mason außerdem, daß er unter dem Pink-Floyd-Banner »gerne wieder auf Tour gehen würde« und fügte hinzu, »daß wir niemals mit Bestimmtheit gesagt haben, daß alles vorbei ist. Ich glaube, die Dinge haben sich geändert, weil David und ich am Weitermachen interessiert sind, was vor zwei Jahren nicht der Fall war.« (Übrigens war Masons Rennpartner Steve O'Rourke an der Idee ebenfalls sehr interessiert.)

Diese elektrisierenden Andeutungen über eine Floyd-Neuauflage – wenn nötig, ohne Waters – fielen mit der Veröffentlichung eines Nick-Mason-Albums zusammen, das, wie

Wrights, in Zusammenarbeit mit einem jüngeren Musiker entstanden war, der die Musik dominierte. Während Gilmour und Waters vergeblich versuchten, die Welt zu erobern, hatten Nick und sein neuer Partner Rock Fenn – ehemals Gitarrist bei 10cc und Mike Oldfield – im stillen eine Firma namens Bamboo Music gegründet, die Werbejingles für Rothman-Zigaretten, die Barclays Bank und die HMV-Plattenladenkette produzierte. Diese waren so erfolgreich, daß Mason und Fenn sich entschlossen, ihr Glück mit einem Album zu versuchen.

Der eigentliche Grund für die Produktion von *Profiles* war allerdings die großzügige Soloalbumklausel in den CBS- und EMI-Verträgen der Floyd. »Sie gingen in die Britannia Row und produzierten es für wenig Geld. Das Ergebnis konnte sich sehen lassen«, erinnert sich *Profiles*-Techniker Nick Griffiths, »aber nicht die Verkaufszahlen.«

David Gilmour zementierte seine Allianz mit Mason (der auf dem ganzen Album als Komponist genannt wurde), indem er den Gesangspart der *Profiles*-Singleauskoppelung »Lie for a Lie« übernahm. »Ich mag Daves Gesang«, verriet Nick Andy Mabbett. »Auf den letzten [Floyd-] Alben ist er zu selten zu hören gewesen – nicht, daß dies hier ein Ersatz ist.« Bis auf eines sind die anderen Stücke alles eingängige Synthesizer-Instrumentals, die wie die Musik zu einem Dokumentarfilm klingen – was sie zum Teil auch waren. Selbst Griffiths beschreibt *Profiles* als »ein nettes, anspruchsloses Album ohne sonderlichen Tiefgang – es fängt an, plätschert vor sich hin und hört auf«.

Der fragliche Dokumentarfilm war *Life Could Be a Dream* unter der Regie von Mike Shackleton, ein siebenundzwanzig Minuten langes Porträt von... Nick Mason. Der Film beginnt und endet mit Aufnahmen, die Nick in seinem Porsche 956 beim 1985er World Endurance Championship Race in Mosport, Kanada, zeigen, an dem Mason (»jeder Zoll der reiche Sportler in den besten Jahren«, wie ein Reporter beobachtete) als Mitglied des Porscheteams von Rothmann teilnahm. In nachgestellten Szenen aus seiner Kindheit posiert Nick als sein eigener Vater Bill am Steuer eines 1930er Bentleys zum Soundtrack des 1954er Crew-Cuts-Hits »Sh-Boom«, neu eingespielt von Mason/Fenn mit Eric Stewart von 10cc an den Vocals. Der sympathische Drummer posiert außerdem von Modellautos umgeben in seinem Highgater Arbeitszimmer und präsentiert eine Auswahl von alten Pink-Floyd-Fotos und -Privatfilmen. Gekrönt wird das Ganze durch »One of These Days« aus dem 1972er Pompeji-Gig der Floyd – unter diesem Songtitel erschien auch eine zehnminütige Zusammenfassung des Films, die zu Werbezwecken auf Langstreckenflügen diverser Fluggesellschaften gezeigt wurde. (Mason/Fenn arbeiteten inzwischen bereits an der Filmmusik zu Donald Dammells Thriller *Das Weiße im Auge*.)

Als Nick – der seit kurzem auch als Redakteur für »Motorsport und exotische Transportmittel« für das *Ritz*-Magazin tätig war – *Profiles* auf einer viertägigen Rundreise durch England promotete, steuerte er dabei die zweimotorige De-Havilland-Devon-Privatmaschine, die er gemeinsam mit David Gilmour erworben hatte. Neben ihren anderen gemeinsamen Interessen hatten die beiden ehemaligen und zukünftigen Floyd inzwischen auch Flugstunden genommen.

»Unter Musikern – vor allem unter englischen, genießt er unglaublich hohes Ansehen«, hat Pete Townshend in der Gilmour-Dokumentation von MTV erklärt. »Man *bewundert* ihn, würde ich sogar sagen.« In den Jahren 1984 und 1985 trat Dave aus dem Rampenlicht, um bei einigen Projekten seiner Bewunderer mitzuarbeiten. Während manche Floyd-Fans es überraschend fanden, daß Gilmour sich damit zufriedengab, bei Leuten wie Townshend und Bryan Ferry die zweite Geige zu spielen, ist er selbst davon überzeugt, daß ihn die Arbeit mit »einigen der besten Musiker unserer Zeit« (und die Beobachtung ihrer *Arbeitsweise*) nur für die Führungsrolle gestärkt hatte, die er später übernehmen sollte.

Das größte Rockereignis des Jahres 1985, das transatlantisch übertragene Marathonbenefiz Live Aid –, initiiert von Bob Geldof, weltweit als »Pink« aus *The Wall* bekannt – präsentierte auch die vorübergehende Wiederbelebung solch zerbrochener Supergruppen wie Led Zeppelin und den Who... aber keine Pink Floyd. Obwohl das Konzert am 13. Juli Waters zu seinem populärsten Solosong »The Tide Is Turning (After Live Aid)« inspirieren sollte, war der einzige Floyd-Vertreter auf der Bühne Gilmour – in einer Nebenrolle als Bryan Ferrys Gitarrist.

Dave hatte zuvor am *Boys and Girls*-Album des ehemaligen Frontmanns von Roxy Music mitgewirkt – ein Dienst, den er dem legendären Salonlöwen auch auf dessen *Bête Noire* erweisen sollte. Gilmour wurde dafür nicht nur mit einer üppigen Sessiongage, sondern auch durch eine tiefe Freundschaft mit Ferrys Live-Aid-Keyboardgenie Jon Carin belohnt (ehemals bei der Band Industry), den Dave bald als Mitarbeiter für ein bestimmtes eigenes Projekt gewinnen sollte.

Gilmour sollte außerdem den Gitarrenpart auf Townshends »White City Fighting« übernehmen, ursprünglich für *About Face* geplant und jetzt ein Highlight auf Petes *White City*-Album. »Das hat mich besonders gefreut«, amüsiert sich Dave, »weil ich wahrscheinlich der einzige bin, der je einen Song für ein Pete-Townshend-Album geschrieben hat.

Ich ging also ins Studio, um den Track einzuspielen, und es stellte sich heraus, daß Pete den Part irrtümlich doppelt besetzt hatte. Simon Phillips war bereits da, und meine Hilfe wurde nicht benötigt, also gab uns Pete einen anderen Job. So nahmen wir ›Give Blood‹ auf. Es war reiner Zufall, daß ich bei ›Give Blood‹ mitgespielt habe.«

White City wiederum führte zu zwei Benefizkonzerten im November 1985 in der Londoner Brixton Academy, für die Townshend eine buntgemischte, sechzehnköpfige Crew unter dem Namen Deep End zusammentrommelte. In Anbetracht von Petes Ansehen als Leadgitarrist mochte Daves Auftritt in dieser Rolle vielleicht manchem Who-Fan unpassend scheinen

– nicht aber Gilmour selbst. »Es ist wahrscheinlich der Traum jedes gitarrespielenden Schuljungen«, sagte er, »zu ›Won't Get Fooled Again‹ Leadgitarre zu spielen, während Pete singt.

Er bat mich, bei den Shows mitzumachen, weil er nicht mehr den Gitarrengott abgeben wollte. Er weigerte sich strikt, elektrische Gitarre zu spielen, und die Leute sagten: Oh, komm schon – schnapp dir eine Gitarre und spiel wenigstens ›Won't Get Fooled Again‹. Aber er weigerte sich; das ganze Projekt sollte nicht unter dem Motto ›Pete Townshend, Gitarrengott‹, sondern ›Pete Townshend, Sänger, Autor, Bandleader‹ stehen. Es war toll.« (Pete klärte die Welt außerdem darüber auf, daß ihn seine Arbeit mit den Who teilweise taub gemacht hatte.)

Zu Townshends Programm aus R&B-Coverversionen, Who-Hits und Solosongs gehörten auch zwei Gilmour-Songs – »Love on the Air« und »Blue Light«. In Amerika wurde das Ereignis sowohl auf Platte als auch auf Video als *Pete Townshend's Deep End* vermarktet. (Die Band gab schließlich noch ein drittes und letztes Konzert im folgenden Januar auf dem Midem-Festival in Cannes.)

Während dieser Zeit schien Dave mit jedem zu arbeiten, der ihn darum bat – von Supertramp, den Lieblingen der »Albumrock«-Radiosender, über die von Ezrin produzierte »futuristische« Band Berlin bis hin zur klassischen Gitarristin Liona Boyd (deren Produzent Michael Kamen war). Er stellte sein Talent sogar dem Duran-Duran-Ableger Arcadia zur Verfügung, zu dem Simon LeBon, Roger Taylor und Nick Rhodes gehörten. In den Credits des *So Red the Rose*-Albums sind außerdem – neben den Friseuren und Make-up-Künstlern der drei Teenidole – zur allgemeinen Überraschung Größen wie Sting, Herbie Hancock, Andy Mackay von Roxy Music und Grace Jones zu lesen. Gilmour ging sogar soweit, auf dem *Slave to the Rhythm*-Album der letzteren mitzuwirken.

Zusätzlich bewies Dave erneut sein gutes Ohr für vielversprechende neue Talente und produzierte zusammen mit Nick

Laird-Clowes, dem Frontsänger der Dream Academy, das Debütalbum dieses Trios. (Zu Nicks früherer Band Act hatte der Leadgitarrist *Mark* Gilmour gehört, den Freunde als ebenso talentiert, aber weitaus weniger ehrgeizig als sein berühmter Bruder beschreiben.) *The Dream Academy* nutzte zudem die Fähigkeiten von einigen Veteranen der *About Face*-LP und -Tournee – und des Bassisten Guy Pratt, der bald auch gebeten werden sollte, auf der Floyd-Bühne den Platz eines gewissen R. Waters einzunehmen. Die Single »Life in a Northern Town« – auf der floydianische Windeffekte in der Anfangssequenz nostalgischen Beatles-Harmonien weichen, unterlegt von einem Spector-ähnlichen Klangteppich aus akustischen Gitarren, Celli und Timpani – wurde auf beiden Seiten des Atlantiks verdientermaßen zu einem großen Hit.

Der berühmteste Name in Gilmours überquellendem Terminkalender war Paul McCartney. Dave (der zum ersten Mal mit Paul auf dem 1979er Wings-Album *Back to the Egg* als Teil eines All-Star-»Rockestra« gespielt hatte) steuerte ein überragendes floydianisches Solo zu »No More Lonely Nights« bei, der 1984er Hitsingle von Pauls ansonsten katastrophalem Film *Give My Regards to Broad Street*. »Er saß am Klavier«, erinnert sich Dave, »sang live und spielte das ganze Ding mit allen Musikern in einer einzigen dreistündigen Session ein.« (Eine dritte McCartney/Gilmour-Gemeinschaftsproduktion, »We Got Married«, erschien 1989 auf *Flowers in the Dirt*.)

Während Dave mit Paul McCartney spielte, sagte Roger seine Teilnahme an einer Gedenksendung der BBC anläßlich des fünften Jahrestages der Ermordung John Lennons zu. In der am 5. Dezember ausgestrahlten Show mit dem Titel »A Journey in the Life« spielte Waters zusammen mit Andy Fairweather-Low einen Beatles-Klassiker von Lennon – ein beispielloses Ereignis. »Across the Universe« war nicht nur Rogers erste Coverversion eines fremden Songs seit über zwanzig Jahren, auch der visuelle Hintergrund – mit Filmaufnahmen von Mond, Sternen und Kometen, die in psychedelische Dia-projektionen übergingen – erinnerte mehr an die frühen Pink Floyd als an die *Hitch Hiking*-Shows.

Doch dies durfte keineswegs als nostalgische Sehnsucht nach der Gruppe mißverstanden werden. In diesem Monat schrieb Waters Briefe an EMI und CBS und erklärte offiziell seine Trennung von Pink Floyd.

One of These Days

Die endgültige Waters/Floyd-Trennung wurde durch den eher nebensächlichen, immer schärfer werdenden Streit Rogers mit Steve O'Rourke über ihre vertragliche Verbindung bei zukünftigen Floyd-Projekten ausgelöst. Im Juni 1985 hatte Waters einen einstigen Rolling-Stones-Mitarbeiter, Peter Rudge, mit seinem persönlichen Management betraut und seinen Vertrag mit O'Rourke (rechtswidrig, wie Steve meinte) gekündigt – der nichtsdestotrotz weiterhin der Manager der (nichtexistenten, wie Roger meinte) Floyd blieb. Um O'Rourke ganz loszuwerden, brauchte Waters die Unterstützung von David Gilmour und Nick Mason. Als Gegenleistung bot er ihnen sogar die weiteren Rechte am Namen Pink Floyd an, überzeugt, daß sie davon weder Gebrauch machen konnten noch wollten.

Gilmour und Mason weigerten sich jedoch, O'Rourkes Kündigung zu unterschreiben. Also entschied sich Roger, das Problem zu umgehen, indem er einfach »offiziell« die Band verließ – oder, wie seine haarspalterischen Anwälte später behaupteten, »die Plattenfirma wissen ließ, da er nicht länger beabsichtigte, mit Pink Floyd zu arbeiten« – und EMI und CBS bat, ihn aus seinen vertraglichen Verpflichtungen als Mitglied der Gruppe zu entlassen. Was wiederum (wie Dave und Nick meinten) den beiden verbliebenen Mitgliedern freie Hand gab, Rogers Zweifel zu widerlegen und Pink Floyd ohne ihn fortzuführen.

Ihre Geheimwaffe befand sich derweil ahnungslos in Griechenland, wo Richard Wright die Zeit abwechselnd in seinen Häusern auf Rhodos und außerhalb Athens und auf seiner knapp vierzehn Meter langen, nach seiner Tochter Gala benannten Yacht totschlug. Seit seiner Trennung von den Floyd hatte Rick, abgesehen von dem kurzlebigen Zee-Experiment und einem vorzeitig abgebrochenen Versuch, die Musik zu einem »grauenhaften« Porträt über den brasilianischen Fußballhelden Pelé zu schreiben, nur wenig Interesse an der Musik gezeigt. »Ich habe dann und wann mal was geschrieben«, sagt er, »ohne daß es in Arbeit ausgeartet ist. Zum Teil lag es an der Tatsache, daß ich in Griechenland lebte. Ich habe mit verschiedenen griechischen Musikern gespielt, was sehr interessant war, aber keine Aufnahmen gemacht.«

Doch als er Wind davon bekam, daß Dave ein Roger-loses Floyd-Projekt zusammenstellte, wurde »mir klar«, sagt Rick, »daß ich zurück mußte; ich vermißte die Band.« Angespornt von seiner neuen griechischen Braut Franka, Modeschöpferin und ehemaliges Model, traf sich Wright mit Gilmour, als dieser im Sommer 1986 Urlaub in seiner eigenen Villa auf Lindos machte. »Falls du mich brauchst oder mit mir arbeiten willst«, erklärte Rick, »ich bin bereit.« In Anbetracht von Wrights mittelmäßigen Leistungen auf *The Wall* war Gilmour von dem Angebot anfänglich nicht gerade begeistert.

In der Zwischenzeit hatten David Gilmour and Friends einen kurzen Auftritt bei einem Benefiz am 9. Februar zugunsten des Colombian Earthquake Relief Fund in der Londoner Royal Albert Hall gehabt. Zu den »Freunden« gehörten Simon Phillips, Mick Ralphs, Michael Kamen und Deep-End-Bassist Chucho Merchan, der den Gig eingefädelt hatte. Dave eröffnete den Auftritt sinnigerweise mit seiner Ode an Roger, »You Know I'm Right«, ehe er überging zu »Run Like Hell« und »Comfortably Numb«.

Allerdings waren einige Floydomanen im Publikum alarmiert über die zunehmende Ähnlichkeit des ehemaligen Dressman mit ihrer alten Bekannten Lulubelle III. Zu Gilmours Prioritäten würde nicht zuletzt das Abspecken einiger Pfunde gehören müssen, ehe er wieder als Frontmann von Pink Floyd ins Rampenlicht zurückkehren konnte.

Rogers erstes Projekt als nun öffentlich anerkannter Ex-Floyd war ein Filmsoundtrack. Ganz auf seiner »Armageddon-Linie« liegend, war *Wenn der Wind weht* ein überaus ironischer, abendfüllender Zeichentrickfilm, der auf dem 1982 erschienenen Roman von Raymond Briggs über ein konfuses älteres Ehepaar basierte – im Original mit den Stimmen von John Mills und Peggy Ashcroft versehen –, das einen Atomangriff überlebt, nur um langsam an der Strahlung zu sterben. (Er ist außerdem die Sorte Film, die sich vermutlich nur ein gesellschaftskritischer Masochist – oder ein Autor, der für ein Buch über Pink Floyd recherchiert – bis zum bitteren Ende ansieht.)

Der Titelsong stammte von David Bowie, der zuvor schon an dem Film *Snowman* mitgewirkt hatte – und eigentlich auch die gesamte Musik zu *Wenn der Wind weht* beisteuern sollte. Aber dann hatte der »Thin White Duke« zuviel mit solchen Zelluloidverpflichtungen wie *Absolutely Beginners* und *Labyrinth* zu tun, und Waters, der Briggs Buch für »sehr witzig« hielt und meinte, daß es »eine bis dato leere Nische in der englischen Literatur füllte«, sagte seine Mitarbeit zu. Das bei Virgin Records erschienene Soundtrackalbum enthielt außerdem Songs von Genesis, Squeeze, Paul Hardcastle und dem Strangler Hugh Cornwell, von denen aber nur einige wenige im Film zu hören sind.

Rogers Kompositionen füllen die zweite Seite der LP und liefern zwei echte Songs: »Towers of Faith« (das ebenfalls nicht im Film vertreten ist) und »Folded Flags« (im Nachspann zu hören) sind prägnanter und konzentrierter als alles auf *The Pros and Cons of Hitch Hiking*. Ersterer rechnet mit den religiösen Gründen für die endlosen Auseinandersetzungen im Heiligen Land ab, letzterer mit dem sinnlosen Nationalismus und dogmatischen Denken (wie es sich in einem bestimmten »zweitklassigen Schauspieler« personifizierte, der damals in Washington, D.C., regierte). (»Towers« enthält auch eine Spitze gegen Gilmour – der mehrfach wiederkehrende Satz »Dies ist mein Land« verwandelt sich im Lauf des Songs in »Dies ist meine Band«.)

Bei *Wenn der Wind weht* firmierten Rogers Begleitmusiker zum ersten Mal unter dem – recht sinnigen – Label »The Bleeding Heart Band«. Zu den vertrauten Namen gehörten Gitarrist Jay Stapley und Saxophonist Mel Collins sowie der Gastsänger Paul Carrack (früher bei Squeeze, später bei Mike and the Mechanics) und Clare »Great Gig in the Sky« Torry. Aber Nick Griffiths, der in der Doppelrolle als Toningenieur und Co-Produzent reüssierte, berichtet, daß Waters mit dem fertigen Produkt nicht sehr zufrieden war. »Weder Roger noch ich waren beim Dubben dabei, und sie haben es vermasselt. Wir haben uns selbst dafür verflucht, und heute schwört Roger, nie wieder zuzulassen, daß irgendein anderer entscheidet, wie seine Musik präsentiert wird.«

Wenn der Wind weht war auf jeden Fall eine Art Probelauf für Rogers nächstes großes Projekt. *Radio K.A.O.S.* beschäftigte sich eingehender mit der nuklearen Bedrohung und wurde von einer Bleeding Heart Band gespielt, die nun um Andy Fairweather-Low und den kommerziell orientierten Session-drummer Graham Broad erweitert worden war.

Wie *The Wall* war *Radio K.A.O.S.* gleichzeitig als Platte, Büh-nenshow und Film angelegt (obwohl vom letzteren vis 1991 nur eine Videokurzfassung entstanden ist). All jenen gewid-met, »die mit der gewalttätigen Seite des Monetarismus« kon-frontiert sind, bietet es außerdem einen außergewöhnlich ver-wickelten (manche meinen sogar bescheuerten) Plot, selbst nach den Maßstäben von Waters' Konzeptalben – einen, der sich, wie Roger selbst zugeben mußte, im Rahmen eines einzi-gen Albums unmöglich erschöpfend behandeln ließ.

Der Held der Geschichte – sehr frei Christy Brown nachemp-funden, dem irischen, an angeborener zerebraler Lähmung leidenden Künstler, der kürzlich in dem Film *My Left Foot* porträtiert wurde – ist eine Art schwachsinniger Weiser aus einer wirtschaftlich daniederliegenden Bergbaustadt in Wales. Als sein Zwillingsbruder Benny nach einem gewalttätigen Pro-test gegen die von »Marktkräften« verfügte Schließung des

Bergwerks verhaftet wird, kommt Billy in die Obhut eines Onkels in Los Angeles. Von Heimweh und Einsamkeit gequält, entwickelt er die unheimliche Fähigkeit, ohne Hilfe eines Radios Radiowellen zu empfangen (»Radio Waves« ist auch der Titel des ersten Songs). Mit Hilfe von Computern und Sprachsynthesizern lernt Billy (den Waters »ein Fallbeispiel« dafür nannte, »wie leicht man Menschen falsch einschätzt«) zu sprechen – und entwickelt eine telefonische Beziehung zu seinem Lieblings-Rock-Diskjockey.

Radio K.A.O.S. hat die Form eines Dialogs zwischen Billy und einem abtrünnigen DJ, der Jim Ladd nachempfunden und auch von ihm dargestellt wurde – dessen echte Station, KMET, zufälligerweise zur gleichen Zeit dabei war, zu einem geleckten Werbesender zu mutieren und seine alten Mitarbeiter abzuservieren. Laut Waters' Pressemitteilung »teilen Billy und Jim die Sorge vor der zunehmenden Dominanz der Marktkräfte über das alltägliche Leben; der Radiojockey fürchtet die totale Depersonalisierung des Radios, während Billy fürchtet, daß der Mißbrauch der Satellitenkommunikation die Menschen nicht zusammenbringt, sondern die Erde an den Rand der Vernichtung führt.« (Und Roger fürchtete, daß diese »entfesselten, unkontrollierten Marktkräfte über das Leben jedes einzelnen Menschen hinwegtrampeln und diese Welt in eine unbewohnbaren Ort verwandeln«.[1])

Billy perfektioniert daraufhin seine unheimlichen Fähigkeiten nicht nur »bis zu einem Punkt, wo er die leistungsfähigsten Computer der Welt kontrollieren kann«, sondern nutzt sie auch, dem Planeten eine Lektion zu erteilen, indem er einen Atomangriff mit einer Vorwarnzeit von vier Minuten vortäuscht. (Der Song »Four Minutes« dauert in bester *Pros and Cons*-Tradition genauso lang.) Der Zyklus gipfelt in (so der *Sounds*-Kritiker) »einer Flutwelle schlüpfriger Rührseligkeit« – mit »The Tide Is Turning« und seiner Prämisse, daß Bob Geldofs Live-Aid-Konzerte zumindest für einen Tag »den Kriegsherren das Schwert der Technologie entwunden« hatten. Nun, immerhin wurde den *K.A.O.S.*-Hörern ein hoffnungsvolleres Ende als auf *The Final Cut* geboten...

»Rogers Projektion ist sehr persönlich und ernsthaft«, gibt Nick Griffiths zu. »Ich habe immer gemeint, daß ihm eine gewisse Leichtigkeit zum Ausgleich fehlte. So wie *The Wall* einem dauernd mit dem Vorschlaghammer kommt, ist es einfach zuviel. Ich habe immer versucht, es auf meine Art zu ändern. ›Klingt ein bißchen traurig, nicht wahr? Wie wär's mit einem positiven Ende?‹ Auf *Radio K.A.O.S.* habe ich es endlich geschafft.«

Roger hat gesagt, daß das Projekt – ursprünglich unter dem Arbeitstitel *Home* – von zwei Begegnungen während der Arbeit an *The Wall* inspiriert wurde. Die erste ereignete sich in L.A., das der Steuerflüchtling Waters anfänglich als Plastikwüste verspottet hatte, bis er Jim Ladd hörte (und kennenlernte). »Ich hatte nicht erwartet, etwas so Anarchisches, Komisches und Geistreiches zu hören«, erinnerte er sich. »Ich mußte erkennen, daß meine Vorurteile... alle unbegründet waren. Was eine Lehre ist, die man gar nicht oft genug betonen kann: man kann keine allgemeinen Aussagen über Völker, Glauben, Farben, Kulturen machen. Überall gibt es dumme Menschen und kluge Menschen, nette Menschen und Arschlöcher.«

Die zweite Inspiration kam in Wales, wohin Waters gefahren war, um für den Filmsoundtrack-Remake von »Bring the Boys Back Home« den Pontardoulais Male Voice Choir aufzunehmen, dessen »ungeheure Menschlichkeit [mich] tief beeindruckte«. Wie Ladd spielten sie auf dem von ihnen inspirierten Album eine große Rolle.

Radio K.A.O.S. schien auch einiges (wenn auch unbewußt) den Who der sechziger Jahre zu verdanken. Billy erinnert nicht nur an Tommy (beide entwickeln außersinnliche Kräfte, mit denen sie ihre Behinderungen kompensieren), sondern die Radioshowform des Albums geht auch auf *The Who Sell Out* zurück. Dennoch ist L.A.s imaginäre K.A.O.S.-Station eine Generation und einen ganzen Kontinent vom Piratensender

Radio London entfernt, und Waters war entschlossen, »seine« Station mit den bisher schrägsten und stilistisch aktuellen Klängen zu versehen. Um dies zu erreichen, benutzte er beim Komponieren der Songs eine Linn-Drum-Maschine und stellte Nick Griffiths den bedeutenden High-Tech-Produzenten Ian Ritchie zur Seite.

Radio K.A.O.S. wurde im »Billardzimmer« von Rogers Haus in Barnes, West London, aufgenommen – einem Heimstudio, das laut Griffiths »sich mit allen Studios im Land messen kann«. Mit einer Produktionszeit von einem Jahr – es erschien schließlich im Juni 1987 – wurde *K.A.O.S.* zweifellos weitaus stärker als *Pros and Cons*. Dennoch hat es etwas Kaltes und Leeres an sich, als ob das Übermaß an Technik und lyrischen Ideen der Musik keinen Platz zum Atmen läßt.

Griffiths hält die Bleeding Hearts für eine »*heiße* Band« – »eine der besten der Welt«; dennoch gibt er zu, daß er »bei der Arbeit an Rogers Tracks oft einen wirklich guten Gitarrenpart vermißt« hat. »Und es gibt nur einen einzigen Gitarristen, der sich mit seinem Geld kauft, was er haben will. Die Floyd haben funktioniert, weil es bei ihnen den *Anschein* von Demokratie gab.

Ich würde mich freuen, wenn die Floyd wieder zusammenkämen, weil es einfach eine schreckliche Verschwendung ist. Die Chemie in der Band war dergestalt, daß die Summe der Teile *viel* größer war als ihre einzelnen Leistungen. Dave und Roger haben sich einfach wunderbar ergänzt.«

Gilmour währenddessen war entschlossen zu beweisen, daß Waters ihn mehr brauchte, als er und Pink Floyd Waters brauchten. Um dieses Ziel zu erreichen, schreckte er auch nicht davor zurück, eine große Zahl von talentierten Mitarbeitern für das Projekt zu rekrutieren, aus dem *A Momentary Lapse of Reason* hervorgehen würde – nach Ansicht mancher Kritiker ein Beweis für den neuen Ersatzcharakter der Floyd. Aber Dave (und viele seiner Mitstreiter) entgegneten darauf, daß er einfach großzügiger als Roger war, wenn es um die Nennung der Mitarbeiter im Impressum ging.

Jon Carin nennt als Beispiel ein Intro und eine Akkordfolge, die er während einer lockeren Session in Daves Heimstudio kurz nach ihrem Live-Aid-Auftritt entwickelt hatte. Als der Synthispieler für das neue Album rekrutiert wurde, hatte das Stück einen Text, eine Melodie und einen Titel bekommen – »Learning to Fly«. Carin, dem bereits entfallen war, daß die Akkorde von ihm stammten, war angenehm überrascht, als er als Co-Komponist genannt wurde – »was zeigt, was für eine Art Mensch Dave ist.«

»Unterschiedliche Menschen und Situationen«, sagt Carin, »bringen unterschiedliche Aspekte von Daves Persönlichkeit zum Vorschein. Als er [mit Roxy Musics Gitarristen] Phil Manzanera an ›One Slip‹ arbeitete, schrieb er einen Text, den er normalerweise wahrscheinlich nicht geschrieben hätte.« Soweit es Jon betrifft, sind die Post-Waters-Floyd-Songs trotz aller Co-Autorenvermerke »zu neunundneunzig Prozent von Dave«.

Gilmours Co-Texter auf »Learning to Fly« – und auch auf der zutiefst menschlichen Ballade »On the Turning Away« und dem eher oberflächlichen »Dogs of War« – war Anthony Moore (dessen Band Slapp Happy zufälligerweise einst von Peter Jenner gemanagt wurde). Der Text von »Learning to Fly« wurde von Daves eigenem Flugunterricht inspiriert – oder genauer »von der Tatsache, daß an manchen Morgen Anthony da war und hart arbeitete, ich aber nicht auftauchte. Ich rief dann an und sagte Bescheid und sie sagten zu ihm: ›Dave kommt heute nicht, weil er Fliegen lernt.‹« Das, sagt Gilmour, war »der Ansatzpunkt« für »etwas Umfassenderes«, wo Fliegen lernen eine Metapher für den Versuch eines Mannes darstellt, spirituell davonzufliegen, während er »den kreisenden Himmel« betrachtet, »stumm und verdreht, nur ein an die Erde gefesselter Außenseiter«. Trotz Rogers spitzen Bemerkungen über die Texte von *A Momentary Lapse of Reason* sind nur wenige Multiplatinwerke der späten achtziger Jahre so poetisch wie dieses Album.

Aber Gilmours wichtigster Partner bei den neuen Floyd – zumindest künstlerisch – war Bob Ezrin, der mit einem großzügigen Anteil an den Albumtantiemen belohnt wurde. Waters erhebt den Vorwurf, daß Ezrin anfänglich zugesagt hätte, *K.A.O.S.* zu produzieren, dann aber durch die größeren finanziellen Möglichkeiten des »Floyd-Betrugs«, wie Roger es nannte, zum Absprung verführt wurde. Bob allerdings sagt, daß er bei dem Gedanken an eine erneute Konfrontation mit dem »sturen und verbissenen« Roger kalte Füße bekam; daß Gilmour weit mehr als Waters bereit war, Rücksicht auf Ezrins familiäre Verpflichtungen zu nehmen; und daß es alles in allem »viel leichter für Dave und mich [war], *unsere* Version einer Floyd-Platte zu produzieren«.[3]

Von dem Gedanken besessen, daß eine Floyd-Platte ohne *Konzept* nicht perfekt wäre, und unfähig, selbst eins zu entwerfen, sicherten sich Gilmour und Ezrin die Mitarbeit von solch potentiellen Konzeptionisten wie Eric Stewart von 10cc (der gerade einem blockierten Paul McCartney geholfen hatte, *Press to Play* aus dem Zylinder zu zaubern) und dem Liverpooler Poeten Roger McGouch (der früher zusammen mit *Mike* McCartney in der Gruppe Scaffold gespielt hatte); später flirteten sie auch mit der kanadischen Songwriterin Carole Pope. Aber am Ende kamen laut Ezrin er und Dave »zu dem Entschluß, daß die Atmosphäre am wichtigsten war«, und gaben sich mit einem lockeren »Motiv« zufrieden, das durch das Umfeld inspiriert wurde, in dem sie arbeiteten.

Es handelte sich dabei um die Themse und Daves ultramodernes, zu einem Tonstudio umgebautes Hausboot *Astoria*, das dreißig Kilometer vor den Toren Londons ankerte. Der Fluß, sagte Bob, prägte schließlich alle Songs. (Zu denen ursprünglich auch »Peace Be With You« gehörte, ein versöhnliches Abschiedslied an Waters. Doch die weitere Entwicklung sollte verhindern, daß es auf dem Album erschien.)

Im Anfangsstadium war nicht einmal sicher, ob das Projekt nicht absaufen würde. Gilmour verbreitete in der Öffentlichkeit, daß die Tracks (mit dem Topsession-Mann Tony Levon anstatt Roger am Baß) auch als Soloalbum veröffentlich werden könnten oder vielleicht sogar den Startschuß für eine funkelnagelneue Band darstellten. Aber seine Plattenfirmen waren allein an einem Pink-Floyd-Album interessiert, und die Songs, die sie bisher gehört hatten, lösten bei ihnen nicht gerade helle Begeisterung aus. Bei einem Mittagessen am Themseufer mit Ezrin und Stephen Ralbosky von CBS wurden Dave die Leviten geleen, indem Ralbosky erklärte: »Diese Musik klingt in keinem verdammten Stück wie Pink Floyd!«

Gilmours Einverständnis, das Material zu überarbeiten, wurde wahlweise mit der Entschlossenheit aller Beteiligten erklärt, den höchstmöglichen floydianischen Qualitätsstandard zu garantieren (so Ezrin), oder mit einer wohlorganisierten Verschwörung, die bis in die Chefetagen der Plattenfirmen reichte, den lukrativen Pink-Floyd-Sound zu fabrizieren (so Roger). Jedenfalls waren schlußendlich fünfzehn Sessionmusiker-Cracks (darunter der Madonna-Produzent Pat Leonhard, Co-Autor von »Yet Another Movie«) sowie achtzehn weitere Instrumentalisten und Techniker am neuen Floyd-Cover aufgelistet. Die Kritiker nahmen vor allem Anstoß an der Mitwirkung zweier wohlbekannter Drummer, Carmine Appice und Jim Keltner. Nick Mason, der für Dave jetzt weniger ein Musikerkollege und mehr ein Geschäftspartner war, verriet Appice, daß er zu sehr aus der Übung gewesen war, um die Drums selbst einzuspielen. (Allerdings übernahm er die Soundeffekte – außerdem war er jetzt das einzige Mitglied der Pink Floyd, das von Anfang an dabeigewesen war.)

In aller Fairneß zu Gilmour und Co. muß gesagt werden, daß es 1986 in der Rockwelt nur wenige Personen gab, die sich die Floyd ohne Waters vorstellen konnten. »Es war zweifellos ein riskanter Versuch, ein Floyd-Album zu produzieren«, sagt Storm Thorgerson, »und Dave hätte eine schreckliche Pleite erleben können. Er hatte sich auf vernichtende Kritiken einge-stellt. Es wäre viel einfacher für ihn gewesen, ein Soloalbum zu machen. Aus diesem Grund, schätze ich, hat er alle Hilfe angenommen, die er bekommen konnte.«

»Man kann nicht zurück«, sagte Gilmour. »Man muß auf neue Art und Weise an die Arbeit herangehen, seine eigenen Methoden entwickeln. Wir haben diese Platte nicht im entfern-testen wie die anderen Floyd-Alben gemacht. Alles war völlig anders.«[5] Ihrem Techno-Ruf entsprechend, wurden die neuen Floyd-Tracks digital aufgenommen und viele der einzelnen Parts in ein MIDI-System eingegeben, das auf einem Apple-McIntosh-Computer installiert war.

Zu dieser Zeit war Dave außerdem zu der Schlußfolgerung gelangt, daß Rick Wrights Mitwirkung – auch wenn diese nur scheinbar war – den neuen Floyd in der Öffentlichkeit größere Glaubwürdigkeit verleihen würde; die Formation bestand dementsprechend aus genauso vielen Mitgliedern des Origi-nalquartetts wie auf dem letzten Floyd-Album. »Ich dachte, es würde uns rechtlich und musikalisch stärken«, vertraute Gil-mour Karl Dallas an. (Man achte auf die Reihenfolge.)

Dementsprechend wurde Wright in das Bootstudio eingela-den. »Beide Seiten sagten sich«, erklärt er, »mal sehen, was dabei herauskommt.« Da das Material bereits fertig war und Gilmour, Carin und Ezrin die meisten Keyboardparts (mit allen Sequenzen) eingespielt hatten, blieb für Rick im Endeffekt nicht viel zu tun. Er steuerte ein paar Backgroundverstärkun-gen auf seiner Hammond-Orgel und seinem Fender-Rhodes-Klavier sowie ein paar Vocalharmonien bei. Wrights einziges Solo (auf »On the Turning Away«) wurde zum Schluß vom Mix gestrichen – »nicht, weil es ihnen nicht gefiel«, sagt er, »son-dern weil es nicht paßte.« (Ezrin und Carin erging es mit einer ehrgeizigen Orchesterpartitur, die sie für dasselbe Stück kom-poniert und eingespielt hatten, nicht viel besser. Gilmour ent-schied, daß auch sie nicht paßte.)

Dave sagte später einem Fernsehreporter der BBC, daß er an

»dem ersten Tag, an dem wir drei wieder zusammen waren«, das Gefühl gehabt hatte, »ein bequemes altes Paar Schuhe anzuziehen«. Nicks und Ricks tatsächliche Beiträge einmal beiseite gelassen – die laut Mason weit geringer waren als die von Gilmour, der, wie er trocken hinzufügte, »außerdem das Rad erfunden und alle Beatles-Songs geschrieben hat« –, die drei langjährigen Floyd paßten insofern zueinander, als sie sowohl musikalisch als auch charaktermäßig übereinstimmten. Auf den alten Alben hatten Gilmour und Mason oft *hinter* dem Beat gespielt, im Gegensatz zu Waters, dessen Aggressivität ihn immer vom Rest der Gruppe unterschieden hatte. (Man beachte Rogers schnellere Tempi nach seiner Trennung von den Floyd.)

Im März, bei einem Benefiz für Amnesty International, dem »Secret Policeman's Third Ball«, trat Nick zusammen mit Dave bei dem All-Star-Finale von Bob Dylans »I Shall Be Released« auf. Aber das hinderte Gilmour – der an jenem Abend auch als Kate Bushs Gitarrist wirkte – nicht daran, die Gelegenheit zu nutzen und Ausschau nach einem zweiten Floyd-Drummer zu halten. Nik Kershaws klassisch ausgebildeter junger Percussionist Gary Wallis nahm vage jemand wahr, »der neben mir stand und mich verstohlen musterte. Ich kannte ihn nicht und machte mit dem Soundcheck weiter. Kurz darauf bekam ich einen Anruf – ›Hast du Lust, mit Pink Floyd auf Tour zu gehen?‹«

Was Wright betrifft, so machte ihn seine Rehabilitierung nicht wieder zu einem vollwertigen Floyd-Mitglied und -Partner (teilweise, sagte er, auf Anraten seiner Anwälte, die ihn gewarnt hatten, daß er dann von Waters' Anti-Floyd-Klagen direkt betroffen sein würde; teilweise, gestand Gilmour, weil er und Mason »nicht unbedingt noch zusätzliche Partner haben wollten – wir hatten das Geld aufgebracht und die erheblichen Risiken übernommen und wollten deshalb das größte Stück vom Kuchen haben.«[6] Statt dessen kam Rick auf ihre Gehaltsliste und erhielt mit Beginn der Tournee 11 000 Dollar die Woche. Man versprach ihm auch ein paar »Prozentpunkte« am Erlös aus den neuen Floyd-Platten und den Nebenrechten.

Rogers düsterste Vorahnungen wurden im Herbst bei einer Vorstandssitzung der Pink Floyd Music Ltd. bestätigt (seit 1973 die Dachfirma für alle Floyd-relevanten finanziellen Transaktionen, mit O'Rourke, Waters, Gilmour, Mason und Wright als Direktoren und Teilhaber), wo er erfuhr, daß ein eigenes Bankkonto für die Einnahmen und Ausgaben »des neuen Pink-Floyd-Projekts« eröffnet worden war. Daraufhin drehte Roger durch – und gab den ersten Schuß im Floyd-Krieg ab, den ein namenloser Mitarbeiter als »Waters' Megalomanie gegen Gilmours aufgestaute Frustrationen« beschrieb, die »sich in pure Rachsucht verwandelt hatten«.[7] Allerheiligen 1987 versuchte Roger einen höchstrichterlichen Beschluß zu erreichen, um die gemeinsame Partnerschaft – und damit auch die Gruppe – ein für allemal zu beenden.

Pink Floyd hatten sich, argumentierte Waters, »kreativ erschöpft, und im Interesse der Integrität und des Rufes, den der Gruppenname genießt, sollte dies berücksichtigt werden… Es ist nur realistisch und ehrlich, zuzugeben, daß die Gruppe in der Praxis nicht mehr existiert und deshalb das Recht haben sollte, sich mit Würde von der Musikszene zu verabschieden.« Als Rogers Anwälte entdeckten, daß die Partnerschaft niemals schriftlich fixiert worden war – was bedeutete, daß ihre Auflösung wenig Auswirkung auf die Pläne von Gilmour und Co. haben konnte –, zogen sie wieder vor Gericht und beantragten eine »Klarstellung«, daß Pink Floyd Music, insofern als die Firma zum Nutzen der gesamten Band existierte, »in Übereinstimmung mit den einmütigen Wünschen der Gruppe handeln muß«. Eine derartige Regelung hätte Waters in die Lage versetzt, den weiteren Gebrauch des Namens Pink Floyd zu verhindern.

Mit dieser Reaktion hatte sich Waters natürlich um 180 Grad von seinem früheren Angebot entfernt, nach dem Gilmour und Mason den Namen behalten konnten – das er, wie er später sagte,

»um des lieben Friedens willen« gemacht hatte, ohne die moralischen Konsequenzen zu bedenken. Er war außerdem erbost über O'Rourke, der *ihn* vier Monate zuvor auf 25 000 Pfund rückständige Provision verklagt hatte.

Gilmours Team reagierte mit einer Pressemitteilung: »Die Stärke von Pink Floyd lag immer in den Fähigkeiten aller vier Mitglieder. Natürlich werden wir Rogers künstlerischen Input vermissen. Aber wir werden trotzdem wie bisher zusammenarbeiten...

Wir sind erstaunt über Rogers Ansicht, daß sich die Band ›kreativ erschöpft‹ hat, obwohl er bei dem aktuellen Projekt nicht beteiligt war. Wir drei sind mit dem neuen Material sehr zufrieden und würden es vorziehen, die Öffentlichkeit das in Kürze erscheinende Pink-Floyd-Album beurteilen zu lassen.«

Dave drückte sich gegenüber einem Reporter der *Sunday Times* deutlicher aus: »Roger ist ein Spielverderber, und ich werde mich gegen ihn wehren... Niemand sonst hat behauptet, allein Pink Floyd zu sein. Jeder, der so etwas tut, ist extrem arrogant.«

»Roger hat nur wenige Male in seinem Leben erfahren müssen«, stellte Nick Mason später fest, »daß er seinen Willen nicht durchsetzen konnte, und ich schätze, es hat ihn umgehauen, als er begriff, was passierte. Er hat wirklich *geglaubt*, daß wir ohne ihn nicht weitermachen könnten. Er *glaubt*, daß er alles allein gemacht hat. Es ist immer problematisch, wenn man mit Leuten zu tun hat, die *glauben*.«[8]

Peter Jenner war nicht der einzige, der eine gewisse Ironie darin sah, »daß Roger sagte, er würde solo weitermachen, und daß es keine Pink Floyd mehr gäbe. Denn als *Syd* ging, haben sie weitergemacht, und niemand hat sich daran gestört. Es war Syds Band – er war die treibende schöpferische Kraft –, und sie haben sich trotzdem weiter Pink Floyd genannt, Syds Songs gespielt und im Grunde Syds Werk fortgesetzt. Und daß er ging und die anderen blieben – nun, schön, das war *seine* Entscheidung.

Genau wie ich damals gesagt habe, ›sie schaffen es ohne Syd nicht‹, sagt Roger heute, ›sie schaffen es ohne *mich* nicht.‹ Es ist wundervoll, das zu erleben, nachdem mich Roger zwanzig Jahre lang damit aufgezogen hat, und zwar auf ziemlich bösartige Weise.«

»Tatsache ist«, sagt Gilmour, »daß jetzt, wo Roger weg ist, ich der einzige bin, der das Zepter weitertragen kann. Ich will nicht zwanzig Jahre harter Arbeit einfach wegwerfen und mit einer Solokarriere wieder von vorn anfangen, denn das ist es, was ich machen müßte. Mich nur meiner Solokarriere zu widmen hätte in gewisser Hinsicht seine Vorzüge; es ist angenehm, völlig frei zu sein und nur das zu machen, was man machen will. Aber die Leute kennen meinen Namen nicht. Ich habe nicht zwanzig Jahre lang daran gearbeitet, mir einen Namen zu machen, ich habe zwanzig Jahre lang daran gearbeitet, Pink Floyd einen Namen zu machen.«

Am 10. November 1986 gab EMI eine eigene Pressemitteilung heraus: »Pink Floyd leben, sind wohlauf und machen Plattenaufnahmen in England.«

24

Us and Them

Der Titel des neuen Pink-Floyd-Albums blieb fast bis zum allerletzten Moment umstritten, als *Of Promises Broken, Signs of Life* und *Delusions of Maturity* schließlich *A Momentary Lapse of Reason* Platz machten (einem Zitat aus »One Slip«), trotz David Gilmours Bedenken, daß er »für eine Popplatte zu lange« wäre. Außerdem würde er eine ideale Zielscheibe für Roger Waters' Sarkasmus darstellen – aber das traf auch auf die Alternativen zu. Um die Sache abzurunden, gab Dave Storm Thorgerson den Auftrag, das Cover zu entwerfen, ganz wie in den alten Zeiten. Obwohl Storm seit fünf Jahren an keinem mehr gearbeitet hatte – und ursprünglich in seiner Eigenschaft als Filmemacher engagiert wurde, um zu dem neuen Material Videos zu drehen, die auf den Konzerten gezeigt werden sollten –, gab seine surreale Vision von aneinandergereihten Krankenhausbetten am Strand *A Momentary Lapse of Reason* den letzten Schliff in Sachen floydianischer Authenzität.

Thorgersons eingängiges Bild entstand aus dem Satz »Visionen von einem leeren Bett« (auf »Yet Another Movie«) und Gilmours vager Vorstellung von »einem Bett in einem Haus am Mittelmeer, mit den Spuren vergangener Beziehungen, die nur ein Echo hinterlassen haben«. Dies brachte Storm auf die Idee, »statt *Spuren* viele *Betten* zu zeigen. Ich stellte mir den Anblick von achthundert nebeneinanderstehenden Betten ziemlich verblüffend vor.« Sein Partner Colin Elgie »verwandelte dann mein Bild in einen *Strom* von Betten«. Was wiederum als gewitzte Anspielung auf den Begriff »Flußbett« verstanden werden konnte – und somit das Bild mit dem »Flußmotiv« des Albums verknüpfte.

»Es war eine höllische Arbeit«, berichtet Thorgerson. »Plötzlich begann es zu regnen – achthundert Betten, alle im Freien, frisch gemacht –, und wir mußten sie wieder hereinholen. Aber es funktioniert ausgezeichnet; die Leute lächeln, wenn sie das Cover sehen. Weil es keine Montage ist, und die Leute spüren es, wenn sie ein Bild sehen, das echt ist.«

1987 veröffentlich, sah *A Momentary Lapse of Reason* nicht nur wie ein Floyd-Album aus, sondern es *klang* auch wie die klassischen Floyd von *Wish You Were Here* – mehr als alle nachfolgenden Platten; es war, um es mit den Worten des *Sounds*-Kritikers Hugh Fielder zu sagen, eine Rückkehr »über die Mauer in das Land, wo Diamanten verrückt sind, Monde dunkle Seiten und Mütter Atomherzen haben«. Und für viele langjährige Floyd-Fans – nicht nur für jene achtlosen Konsumenten, die nicht wußten, wer Roger Waters oder David Gilmour waren – klang *A Momentary Lapse* außerdem unvergleichlich gut und weit eingängiger als *Radio K.A.O.S.*

Im Gegensatz zu Rogers Album hatte es zudem sofort großen kommerziellen Erfolg, schoß in den *Billboard*-Charts auf Platz Drei und verkaufte schließlich allein in den USA über drei Millionen Exemplare. Derartige Zahlen ließen sich nicht allein mit dem Pink-Markenzeichen oder selbst dem Erfolg der anschließenden Tournee erklären; schließlich hatte David Bowie kurz zuvor in ganz Amerika in ausverkauften Hallen gespielt, und sein neuestes Album war trotzdem ein Flop geworden. Die Popularität von *Momentary Lapse* war vor allem für die meisten Leute in der Musikszene eine Überraschung, die lange Zeit Waters mit Pink identifiziert, aber nicht bemerkt hatten, daß *About Face* »floydianischer« gewesen war als Floyds *Final Cut*, von Rogers *Pros and Cons of Hitch Hiking* ganz zu schweigen.

Gilmour präsentierte *Momentary Lapse* sogar als Restauration des wahren Pink-Floyd-Geistes. »Ich hatte in der Vergangenheit, vor Rogers Abgang, einige Probleme mit der Richtung der Band«, sagte er. »Ich fand die Songs sehr mit Worten überladen – und da die spezifische Bedeutung der Worte so wichtig war, wurde die Musik zum bloßen Vehikel der Texte, und zwar zu keinem sehr inspirierenden... *Dark Side of the Moon* und *Wish You Were Here* waren nicht nur wegen Waters' Beiträgen so erfolgreich, sondern weil die Musik und die Texte in einem ausgewogeneren Verhältnis zueinander standen als auf den neueren Alben. Genau darum bemühe ich mich bei *A Momentary Lapse of Reason* – ich konzentriere mich mehr auf die Musik, um das Gleichgewicht wiederherzustellen.«[1]

Man konnte Roger Waters ohne weiteres zugute halten, daß er nie ein besonderes Interesse daran gehabt hatte, irgend etwas *wiederherzustellen*. Auch haben ihn bei seinen Entscheidungen niemals irgendwelche Selbstzweifel geplagt, selbst wenn sie bedeuteten, sich von den Erwartungen der Fans zu entfernen und schlußendlich die Gruppe aufzugeben. »Er entwickelt seine künstlerische Seite – oder von mir aus auch seine Obsessionen – ständig weiter«, bestätigt Bühnenbildner Jonathan Park, der es (genau wie Mark Fisher) ablehnte, an Gilmours Floyd-Revivaltour teilzunehmen, und sich lieber der Post-Pink-Herausforderung von *K.A.O.S.* stellte. Beim Streit zwischen dem ruhelosen Waters und seinen relativ selbstzufriedenen Exkollegen ging es immerhin nicht zuletzt um die Frage, ob es wünschenswert – oder möglich – war, die Erfolge ihrer gemeinsamen Vergangenheit zu wiederholen.

Daß *A Momentary Lapse of Reason* kurz nach *Radio K.A.O.S.* erschien und die beiden Tourneen miteinander konkurrierten, ließ die Feindseligkeiten zwischen den beiden Lagern, die ihre Standpunkte in den Medien verbreiteten, rasch eskalieren. Im Kreuzfeuer der Angriffe und Gegenangriffe blieb Pink Floyds einst so undurchdringliche Anonymität ein für allemal auf der Strecke.

»Man konnte fast vergessen, daß dies eine *Rock'n'Roll-Band* war«, wundert sich David Fricke, der beide Seiten dieser unversöhnlichen Fehde zu einer *Rolling Stone*-Titelgeschichte verwob. »Es war eher wie Martin Luther und die richtige Auslegung der Bibel.« Die Kontroverse machte sich auch in den Auflagezahlen bemerkbar: die »Floyd-Ausgabe« wurde die bestverkaufte *Rolling Stone*-Nummer des Jahres 1987.

Lapse of Reason war eine »Fälschung«, informierte Waters Fricke; »wenn einer von uns das Recht hat, sich Pink Floyd zu nennen, dann ich.« Seinen Exkollegen ging es nur ums Geld, behauptete er im britischen Radio Clyde, und »ich persönlich finde es verabscheuungswürdig. Verstehen Sie mich nicht falsch – ich habe Pink Floyd geliebt. Ich fühle mich von dem, was jetzt abläuft, sehr tief verletzt. Ich meine, man hätte den Anstand besitzen und die Gruppe das sein lassen sollen, was sie war, und zwar eine ernsthafte Rockband, die versucht hat, bis zu ihrem Ende gute Arbeit zu leisten. Und als sie auseinanderbrach, hätte man es meiner Meinung nach dabei belassen sollen. Aber die Verlockung der Dollars ist eine sehr mächtige Verlockung.«

Laut Dave hat Roger an jeden bedeutenden Veranstalter in Nordamerika Drohbriefe geschickt. »Wir haben eine Menge Geld ausgeben müssen, um uns gegen ihn zu wehren. Wir mußten in jeder Stadt ein Team von Anwälten bereithalten für den Fall, daß er gerichtlich klagte und wir binnen zwanzig Minuten reagieren mußten. Es kam nie dazu, aber wir mußten darauf vorbereitet sein.«

Gilmours und Masons Vergeltungsmaßnahmen nahmen oft die Form von saloppen Sticheleien an. Als ein Reporter beispielsweise Nick nach seinem schlimmsten Alptraum fragte, antwortete der: »Rogers Rückkehr zu Pink Floyd!« Und als Dave behauptete, daß die nach außen hin ernsten Floyd schon immer einen Sinn für Humor gehabt hatten, fügte er hinzu: »Ich meine, Roger hat mindestens einmal im Jahr gelacht.«

Bei ihrem Medienfeldzug kam es Gilmour und Mason (von dem sich Waters besonders verraten fühlte) zweifellos zugute, daß sie von Natur aus umgänglicher und entgegenkommender waren als ihr Gegner. Die positive Berichterstattung der Presse wiederum hatte einen nicht geringen Anteil an ihrem klaren

Sieg im Kampf um die Herzen und Seelen – und Brieftaschen – der Pink-Floyd-Gemeinde. Was es ihnen erlaubte, in ihrer Kritik an Waters relativ zurückhaltend zu sein.

Auch Roger hatte seine Anhänger – vor allem Timothy White, der einen scharfen Pro-Waters-Artikel für *Penthouse* verfaßte: »In dieser Floyd-Kontroverse«, meinte er, »sehe ich Roger Waters als eine Persönlichkeit, die sich in ihrem Schmerz und ihrem widersprüchlichen Verhältnis zum Eigentum verfangen hat; wie viele empfindsame Menschen versteht Roger sich nicht wirksam zu wehren. Im Gegensatz dazu halte ich Gilmour für einen talentierten Drahtzieher vom Format eines fähigen und bösartigen Feldmarschalls; darin liegt seine Stärke in dieser Auseinandersetzung.«

Ihr Streit drohte vollends niveaulos zu werden, als *The Sun* meldete, daß Waters »einen Künstler beauftragt hat, 150 Rollen Toilettenpapier mit Gilmours Gesicht auf jedem Blatt« anzufertigen. Obwohl Rupert Murdochs Skandalblättchen nicht gerade die zuverlässigste Quelle war, unterstrich der Artikel doch, wie häßlich – und wie öffentlich – der Floyd-Krieg geworden war.

»Wenn sich meine Kinder so wie wir benehmen und sich in der Öffentlichkeit prügeln würden«, scherzt Nick Mason, »wäre ich sehr, sehr böse auf sie. Es gäbe eine Woche lang kein Taschengeld.« Er behauptet, daß Waters »der Band ein Ende machen wollte, und er hätte es geschafft, wenn er dabeigeblieben wäre. Sein großer Fehler war, sich von ihr zu trennen. Als er weg war, hat sie sich plötzlich regeneriert.

Roger sagte, sie wäre kreativ tot. Völlig richtig – das war sie auch. Aber als er weg war, kehrte die Glut in die Asche zurück. Dave ist von Roger unglaublich unterdrückt worden, vor allem in den letzten Jahren, als Roger alles allein machen wollte. Es hat sich eine Menge Zeug aufgestaut, das heraus wollte, obwohl Dave wahrscheinlich selbst nichts davon wußte.

Wenn man solange im Musikgeschäft ist wie wir und plötzlich um etwas richtig kämpfen muß – und sich gleichzeitig gegen jemand wehren muß –, dann stachelt es einen ganz schön an. Wir hätten fünf Jahre für ein neues Album brauchen können, aber daß Roger uns im Fadenkreuz hatte, spornte uns an, es in zehn Monaten zu schaffen. Das gilt auch für die Tournee. Es gab kein Zögern, kein ›Sollen wir, sollen wir nicht?‹ Es hieß: ›Laßt es uns *jetzt* sofort tun, wen brauchen wir, wie machen wir's?‹ Es hat uns Auftrieb gegeben. Ich glaube, die meisten Bands arbeiten am besten, wenn sie hungrig sind, wenn sie sich selbst etwas beweisen wollen. Deshalb sind junge Bands so heiß. Das Gemeinschaftsgefühl ist da. Jeder will es schaffen, es mit den anderen schaffen. Erst später wird es schwierig, wenn sie sich herumstreiten, wer was getan hat, und wer der eigentliche Chef der Band ist und ob sie es sich leisten können, noch ein Haus in Südfrankreich zu kaufen.«

Gilmour und Mason erklärten sich einverstanden, Waters alle Rechte an der *The Wall*-Show zu überlassen. Schlußendlich mußte sogar Roger zugeben, »daß ich vor Gericht nur Erfolg haben könnte, wenn ich sage: ›Nun, wenn ihr euch weiter Pink Floyd nennen wollt, verlange ich, daß ihr mir zwanzig oder fünfundzwanzig Prozent vom Kuchen abgebt.‹ Ich bin aber an dem Kuchen nicht interessiert! Also schätze ich, daß ich nicht mehr allzu viel dagegen tun kann.«[3]

Als sie die Arbeit an ihrem Album abgeschlossen hatten, verbrachten Gilmour und Mason fünf Monate mit der Entwicklung der neuen Floyd-Show; ihnen zur Seite standen Lichtdesigner Marc Brickmann, Produktionschef (und langjähriger Britannia-Row-Boß) Robbie Williams, Bühnenbildner Paul Staples und Produktionsmanager Morris Lyda. Die Startkosten für die Tour beliefen sich auf über drei Millionen Dollar, die Dave und Nick aus der eigenen Tasche finanzieren mußten. Selbst Steve O'Rourke war nicht überzeugt genug, um eigenes Geld zu investieren.

Gilmour sagt, daß er und Mason »eine Liste aller Titel von der ersten bis zur letzten Platte erstellten. Jeden Titel klopften wir darauf ab, ob wir ihn bringen konnten oder nicht – ob ich ihn gesungen oder mitkomponiert hatte, ob Rick an ihm mitgearbeitet hatte, ob er zu einem unserer Filme paßte oder es einfach ein großartiger Song war.« Sein Gesang, betonte er, war auf fast allen Songs der Endauswahl zu hören, mit der Ausnahme von »Shine On You Crazy Diamond«, »Another Brick in the Wall (Part 2)« und »Run Like Hell«.

Ursprünglich hatten sie geplant, bei ausgewählten Gigs *Dark Side of the Moon* in voller Länge zu präsentieren, aber laut Mason »war es für eine Städtetournee keine befriedigende Lösung, weil es nur einen schmalen Ausschnitt unseres Werkes darstellte. Die Leute wären enttäuscht gewesen, wenn sie keine Songs von *Wish You Were Here* und *The Wall* gehört hätten, und irgendwie war es nicht richtig, nur auf das alte Material zurückzugreifen. Aber ich würde die Idee später gern realisieren.«

Auf *The Final Cut* und (wenig überraschend) *Animals* wurde ganz verzichtet – obwohl »Sheep« in die Vorauswahl geriet und das berühmte zwölf Meter große Schwein seinen Auftritt bekam (wenn auch erst nach einer Geschlechtsumwandlung; um Rogers Copyright zu umgehen, hatten Dave und Nick das Originalschwein mit riesigen Eiern ausgerüstet). Die Prä-*Dark Side*-Jahre waren nur mit »One of These Days« und der kurzen Eröffnungsnummer »Echoes« vertreten – obwohl die Band »Arnold Layne« für ihre nachmittäglichen Soundchecks verwendete.

»Vieles von dem alten Material«, sagt Mason, »ist einfach zu alt; es klingt überholt, was wahrscheinlich an den Texten liegt.« Selbst wenn sie das begeistert aufgenommene »Echoes« spielten, stellte er fest, »daß Dave sich nicht wohl dabei fühlte, von Albatrossen und Sonnenschein zu singen. Es war einfach zu... Hmmmm... hmmmm...« Der drollige Drummer kichert und rollt mit den Augen.

»Ich liebe ›Astronomy Domine‹. Das Problem ist, daß man damit wieder beim I Ging und interstellaren Reisen angelangt ist. Ich schätze, Dave hätte in seinem reifen Alter doch einige Schwierigkeiten, mit derartigen Dingen an sein Publikum heranzutreten. Es ist leichter, davon zu erzählen, wie hart das Leben ist und wie deprimiert man wird.«

Das war natürlich lange Zeit *Rogers* Spezialität gewesen. Gilmour beharrt darauf, daß das böse Blut zwischen ihm und Waters nie seine Bewunderung für die Texte seines Rivalen und seine Identifikation mit ihnen beeinflußt hat. »Warum sollte ich plötzlich ein ungutes Gefühl bei einem Text haben, bei dem ich schon seit Jahren kein ungutes Gefühl habe? Es sind sehr gute Texte, die ich nachempfinden kann und mit denen ich übereinstimme. Ich wäre stolz, wenn ich ein paar von diesen Texten geschrieben hätte.

Selbst die Songs, die Roger angeblich ganz allein geschrieben hat«, fügt er hinzu, »sind ein Fall für sich. Niemand kann genau sagen, wie die jeweilige Platte wirklich entstanden ist. Beim Ende von ›Another Brick in the Wall (Part 2)‹ hat er weder das Gitarrensolo noch die Akkorde geschrieben. Die Drumparts und der Rhythmus sind auch nicht von ihm. Ich werde nicht auf etwas verzichten, für das ich hart gearbeitet oder einen wichtigen Teil beigesteuert habe, nur weil es heißt, Roger hätte es geschrieben. Das Leben ist zu kurz.«

Zur Unterstützung heuerte Gilmour seinen alten Freund Tim Renwick an der zweiten Gitarre an; Jon Carin an den Keyboards; Scott Page (der auch auf *Momentary Lapse* vertreten war) am Saxophon; Guy Pratt am Baß; und Wallis an den Percussions – sowie die Begleitsängerinnen Margaret Taylor und Rachel Fury. »Dave hat eine unglaubliche Menschenkenntnis«, sagt Carin. »Er wählt die Leute nicht nur aus, weil sie technisch versierte Musiker sind, sondern weil sie eine bestimmte Gabe haben, auf die er anspricht. Wir alle können spielen, aber viel wichtiger ist, daß wir uns in eine bestimmte Stimmung oder Atmosphäre einfinden können. Ich glaube, das ist es, was Pink Floyd schon immer ausgemacht hat.

Wenn es eine andere Gruppe gewesen wäre – selbst Led

Zeppelin –, hätte ich es nicht getan, weil ich so mit meinem eigenen Album beschäftigt war. Aber ich mochte David und die Musik der Floyd so sehr, daß ich sagte: ›Bei einer Tour mache ich mit.‹ Ehe ich mich versah, war ich achtundsiebzig und spielte *immer* noch bei den Floyd!«

Timothy White zeigt sich von derartigen Erklärungen wenig beeindruckt. »Ebensogut hätte sich Paul McCartney entschließen können, die Beatles mit Ringo und ständig wechselnden Begleitmusikern fortzuführen«, behauptet er. »Anders ausgedrückt, nach dem Ende der Beatles, als John Lennon noch am Leben war, entschied McCartney, daß seine Solokarriere mit den Wings nicht erfolgreich genug war, heuerte Ringo an und nannte die Band die Beatles. Genau *das* trifft auf die neuen sogenannten Pink Floyd zu.

Die derzeitige Besetzung der Floyd wirft die Frage auf, was eine echte *Band* ausmacht. Tim Renwick spielt Gitarre, Guy Pratt spielt Baß, Jon Carin spielt Synthesizer – und dann soll die Band Pink Floyd sein.

Meiner Meinung nach leben alle Beteiligten auf Kosten der Vergangenheit und greifen soviel Geld wie möglich ab, obwohl sie zugegebenermaßen auch ein paar gemeinsame kreative Ziele verfolgen. Ich denke, es ist an der Zeit, daß die Öffentlichkeit den Unterschied zwischen der Glaubwürdigkeit einer Band auf der Bühne und im Tonstudio und einer Disneyland-Spezialeffektshow mit Dutzenden von Teilnehmern erkennt.«

Aber auch die wiederbelebten Who und Rolling Stones sollten 1989 in ähnlich vergrößerter Besetzung ganze Stadien füllen. Von der Tatsache abgesehen, daß weder Keith Moon noch Brian Jones am Leben waren, um daran herumzumeckern, ist die weitaus relevantere Frage doch wohl die, die Roger Waters vor Jahren mit *The Wall* (vor allem mit »In the Flesh«) aufgeworfen hat: ob derartige Megakonzerte nicht von Natur aus so entmenschlicht sind, daß es für das Publikum keine große Rolle mehr spielt, wer wirklich auf der Bühne steht (oder auch nicht).

Streng von der Öffentlichkeit abgeschirmt, probten die neuen Floyd ihre Show vier Wochen lang auf dem Pearson International Airport von Toronto, in einem geräumigen Hangar der Air Canada, dessen Status als Zollager die Band von den normalerweise fälligen Einfuhrgebühren für ihre Soundausrüstung befreite. Die Floyd deuteten im Fernsehen an, daß sie etwas Spektakuläres vorbereiteten, was den Appetit ihrer Fans nur noch mehr anregte: »Keine halben Sachen«, versprach Dave. »Wenn schon etwas Großes, dann etwas wirklich Großes.« Mason fügte hinzu: »Es hat keinen Sinn, in unserem fortgeschrittenen Alter eine durchschnittliche Show zu machen. Ich meine, warum sich dann überhaupt die Mühe machen?«

Am 15. August kam Waters' *Radio K.A.O.S.*-Tournee nach Toronto, drei Tage nach ihrer Premiere in Providence, Rhode Island. Wenig erfreut über das Zusammentreffen ordnete Roger an, niemand vom rivalisierenden Floyd-Lager den Zutritt zu gewähren. An diesem Abend patrouillierten vor Torontos Kingswood Music Theatre Mitglieder seiner Crew, die früher auch für Pink Floyd gearbeitet hatten und so alle ehemaligen Kollegen erkennen konnten, die vielleicht mit Gilmour unter einer Decke stecken würden. Allerdings gelang es Scott Page, durch das Stahlnetz zu schlüpfen, weil niemand wußte, wie der neue Saxophonist der Floyd aussah.

»Es war eine gute Show«, gibt er zu. »Sie hatte ein Konzept, und Roger standen eine Menge fähiger Leute zur Seite« – insbesondere Andy Fairweather-Low, Jay Stapley, Mel Collins, Paul Carrack (der sogar ehemalige Gilmour-Spezialitäten wie »Money« sang) und Graham Broad. Der erwähnte Page kehrte nichtsdestotrotz mit einer Entwarnung zum Pearson Airport zurück: »Sie klangen überhaupt nicht wie Pink Floyd. Alle Stücke, die sie spielten, klangen wie Funknummern. Der Zauber fehlte.«

Weniger voreingenommene Beobachter hingegen spürten den Zauber, auch wenn der durch und durch Post-Pink war. Fricke vom *Rolling Stone* bejubelte den »elektrisierenden Kunst-

bebop« von Rogers »Armageddon-Radio« als »einen bedeutenden persönlichen Sieg« im Floyd-Krieg. Wie das Album war auch
die Show als eine »Radio K.A.O.S.«-Sendung angelegt, komplett mit falschen »Werbespots« und moderiert von DJ Jim Ladd –
der alte Floyd-Stücke ausdrücklich mit den Worten »Text und
Musik von Roger Waters« ankündigte. Es gab im Zuschauerraum
sogar ein Telefon, damit die Fans »anrufen« und im Billy-Stil
Fragen stellen konnten. (Und Waters, zu dessen Endachtziger-
Image maßgeschneiderte Seidenanzüge und modische Sonnen-
brillen gehörten, sah zweifellos schärfer aus als seine Exkollegen.)

Nach Ansicht des Bühnenbildners Jonathan Park war *Pros and
Cons* die endgültige Trennung von den Floyd; »Roger fand seinen
eigenen Stil, und ich weiß nicht, ob die Show ein voller Erfolg
war. Aber bei *K.A.O.S.* stimmte alles – die Musik, die künstlerische Seite, die Umsetzung seiner Obsessionen.« Doch wie bei
der *Pros and Cons*-Tour – und im Gegensatz zur Floyd-Konkur-
renz – blieb auch bei dem *K.A.O.S.*-Spektakel der Sturm auf die
Eintrittskarten aus. »Ich trete gegen mich selbst an, und ich
verliere«, gab Waters zu. Nichtsdestotrotz tröstete er sich damit,
daß »die erreichte Qualität wettmacht, was an Quantität fehlt«.[4]

Obgleich Rogers Verhältnis zu seinen Exkollegen noch dringend der Entspannung bedurfte – einen »Anrufer« ließ er
wissen, daß er an Gilmour dachte, wenn er den ersten Teil des
bösartigen »Pigs« sang (genau wie Margaret Thatcher im zweiten
Teil Mary Whitehouse ersetzt hatte) –, war Waters zumindest
seinen Fans gegenüber viel toleranter geworden. (Mit Ausnahme eines Fans, dem ein Autogramm verweigert wurde, als Roger
entdeckte, daß das vorgelegte Exemplar von *The Wall* bereits von
Dave, Nick und Rick signiert worden war.) »Ich ertappe mich
sogar dabei, daß ich hinunter gehe und den Leuten in der ersten
Reihe die Hand gebe, und bei ähnlich merkwürdigen Dingen
mehr«, gestand er. »Ich bin jetzt über das Stadium in meiner
Karriere hinaus, wo ich vom Publikum erwarte, daß es die
Handlung versteht.«[5]

Roger schien seine Auftritte sogar zu *genießen*. Die Rock'n' Roll-Faschist-Einlage bei »In the Flesh« beispielsweise lockerte er mit einem breiten Grinsen auf, während er sang: »Er macht keinen anständigen Eindruck, stellt ihn an die Wand!« Und den »Schwulen« und »Niggern« wiederum, die für das Erschießungskommando selektiert wurden, schien es im Scheinwerferlicht eindeutig zu gefallen. *The Wall* hatte sich um hundertachtzig Grad gedreht, und alle Angst und Entfremdung waren im Lauf der Zeit durch nostalgische Übertreibung entschärft worden.

Waters war von *Radio K.A.O.S.* und seiner Bleeding Heart Band so angetan, daß er keine Zeit verlor und zwischen den Gigs – in seinem Billardzimmer und in den Compass Point Studios in Nassau – die weiteren Abenteuer von Billy und Jim unter dem Titel (wieder eine Stichelei gegen seine Exband) *Amused to Death* vertonte. »*Radio K.A.O.S.* war in seinen schmerzerfüllten Ängsten universell«, vertraute Roger Timothy White an, »aber mein neues Album hat ganz private Ängste zum Thema.«[6]

Gerald Scarfe, der zu den computerisierten Grafiken des *K.A.O.S.*-Albums und der Tour keinen Beitrag geleistet hatte, präsentierte einen *Amused to Death*-Covervorschlag, der drei bekannte Herren zeigte, die in einem riesigen Martiniglas ertranken. Aber die Ankündigung eines Erscheinens Anfang 1989 erwies sich als verfrüht: Waters brach weiter mit seinen Plattenfirmen (angeblich, weil zu ihrem Stall eine Gruppe namens Pink Floyd gehörte), und sein Album wurde auf den Sankt Nimmerleinstag verschoben.

Währenddessen räumten Rogers ehemalige Kollegen groß ab. Die *Pink Floyd World Tour*, die am 9. September 1987 in Ottawa begann und zuerst Hallen, dann ganze Arenen und Stadien füllte, wurde aufgrund des großen Erfolges 1988, 1989 und sogar 1990 fortgesetzt (das Knebworth-Konzert am 30. Juni 1990 war der zweihundertste – und endgültig letzte – Gig der

Show). Und so sehr Waters die Shows auch als »Soße ohne Fleisch« schmähte – und die Musiker mit juristischen Schachzügen nervte, unter anderem 1989 mit einem Mahnbescheid über $ 35 295 Copyrightgebühren für die Verwendung des Schweinekonzepts –, war der Exleader der Band für die neuen Pink Floyd weniger eine Bedrohung, sondern eher ein Ärgernis. (Ein weiteres Opfer der unendlichen Tour war die letzte der Original-Floyd-Ehen, die von Dave und Ginger Gilmour.)

In New York gaben die Floyd nach ihrem offiziellen Konzert noch um drei Uhr morgens einen spontanen Gig im Keller des East-Village-Nachtclubs The World. Das normale Programm der Band wurde durch »Been Down So Long It Looks Like Up To Me«, »Respect«, »Born Under a Bad Sign«, »I Heard It Through the Grapevine«, »Kansas City« und »Living for the City« (sowie einige namenlose Bluesjams) ersetzt. Andere Stationen der unendlichen Tour, darunter Dänemark und Australien, waren für ähnliche Überraschungen gut. »Es hilft uns, aus dem Trott herauszukommen«, erklärte der Mann, der einst eine R&B-Coverband namens Jokers Wild angeführt hatte, »und macht außerdem Spaß.«

In Atlanta heuerte Gilmour eine dritte Sängerin an, Durga McBroom, ohne sie vorher vorsingen zu lassen, nur aufgrund des Eindrucks, den ihr Foto und das Nile-Rodgers-Album in ihrer Vita auf ihn gemacht hatte. Dave ging es darum, erklärt die schwarze Sängerin, einem abendfüllenden Floyd-Konzertfilm »ein bißchen Farbe« hinzuzufügen. Am Ende fielen die meisten Aufnahmen von dem Atlanta-Gig unter den Tisch, aber Durga blieb und sorgte schließlich für noch mehr Farbe, als ihre Schwester Lorelei Margaret Taylor ersetzte.*

In Tokio mußten die Floyd »On the Run« aus ihrem Programm streichen, weil diese elektronische Tour de Force mehr Strom verbrauchte, als dort gesetzlich erlaubt war. Statt dessen

* Die Atlanta-Konzerte lieferten die Videoclips zu »Dogs of War« und »On the Turning Away« sowie Live-B-Seiten von letzterem und »Run Like Hell«.

411

ließen sie drei Frauen einen weiteren *Dark Side of the Moon*-Hit präsentieren, »The Great Gig in the Sky«, den Clare Torry auch auf der *K.A.O.S.*-Tour gesungen hatte. Trotz Jim Ladds »Text und Musik von Roger Waters«-Ansage handelte es sich dabei um einen Floyd-Klassiker, den Rick Wright allein komponiert hatte, und er sollte von nun an bei allen weiteren Konzerten der Band dabei sein.

In London verpatzten die Floyd ihre Heimkehr mit einem Open-Air-Konzert am längsten Tag des Jahres 1988; das späte Licht der Sommersonnenwende ließ ihre Lightshow und ihre Filme in der ersten Hälfte zur Unkenntlichkeit verblassen. (Sie hätten den Beginn der Show im Wembley-Stadion auch schwerlich um eine Stunde verschieben können; die Londoner U-Bahn stellt *noch immer* um Mitternacht ihren Betrieb ein.) Ehemalige Mitarbeiter wie Joe Boyd (nun ein bedeutender *Film*produzent) und Peter Jenner (noch immer als Manager für vielversprechende neue Bands tätig) waren nichtsdestotrotz gerührt, daß sich die Band die Mühe gemacht und ihnen unaufgefordert Freikarten geschickt hatte.

In Berlin löste ein Floyd-Gig auf der westlichen Seite *dieser* Mauer Unruhen auf der östlichen Seite aus, als Fans versuchten, sich ihr zu nähern, um die Musik zu hören. Niemand konnte sich zu diesem Zeitpunkt vorstellen, daß in etwas mehr als einem Jahr die Berliner Mauer genauso einstürzen würde wie die von Pink nach seinem »Prozeß«.

In Moskau, wo führende einheimische Bands wie die Araks sich lange Zeit an den Floyd orientiert hatten, inszenierten Dave, Nick, Rick und ihre Freunde im dreißigtausend Zuschauer fassenden Olympiastadion fünf Glasnostnächte hintereinander, das bei weitem größte und begeistert aufgenommene Rockspektakel, das je in der UdSSR stattgefunden hatte.

In Venedig strömten 200 000 Fans auf den Markusplatz zu einem kostenlosen Pink-Floyd-Konzert, das die Band auf einer schwimmenden Bühne auf dem Canal Grande gab. Die Verwandlung dieser altehrwürdigen Stätte in eine floydianische

Bühne – wahlweise als »das spektakulärste Konzert in der Geschichte des Rocks« oder »die Vergewaltigung Venedigs« bezeichnet – wurde in ganz Europa und einem Großteil Asiens übertragen und von schätzungsweise einhundert *Millionen* Zuschauern verfolgt. Trotz einer Zahlung von zwei Millionen Dollar durch Pink Floyd und das italienische Staatsfernsehen RAI an die Stadt – und des nicht allzu erfolgreichen Versuchs der Gruppe, ihre Verstärkerleistung von den üblichen einhundert Dezibel auf sechzig zu reduzieren – brach ein Sturm der Entrüstung los (hauptsächlich aufgrund des Versagens der Stadt, öffentliche Toiletten, Erste Hilfe und Schlafgelegenheiten zur Verfügung zu stellen) und führte zum Rücktritt von Bürgermeister Antonio Casellati und des gesamten Stadtrats; womit demonstriert wurde, daß der Rock'n'Roll durchaus in der Lage ist – wenn auch unabsichtlich –, eine Regierung zu stürzen.

Aber das Pink-Floyd-Mitglied, das diese Entwicklung wahrscheinlich am meisten geschätzt hätte, war bereits zu einer floydianischen Fußnote herabgesunken. Anfang 1989 hatten die neuen Floyd endlich ihr abendfüllendes Konzertvideo veröffentlicht, das im New Yorker Nassau Coliseum gedreht und nach dem Live-Album *Delicate Sound of Thunder* benannt worden war. Ganz am Ende des Films, an einer Stelle, wo die meisten Zuschauer längst die Rücklauftaste betätigt haben, flimmert schließlich ein Vermerk über den Bildschirm: SCHWEINEKONZEPT VON R. WATERS...

Auch wenn die restlichen Floyd, das Rockbiz und die Welt insgesamt Roger Waters bereits abgeschrieben hatten, so sollte sie doch eine atemberaubende Überraschung erwarten. Nicht, daß man von einem Mann, der für seinen Geschäftssinn und seinen Ehrgeiz berüchtigt war, hätte erwarten können, daß er resignierte und seinen ehemaligen Untergebenen für immer die Bühne überließ. Aber wer hätte geahnt, daß Waters ins Rampenlicht der Welt mit einer Tour de Force zurückkehren würde, die nicht nur als »die größte Musikproduktion aller

Zeiten« in die Geschichte eingehen sollte, sondern sich auch als globales kulturelles und politisches Ereignis mit Woodstock und Live Aid messen konnte?

Die Wiederauferstehung von *The Wall* am 21. Juli 1990 in Berlin war das Ergebnis einer ganzen Reihe außergewöhnlicher Umstände. Zunächst war da Rogers Bekanntschaft mit dem zweiundsiebzig Jahre alten britischen Kriegshelden Leonard Cheshire; Oberst Cheshire, der höchstdekorierte Bomberpilot der Royal Air Force, hatte mehr als hundert Einsätze gegen das von den Nazis besetzte Europa geflogen, darunter auch einige gegen Berlin. Später diente er als offizieller britischer Beobachter, als die Amerikaner die A-Bombe auf Nagasaki abwarfen und damit den Zweiten Weltkrieg auf einen Schlag beendeten.

Dieses quälende Erlebnis verwandelte den großen Krieger in einen großen Humanisten; nach seiner Rückkehr nach England gründete er das erste von 265 Cheshire-Heimen für Behinderte. Vierundzwanzig Jahre später, im September 1989, krönte er sein philanthropisches Werk mit der Gründung des Memorial Fund for Desaster Relief, für den er 500 Millionen Pfund an Spendengeldern sammeln wollte – 5 Pfund für jeden Toten in den Kriegen des zwanzigsten Jahrhunderts –, um sie den Opfern zukünftiger Katastrophen zur Verfügung zu stellen. Bestrebt, für den Fond möglichst viel Publizität zu erreichen, engagierte Cheshire den Live-Aid-Promoter Mike Worwood, der ihn mit Roger Waters bekanntmachte.

Sie verstanden sich sofort; Waters fand Cheshire »extrem beeindruckend« und hielt ihn gar für den vielleicht einzigen »wahren Christen«, dem er je begegnet war. »Wir mögen vielleicht wie ein ungleiches Paar erscheinen«, gab Cheshire zu, »aber wir haben einige Gemeinsamkeiten, weil Rogers Vater bei Anzio gefallen ist.«[7] Waters sagte im Prinzip zu, ein Benefizkonzert mit *The Wall* zu geben, und brach damit sein langjähriges Gelöbnis, sein Hauptwerk erst wieder aufzuführen, wenn die Berliner Mauer gefallen war – mit anderen Worten, wenn die Hölle zugefroren war.

Wundersamerweise fiel ein paar Wochen später die Berliner Mauer tatsächlich, was für Cheshires und Waters' Suche nach einer würdigen Spielstätte für ihr Benefiz wie ein Gottesgeschenk war und *The Wall* mehr als nur in einer Hinsicht symbolische Bedeutung verlieh. Charakteristischerweise warnte Roger, daß »ich keineswegs nach Berlin gehe, um zu feiern, was ich für einen Sieg des Kapitalismus über den Sozialismus halte... Ich gehe dorthin, um den Sieg des Individuums zu feiern.«[8]

Dennoch war die Wiederauferstehung seiner *Wall*-Show am Potsdamer Platz – neunundzwanzig Jahre lang Niemandsland und Todesstreifen zwischen Ost und West – die Gelegenheit für einen ekstatischen Exorzismus nicht nur des kalten Krieges, sondern des Weltkrieges, der ihm vorausgegangen war. Denn am Potsdamer Platz lag außerdem der berüchtigte Bunker, in dem Adolf Hitler, der Mann, der von Berlin aus den Zweiten Weltkrieg angezettelt hatte (und zu dessen zahllosen Opfern auch Rogers Vater gehörte), am 30. April 1945 Selbstmord begangen hatte.

Waters nahm die Besetzung seines autobiographischen Psychodramas im Stil der regelmäßigen All-Star-Aufführungen von *Tommy* vor und rekrutierte die unwahrscheinliche Zahl von zwei Dutzend seiner legendären Kollegen, die miteinander vier Jahrzehnte der Rockgeschichte repräsentierten – von Joni Mitchell (»Goodbye Blue Sky«) und Van Morrison and the Band (»Comfortably Numb«) über Cyndi Lauper (»Another Brick in the Wall [Part 2]«) bis hin zu Sinead O'Connor (»Mother«). Allein bei »The Trial« traten fünf Stars in Miniaturrollen auf: Tim Curry als der Vertreter der Anklage, Thomas Dolby als der Lehrer, Ute Lemper als die Frau, Marianne Faithfull als die Mutter und Albert Finney als der Richter.

Aber Roger gab sich damit nicht zufrieden. Mit dem Prestige und dem Einfluß von Leonard Cheshire im Rücken, gelang es ihm, ein ostdeutsches Symphonieorchester samt Chor und die einhundert Köpfe starke Marschkapelle der sowjetischen

Streitkräfte – ideologisch ausbalanciert durch 2 Hubschrauber der 7. US-Luftlandedivision – zur Untermalung des Intros von »Another Brick in the Wall (Part 2)« zu gewinnen. Den grandiosen Proportionen des Ereignisses entsprechend, war die neue Mauer rund 170 Meter lang und 25 Meter hoch. Gerald Scarfes gespenstische aufblasbare Kreaturen wurden ebenfalls den neuen Anforderungen angepaßt – »die größten Puppen, die es je gegeben hat.«

Bei einem erwarteten Live-Publikum von zweihunderttausend Menschen (und -zig Millionen am Fernseher) und bei Produktionskosten von über acht Millionen Dollar (die durch die Verwertung der Videorechte und ein bei Mercury Records erschienenes, von Nick Griffiths hervorragend co-produziertes Album mehr als nur wieder hereingeholt wurden) sah sich Waters gezwungen, von der ursprünglichen Prämisse von *The Wall* als Statement *gegen* große Rockkonzerte abzurücken. Gigantomanie war das Motto des Tages.

Unter den wenigen Rockikonen, die *keine* Einladung erhielten, waren »Mr. Gilmour« und »Mr. Mason«, wie Roger sie inzwischen nannte (»Mr. Wright« wurde nicht einmal mehr erwähnt); »philosophisch, politisch, physisch und musikalisch«, sagt Waters, »haben wir keine Gemeinsamkeiten mehr. Ich habe vor ihnen keine Achtung mehr.«[9] Der kalte Krieg zwischen den Supermächten war vielleicht vorbei, aber die sich befehdenden Floyd waren offenbar weiter als je zuvor davon entfernt, ihren Streit beizulegen.

Nicht daß die Abwesenheit der anderen Floyd bei den ekstatischen Feiern am 21. Juli sonderlich auffiel. Den Fans wurde genug geboten: Suchscheinwerfer tanzten über den Himmel; Feuerwerksraketen explodierten; die sowjetische Armeeband schmetterte »Bring the Boys Back Home«, während der Songtitel in sechs Stockwerke hohen Buchstaben die Mauer zierte; und selbst ein neues, teuflisch verbessertes Schwein schwebte über der Mauer, als Roger in voller Paradeuniform im Stechschritt marschierte und den Schatten des Führers mit

»In the Flesh« und »Run Like Hell« verhöhnte. Es genügte, um zweihunderttausend Berliner in den Schlußchor einfallen zu lassen: »Reißt die Mauer nieder!« – Kunst, die in einer der größten Stunden der Rockgeschichte die Realität widerspiegelte.

Als Waters die Überreste seiner Mauer zählte – insgesamt waren es genau zweitausendfünfhundert »Steine« gewesen –, gestand er, daß er mit seinem Hauptwerk vielleicht doch noch nicht fertig war. »Ich habe das deutliche Gefühl«, vertraute er einem Reporter von MTV an (die ihm wieder aus der Hand fraßen), »daß es nach all diesen Mühen eine Schande wäre, es nicht noch einmal woanders aufzuführen...« Sowohl für Roger Waters als auch für die globale Politik – um es in Anlehnung an das aufwühlende Finale der Show, »The Tide is Turning«, zu sagen – hatte sich das Blatt gewendet.

Epilog: Wish You Were Here

»Das ist eindeutig die größte Sache, die Columbus je erlebt hat«, erklärt einer der zweihundertvierzig adrett frisierten Studenten von der Ohio State University, die sich mit ihren guten Noten für die begehrten Jobs als Platzanweiser bei Pink Floyd qualifiziert haben. Zum ersten Mal hat die ansonsten rockophobische Schulleitung ihre Zustimmung zu einem Konzert in ihrem sechsundsechzig Jahre alten Footballstadion gegeben, und binnen weniger Stunden waren die Karten auf dem Campus ausverkauft. Obwohl ursprünglich nur geplant war, den rund hunderttausend Studenten der OSU ein Erstkaufsrecht auf die 63 016 Sitzplätze des Ohio Stadions einzuräumen, blieb den Bewohnern der Stadt, die die Show sehen wollten, nichts anderes übrig, als die Karten zu Preisen von vierzig Dollar aufwärts bei den Schwarzhändlern zu kaufen.

Im Laufe der letzten vierundzwanzig Stunden haben die lokalen Radiosender die Hauptstadt buchstäblich nonstop mit *Dark Side of the Moon*, *Wish You Were Here* und *The Wall* beschallt. Als der von der Polizei eskortierte Minibus der Band über den ausgedehnten Campus rollt, unterbrechen die Studenten – von denen einige nur pinkfarbene Shorts tragen – ihr Volleyballspiel und winken den Rauchglasscheiben begeistert zu. Auf einem Campus, der Präsident Reagans Wiederwahl mit eindeutigen 72 Prozent gegen 28 Prozent unterstützte, sind die Fenster der Wohnheime heute mit pinkfarbenen Ballontrauben und Einladungen zu »Post-Pink«-Partys geschmückt; und zumindest eine Campusbar lockt ihre Gäste mit Pinkbier. (Die Studenten des vorherigen Universitäts-Gigs sind sogar soweit gegangen und haben ihre Zimmer pink gestrichen.)

Im Auge dieses Wirbelsturms der Pinkmania stehen drei dezente Herren, die mit ihrem ergrauenden Haar und wenig einnehmendem Äußeren – und ihrem bescheidenen Auftreten

– die totale Antithese zu dem Bild darstellen, das man sich gemeinhin von Rocksuperstars macht. Scheinbar ohne Notiz von den Possen ihrer allamerikanischen Anhänger zu nehmen, unterhalten sich David Gilmour und Nick Mason mit ihrem eleganten Manager O'Rourke über Sport, während Rick Wright, still wie eh und je, an seiner unvermeidlichen Zigarette saugt.

Das Rock'n'Roll-Feeling muß man vielmehr bei der transatlantischen, multiethnischen Truppe der fünf Begleitmusiker und drei Sängerinnen suchen, die den pandämonischen Trubel um sie herum mit launigen Bemerkungen kommentieren. (Saxophonist Scott Page hält sogar alles auf Video fest.) Ein ausgelassener und respektloser Haufen, von denen einige kaum dem Laufstall entwachsen waren, als der Londoner Underground zum Soundtrack von Pink Floyds *Piper at the Gates of Dawn* den Sommer der Liebe feierte. Der neue Floyd-Bassist, Guy Pratt, war vor gar nicht so langer Zeit noch ein jugendlicher Floyd-Fan, der bei den Earl's-Court-Auftritten seiner Helden mit *The Wall* »in der ersten Reihe stand und völlig ausrastete«.

Nach einer Reihe von Open-Air-Konzerten im Sonnengürtel, bei denen der Regen so dicht fiel, daß die Band die Tournee in Pink-Flut-Tour umtaufte, zeigt sich das Wetter endlich von seiner kooperativsten Seite. Hinter dem Stadion lagern Tausende von kartenlosen Floyd-Fans auf den Sportplätzen und hoffen, die Show zumindest *hören* zu können. Der einige Mißton wird von »christlichen« Wegelagerern beigesteuert, die Transparente mit den Worten PREIST GOTT, NICHT PINK FLOYD, SÜNDER und BEREUT, PINK-FLOYD-GÖTZENDIENER schwenken und Slogans intonieren, die den Rock'n'Roll auf eine Stufe mit solch gottlosen Dingen wie Homosexualität und Drogen stellen.

»Ist euch eigentlich schon mal aufgefallen«, beobachtet Guy Pratt, der gutaussehende Bassist, »daß diese analfixierten Eiferer alle unglaublich *häßlich* sind?«

»Sie benehmen sich nur deshalb so, weil sie nichts zu Vögeln bekommen«, kichert Scott Page.

»Das ist die Seite Amerikas, die mir richtig angst macht«, sagt Pratt. »Ich kann in diesem Land nicht mal fernsehen.«

Der hagere Rick Wright zuckt lediglich die Schultern, ganz der weltmännische Globetrotter, der so etwas schon oft gesehen hat.

Nach dem zweiten Check, als die Horden aus Ohio auf ihre Plätze strömen, inspiziert David Gilmour lässig das riesige Stadion. »Gilmour ist der aufmerksamste Mensch, den ich kenne«, bemerkt Page. »Er spricht nicht viel und die halbe Zeit fragt man sich, ob er überhaupt mitbekommt, was vor sich geht. Aber er sieht *alles*, jede Kleinigkeit, ob es nun um die Beleuchtung oder sonst was geht.«

Zunächst will keiner der Fans wahrhaben, daß dieser stämmige Zweiundvierzigjährige, der durch die Reihen schlendert, der Chef der berühmten Gruppe ist, wegen der sie gekommen sind. Als man ihn dann doch erkennt, gibt Dave heiter-resigniert Autogramme.

»Er ist ein sehr lockerer Mensch«, stellt der zweite Gitarrist und langjährige Freund Tim Renwick fest. »Ganz und gar nicht eingebildet, obwohl er es wahrscheinlich mit einigem Recht sein könnte. Aber er geht herum, kennt jeden von der Crew und kümmert sich um alles. Jeder von der Crew kann zu Dave gehen und mit ihm über alles reden. Er ist einer von ihnen – mit großem Ernst bei der Sache, aber nicht verbissen. Mit Bodyguards und dem ganzen Mist hat er nichts am Hut. Er verabscheut dieses ganze beschissene Showbiz-Trara und hat sich entschlossen, sich nicht von diesem Starsyndrom einfangen zu lassen, das einen von seinen Mitmenschen trennt. Ich bewundere ihn für seine Fähigkeit, so mit dem Erfolg umzugehen.« (In Wirklichkeit wird Gilmour diskret von einem muskulösen, bewaffneten Bodyguard bewacht; in der post-Lennon-Ära hat auch der relativ unbekannte Floyd-Gitarrist seinen Anteil an Morddrohungen erhalten.)

Wer die drei Veteranen der Band in der Garderobe erlebt, wo sie sich die Zeit bis zu ihrem Auftritt vertreiben – vom üppigen Büfett naschend; über Syd Barretts Katzen plaudernd; über die ätzenden Scherze des New Yorker Howie Hoffman kichernd, der sich sein Geld als »Stimmungskoordinator« verdient; oder sich (wie Mason) in ein zerlesenes Taschenbuch vertiefend –, würde kaum glauben, daß dies die Stars der größten Tournee der Rockgeschichte sind. Der größten zumindest im Hinblick auf die maßgefertigte Bühne, die Produktionskosten und die quadrophonische PA-Anlage (die 56 LKWs füllt); die Zahl der Mitarbeiter (über 100); die Dauer der Tour (inzwischen fast ein Jahr); und die flächendeckende Verbreitung (rund 150 Shows auf drei Kontinenten, während sich ein vierter schon am Horizont abzeichnet). Von der Größe der Spielstätten und der Zahl der verkauften Karten ganz zu schweigen.

Kurz nach Sonnenuntergang beginnt das Markenzeichen der Floyd, die rund zehn Meter durchmessende runde Leinwand, nun von computergesteuerter Vari-Lites umgeben, in Orange und Grün zu erstrahlen, und die ersten Sirenenklänge des epischen Syd-Barrett-Tributs »Shine On You Crazy Diamond« dringen durch den aufsteigenden Trockeneisnebel. Trotz des trägen Tempos der Musik scheint das Publikum in einem Ausmaß begeistert zu sein, wie man es in den Rockkonzerten Ende der achtziger Jahre lange nicht mehr erlebt hat, und ertränkt jedes bekannte Riff in donnerndem Applaus. »Es ist einfach unglaublich«, sagt Renwick später, »siebzigtausend Menschen vor sich zu sehen, die alle wie gebannt auf ihren Plätzen verharren – ganz anders als bei jedem normalen Heavy-Metal-Gig, wo alle herumlaufen und hinfallen und kotzen.«

A Momentary Lapse of Reason, das in der ersten Hälfte den restlichen Teil des Programms bestreitet, wird von einer Sequenz aus Storm Thorgersons Filmen mit dem gutaussehenden jungen Schauspieler Langley Iddens begleitet. (»Ist er bei Pink Floyd?« fragt ein junges Mädchen aus dem Publikum begierig.) Nachdem er zu den entsprechenden aquatischen

Sounds aus dem quadrophonischen PA die Cam in Cambridge hinuntergepaddelt ist, tauscht Iddens sein Kanu gegen ein Flugzeug ein, das während »Learning to Fly« aus der Leinwand und über das Stadion hinwegrast.

Wenn man das Privileg hat, die Szenerie vom Beleuchterturm aus zu überblicken, fragt man sich, ob überhaupt *irgendeine* Stadionrockshow die zahllosen anonymen Punkte erreichen kann, die einen Viertelkilometer von der Bühne entfernt sind; aber zumindest berücksichtigen die Floyd die mastodonische Größenordnung ihrer Spielstätten. »Es geht darum, das letzte Kid auf dem hintersten Platz des Stadions in die Show miteinzubeziehen«, sagt Chefbeleuchter Marc Brickman. »Deshalb ist die Bühne auch so hoch und so breit.« »Das Quadro-System ist wunderbar«, schwärmt Guy Pratt nach der Show, »denn selbst wenn man hinten ist, ist hinter einem noch was los. Man ist mitten *im* Geschehen.«

Die ganze Zeit werfen computergesteuerte Scheinwerferbatterien und vier mobile roboterhafte »Floydroiden« sich ständig verändernde Formen und Farben über die Bühne. Gleißende Laserstrahlen zucken über das Publikum hinweg und verschmelzen bei »Terminal Frost« zu einem leuchtend grünen Meer aus Laserwellen.

Aber erst in der zweiten Hälfte wird den Fans geboten, was sie wirklich hören und sehen wollen. Bei »One Of These Days (I'm Going to Cut You into Little Pieces)« schwebt das berühmte zwölf Meter große, aufblasbare und anatomisch korrigierte Schwein mit glühenden Suchscheinwerferaugen über der jubelnden Menge – deren Begeisterung, wenn überhaupt möglich, sich noch steigert, als klingelnde Wecker und tickende Uhren »Time« ankündigen, den ersten von fünf Songs von *Dark Side of the Moon*. Bei »On the Run« taucht Iddens wieder auf der Leinwand auf, in einer Anspielung auf das *Lapse of Reason*-Cover an ein Krankenhausbett gefesselt; als das Stück endet, stürzt ein riesiges aufblasbares Bett brennend auf die Bühne.

Weiter geht es mit »Welcome to the Machine«, »Us and Them« und »Money«, begleitet von den denkbar verrücktesten Floyd-Filmen. Und wie immer, ohne dazu von Gilmour aufgefordert zu werden, singt das ganze Stadion mit ihm die akustische Ballade »Wish You Were Here«. Höhepunkt der Show ist »Comfortably Numb« (der unbestrittene Favorit aller Tourteilnehmer), bei dem Brickman den hohen Bühnensockel hinter weißem Rauch verschwinden läßt – um jenen Moment der berühmten 1980er Floyd-Konzerte zu simulieren, bei dem Dave auf der Mauer sein großes Solo spielte – und die größte Spiegelkugel der Geschichte öffnet sich und entfaltet glitzernde Blütenblätter.

Zum Finale »Run Like Hell« entfesseln Brickman und sein Team das, was er »Warp-Factor Number 10« nennt, und steigern sich in eine Orgie aus Spezialeffekten; und selbst die fast volle Mondscheibe verblaßt für einen Moment gegen den Glanz des Feuerwerks, das den Himmel über Columbus erhellt.

Als Pink Floyd in der nächsten Stadt eintreffen, hat die Tour, die sich bislang durch ihre nahezu militärische Präzision und Effizienz auszeichnete, eine groteske Wendung genomen. Nick Masons Paß und Computer sind auf geheimnisvolle Weise aus seinem Hotelzimmer in Columbus verschwunden; dann, nach der Landung des Privatjets der Floyd auf dem Flughafen von Pittsburgh, müssen Rick Wright und die Begleitmusiker und -sängerinnen zwei Stunden lang auf dem Rollfeld schmoren, weil jemand vergessen hat, für ihren Weitertransport zu sorgen. »Mit Steve wäre das nie passiert«, seufzt Wright. O'Rourke hat sich zusammen mit Gilmour und Mason den Tag freigenommen, um das Indianapolis-500-Rennen zu besuchen. »Sie haben uns hier wie Könige empfangen«, berichtet Autofreak Nick später. »Auf einer Spaßskala von eins bis zehn würde ich den Tag mindestens bei fünfzehn einordnen.«

Im Gegensatz zu den anderen Musikern. Im Pittsburgher Hotel der Floyd findet gleichzeitig ein Kongreß blinder Bowlingspieler statt, und die meisten Gäste sind mit Metallstöcken oder Blindenhunden bewaffnet. Vollauf mit der Befriedigung ihrer speziellen Bedürfnisse beschäftigt, hat es die Hotelleitung versäumt, rechtzeitig die Zimmer für den Floyd-Troß herzurichten.

Am nächsten Nachmittag verirrt sich der Chauffeur auf dem kurzen Weg zum Three Rivers Stadion und rast schließlich mit Höchstgeschwindigkeit rückwärts zum Bühneneingang. Das reicht, um Dave Gilmour, eben noch in ein Gespräch über ein Tennisturnier vertieft, seine legendäre Ruhe verlieren zu lassen und den unfähigen Fahrer zu beschimpfen. Selbst die Fans scheinen in ihrem Eifer über die Stränge zu schlagen: zwischen den üblichen Floyd-Totems wie den Siebdrucktransparenten, die Charaktere aus *The Wall* vor dem weißen Ziegelhintergrund des Albums zeigen, befindet sich auch ein echter Schweinskopf mit Sonnenbrille auf der Spitze eines blutbefleckten Pfahls.

Um dem ganzen die Krone aufzusetzen, fällt bei »Sorrow« der Strom aus und erzwingt eine unplanmäßige, zehn Minuten dauernde Pause. »Dieser Song war ohnehin langweilig«, erklärt Gilmour trocken, als Sound und Licht wieder funktionieren. »Versuchen wir's mit einem anderen.« Von da an nimmt die Vorstellung ihren normalen spektakulären Lauf und 51 101 vorwiegend junge Pittsburgher spenden donnernden Beifall.

Die Mißgeschicke des Tages haben die Moral der Musiker kaum angeknackst. Zwischen ihren ständigen Clownerien bezeichnen die jüngeren von ihnen die Tour als die wundervollste Erfahrung ihres Lebens und drücken ihre grenzenlose Bewunderung – und Faszination – für den Mann aus, der jetzt Pink Floyd leitet. »David ist so beständig und fantastisch – ein echter Profi«, schwärmt Synthimaestro Jon Carin. »Ich habe hier mehr gelernt als je zuvor in meinem Leben.«

»Dave ermutigt dich, innerhalb des gegebenen Rahmens dein eigenes Ding zu spielen«, sagt Percussionist Gary Wallis. »Er will, daß du dich einbringst. Wenn du in anderen Bands was verpatzt, machen sie dich an und werfen dir böse Blicke zu, aber Dave lacht nur. Dadurch bist du noch viel mehr bestrebt, keine Fehler zu machen.

Als wir als Kids zu spielen anfingen, ging es uns nicht ums Geld, sondern um den Spaß an der Musik. Hier hast du wieder das Gefühl, in deiner ersten Band zu sein.«

»Er ist ständig auf der Suche nach einem Nervenkitzel«, verrät der redselige Scott Page über seinen täuschend onkelhaft wirkenden Boß. »Wir sind hier auf dieser Riesentournee, und der Typ fährt Jetski, hängt sich an Drachenflieger, steuert 757er – er will *alles* können.

Jeden Abend, wenn wir mit der Crew herumhängen oder in unseren Hotelzimmern sind, kommt das Gespräch *immer* auf Gilmour zurück. Auf seltsame Weise berührt er jeden.«

Der Saxophonist, der gesteht, nur einen einzigen Pink-Floyd-Song (»Another Brick in the Wall«) gehört zu haben, ehe er zu der Formation stieß, bezeichnet sich heute als »ihr größter Fan. Für mich ist Gilmour der *Meister* der Melodie. Er kann dich mit zwei einfachen Noten umhauen. Jeden Abend ist er perfekt; jeden Abend bekomme ich Gänsehaut, wenn er ›Comfortably Numb‹ spielt. Jeden Abend höre ich ihn dieses Stück spielen, und mir treten immer noch Tränen in die Augen.

Das ist der leichteste Gig, den ich je erlebt habe, insofern, als es keinen Druck gibt. An einem Abend standen wir auf der Bühne und die Synthesizer gaben den Geist auf. Normalerweise hätte Gilmour ausrasten müssen – aber er hat *gelacht*. Es gab keine Spannungen; der Typ hat sich überhaupt keine Sorgen gemacht. Tolle Sache. Und durch diese lockere Art fällt einem die Arbeit sehr leicht.

Dave ist ein total positiv denkender Mensch. Genau wie Nick Mason. Wir brauchten eine Weile, bis wir erkannten, daß Nick etwas hat, was man nicht kaufen kann, einen Stil und eine Lebensfreude, die zum großen Teil die Pink-Floyd-Magie ausmachen. Das trifft auch auf Rick zu.«

Was das vierte Mitglied der klassischen Pink-Floyd-Besetzung betrifft, so geben alle zu, von Gilmour angefangen, daß sie ohne Roger Waters nicht hier wären. Allerdings wünscht auch niemand, daß er hier wäre. Tim Renwick erinnert sich, daß Waters auf der *Pros and Cons* »mit äußerster Besessenheit an die Dinge heranging. Dave ist fast das genaue Gegenteil, sehr, sehr locker. Er läßt einem große Freiheiten, während Roger ganz genaue Vorstellungen hatte: ›Du wirst genau das tun!‹ Diese Tour macht viel mehr Spaß, die Leute mögen sich, das Gemeinschaftsgefühl ist da.«

»Roger war so verbissen«, sagt Scott Page. »Man kennt doch die Geschichten über die verschiedenen Lager bei den Gigs und die Extragarderoben und daß bestimmte Leute nicht dabei sein durften und rausgeschmissen wurden, während es mit Dave und Nick einfach angenehm ist. Alle sagen, daß dies ihre glücklichste Zeit ist; für Gilmour ist es der Höhepunkt seines Lebens.«

»Dies ist die wundervollste Tour, die ich je gemacht habe«, stimmt Rick Wright zu, »was die Freundschaft und das Zusammensein mit anderen Musikern betrifft. Diese Tour ist ganz anders als *The Wall*, wo die Egotrips das Leben einfach unerträglich gemacht haben. Nick und Dave spielen besser als je zuvor, was zum Teil an unserem guten Verhältnis zueinander liegt. Dieses Jahr ist so schnell vergangen, und ich weiß, wenn wir fertig sind, werde ich es vermissen.«

Während wir uns in der Hotellobby unterhalten, fragen uns zwei Jugendliche, ob wir wissen, auf welcher Etage Pink Floyd wohnen, und erzählen uns, daß sie schon seit Jahren davon träumen, Autogramme von ihnen zu bekommen. Als Rick mit unbewegter Miene behauptet, nicht einmal zu wissen, daß die Floyd überhaupt im Hotel sind, ziehen die Jungs enttäuscht ab.

»Unsere Anonymität, die Tatsache, daß wir uns nie mit unseren Gesichtern verkauft haben, hat zwei Vorteile«, stellt Wright fest. »Der eine ist, daß ich ohne Probleme durch die Straßen gehen kann. Der andere Vorteil ist – was wir gerade erst entdecken –, daß niemand in uns die Rockstars sieht und wir mit fünfundvierzig Jahren oder älter immer noch auf die Bühne gehen und unsere Musik spielen können, weil die Leute nie gekommen sind, um *uns* zu sehen, im Gegensatz zu Mick Jagger und Rod Stewart. Wenn Mick Jagger mit Sechzig immer noch auf der Bühne herumhopst, werden die Leute es nicht mehr akzeptieren. Aber Pink Floyd werden noch mit Siebzig spielen können. Weil bei einem Pink-Floyd-Gig nicht der einzelne im Mittelpunkt steht, sondern die Musik und die Lightshow.«

Woraufhin die beiden Autogrammjäger wieder auftauchen, die schließlich doch das Geheimnis von Ricks Identität gelüftet haben – nur um festzustellen, daß ihre Kugelschreiber zu Hause liegen. Einer versucht den peinlichen Moment mit einer Frage zu überspielen: »Was denkst du über Roger Waters?«

»Er ist ein sehr cleverer Mann«, antwortet Wright. Und dann macht er sich selbst auf, um sich an der Rezeption Papier und Kugelschreiber zu besorgen, damit die Jungs ihr Pink-Floyd-Autogramm bekommen.

In Cambridge, versteckt in seiner bescheidenen Doppelhaushälfte am Ende einer Sackgasse, führt der Mann, der Pink Floyd den Namen gab, ein stilles, zurückgezogenes Leben.

Von seinem alltäglichen Hobby und Zeitvertreib verraten nur die unvollendeten Leinwände – in einem Stil bemalt, der zumindest abstrakt ist –, daß es sich bei ihm um einen Menschen von ungewöhnlicher Sensibilität handelt. Seine restliche Zeit verbringt Roger Barrett mit der Pflege seines geliebten Gartens und seiner Münzsammlung; er sieht fern und liest (von Shakespeare angefangen über die aktuellen Tageszeitungen bis hin zu Ratgebern für Heimwerker und Lehrbücher für Mathematik); und er verpaßt seinem gemütlichen Heim immer wieder einen neuen Anstrich, eine neue Tapete. Er hat seit Jahren keine Gitarre mehr berührt und die einzige Musik, die er hört, ist Jazz und Klassik – niemals Pop oder Rock'n'Roll.

Dieser korpulente, erkahlende Mann mittleren Alters ist sich nicht völlig im unklaren über dieses andere Leben, das er als »Syd« geführt hat, oder die anhaltende Faszination für das Werk und Vermächtnis seines ausgelöschten Alter egos. Aber die nachklingenden Erinnerungen sind selten von Gefühlen der Freude oder Befriedigung begleitet; abgesehen von der Erinnerung an Amerika – er freut sich wie ein Schneekönig, daß er dieses ferne Land besucht hat. Was den Rest betrifft, so war es ein schwieriges und anstrengendes Leben, das er keinem anderen wünschen würde, am allerwenigsten sich selbst.

Dennoch bringen Syds Floyd-Platten noch immer genug ein, um Roger Barretts bescheidene Bedürfnisse und Vergnügungen zu finanzieren; er geht nur selten einkaufen, und das Geld auf der Bank bedeutet ihm nichts. Nur gelegentlich denkt er an seine alten Freunde Dave, Rick, Nick – und Rog.

Jeder Syd-Freak, der so vermessen sein sollte, ihn aufzuspüren, wird allerdings mit hoher Wahrscheinlichkeit vor verschlossenen Türen stehen; auf jeden Fall wird Roger Barrett ihm nichts zu sagen haben. Während seine Familie und seine wenigen Freunde froh darüber sind, daß es ihm mit jedem Jahr »besser geht«, ist es noch immer äußerst schwierig für ihn, gleichgültig auf welcher Ebene, eine Beziehung zu anderen Menschen herzustellen oder mit ihnen zu kommunizieren. Aber obwohl er selten die Grenzen seines englischen Gartens überschreitet, ist der Mann, der einst Syd war, zur Ruhe gekommen und innerlich zufrieden – und fast betont normal, während er sein einfaches, müßiges Leben führt.

Manchmal träumt er sogar davon, bald gesund genug zu sein, um einen achtstündigen Bürojob in London annehmen zu können, und jeden Tag in die große Stadt zu pendeln.

Anmerkungen

Alle anderen wichtigen Zitate, sofern sie nicht im Text anders ausgewiesen wurden, stammen aus persönlichen Interviews, die der Autor geführt hat.

Prolog. Wish You Were Here

1. Connor McNights Interview mit Roger Waters und Nick Mason, ZigZag-Magazin, Juli 1973.
2. Melody Maker, 19. Mai 1973.

1. Kapitel. Set the Controls for the Heart of the Sun

1. Days in the Life: Voices from the English Underground 1961–1971, herausgegeben von Jonathon Green (London: Heinemann, 1988), S. 32–33.
2. Connor McNights Interview mit Waters und Mason, Zig-Zag, Juli 1973.

2. Kapitel. Embryo

1. Tommy Vance' Interview mit Roger Waters, BBC Radio One, 30. November 1979.
2. »Treading Waters« von Scott Cohen, Spin, September 1967.
3. »Over the Wall with Pink Floyd« von Richard Hogan, Circus, August 1982.
4. Connor McNights Interview mit Waters und Mason, Zig-Zag, Juli 1973.
5. »Architectural Abdabs« von Barbara Walters, The Regent Street Poly Magazine, Herbst 1965.

6. Voxpop: Profiles of the Pop Process von Michael Wale (London: Harrap, 1972).
7. s. o.

3. Kapitel. Learning to Fly

1. Days in the Life: Voices from the English Underground, 1961–1971, herausgegeben von Jonathon Green (London: Heinemann, 1988), S. 110.
2. The British Invasion von Nicholas Schaffner (New York: McGraw-Hill, 1982), S. 142.
3. Pink Floyd: A Visual Documentary von Miles (London: Omnibus Press, 1980), unnumerierte Seiten.
4. s. o.
5. Days in the Life, S. 120.
6. Pink Floyd: A Visual Documentary.
7. »Making the Rounds of Way-Out London« von Kenneth Rexroth, The San Francisco Examiner, 4. Dezember 1966.
8. Pink Floyd: A Visual Documentary.

4. Kapitel. Let There Be More Light

1. International Times, #29.
2. It Was Twenty Years Ago Today von Derek Taylor (New York: Fireside, 1987), S. 177.
3. Days in the Life: Voices from the English Underground, 1961–1971, herausgegeben von Jonathon Green (London: Heinemann, 1988), S. 139.
4. Melody Maker, 14. Januar 1967.

5. Kapitel. Have a Cigar

1. Days in Life: Voices from the English Underground, 1961–1971, herausgegeben von Jonathon Green (London: Heinemann, 1988), S. 105–106.

2. Pink Floyd von Rick Sanders (London: Futura Books, 1975), S. 25.
3. The British Invasion von Nicholas Schaffner (New York: McGraw-Hill, 1982), S. 142.
4. s. o.
5. »The Pink Floyd Story«: Sechsteilige Serie, präsentiert von Nicky Horne, Capital Radio (London), 17. Dezember 1976 – 21. Januar 1977.
6. »Treading Waters« von Scott Cohen, Spin, September 1987.

6. Kapitel. Games for May

1. Pink Floyd: A Visual Documentary von Miles (London: Omnibus Press, 1980), unnumerierte Seite.
2. Days in the Life: Voices from the English Underground, 1961–1971, herausgegeben von Jonathon Green (London: Heinemann, 1988), S. 165.
3. Pink Floyd: A Visual Documentary.
4. s. o.
5. »The Pink Floyd Story«: Sechsteilige Serie, präsentiert von Nicky Horne, Capital Radio (London), 17. Dezember 1976 – 21. Januar 1977.
6. Days in the Life, S. 113.
7. The British Invasion von Nicholas Schaffner (New York: McGraw-Hill, 1982), S. 143.
8. »The Pink Floyd Story«.
9. Miles' Interview mit Joe Boyd (auf Band), 1976.
10. s. o.
11. Days in the Life, S. 203.

7. Kapitel. Interstellar Overdrive

1. Days in the Life: Voices from the English Underground, 1961–1971, herausgegeben von Jonathon Green (London: Heinemann, 1988), S. 142.

2. Days in the Life, S. 166.
3. Connor McNights Interview mit Waters und Mason, Zig-Zag, Juli 1973.
4. »The Pink Floyd Story«: Sechsteilige Serie, präsentiert von Nicky Horne, Capital Radio (London), 17. Dezember 1976 – 21. Januar 1977.
5. Disc and Music Echo, 29. Juli 1967.
6. New Musical Express, 19. August 1967.
7. New Musical Express, 12. August 1967.
8. Melody Maker, 12. August 1967.

8. Kapitel. Paranoid Eyes

1. »The Pink Floyd Story«: Sechsteilige Serie, präsentiert von Nicky Horne, Capital Radio (London), 17. Dezember 1976 – 21. Januar 1977.
2. Days in the Life: Voices from the English Underground, 1961–1971, herausgegeben von Jonathon Green (London: Heinemann, 1988), S. 168.
3. »Syd Barrett Careening Through Life« von Kris DiLorenzo, The Trouser Press, Februar 1978.
4. »Interview '80«, Jim Ladds Interview mit Waters, ausgestrahlt 1980.

9. Kapitel. The Thin Ice

1. Connor McNights Interview mit Waters und Mason, Zig-Zag, Juli 1973.
2. s. o.
3. The British Invasion von Nicholas Schaffner (New York: McGraw-Hill, 1982), S. 154.
4. Pink Floyd: A Visual Documentary von Miles (London: Omnibus Press, 1980), unnumerierte Seiten.
5. Fab(ulous), Januar 1968.
6. Connor McNights Interview mit Waters und Mason.

7. Syd-Barrett-Feature von Nick Kent, New Musical Express, 13. April 1967.
8. Opel (Syd-Barrett-Fanzine), #8.
9. »Behind Pink Floyd's Wall« von Mick Brown und Kurt Loder, Rolling Stone, 16. September 1982.

10. Kapitel. Shine On You Crazy Diamond

1. Days in the Life: Voices from the English Underground, 1961–1971, herausgegeben von Jonathon Green (London: Heinemann, 1988), S. 167.
2. »Syd Barrett Careening Through Life« von Kris DiLorenzo, The Trouser Press, Februar 1978.
3. s. o.
4. Syd Barrett: The Making of the Madcap Laughs von Malcolm Jones (Middlesex, U.K.: Orange Sunshine [Pill] Press, 1986), S. 6.
5. »Syd Barrett Careening Through Life«.
6. Pink Floyd: A Visual Documentary von Miles (London: Omnibus Press, 1980), unnumerierte Seiten.
7. »Syd Barrett Careening Through Life«.
8. »Rockspek«, Michael Wales Interview mit Rick Wright, BBC Radio One, Oktober 1974.
9. »Syd Barrett Careening Through Life«.
10. Days in the Life, S. 167.
11. New Musical Express, 2. Oktober 1982.

11. Kapitel. Burning Bridges

1. Jonathon Greens Days in the Life-Interview mit Jenner und Marsh (unbearbeitete Niederschrift).
2. Chris Salewicz' Interview mit Waters, Q, August 1987.
3. Greens Interview mit Jenner.
4. »The Pink Floyd Story«: Sechsteilige Serie, präsentiert von Nicky Horne, Capital Radio (London), 17. Dezember 1976 – 21. Januar 1977.

5. Pink Floyd: The Early Years (New York: Wise Publications, 1978), S. 7.
6. The Amazing Pudding (Pink-Floyd-Fanzine), #14.
7. Connor McNights Interview mit Waters und Mason, Zig-Zag, Juli 1973.
8. s. o.
9. David Frickes Interview mit David Gilmour, Musician, Dezember 1982.
10. »The Pink Floyd Story«.
11. Parke Puterbaughs 1984er Interview mit David Gilmour (unbearbeitete Niederschrift).
12. »Pink Floyd – The Interstellar Band« von Jack McDonough, Rolling Stone, 26. November 1970.
13. Clowns and Jugglers (Syd-Barrett-Fanzine), #3.
14. The Work of Hipgnosis: »Walk Away Renee«, Text von Storm Thorgerson (Limpsfield, Surrey, U.K.: Paper Tiger), 1978, S. 87.
15. Connor McNights Interview mit Waters und Mason.
16. »The Pink Floyd Story«.
17. Connor McNights Interview mit Waters und Mason.
18. David Frickes Interview mit David Gilmour.
19. Connor McNights Interview mit Waters und Mason.
20. Chris Salewicz' Interview mit Waters.

12. Kapitel. Yet Another Movie

1. Top Pops & Music Now, 15. September 1969.
2. New York University Radio-Interview, September 1970.
3. Parke Puterbaughs 1984er Interview mit David Gilmour (unbearbeitete Niederschrift).
4. »Treading Waters« von Scott Cohen, Spin, September 1987.
5. Connor McNights Interview mit Waters und Mason, Zig-Zag, Juli 1973.
6. s. o.

13. Kapitel. The Amazing Pudding

1. »The Pink Floyd Story«: Sechsteilige Serie, präsentiert von Nicky Horne, Capital Radio (London), 17. Dezember 1976 – 21. Januar 1977.
2. »Rock Over London«, Radio-Interview mit Waters, 15. März 1985.
3. New York University Radio-Interview, September 1970.
4. Connor McNights Interview mit Waters und Mason, Zig-Zag, Juli 1973.
5. Rock on the Road, herausgegeben von Mick Gold (London: Futura Books, 1976), S. 151.
6. Connor McNights Interview mit Waters und Mason.

14. Kapitel. Return of the Son of Nothing

1. Melody Maker, 7. März 1970.
2. Chris Salewicz' Interview mit Waters, Q, August 1987.
3. Connor McNights Interview mit Waters und Mason, Zig-Zag, Juli 1973.
4. Mary Turners Interview mit Waters, ausgestrahlt von Westwood One in »Off the Record«, 11. März 1985.
5. David Frickes Interview mit David Gilmour, Musician, Dezember 1982.
6. »Rhapsody in Pink« von Lenny Kaye, High Times, Februar 1988.
7. »The Pink Floyd Story«: Sechsteilige Serie, präsentiert von Nicky Horne, Capital Radio (London), 17. Dezember 1976 – 21. Januar 1977.

15. Kapitel. Eclipse

1. Voxpop: Profiles of the Pop Process von Michael Wale (London: Harrap, 1972).
2. »The Pink Floyd Story«: Sechsteilige Serie, präsentiert von

Nicky Horne, Capital Radio (London), 17. Dezember 1976 –
21. Januar 1977.

3. »Pink Floyd: Looking Like Hell« von Derek Jewell, the Sunday Times (London), 20. Februar 1972.
4. »The Pringle Show«, Radio Montreal, Dezember 1978.
5. Melody Maker, 19. Mai 1973.
6. »The Pink Floyd Story«.
7. Connor McNights Interview mit Waters und Mason, Zig-Zag, Juli 1973.
8. Sounds, 10. März 1973.
9. Melody Maker, 19. Mai 1973.
10. David Frickes Interview mit David Gilmour, Musician, Dezember 1982.
11. »The Pink Floyd Story«.
12. Chris Salewicz' Interview mit Waters, Q, August 1987.
13. »Treading Waters« von Scott Cohen, Spin, September 1987.

16. Kapitel. Comfortably Numb

1. »The Pink Floyd Story«: Sechsteilige Serie, präsentiert von Nicky Horne, Capital Radio (London), 17. Dezember 1976 – 21. Januar 1977.
2. »Rockspeak«, Michael Wales Interview mit Rick Wright, BBC Radio One, Oktober 1974.
3. Pink Floyd: A Visual Documentary von Miles (London: Omnibus Press, 1980), unnumerierte Seiten.
4. »The Pink Floyd Story«.
5. »Rockspeak«, BBC Radio One, Oktober 1974.
6. Philippe Constantins Interview mit Waters (Erstveröffentlichung in Frankreich in Rock et Folk), Street Life, 24. Januar 1976.
7. Tom Stocks Interview mit Gilmour, Beat Instrumental, Juli 1978.
8. Philippe Constantins Interview mit Waters.
9. People Magazin, 12. März 1984.

10. »Floyd Juggernaut... the Road to 1984?« von Nick Kent und Pete Erskine, New Musical Express, 24. November 1974.
11. »Dirty Hair Denied« von Pete Erskine, New Musical Express, 11. Januar 1975.

17. Kapitel. The Hero's Return

1. Philippe Constantins Interview mit Waters (Erstveröffentlichung in Frankreich in Rock et Folk), Street Life, 24. Januar 1976.
2. Bricks in the Wall von Karl Dallas (London: Baton Press, 1987), S. 110.
3. »The Pink Floyd Story«: Sechsteilige Serie, präsentiert von Nicky Horne, Capital Radio (London), 17. Dezember 1976 – 21. Januar 1977.
4. Philippe Constantins Interview mit Waters.
5. »The Pink Floyd Story«.
6. s. o.
7. Philippe Constantins Interview mit Waters.
8. »The Pink Floyd Story«.
9. s. o.
10. Bricks in the Wall, S. 112.
11. The Work of Hipgnosis: »Walk Away Renee«, Text von Storm Thorgerson (Limpsfield, Surrey, U.K.: Paper Tiger), 1987, S. 148.
12. s. o.
13. s. o.

18. Kapitel. Pigs on the Wing

1. »The Boy Looked at Johnny«: The Obituary of Rock and Roll von Julie Burchill and Tony Parsons (London: Pluto Press, 1978), S. 32.
2. Andy Kershaws Interview mit Rat Scabies, BBD Radio One, 6. Dezember 1986.

3. »The Pink Floyd Story«: Sechsteilige Serie, präsentiert von Nicky Horne, Capital Radio (London), 17. Dezember 1976 – 21. Januar 1977.

4. »Pink Floyd – The Inside Story« von David Fricke, Rolling Stone, 19. November 1987.

5. New Musical Express, 12. Februar 1977.

6. Chris Salewicz' Interview mit Waters, Q, August 1987.

7. »Welcome to the Machine« von Karl Dallas, Melody Maker, 26. März 1977.

8. Sounds, 26. März 1977.

9. »From Pink to Black Despair« von Derek Jewell, The Sunday Times (London), 20. März 1977.

10. »The Song Remains the Same« von Michael Oldfield, Melody Maker, 26. März 1977.

11. Tommy Vances Interview mit Waters, BBC Radio One, 30. November 1979.

12. »Behind Pink Floyd's Wall« von Mick Brown und Kurt Loder, Rolling Stone, 16. September 1982.

19. Kapitel. Another Brick in the Wall (Part 1)

1. Interview mit Gilmour für »Carlo 2001« (italienisches Radio), 13. August 1978.

2. »The Invisible Touch« von David Sinclair, Q, August 1988.

3. »The Pringle Show«, Radio Montreal, Dezember 1978.

4. Glenn Poveys und Richard Ashtons Interview mit Gilmour, Brain Damage, Februar 1988.

5. Juke-Magazin, 9. November 1985.

6. »Spotlight on Pink Floyd«, ausgestrahlt von FM-104 (Brisbane, Australien), 2. Februar 1988.

7. »Behind Pink Floyd's Wall« von Mick Brown und Kurt Loder, Rolling Stone, 16. September 1982.

8. »Interview '80«, Jim Ladds Interview mit Waters, ausgestrahlt 1980.

9. s. o.

10. s. o.

11. Bricks in the Wall von Kurt Dallas (London: Baton Press, 1987), S. 141.

12. »Up Against the Wall« von Michael Watts, Melody Maker, 2. August 1980.

13. David Frickes Interview mit David Gilmour, Musician, Dezember 1982.

14. »Gaze Into the Rock Void with Roger Waters and His Pink Floyd« von Richard Hogan, Circus, 15. April 1980.

15. »Up Against the Wall«.

16. Musician, Dezember 1982.

17. Tommy Vance' Interview mit Waters, BBC Radio One, 30. November 1979.

18. »Up Against the Wall of Secrecy with Pink Floyd« von Richard Hogan, Circus, 4. März 1980.

19. Musician, Dezember 1982.

20. s. o.

21. »Pink Floyd – The Inside Story« von David Fricke, Rolling Stone, 19. November 1987.

22. s. o.

23. Musician, Dezember 1982.

24. »Pink Floyd – The Inside Story«.

25. Bricks in the Wall, S. 60–61.

26. Pink-Floyd-Feature von Timothy White, Penthouse, September 1988.

27. The Toronto Star, wiederveröffentlicht in The Amazing Pudding, #27.

28. Rolling Stone, 7. Februar 1980.

29. Melody Maker, 9. August 1980.

30. Melody Maker, 1. Dezember 1979.

20. *Kapitel. Another Brick in the Wall (Parts 2 and 3)*

1. »Arena: Scarfe on Scarfe«, BBC-2 (London), 12. Dezember 1986.

2. Scarfe by Scarfe von Gerald Scarfe (London: Hamish Hamilton, 1986), unnumerierte Seiten.
3. New Musical Express, 18. November 1978.
4. Bricks in the Wall von Karl Dallas (London: Baton Press, 1987), S. 139.
5. Chris Salewicz' Interview mit Waters, Q, August 1987.
6. Bricks in the Wall, S. 139.
7. Chris Salewicz' Interview mit Waters.
8. Bricks in the Wall, S. 123–124.
9. Is That It? von Bob Geldorf (New York: Weidenfeld & Nicolson, 1987), S. 178–179.
10. Richard Ashtons Interview mit Alan Parker, Phoenix (University of Kent)-Magazin, Frühjahr 1984.
11. Bricks in the Wall, S. 124.
12. A.B. Fosters Interview mit Parker, »Saturday Live«, BBC Radio One, 1984.
13. »Behind Pink Floyd's Wall« von Mick Brown und Kurt Loder, Rolling Stone, 16. September 1982.
14. Is That It?, S. 188.
15. Is That It?, S. 191.
16. s..o.
17. Bricks in the Wall, S. 127.
18. s. o.
19. »Behind Pink Floyd's Wall«.
20. »Roger Waters Spills a Saucerful of Secrets« von S.L. Duff, Music Connection, 21. September 1987.
21. Penthouse, Dezember 1984.

21. Kapitel. Terminal Frost

1. »Pink Floyd – The Inside Story« von David Fricke, Rolling Stone, 19. November 1987.
2. Chris Salewicz' Interview mit Waters, Q, August 1987.
3. s. o.
4. »Treading Waters« von Scott Cohen, Spin, September 1987.

5. »Pink Floyd – The Inside Story«.
6. Guitars & Claviers, Mai 1984.
7. Record, Juli 1984.
8. Chris Salewicz' Interview mit Waters.
9. »David Gilmour Does an ›About Face‹« von Parke Puterbaugh, IM & RW, August 1984.
10. »Behind Pink Floyd's Wall« von Mick Brown und Kurt
    Loder, Rolling Stone, 16. September 1982.

22. *Kapitel. Apples and Oranges*

1. Richard Skinners Interview mit Waters, »Saturday Live«,
   BBC Radio One, 9. Juni 1984.
2. s. o.
3. Interview mit Waters, Q107 Rock Radio (Toronto), 22. März
   1985.
4. A.B. Fosters Interview mit Gilmour, »Saturday Live«, BBC
   Radio One, März 1984.
5. Guitars & Claviers, Mai 1984.
6. Richard Skinners Interview mit Waters.
7. Juke, 9. November 1985.

23. *Kapitel. One of These Days*

1. Chris Salewicz' Interview mit Waters, Q, August 1987.
2. »Roger Waters Spills a Saucerful of Secrets« von S.L. Duff,
   Music Connection, 21. September 1987.
3. Pink-Floyd-Feature von Timothy White, Penthouse, September 1988.
4. »Pink Floyd – The Inside Story« von David Fricke, Rolling
   Stone, 19. November 1987.
5. s. o.
6. »The Rightful Heir?« von Mat Snow, Q, September 1990.
7. Q, Januar 1987.
8. »The Invisible Touch« von David Sinclair, Q, August 1988.

1. The Toronto Star, 18. September 1987.
2. »The Rightful Heir?« von Mat Snow, Q, September 1990.
3. »Spotlight on Pink Floyd«, ausgestrahlt von FM-104 (Brisbane, Australien), 2. Februar 1988.
4. »Pink Floyd – The Inside Story« von David Fricke, Rolling Stone, 19. November 1987.
5. »Spotlight on Pink Floyd«.
6. Pink-Floyd-Feature von Timothy White, Penthouse, September 1988.
7. »...And Pigs Will Fly« von Phil Sutcliffe, Q, September 1990.
8. »Roger Waters on ›The Wall‹« von Steve Pond, Rolling Stone, 9. August 1990.
9. The Amazing Pudding, Juni 1990.

Ausgewählte Diskographie
mit den höchsten Chartpositionen*

Pink Floyd U.K. Singles

Arnold Layne; Candy and a Currant Bun (1967; Columbia DB 8156) #20

See Emily Play; The Scarecrow (1967; Columbia DB 8214) #6

Apples and Oranges; Paintbox (1967; Columbia DB 8310)

It Would Be So Nice; Julia Dream (1968; Columbia DB 8410)

Point Me at the Sky; Careful with That Axe, Eugene (1968; Columbia DB 8511)

Another Brick in the Wall (Part 2); One of My Turns (1979; Harvest HAR 5194) #1

Money (Remake); Let There Be More Light (1981; Harvest HAR 5217)

When the Tigers Broke Free; Bring the Boys Back Home (1982; Harvest HAR 5224)

Learning to Fly; One Slip (1987; EMI EM 26)

On the Turning Away; Run Like Hell (live) (1987; EMI 34)

Pink Floyd U.S. Singles

Arnold Layne; Candy and a Currant Bun (1967; Tower 333)

See Emily Play; Scarecrow (1967; Tower 356) #134

Flaming; The Gnome (1967; Tower 378)

It Would Be So Nice; Julia Dream (1968; Tower 426)

Remember a Day; Let There Be More Light (1968; Tower 440)

* Die hier angegebenen Seriennummern beziehen sich für alle Alben bis 1985 auf die Erstveröffentlichung als Venyl-LP und für die Jahre danach als CD-Version. Die LP-Chartpositionen gelten nur für die USA. Alle Chartpositionen wurden dem *Billboard*-Magazin entnommen.

One of These Days; Fearless (1971; Harvest 3240)
Free Four; Stay (1972; Harvest 3391)
Money; Any Colour You Like (1973; Harvest 3609) #13
Us and Them; Time (1973; Harvest 3832) #101
Have a Cigar; Welcome to the Machine (1975; Columbia 3-10248)
Another Brick in the Wall (Part 2); One of My Turns (1979; Columbia 1-11187) #1
Run Like Hell; Don't Leave Me Now (1980; Columbia 1-11265)
Comfortably Numb; Hey You (1980; Columbia 1-11311)
When the Tigers Broke Free; Bring the Boys Back Home (1982; Columbia 18-03142)
Not Now John; The Hero's Return (Parts 1 & 2) (1983; Columbia 38-03905)
Learning to Fly; Terminal Frost (1987; Columbia 38-07363) #70

Pink Floyd LPs

THE PIPER AT THE GATES OF DAWN: Astronomy Domine*; Lucifer Sam; Matilda Mother; Flaming*; Pow R. Toc H.; Take Up Thy Stethoscope and Walk; Interstellar Overdrive; The Gnome; Chapter 24; Scarecrow; Bike* (1967; Columbia SX/SXC 6157 [U.K.] Die US-Ausgabe - Tower T/ST 5903 – ist ohne [*] und zusätzlich mit »See Emily Play«) #131

TONITE LET'S ALL MAKE LOVE IN LONDON (Soundtrack-Album): Interstellar Overdrive (drei gekürzte Auszüge) (1968; Instant INLP 003 [U.K.] (wiederveröffentlicht mit der ungekürzten Version von »Interstellar Overdrive« und dem Floyd-Bonustrack »Nick's Boogie«, 1990 – See For Miles SEE CD 258)

A SAUCERFUL OF SECRETS: Let There Be More Light; Remember a Day; Set the Controls for the Heart of the Sun; Corporal Clegg; A Saucerful of Secrets; See Saw; Jugband Blues (1968; SX/XCS 6258 [U.K.]; Tower T/ST 5131 [US])

MORE: Cirrus Minor; The Nile Song; Crying Song; Up the Khyber; Green Is the Colour; Cymbaline; Party Sequence; Main Theme; Ibiza Bar; More Blues; Quicksilver; A Spanish Piece; Dramatic Theme (1969; Columbia SCX 6346 [U.K.]; Tower ST 5169 [US]) #153

UMMAGUMMA: Astronomy Domine (live); Careful with That Axe, Eugene (live); Set the Controls for the Heart of the Sun (live); A Saucerful of Secrets (live); Sysyphus; Grantchester Meadows; Several Species of Small Furry Animals Gathered Together in a Cave and Grooving with a Pict; The Narrow Way; The Grand Vizier's Garden Party (1969; Harvest SHDW 1/2 [U.K.]; STBB 388 [US]) #74

ZABRISKIE POINT (Soundtrack-Album mit verschiedenen Interpreten): Heart Beat, Pig Meat; Crumbling Land; Come In Number 51 – Your Time Is Up (1970); MGM 2315 002 [U.K.]; SE-4468ST [US])

THE BEST OF PINK FLOYD: Chapter 24; Matilda Mother; Arnold Layne; Candy and a Currant Bun; Scarecrow; Apples and Oranges; It Woud Be So Nice; Paintbox; Julia Dream; See Emily Play (1970; Columbia 4C054-04299 [Holland]; 1974 wiederveröffentlich in ganz Europa als Masters of Rock Vol. 1, Harvest C054-04299)

ATOM HEART MOTHER: Atom Heart Mother; If; Summer '68; Fat Old Sun; Alan's Psychedelic Breakfast (1970; Harvest SHVL 781 [U.K.]; SKAO 382 [US]) #55

RELICS: Arnold Layne; Interstellar Overdrive; See Emily Play; Remember a Day; Paintbox; Julia Dream; Careful with That Axe, Eugene; Cirrus Minor; The Nile Song; Biding My Time; Bike (1971; EMI Starline SRS 5071 [U.K.]; Harvest SW 759 [US]) #152

MEDDLE: One of These Days; A Pillow of Winds; Fearless; San Tropez; Seamus; Echoes (Harvest SHVL 795 [U.K.]; SMAS 832 [US]) #70

OBSCURED BY CLOUDS: Obscured by Clouds; When You-'re In; Burning Bridges; The Gold It's in the...; Wot's... Uh the Deal; Mudmen; Childhood's End; Free Four; Stay; Absolutely Curtains (1972; Harvest SHSP 4020 [U.K.]; ST 11078 [US]) #46

THE DARK SIDE OF THE MOON: Speak to Me; Breathe in the Air; On the Run; Time (+ Breathe Reprise); The Great Gig in the Sky; Money; Us and Them; Any Colour You Like; Brain Damage; Eclipse (1973; Harvest 804 [U.K.]; SMAS 11163 [US]) #1

A NICE PAIR (Neuveröffentlichung von *Piper* und *Saucerful*, wobei in der nordamerikanischen Ausgabe die Studio-Version von »Astronomy Domine« durch die *Ummagumma*-Live-Version ersetzt wurde) (1974; Harvest SHDW 403 [U.K.]; SAAB 11257 [US]) #36

WISH YOU WERE HERE: Shine On You Crazy Diamond (Parts 1-5); Welcome to the Machine; Have a Cigar; Wish You Were Here; Shine On You Crazy Diamond (Parts 6-9) (1975; Harvest SHVL 814 [U.K.]; Columbia PC 33453 [US]) #1

ANIMALS: Pigs on the Wing (Part 1); Dogs; Pigs (Three Different Ones); Sheep; Pigs on the Wing (Part 2) (1977; Harvest SHVL 815 [U.K.]; Columbia JC 34474 [US]) #3

THE WALL: In the Flesh?; The Thin Ice; Another Brick in the Wall (Part 1); The Happiest Day of Our Lives; Another Brick in the Wall (Part 2); Mother; Goodbye Blue Sky; Empty Spaces; Young Lust; One of My Turns; Don't Leave Me Now; Another Brick in the Wall (Part 3); Goodbye Cruel World; Hey You; Is There Anybody Out There?; Nobody Home; Vera; Bring the Boys Back Home; Comfortably Numb; The Show Must Go On; In the Flesh; Run Like Hell; Waiting for the Worms; Stop; The Trial; Outside the Wall (1979; H SHDW 411 [U.K.]; Columbia PC2 36183 [US]) #1

A COLLECTION OF GREAT DANCE SONGS: One of These Days; Money (Remake); Sheep; Shine On You Crazy Diamond (bearbeitet); Wish You Were Here; Another Brick in the Wall (Part 2); 1981; Harvest SHVL 822 [U.K.]; Columbia TC 37680 [US]) #31

THE FINAL CUT: The Post War Dream; Your Possible Pasts; One of the Few; The Hero's Return; The Gunners Dream; Paranoid Eyes; Get Your Filthy Hands off My Desert; The Fletcher Memorial Home; Southampton Dock; The Final Cut; Not Now John; Two Suns in the Sunset (1983; Harvest SHPF 1983 [U.K.]; Columbia QC 38243 [US]) #6

WORKS: One of These Days; Arnold Layne; Fearless; Brain Damage; Eclipse; Set the Controls for the Heart of Sun; See Emily Play; Several Species of Small Furry Animals Gathered Together in a Cave and Grooving with a Pict; Free Four; Embryo (1983; Capitol 11276 [US]) #68

A MOMENTARY LAPSE OF REASON: Signs of Life; Learning to Fly; The Dogs of War; One Slip; On the Turning Away; Yet Another Movie (+ Round and Round); A New Machine (Part 1); Terminal Frost; A New Machine (Part 2); Sorrow (1987; EMI CDP 7 480682 [U.K.]; Columbia CK 40599 [US]) #3

DELICATE SOUND OF THUNDER (live): Shine On You Crazy Diamond; Learning to Fly; Yet Another Movie (+ Round and Round); Sorrow; The Dogs of War; On the Turning Away; One of These Days; Time; Wish You Were Here; Us and Them [nur auf CD und MC]; Money; Another Brick in the Wall (Part 2); Comfortably Numb; Run Like Hell (1988; EMI CDS 7914 802 [U.K.]; Columbia C2K 44484 [US]) #9

KNEBWORTH: THE ALBUM (Live-Doppelalbum vom All-Star-Konzert am 30. Juni 1990): Comfortably Numb; Run Like Hell; (1990; Polydor 843 921 [U.K.]; 847 04-2 [US]) #92

Solo-LPs

Syd Barrett

THE MADCAP LAUGHS: Terrapin; It's No Good Trying; Love You; No Man's Land; Dark Globe; Here I Go; Octopus; Golden Hair; Long Gone; She Took a Long Cold Look; Feel; If It's in You; Late Night (1970; Harvest SHVL 75 [U.K.])

BARRETT: Baby Lemonade; Love Song; Dominoes; It Is Obvious; Rats; Maisie; Gigolo Aunt; Waving My Arms in the Air; Wined and Dined; Wolfpack; Effervescing Elephant (1970; Harvest SHSP 4007 [U.K.])

SYD BARRETT (Neuausgabe von *Madcap* und *Barrett* anläßlich der Erstveröffentlichung dieser LPs in den USA): (1974; Harvest SHDW [U.K.]; SABB 11314 [US]) #163

THE PEEL SESSIONS (live): Terrapin; Gigolo Aunt; Baby Lemonade; Effervescing Elephant; Two of a Kind (1988; Strange Fruit SFPSCD043 [U.K.])

OPEL: Opel; Clowns & Jugglers; Rats; Golden Hair; Dolly Rocker; Word Song; Wined and Dined; Swan Lee (Silas Lang); Birdie Hop; Let's Split; Lanky (Part 1); Wouldn't You Miss Me (Dark Globe); Milky Way; Golden Hair (Instr.) (1988; Harvest CDP 791202 [U.K.]; Capitol 91206 [US])

David Gilmour

DAVID GILMOUR: Mihalis; There's No Way Out of Here; Cry from the Street; So Far Away; Short and Sweet; Raise My Rent; No Way; Deafinitely; I Can't Breathe Anymore (1978; Harvest SHVL 817 [U.K.]; Columbia JC 35388 [US]) #29

ABOUT FACE: Until We Sleep; Murder; Love on the Air; Blue Light; Out of the Blue; All Lovers Are Deranged; You Know I'm Right; Cruise; Let's Get Metaphysical; Near the End (1984; Harvest SHSP 2400791 [U.K.]; Columbia FC 39296 [U.S.]) #32

Nick Mason

NICK MASON'S FICTITIOUS SPORTS: Can't Get My Motor to

Start; I Was Wrong; Siam; Hot River; Boo to You Too; Do Ya?; Wervin'; I Am a Mineralist (1981; Harvest SHSP 4116 [U.K.]; Columbia FC 37307 [US])
PROFILES (mit Rick Fenn): Malta; Lie for a Lie; Rhoda; Profiles (Parts 1 & 2); Israel; And the Address; Mumbo Jumbo; Zip Code; Black Ice; At the End of the Day; Profiles (Part 3) (1985; Harvest MAF 1 [U.K.]; Columbia CK 40142 [US])

Roger Waters

MUSIC FROM »THE BODY« (mit Ron Geesin): Our Song; Sea Shell and Stone; Red Stuff Writhe; A Gentle Breeze Blew Through Life; Lick Your Partners; Bridge Passage for Three Plastic Teeth; Chain of Life; The Womb Bit; Embryo Thought; March Past of the Embryos; More than Seven Dwarfs in Penis-Land; Dance of the Red Corpuscles; Body Transport; Hand Dance – Full Evening Dress; Breathe; Old Folks Ascension; Bed Time – Dream Time; Piddle in Perspex; Embryonic Womb-Walk; Mrs. Throat Goes Walking; Sea Shell and Soft Stone; Give Birth to a Smile (1970; Harvest SHSP 4008 [U.K.])
THE PROS AND CONS OF HITCH HIKING: 4.30am (Apparently They Were Travelling Abroad); 4.33am (Running Shoes); 4.37am (Arabs with Knives and West German Skies); 4.39am (For the First Time Today [Part 2]); 4.41am (Sexuell Revolution); 4.47am (The Remains of Our Love); 4.50am (Go Fishing); 4.56am (For the First Time Today [Part 1]); 4.58am (Dunroamin, Duncarin, Dunlivin); 5.01am (The Pros and Cons of Hitch Hiking); 5.06am (Every Stranger's Eyes); 5.11am (The Moment of Clarity); (1984; Harvest SHVL 2401051 [U.K.]; Columbia FC 39290 [US]) #31
WHEN THE WIND BLOWS (Soundtrack-Album mit verschiedenen Interpreten, dessen zweite Seite aus Roger-Waters-Kompositionen besteht): The Russian Missile; Towers of Faith; Hilda's Dream; The American Bomber; The Anderson Shelter; The British Submarine; The Attack; The Fallout; Hilda's Hair; Folded Flags (1986; Virgin CDV 2406 [U.K.])

RADIO K.A.O.S.: Radio Waves; Who Needs Information; Me or Him; The Powers That Be; Sunset Strip; Home; Four Minutes; The Tide Is Turning (After Live Aid) (1987; Harvest CDP 7 468652 [U.K.]; Columbia CK 40795 [US]) #50

THE WALL LIVE IN BERLIN: In the Flesh (m/Scorpions); The Thin Ice (m/Ute Lemper); Another Brick in the Wall (Part 1); The Happiest Days of Our Lives; Another Brick in the Wall (Part 2, m/Cyndi Lauper); Mother (m/Sinead O'Connor und Band); Goodbye Blue Sky (m/Joni Mitchell); Empty Spaces (m/Bryan Adams); Young Lust (m/Bryan Adams); Oh My God – What a Fabulous Room (m/Jerry Hall); One of My Turns; Don't Leave Me Now; Another Brick in the Wall (Part 3); Goodbye Cruel World; Hey You (m/Paul Carrack); Is There Anybody Out There? (m/Rundfunkorchester & Chor); Nobody Home; Vera (m/Rundfunkorchester & Chor); Bring the Boys Back Home (m/Rundfunkorchester & Chor und dem Militärorchester der Sowjetischen Armee); Comfortably Numb (m/Van Morrison and the Band); In the Flesh; Run Like Hell; Waiting for the Worms; Stop (m/Rundfunkorchester & Chor und dem Militärorchester der Sowjetischen Armee); The Trial (m/Tim Curry; Thomas Dolby; Ute Lemper; Marianne Faithfull; Albert Finney und dem Rundfunkorchester & Chor); The Tide Is Turning (m/»The Company«) (1990; Mercury 846 611-2 [U.K.]; 846 611-2 [US]) #56

Richard Wright

WET DREAM: Mediterranean C; Against the Odds; Cat Cruise; Summer Elegy; Waves; Holiday; Mad Yannis Dance; Drop in from the Top; Pinks Song; Funky Deux (1978; Harvest SHVL 818 [U.K.]; Columbia JC 35559 [US])

ZEE-IDENTITY (mit Dave Harris): Confusion; Voices; Private Person; Strange Rhythm; Çuts Like a Diamond; By Touching; How Do You Do It; Seems We Were Dreaming (1984; Harvest SHSP 2401011 [U.K.])

Die bestverkauften Platten der Floyd...

1. Dark Side of the Moon (weltweit ca. 25 Millionen)
2. The Wall (ca. 17 Millionen)
3. Wish You Were Here (ca. 10 Millionen)
4. Animals (ca. 6 Millionen)
5. A Momentary Lapse of Reason (ca. 6 Millionen)

... und die Meinung der Fans*

BESTES FLOYD-ALBUM:
1. Wish You Were Here
2. Dark Side of the Moon
3. The Wall
4. Animals
5. The Piper at the Gates of Dawn

SCHLECHTESTES FLOYD-ALBUM: The Final Cut
BESTES FLOYD-PLATTENCOVER: Animals
BESTES SOLO-ALBUM: Radio K.A.O.S. (Waters)
SCHLECHTESTES SOLO-ALBUM: The Pros and Cons of Hitch Hiking (Waters)
BESTER SOLO-SONG: »The Tide is Turning« (Waters)
SCHLECHTESTER SOLO-SONG: »Blue Light« (Gilmour)

* nach *The Amazing Pudding*, Leserumfrage 1989

Eine Zusammenstellung der besten Konzerte

LONDON FREE SCHOOL (POWIS GARDENS) – OKTOBER 1966: Pink Theme; Let's Roll Another One; Gimme A Break; Piggy Back; Stoned Alone; I Can Tell; The Gnome; Interstellar Overdrive; Lucy Leave; Take Up Thy Stethoscope and Walk; Flapdoodle Dealing; Snowing; Matilda Mother; Pow R. Roc H.; Astronomy Domine

TOP GEAR SHOW (BBC), LONDON – SEPTEMBER 1967: Flaming; Apples and Oranges; Scarecrow; The Gnome; Matilda Mother

TOP GEAR SHOW (BBC), LONDON - DEZEMBER 1967: Vegetable Man; Scream Thy Last Scream; Pow R. Toc H.; Jugband Blues

TOP GEAR SHOW (BBC), LONDON - JUNI 1968: Julia Dream; Murderistic Woman (Careful with That Axe, Eugene); Let There Be More Light; Massed Gadgets of Hercules (A Saucerful of Secrets)

FANTASIO, AMSTERDAM, HOLLAND - SEPTEMBER 1969: Let There Be More Light; Interstellar Overdrive; Keep Smiling People; Flaming; Set the Controls for the Heart of the Sun; A Saucerful of Secrets

FAIRFIELD HALL, CROYDEN, ENGLAND – JANUAR 1970: Astronomy Domine; The Violent Sequence (Us and Them); Set the Controls for the Heart of the Sun; Careful with That Axe, Eugene; Embryo; Main Theme (from More); Biding My Time; A Saucerful of Secrets

FILLMORE WEST, SAN FRANCISCO – MÄRZ 1970: Atom Heart Mother; Cymbaline; Green Is the Colour; Careful with That Axe, Eugene; Set the Controls for the Heart of the Sun; Embryo; A Saucerful of Secrets; Interstellar Overdrive

CITY HALL, SHEFFIELD, ENGLAND – DEZEMBER 1970: Alan's Psychdelic Breakfast; Embryo; Fat Old Sun; Careful with That Axe, Eugene; Set the Controls for the Heart of the Sun; A Saucerful of Secrets; Atom Heart Mother

HUNTER COLLEGE, NEW YORK – MAI 1971: Fat Old Sun; Set the Controls for the Heart of the Sun; Atom Heart Mother; One of These Days; Careful with That Axe, Eugene; Cymbaline; A Saucerful of Secrets

RAINBOW THEATRE, LONDON – FEBRUAR 1972: The Dark Side of the Moon; One of These Days; Careful with That Axe, Eugene; Set the Controls for the Heart of the Sun; Echoes

RADIO CITY MUSIC HALL, NEW YORK – MÄRZ 1973: Obscured by Clouds; When You're In; Set the Controls for the Heart of the Sun; Careful with That Axe, Eugene; Echoes; The Dark Side of the Moon; One of These Days

AMERICAN TOUR – FRÜHLING 1975: Raving and Drooling; You've Got to Be Crazy; Shine On You Crazy Diamond (Parts 1-5); Have a Cigar; Shine on You Crazy Diamond (Parts 6-9); The Dark Side of the Moon; Echoes

WORLD TOUR – 1977: Sheep; Pigs on the Wing (Part 1); Dogs; Pigs on the Wing (Part 2); Pigs (Three Different Ones); Shine On You Crazy Diamond (Parts 1-5); Welcome to the Machine; Have a Cigar; Wish You Were Here; Shine On You Crazy Diamond (Parts 6-9); Money; Us and Them

DAVID GILMOUR AMERICAN TOUR – SOMMER 1984: Until We Sleep; All Lovers Are Deranged; Love on the Air; Mihalis; Cruise; Short and Sweet; Money; Out of the Blue; Let's Get Metaphysical; You Know I'm Right; Run Like Hell; Blue Light; Murder; Comfortably Numb

ROGER WATERS EUROPEAN AND AMERICAN TOURS – SOMMER 1984: Set the Controls for the Heart of the Sun; Money; If; Welcome to the Machine; Have a Cigar; Wish You Were Here; Pigs on the Wing; In the Flesh; Nobody Home; Hey You; The Gunners Dream; The Pros and Cons of Hitch Hiking; Brain Damage; Eclipse

ROGER WATERS AMERICAN TOUR – FRÜHLING 1985: Welcome to The Machine; Set the Controls for the Heart of the Sun; Money; If; Wish You Were Here; Pigs on the Wing; Get Your Filthy Hands off My Desert; Southampton Dock; The Gunners Dream; In the Flesh; Nobody Home; Have a Cigar; Another Brick in the Wall (Part 1); The Happiest Days of Our Lives; Another Brick in the Wall (Part 2); The Pros and Cons of Hitch Hiking; Brain Damage; Eclipse

AMERICAN TOUR – HERBST 1987: Echoes; Signs of Life; Learning to Fly; A New Machine (Part 1); Terminal Frost; A New Machine (Part 2); Sorrow; The Dogs of War; Yet Another Movie; On the Turning Away; One of These Days; Time; On the Run; Welcome to the Machine; Wish You Were Here; Us and Them; Money; Another Brick in the Wall (Part 2); Comfortably Numb; One Slip; Run Like Hell; Shine On You Crazy Diamond

Index

456